当代中国教育学家文库

卷

大学理想主义及其实践研究

北京师范大学出版集团
BEIJING NORMAL UNIVERSITY PUBLISHING GROUP
北京师范大学出版社

图书在版编目（CIP）数据

大学理想主义及其实践研究 / 眭依凡著. —北京：北京师范
大学出版社，2019.12
（当代中国教育学家文库）
ISBN 978-7-303-24885-8

Ⅰ．①大…　Ⅱ．①眭…　Ⅲ．①高等学校－教育研究－中国
Ⅳ．①G649.2

中国版本图书馆 CIP 数据核字（2019）第 168802 号

营 销 中 心 电 话　010-57654738　57654736
北师大出版社高等教育分社网　http://xueda.bnup.com

DAXUE LIXIANG ZHUYI JI QI SHIJIAN YANJIU
出版发行：北京师范大学出版社　www.bnup.com
　　　　　北京市西城区新街口外大街 12－3 号
　　　　　邮政编码：100088
印　　刷：北京盛通印刷股份有限公司
经　　销：全国新华书店
开　　本：710 mm×1000 mm　1/16
印　　张：23.25
字　　数：386 千字
版　　次：2019 年 12 月第 1 版
印　　次：2019 年 12 月第 1 次印刷
定　　价：98.00 元

策划编辑：鲍红玉　　　　　　责任编辑：周　鹏
美术编辑：李向昕　　　　　　装帧设计：天泽润
责任校对：段立超　　　　　　责任印制：马　洁

自序：守持大学理想主义

　　一直称自己是个大学理想主义者，我的确是一个不折不扣的大学理想主义者和大学理想主义的守持者。这并非矫情。《浙江师范大学报》记者在我加盟该校四年后，通过各种方式，包括访谈我的研究生及收集有关信息后对我进行了一个专访，之后就以《眭依凡：一个大学理想主义的守持者》[①]为题，报道了这次专访。2013年，我在北京大学出版社出版了《理性捍卫大学》，自序也是用《一个大学理想主义者的寄语》命名的。相对而言，做个大学理想主义者已经不易，做大学理想主义的守持者则更难。因为在对大学的价值认识及言论行动上，前者做到"独善其身"即可，后者则不仅要求自己"守身如玉"，还不能容忍别人不"洁身自爱"。或许这就是守持大学理想主义何其难的原因。

　　不敢说自己是改革开放后较早提出大学理想主义的学者，但称自己是较早且较系统讨论并倡导大学理想主义的学者之一，是经得起事实检验

---

　　① 陈仁伟、陈威俊：《眭依凡：一个大学理想主义的守持者》，载《浙江师范大学报》，2014-03-15。

的。早在 2004 年 11 月 10 日，我应中国高等教育学会邀请，赴中山大学珠海校区参加"2004 年高等教育国际论坛"，所做的学术报告的主题就是"大学的理想主义与人才培养"，这是我第一次在全国性学术会议上公开自己关于大学理想主义的思考和心得。记得这届由中国高等教育学会举办的论坛之所以选在中山大学珠海校区举办，是为了配合该校 80 周年校庆纪念。在开幕式上，时任教育部副部长吴启迪参加了此次盛会并致辞，其中她说了如下一段话："在这次论坛上，我看到了一些专家的发言稿，例如，眭依凡校长有篇文章，专门讲到了大学的理想主义。我认为，大学，包括我们教育界，要讲一点理想主义，不能太功利、太急功近利和太浮躁。对此，我也希望高教学会研究。"① 会后，不少学者在与我交流时就明确表示出对我提出和倡导的大学理想主义的高度赞同。同年 12 月 15 日，我又赴云南大学参加了第二届大学文化高层论坛，并做了题为《大学的理想主义》的主旨发言，《光明日报》在关于这次会议的新闻报道中专门提到了我倡导大学理想主义的学术观点。由于我们对大学理想主义产生共鸣，时任云南大学校长吴松特别邀请我为该校中层以上干部做"好大学理念"的学术报告。2005 年，我把在珠海高等教育国际论坛的主题发言修改成一篇长文《论大学理想主义及其人才培养》，并发给时任《教育研究》主编高宝立先生。由于近 2 万字篇幅的论文对当时尚未改版扩容的《教育研究》而言，的确是过长了，但宝立君以一个教育学科资深编辑特有的学术敏锐性，深感这个问题的重要，于是在认真阅审后又舍不得大刀阔斧删减本文的前提下，动议拆一为二，做姊妹篇发表，这就有了《大学何以要倡导和守护理想主义》（载《教育研究》2006 年第 2 期）和《大学的理想主义与人才培养》（载《教育研究》2006 年第 8 期）的问世。在学术刊物版面资源奇缺的时下，这种情况恐怕在全国教育学者无不翘首跂踵的《教育研究》这一学术权威刊物上难以再现，即便复现，肯定也会少之又少。

追忆上述往事绝无炫耀之意，只是想证实自己在当年提出并倡导大学理想主义时，确实引起了高等教育理论界和领导层的重视，这足以说明大学理想主义的重要性。

---

① 吴启迪：《提高高等教育质量　实施人才强国战略——在 2004 年珠海高等教育国际论坛上的讲话》，载《中国高教研究》，2005（2）。

在这里有必要说明的是，我对大学理想主义的关注并非心血来潮，更非应景之举，其源于我在 20 世纪 90 年代初期对大学校园文化的关心。早在 1992 年，我就撰写发表了《学校精神刍论》（载《教育研究》1992 年第 3 期）和《对"校魂"文化的教育学思考》［载《同济大学学报（人文·社会科学版）》1992 年第 1 期］。可以说，无论是"学校精神"还是"校魂"，其中都蕴含了我对大学理想主义一些十分朴素的思想。从 2003 年 9 月起，我受聘为清华大学伟伦特聘访问教授，其间有两项学术活动对我关于大学理想主义思考的深入和成熟起了重要作用。

其一，2003 年 10 月 26－27 日，我应邀参加了大学文化研究与发展中心在清华大学举办的"大学文化研究与发展论坛"。在这个规模很小，但与会嘉宾层次很高的论坛上，我做了"关于大学文化的理性思考"的主题发言。与会者包括时任教育部副部长吴启迪、时任北京大学校长许智宏、时任清华大学校长顾秉林，以及现代新儒家学派代表性人物、时任哈佛燕京学社社长杜维明等著名学者。我与杜维明先生比邻而坐，在茶歇时间，我与杜先生有过进一步的交流并合影留念。当他闻知我有赴美访学一年的愿望时，真诚地邀请我到他领导的哈佛燕京学社进行访学研究。虽然我的这次发言是临时准备的，但效果很好，给与会者留下了深刻印象。吴启迪副部长会后邀请我找个时间到她办公室讨论一些问题，并且在次年全国"两会"即将召开前，她确实邀请我到教育部，与我讨论了有关"985 工程"及"211 工程"大学的建设问题。我根据这次在清华大学研讨会的发言整理的论文《关于大学文化建设的理性思考》在《清华大学教育研究》2004 年第 1 期发表后在学界引起较大反响。若以"大学文化"为关键词在中国知网检索，这篇论文至今还是引用率很高且极具代表性的学术成果。在此文中，我首先做了大学文化研究之所以重要的如下论断："其一，大学本身就是负有选择、批判、传承和创造人类文化职能的文化社会组织；其二，没有文化底蕴的大学，不是真正意义上的大学；其三，一所追求卓越的大学，如果缺乏卓越的大学文化，其永远不可能成为卓越的大学；其四，当前大学的发展和完善有三大内部问题必须认真研究：质量提高，文化建设，制度创新。"① 在此基础上，我系统讨论了大学文化的内涵、作用、问题、建

---

① 眭依凡：《关于大学文化建设的理性思考》，载《清华大学教育研究》，2004（1）。

设等内容。最后，在有关大学文化建设的问题上，我特别强调了大学精神文化建设的重要性，并提炼了大学精神文化的内涵："大学精神文化是大学的核心文化，它是大学文化主体长期实践，经历史的积淀、选择、凝练、发展而成的，高度成熟并为大学成员一致认同的深层次的主体文化。其建构意义不仅体现在它对内能创设一个积极健康、奋发向上，影响校内成员价值选择、人格塑造、思维方式、精神气质、道德情感、行为模式的大学氛围；同时对外它表现为大学的价值观和理想追求，精神风貌以及学校的个性和魅力所在。"文章分析、明确了"精神文化虽无制度文化、环境文化那种直观的特点，然而，由于它已经浸透和附着在校内各种文化载体及行为主体身上，从而使人无时不切实感受到它的存在以及由它透射出来的那种独特的文化感染力、凝聚力和震撼力"① 的价值意义。在这次发言和论文整理中，我对大学理想主义有了进一步的思考，认识到了大学理想主义与大学文化一脉相承的关系，并把大学理想主义纳入大学精神文化的范畴。

其二，2003 年 11 月 14 日，我应北京大学教育学院主持工作的常务副院长陈学飞教授之邀，为该院的博士生和老师做一场主题为"大学校长的教育理念与治校"的学术讲座。考虑到这个主题与我 2001 年由人民教育出版社出版的博士学位论文题目完全重合，于是我提出想就一个富有挑战性且思考良久的"好大学理念"问题，在这次学术讲座中与师生交流。这是我关于"好大学理念"的首次演讲。没想到这个由时任北京大学教育学院副院长文东茅教授主持的学术讲座吸引了满满一大教室的师生。近 3 个小时的演讲结束后，在提问环节，博士生又意犹未尽地与我讨论了 1 个多小时。尤其让我意想不到的是，这个思考并不成熟且两三天的准备也不充分的学术讲座，引起了与会者的热烈反响，获得了他们的一致肯定。到场的博士生告诉我，这是教育学院出席学术讲座的博士生最多的一次。此后又有中南大学高等教育研究所、清华大学教育科学研究所于当年的 12 月 1 日、12 月 13 日分别邀请我做"好大学理念"和"好大学理念与大学校长治校"的学术报告。12 月 30 日，西北政法学院（今西北政法大学）邀请我做"好大学理念与治校"的报告。

---

① 　眭依凡：《关于大学文化建设的理性思考》，载《清华大学教育研究》，2004（1）。

听过我这次学术报告的该校领导现在见到我，都会真诚地告诉我，这个报告为该校在改革发展关键时期的战略选择起了很好的指导作用。随后，我又多次受邀为高校干部培训班就这个主题做学术报告。

高等教育界为什么会对"好大学"如此青睐呢？换言之，"好大学"概念为什么会被高等教育界广泛认同呢？其实，在北京大学教育学院的讲座中首次提出这个概念时，我是做好了被听众质疑的思想准备的，我想过一定会有听众问："大学会有好坏之分吗？"在清华大学做同一主题讲座的问答环节，在我的鼓励下，有位硕士研究生向我发起了这一挑战。我没有正面回答他的提问，而是反问他："教育有没有好坏之分？"我这一反问使富有学术敏感性的提问者似乎已经明白了。尽管"教育"是一个褒义词，但我们必须承认教育其实是一把双刃剑，它一面是天使，另一面可能是恶魔。好的教育能起到发展人的素质、开发人的智慧、培养人的健康人格的作用，而不良的教育则可能扼杀人的发展潜能、扭曲人的灵魂。学校，包括大学，是教育的实施者，它们既可能提供良好教育，也可能提供不良教育。学校教育对学生造成的影响是终身的，甚至是不可逆的，大学亦然！"好大学"在西方社会也是受到重视的，如英国《泰晤士报·高等教育副刊》对大学排名的初衷，就是编制能够引起社会高度关注的《好大学指南》（*Good Universities Guide*），而《美国新闻与世界报道》每年对美国大学进行评价排名的目的就在于遴选"最好大学"（best colleges）。不排除上述排名在主观意图上具有商业目的，但客观上它们确实为社会树立了一个"好大学"的标杆。这里需要指出的是，我所说的"好大学"并非"最好大学"的概念，因为前者是针对一些已经不像大学的大学提出的要求，而后者则是大学追求的理想和目标。

在把"好大学理念"的演讲稿整理成学术论文的过程中，我发现"好大学理念"受到学界的关注，这与我提出了"好大学有理想主义的大学精神"的立场并对其进行了如下深入阐释有关：大学的属性和使命决定了它必须是一个理想主义的所在，在这里，师生享有充分追求真理、激发思想、探索知识、发展能力的自由和空间。如德国哲学家雅斯贝尔斯所说：大学是研究和传授科学的殿堂，是教育新人成长的世界，是个体之间富有生命的交往，是学术勃发的世界。离开了大学的这一基本属性和使命，大学已经不是大学。由此可以证明，我后期对大学理想主义的成熟思考，与"好大学理念"提出的理想主义大学精神也是一脉相承的。

那么何谓大学精神呢？清华大学原党委副书记胡显章教授一直从事清华大学的文化精神研究。他告诉我们：在庆祝清华大学 90 周年华诞时，全校开展了整整一年的"清华精神"大讨论，最终都没有给出一个明确的定义。我在清华大学工作期间，胡显章先生专门邀请我去他办公室，就大学文化和清华精神进行过一次讨论，并把我关于"好大学理念"的演讲稿要去。最后，他在 2006 年 11 月 8 日的《中国教育报》发表的《清华精神：我们的宝贵财富》一文中，把清华精神概括为"爱国奉献、严谨求实、勇于创新、追求卓越、团队精神、世界眼光"。这是一种针对具体大学，从概念外延提炼大学精神的方法。不同的大学可以有不同的精神。譬如，西安交通大学把"胸怀大局、无私奉献、弘扬传统、艰苦创业"作为大学精神。作为学者，我更倾向于对大学精神做如下内涵界定：大学精神是一所大学在其成长发展中，逐渐形成、积淀、提炼而成的师生共同的理想追求、文化传统和行为准则，是大学独有的价值取向和对大学行为提供普遍指导，使大学采取这样而不是那样行动的基本信念、基本态度和基本准则。它是大学最核心、最宝贵的文化财富和文化遗产。正如任剑涛先生所言：大学精神具有相对于政治组织体制而言的独立性，相对于意识形态而言的自由性，相对于组织化社会自我确认特性而言的批判性，相对于重视功利的社会习性而言的创造性和传播知识的超脱性，相对于社会分工专门定式而言的包容性特点。大学精神的最重要之处在于它是时代精神的代言人。而理想主义的大学精神就是一种与庸俗实用主义相区别的，坚持自己人类社会的道德良心、人类社会的文化希望、人类社会的科学脊梁的一种价值追求和精神境界。①

此外，我还给予了"好大学"一个规定性的界定：好大学是指有理想主义大学精神的导引，有遵循大学规律的科学制度规范，有高品位的大学人文环境，能凝聚优秀教师并培养优秀人才、对国家和人类负责、

---

① 眭依凡：《好大学理念与大学文化建设》，载《教育研究》，2004（3）。

为社会服务的大学。为了使"好大学"具有办学治校育人的指导意义亦即操作性，我又从一个贴近大学组织属性，即"大学是负有选择、批判、传承和创造人类文化职能的社会组织，以及大学主要通过文化手段创设的教育环境来达成教育目的、影响教育效果"这一界定"好大学"的文化角度提出：没有文化底蕴的大学不是真正意义上的大学；追求卓越的大学如果缺乏卓越的大学文化，永远不可能成为卓越的大学。这不仅使"好大学"与大学文化有了密切的关联，而且使人们可以根据大学文化的层次及其要素来考察什么是"好大学"。

2009年9月初，当我结束国家公派赴德国柏林自由大学从事高级访问学者研究工作回到北京，履行与北京大学"回国即到北京大学教育学院工作"的约定，受聘为北京大学教育学院特聘教授。依稀记得我回国后被教育学院接到北京大学勺园落榻的次日，为教育学院师生做的第一场学术报告就是涉及大学理想主义的"大学必须对国家负责"的主题。之后，我把大学理想主义作为自己的一个研究领域持续至今。

话说至此，我们有必要给大学理想主义下个定义了。在《大学何以要倡导和守护理想主义》一文中，我对大学理想主义做了这样的解释：大学的理想主义是大学对客观世界、社会生活及大学自身寄予的美好期望所持有的观念体系，亦是大学对自己的使命、责任、目标和操守所持有的一种既符合大学规律又有崇高要求的价值认定和信念追求。它不仅是人们寄予大学的一种美好祈望，更是大学之为大学必须固守、薪火相传并不受外界干扰的精神向往和文化灵魂。大学理想主义的意义在于为大学的办学和发展、大学的教育者和被教育者提供一种美好的、纯洁的、积极的、向上的参照和追求。大学的理想主义是对大学行为提供普遍指导和制定决策的参照点，是使大学及其成员据此采取行动的基本信念、基本态度和基本准则。[①] 在有些人看来，理想主义不过是一些不切实际的空想家的代名词。其实不然，正如柏拉图坚持认为"哲学家不是躲在象牙塔里的书呆子，应该学以致用，求诸实践"[②]，大学理想主义者亦非脱离现实的幻想家。换言之，大学理想主义并非大学理想主义者

---

① 眭依凡：《大学何以要倡导和守护理想主义》，载《教育研究》，2006（2）。

② ［古希腊］柏拉图：《理想国》，郭斌和等译，"译者引言"1页，北京，商务印书馆，2011。

虚无缥缈的臆想，它是人们自中世纪初大学创生以来，在近千年历史发展进程中逐渐形成的对大学应有价值的概括和追求，大学理想主义蕴含在大学的使命、大学的信念、大学的责任和大学的目标中，引领大学做出正确的价值判断并指导行动。所以大学的理想主义是与庸俗实用主义根本相区别的，坚持自己人类社会的道德良心、人类社会的文化希望、人类社会的科学脊梁的一种价值追求和精神境界，其本质是崇真、向善、求美。[①] 由于大学是社会文明的集中体现并代表人类文明的高度，因此，大学的理想主义不仅是大学本身应有的理性和追求，同时也是大学对社会理性和追求的引领。

徜徉在世界名府，你无时无刻不会感受到大学理想主义在你心间的激荡。《欧洲大学史（第一卷）：中世纪大学》认为大学的"多样性是历史和地理的产物"[②]。但我认为大学的多样性表面看来是历史和地理的产物，其实质还是文化精神作用的结果。经典意义的大学已有近千年经久不衰的历史，大学何以在许多国家和组织都不复存在的今天，仍然以日益旺盛的生命力活跃并决定人类的未来？答案是："此乃启智与求知之地。"这就是大学理想主义必须守持的大学本真及大学本质。美国著名高等教育学家菲利普·阿特巴赫在 2006 年发表的一篇关于世界一流大学的文章中写道：美国和其他国家都希望拥有世界一流大学，但并不知道世界一流大学究竟是什么，也不了解如何建成世界一流大学。我国的世界一流大学建设目标从 1998 年提出以来，已有二十年的历史。这二十年来，无论是政策制度的供给还是物质条件的改善，之于我国的世界一流大学建设既是史无前例的，也是举世瞩目的，然而，遗憾的是效果并不明显。在我看来，国家的制度环境及资源投入对于世界一流大学建设固然十分重要，但这还远远不够，引领世界一流大学建成的大学理想主义不可或缺。举目世界一流大学如剑桥大学、牛津大学、哈佛大学等，莫不如是。

关于什么是大学理想主义，我想说两个小故事。

故事一：这是 2009 年我在德国柏林自由大学访学时写于 3 月 25 日

---

① 眭依凡：《大学何以要倡导和守护理想主义》，载《教育研究》，2006（2）。

② ［比利时］希尔德·德·里德－西蒙斯：《欧洲大学史（第一卷）：中世纪大学》，张斌贤等译，48 页，保定，河北大学出版社，2008。

的日记。

今天与柏林自由大学教务长彼特·朗格（Peter Lange）相约访谈，由德国著名女汉学家罗梅君（Mechthild Leutner）开车送我并陪同。朗格是一个很和蔼的、典型的德国中年男人，见面时他非常礼貌地要为我挂风衣，并把事先准备好的几份英文资料和送我的礼物递给我。当我把赴德研究的意图简单陈述一番后，朗格非常认真地告诉我，他会另外安排几次专门针对大学文化研究、大学管理治校和大学资源配置研究的会谈。他不清楚大学文化包含什么要素，为此，我还专门做了解释并列举了大学的办学理念、学术传统、历史继承、使命陈述、校训等。在交流讨论中，朗格走到挂在墙上的学校地图边，给我讲述学校的发展情况。他指着西南角的几栋建筑告诉我，这是 1910 年建的德国科学研究所，1948 年创建的柏林自由大学就是以此为基础不断发展壮大的。他自己也是从这个研究所毕业的。但我问及柏林自由大学的创校历史为什么不从 1910 年算起时，他和罗梅君立即异口同声地、严肃而坚定地回答："不行！"朗格解释说尽管德国科学研究所曾经拥有许多优秀的科学家如爱因斯坦等，但那里也在希特勒时期做了很多危害人类的、服务战争的研究。那是德国科学研究所的耻辱史，所以柏林自由大学的创建也就坚决不以 1910 年为起点。听完他的解释，我对柏林自由大学肃然起敬，我说柏林自由大学必定会成为一所伟大的大学，因为这所大学能够守持爱憎分明的道德精神底线。他们对此表示赞同。一个半小时的会谈结束后，我们在行政楼口与该大学的校徽合影留念。柏林自由大学的校徽下部由分别写着意大利文的"真理、正义、自由"的三本书构成，上部是一个举着火把的黑熊，黑熊是德国的象征。"真理、正义、自由"不正是探索、追求和维护真理的大学必须坚守并永远薪火相传的理想主义吗？

故事二：2019 年 12 月 1 日，我携三位赴香港科技大学进行大学治理结构调研的助手，在深圳大学专家公寓访谈香港科技大学早期创建者之一，学贯中西的学者丁学良先生。一见面，他就大谈香港科技大学的创建史。他告诉我们，最初参加香港科技大学创建的那些从美国大学回来的人都是理想主义者，他们在自己的专业领域都做出了了不起的成就，当时他们虽然不是美国大学的校长级高层管理者，但大多是重点实验室的负责人或研究中心主任。丁学良先生把香港科技大学的发展划分为三个阶段：第一阶段是 1989 年英国查理斯王子宣布筹建、破土动工到 1996 年，这是香港科技大学的初创期；第二阶段是 1997 年到 2004 年左右，是香港科技大学制度的形成期；第三阶段是 2005 年到现在，这既是香港科技大学的发展期，也是守成期。丁学良先生强调：我始终认为香港科技大学之所以能在短期内崛起为一所世界瞩目的大学，全在于第一阶段的这些创校者冒着把北美大学工作的"铁饭碗"丢掉的风险，心怀创办一所中国的世界一流大学的理想主义发挥了巨大作用。

最后，我想仿效前几部文集，用一首诗《你是雄鹰，你就高飞》作为本序言的结束。因为这首诗也是我作为一个理想主义者的写照。这首诗写于 2009 年 6 月 10 日，彼时我以国家公派高级访问学者身份在德国柏林自由大学从事访学研究，这也是我人生处在低谷的阶段。古希腊哲人赫拉克利特说：一个人的性格就是他的命运。我相信这句话，此外，我还坚信"本性难移"一说。大学理想主义已经渗入我的灵魂并成为我的本真和本性。守持大学的理想主义，守持党纪国法，守护我所在大学的师生利益，这首诗便是我当时心境的反映。

你是雄鹰，你就高飞

如果你是一只热爱苍穹的雄鹰，
在万里蓝天醉情展翅飞翔的自由，
那你就必须准备与暴风骤雨的搏斗。

如果你是一匹热爱原野的烈马，
在辽阔大地激情享受奔跑奋蹄的快乐，
那你就定会遭遇荆棘坎坷的拦阻。

如果你是一艘热爱航行的方舟，
在浩瀚大海尽情体会勇往直前的激动，
那你就无法回避惊涛骇浪的凶猛。

如果你是一个崇尚理想的君子，

在人间世故痴情坚守道德良知的风骨，
那你就要时刻面对阴邪险恶的世俗。

这就是真实的世界，
生存的冷酷……

但你是鹰击长天，
就不怕电闪雷鸣的太空。
你是一马当先，
就不惧险象环生的征途。
你是舟游四海，
就不悔选择浪迹天涯的航路。
你是坦坦荡荡的君子啊，
就无畏人生的波折世间的歹毒。

让所有的艰难，
所有的困苦都来吧，
或许你的背负会很沉重，
你的心底会很苦楚……
那你就发出愤怒的大喊，
悲壮的大哭吧，
但任何时候，
绝不能低下高昂高贵的头颅！

这就是你呀，
一个强者必需的品性，
一个理想主义者永远的选择，
不弃的归宿……

2019 年 5 月 6 日写于无名室

目　录

当·代·中·国·教·育·学·家·文·库

卷

上 篇

理想主义大学及其文化

大学何以要倡导和守护理想主义 *

一

　　一段时期以来，笔者在观察和思考大学的一些基本问题时，隐隐感到现代大学在轰轰烈烈、令人兴奋的包括扩大规模、改善条件的高速发展中，似乎缺失了一些灵魂性的东西，而这种东西正是在以往传统大学中可以感知、可以体悟并让人景仰、神往和激奋的，那就是大学的理想主义。大学的理想主义对人才培养有什么用？著名政治学家王沪宁先生有如下体悟："复旦的氛围立即让我感到了理想主义的魅力，这是复旦给予我的最宝贵的东西。""理想主义对于个人的人品和情操，我相信也是最好的磨石。"① 大学是依靠梦想和希望生存下去的，理想主义就是大学的梦想和希望，大学必须借此影响并培育能为人类、为国家、为社会担负起历史使命和责任的新人。国家近年来特别强调要进一步加强和改进大

---

* 　本文原发表于《教育研究》2006 年第 2 期。
① 　转引自齐全胜：《复旦逸事》，213 页，沈阳，辽海出版社，1998。

学生思想政治教育，而大学的理想主义对大学生的理想信念教育、爱国主义教育、民族精神教育、公民道德教育、文化素质教育无不产生积极的作用，对引导大学生勤于学习、善于创造、甘于奉献，成为有理想、有道德、有文化、有纪律的社会主义新人亦具有深刻的影响。这就是呼唤大学理想主义的意义所在，凡致力于高素质人才培养的大学，切不可忽视理想主义的培育和弘扬。

二

何谓理想主义？查《辞海》等多部大型工具书，都不见"理想主义"之诠释。国外辞书中的 idealism 一词虽可以译为"理想主义"，但是它具有多义性，常表示"观念论"或"唯心论"，指外在知觉的对象是由各种意义的观念所构成的一种思想体系。英国《大不列颠百科全书》倒还有一种观点，认为 idealism 作为一个哲学术语，强调的是理念或精神在人的实践认识中的中心作用。尽管这一解释仍具有观念论的含义，但毕竟在"理想主义"的意义上接近了我们对理想主义的认识。但是，这还不是我们所认为的"理想主义"概念的全部。这使得我们有必要借助"理想"来理解"理想主义"。

《现代汉语词典》对"理想"有这样的解释——"对未来事物的想象或希望"，并特别指出这种想象和希望是"有根据的、合理的，跟空想、幻想不同"。心理学把"理想"解释为：符合事物或现实生活规律的，指向未来的，并有可能实现的一种积极幻想，是激励人们斗志和增强人们信心去克服困难、赢得胜利的巨大动力。文学艺术和美学则把理想与创造美好艺术形象和美好事物结合在一起。德国社会学家尼克斯说：理想的本质就是时刻召唤人们脱离盲目平淡的日常现实，上升到完满的观念世界。马克思和恩格斯基于唯物主义认识论指出，"理想"是人们在实践过程中所提出来的有目的的并符合客观规律的前景。列宁认为"理想"包含两个方面：一是主观的要求，二是必须与外部的现实相符合。综上所述，我们至少可以建立这样的概念："理想"是表现人们追求社会或事物合理性、完满性、完美性并且通过努力可以实现的美好向往和愿望。关于"理想"的这一界定，使我们可以对"理想主义"下这样的规定性定义："理想主义"是社会理想的集合，是人们对客观世界和社会生活寄予美好希望并努力追求之所持的价值观念体系。

如果说大学的理想是关于人们对大学应然的价值取向和基本看法，是对大学的一种美好的期望。那么，大学的理想主义也就是大学理想的集合，是大学对客观世界、社会生活及大学自身寄予的美好期望所持有的观念体系，亦是大学对自己的使命、责任、目标和操守所持有的一种既符合大学规律又有崇高要求的价值认定和信念追求。它不仅是人们寄予大学的一种美好祈望，更是大学之为大学必须固守、薪火相传并不受外界干扰的精神向往和文化灵魂。"理想的意义就在于为平淡的生活提供美好的希望，为不完美的现实提供完满的参照，从而促使人们努力追求完美。"① 可以说大学理想主义的意义也在于此，即为大学的办学和发展、大学的教育者和被教育者提供一种美好的、纯洁的、积极的、向上的参照和追求。大学的理想主义是对大学行为提供普遍指导和制定决策的参照点，是使大学及其成员据此采取行动的基本信念、基本态度和基本准则。

大学的理想主义并非脱离现实的幻想，尽管理想和现实之间存在一定的距离及种种矛盾和冲突，但任何社会都是在不断解决理想与现实的种种矛盾和冲突中缩小它们之间的距离而接近美好境界的。大学亦然。由于大学是社会文明的集中体现，代表社会文明和人类文化的高度，因此，大学的理想主义不仅是大学本身应有的理性和追求，同时也代表着一个社会的理性和追求。大学的理想主义不是虚无缥缈的臆想之物，而是大学在近千年发展历史中形成的对大学应有价值的概括和追求，蕴含在大学的使命、大学的精神、大学的信念、大学的责任、大学的目标之中，指导并规范着大学的选择和行动，尤其是对大学的人才培养产生积极的作用。大学的理想主义是一种与庸俗实用主义相区别的，坚持自己人类社会的道德良心、人类社会的文明希望、人类社会的科学脊梁的一种价值追求和精神境界。如果说大学还具有区别于社会其他组织的特征，那么理想主义应该是这种特征的核心因素，理想主义使大学更像大学。理想主义的本质就是崇真、向善、求美，有理想主义的大学才愿、

① 肖海涛：《中国现代大学的理想》，博士学位论文，华中理科技工大学，1999。

才会、才能崇真、向善、求美。

三

大学何以要倡导和守护理想主义？可以梳理出如下三条理由：大学本身就是充满理想主义的培养人才和探求学问的场所；理想主义是大学不可或缺的对人具有深度影响的文化精神；当前有些大学已经呈现与大学崇真、向善、求美之宗旨、之属性相悖的过度功利和势利的势头。

大学是什么？从使命或功能而言，大学在近千年的历史发展过程中，经历了从单一的教化机构进而为教学、科研合二为一，再人才培养、知识创新、社会服务三位一体的进化阶段。大学的这种与时俱进，不仅满足了社会对大学的需要，而且推动了人类社会的发展进步，大学也因此而经久、而不衰、而伟大。对大学的历史进行考察，我们可以看到大学无论处在哪个阶段，其所作所为都集中表现出了大学较其他社会组织对人、对知识、对人类社会更加负责的精神。譬如，对真理和知识的崇敬和忠诚，对教者和学者之博学、高尚、修养的要求，对维护和推动社会文明进步的责任意识和自觉性等，这都是大学理想主义的具体反映。随着大学社会性的与时俱增，大学更必须以传播人类文明、探索知识和解决人类生存与发展问题为己任，以追求人类的自由和幸福为使命，坚持自觉为人类、为社会、为受教育者高度负责的人文传统。否则，大学及其培养的人才对社会、对人类的作用就难以是建设性的。

至此，"大学是什么"得到了回答：大学是以探索、追求、捍卫、传播真理和知识为目的，继而负有引导社会价值观、规范社会行为之使命，对人类素质改善和提高、对社会文明发展和进步具有不可替代之重大公共影响力、推动力的教育机构和学术组织，是"研究和传授科学的殿堂，教育新人成长的世界"，是社会文明的一面旗帜，是人类社会的道德良心、文明希望、科学脊梁。大学的这一使命和功能本身就决定了大学这样的基本逻辑：它必须是一个充满理想主义的所在。在这里，师生有充分追求真理、激发思想、探索知识、发展能力的自由和空间；在这里，大学以自己天然的庄重、理性、自律、智慧和负责，教人以庄重、理性、自律、智慧和负责；在这里，大学以理想主义的崇真、向善、求美，教人并引导社会崇真、向善、求美。大学之所以为大学，就是因为它代表着社会人文精神的高度，这个高度就是大学的理想主义，这使得大学与众不同。正因如此，大学才能成为胡适等大师所说的"心灵中的圣殿"。

如果把大学的理想主义视为一种文化精神，那么理想主义对大学何以重要亦得到回答。理想主义是大学文化使命的集中反映，是大学经历史的积淀、选择、凝练、发展而成的，高度成熟并为大学及其所处社会高度认同的高层次精神文化。其意义不仅体现在它对内能创设一个积极健康、奋发向上，影响着校内成员价值选择、人格塑造、思维方式、精神气质、道德情感、行为模式的大学文化氛围，同时，它对外表现为大学的价值观和理想追求。精神文化虽无制度文化、环境文化那种直观的特点，然而，由于它已经附着在校内各种文化载体及行为主体身上，从而使人无时不切实感受到它的存在，以及由它透射出来的那种独特的文化感染力、凝聚力和震撼力。

严格而言，大学不仅本质上就是文化属性的组织，而且教育的发生在很大程度上也来自文化的影响。据人类文化学研究，人本质上是文化且是受文化影响的产物。事实上，大学教育目的的达成或其质量，在很大程度上有赖于大学所创设的文化环境，大学的文化环境的品位极大地影响着大学所造就的人的品位。我们说北大学子有北大学子的神韵，清华学生有清华学生的气质，那是大学人文环境浸染的结果，而绝非仅仅是课堂教学的产物。受教育者所要形成的道德修养和所要达到的人格境界，也只有在大学健康的崇真、向善、求美的文化环境中养成和陶冶，这就是大学文化的力量。没有理想主义文化的呵护，大学既不会在心态上生成安然于育人的本分，也不会在行为上孜孜于育人质量的提升。

大学建设之要，重在涵养其文化的底蕴。没有深厚的理想主义的文化底蕴，大学何以能以理想主义的文化精神教育人、影响人、改造人，何以传播和创造出理想主义的文化？理想主义绝不是一种说教，它是一种融化在大学使命、追求、责任、目标中的文化精神和灵魂。

随着大学社会性的增强，大学不是也不能再是与世隔绝的"象牙塔"。但正是大学之社会作用的大而又大，大学的社会责任也随之重而又重，社会对大学的要求也高之又高。当我们用这样的视角去审视当前的大学在关注和追求什么，以及这种关注和追求又会对大学产生何种影响时，我们不得不面对不少大学有失大学风范、有违大学属性而不能自觉抵御各种利益、权力的诱惑和干扰，做了不少大学不该做的事，同时又放弃了不少大学本应坚持去做的事等令人忧虑的事实。有些大学甚至以牺牲大学应遵循的规律和应守持的理性为代价，而搞所谓"形象"工程。坦诚而言，我们不反对大学规模扩张及学生数量增加，这不仅是民族经济发展的需要，而且是高等教育发展的需要。但是大学规模的扩张并不等于非要选择远远超越大学实际需要和能力去建造超豪华的、全新的大学校园。超负荷的巨额贷款不仅使大学无法按科学发展观的要求安心于教书育人，而且将造成国家未来沉重的经济负担和严重的社会问题。大学需要科学研究，这是大学的使命和责任所在，但学术岂能急功近利，岂能求速成速效并纳入计划和组织之中进行批量生产以数取胜？大学更不能放弃对大学生之学业应有的标准，不能不顾教育质量而成为贩卖文凭的机构。大学及其学者也不能为了金钱利益牺牲学术和人格应有的尊严。

尽管我们不认同学术腐败、教育腐败在大学中已经普遍的说法，但是钱学交易、学术不端等庸俗化现象在一些大学时有发生的事实应引起我们的高度重视。大学若都热衷于迎合社会，重权势轻气节，重物质轻精神，重操作轻思想，重外形轻内涵，重现实轻历史，重急功轻远利，就会失去文化的厚重，就很难避免媚上、媚钱、媚俗，因此也就很难坚持大学应有的独立的品质，就不堪为民族的文化脊梁、社会的文化旗帜。大学如果不克服迅速工业化和商业化带来的过度的实用主义，大学所崇尚的人文主义的理想和精神就会丧失殆尽，大学就会降格为一种庸俗教育的场所。[①] 凡大学，须切记：大学的成长成熟，取决于大学内在精神文化的培养和形成，而非仅仅是对世俗的迎合和所谓抓住机遇。大学应当有自己的风范和风骨，有风范、有风骨的大学才能培养有一身正气，有进取精神和创新能力，对国家、对社会负责任的新人。

为了让自己处于良好教育者的状态，大学必须明智地放弃那些与金

---

① 陈维昭：《大学的角色和任务》，见《21世纪的大学：北京大学百年校庆召开的高等教育论坛论文集》，23页，北京，北京大学出版社，1999。

钱、权力和欲望有关的，并且需要放弃一些大学基本原则才可获取的东西。大学如果连自己都拯救不了，它还能拯救谁？教育者如果连自己都教育不了，他还能教育谁？学者们的这一审问使我们认识到：大学的问题理应从它原本是理想主义的精神所在寻找出路。"大学不能遗世独立，但却应该有它的独立自主；大学不能置外于人群，但却不能随外界政治风向或社会风尚而盲转、乱转。大学应该是'时代之表征'，它应该反映一个时代之精神，但大学也应该是风向的定针，有所守，有所执着，以烛照社会之方向。"① 什么是大学的定针、所守和执着呢？不就是大学应当始终坚持的理想主义吗？斯坦福大学原校长卡斯帕尔（Gerhard Casper）在北京举办的首次中外大学校长论坛上指出：大学必须持续地专注于改善自身的品质，这是大学自身的责任。为此，大学必须从追求完美的理想开始。然而，问题在于社会现代化进程中，大学的世俗化现象也随之严重，"世界上有太多的大学似乎已经放弃了追求完美的理想"②，这使得大学与时代和社会之精神灯塔的角色渐相远去，与理想主义渐相远去。

提出大学的理想主义，不仅是因为现在的大学越来越功利甚至越来越势力，更在于大学的这些世俗倾向对培养合格的人才有着与大学宗旨相悖的不良影响，而且这些影响已经产生。因此，我们有必要在喧闹的、变化的社会环境中安静下来，重新认真思考有关大学的使命和责任、大学教育的宗旨和真谛，以此寻求解决当前大学，尤其是大学生思想教育方面存在的问题的有效方法，思考在加强大学生思想政治教育中，大学自身教育改善负有怎样的责任。大学是最应体现"以人为本"的社会组织，这不仅是由大学必须反映以人的素质改善、提高、发展为活动宗旨的本质属性所决定的，更是大学要教人做人、对社会负起责任的价值使命提出的要求。马克思主义永恒不变的最高命题，就是"一切人自由而全面的发展"。作为培养人的机构，大学更应将学生的全面发展视为自己必须集中精力去承担的社会责任。对大学的这样一种基本认识，使我们不仅要思考"当前我们的大学关心的主题是人吗？大学的工

---

① 金耀基：《大学之理念》，22 页，台北，台北时报出版社，1997。

② ［美］G. 卡斯帕尔：《研究密集型大学的优越性》，见《21 世纪的大学：北京大学百年校庆召开的高等教育论坛论文集》，103 页，北京，北京大学出版社，1999。

作中心是育人吗"这样的问题，同时还要提出"怎样的大学才有利于育人"这样的问题。

人本主义哲学家马斯洛认为："当我们探索人究竟想从生活中得到什么时，我们就接触到了人的本质。"[①] 据此观点，实现"以人为本"的教育理念，我们一方面需要深入考察"大学生究竟想从大学生活中获得什么？大学生进入大学的基本需要是什么？"另一方面，我们还必须对"大学能够满足他们的这些需要吗？如果大学不能满足他们的需要，他们身上又会发生什么"的问题进行思考。大学生的"病态"或身心的不健康，不仅要从社会、从大学生身上找原因，更应当从大学自身找原因，因为大学作为教育者的责任是不能推卸的。一所对社会负责任的大学，岂能满足于在专业知识和技能上训练学生，而在诸如社会责任、社会诚信、社会正义等公民道德和精神教育上放下自己的责任？大学理想主义的缺失或衰微，对大学的人才培养是极为不利的。这正是党中央、国务院既强调加强大学生思想政治教育，又强调改进大学生思想政治教育的原因。如果说"加强"针对的是大学生存在的问题，那么"改进"针对的就是大学自身的问题。

四

胡锦涛同志指出，一个有远见的民族，总是把关注的目光投向青年；一个有远见的政党，总是把青年看作推动历史发展和社会前进的重要力量。[②] 重视青年之首要任务在于培养好青年，而对青年人才的培养是大学的基本价值和主体职能。凡大学，就必须抓好人才培养工作，这是大学的立身之本，也是大学存在和发展的基本逻辑和公理。综观世界一流大学，无不视人才培养为学校工作的重中之重，并以人才培养的高质量而著称。什么样的大学培养什么样的人才，这是无须证明的规律。一个具有理想主义并且充满理想主义文化氛围的大学，对大学生的影响

---

① ［美］马斯洛：《马斯洛人本哲学》，成明编译，78页，北京，九州出版社，2003。

② 胡锦涛：《迈向新世纪　创造新业绩——胡锦涛同志代表党中央在共青团第十四次全国代表大会上的祝词》，politics. people. com. cn/GB/8198/124088/124201/7350794. html，2006-01-02。

是其他组织不能也无法替代的。如果我们接受大学应当对自己有一个高期望或高标准的价值追求——理想主义的话，那么从理想主义的既成理念考察，大学的理想主义对人才培养所产生的影响则可以概括为：形成和养成大学生坚定的科学信仰、高雅的文化涵养、高尚的道德操守、高度的责任担当。科学信仰使大学生崇真，文化涵养使大学生向善，道德操守使大学生求美，责任担当使大学生务实。一所大学能否拥有好的教育质量，在很大程度上取决于其是不是有理想主义的大学。守护和弘扬理想主义就是对大学精神和灵魂的守护与弘扬，这是大学永远不能放弃的。

关于"理想大学"与大学理想主义的思考[*]

在高等教育强国的时代而我们的大学尚未担负好这一使命的时候，认真思考和讨论理想大学的问题有其必要性和紧迫性。大学的国家责任和人类发展使命要求其以人才培养和科学研究为天职，不仅不能满足于现在，更不能简单复制过去。否则，国家的发展和强盛、人类社会的文明和进步就要停滞，这既是大学在近代以来越来越重要、越来越不可代替的原因，也是社会对大学的要求越来越高的理由。

笔者在"百度"搜索引擎输入"理想大学"一词，立刻有 1 460 万个相关结果显现。这既反映了人们对"理想大学"的关注，其实也表达了人们对当前大学的某种失望。基于对我国大学越来越功利和充满物欲、丧失活力并由此引起社会广泛批评的现象，2011 年 9 月新学年开学之际，经济观察网、搜狐评论、中德文化网联合策划组织了一场题为"何为理想大学"的讨论，邀请了包括海德堡大学校长在内的 8 位德国资深学者和观点独特的 8 位中国学者，针对当前中德两国高等教

* 本文原发表于《江苏高教》2012 年第 4 期。

育面临的问题发表见解。策划者希望通过这种跨国的大学学者对话和交流，厘清"理想大学"的概念并找到"理想大学"的发展之路。

那么，什么是理想大学？理想大学有哪些特征？刘道玉先生说，他心目中的理想大学是"学术至上的创造乐园"。虽寥寥数字但内涵丰富，基本表达了理想大学的要义。若对此加以注释，我以为理想大学首先是个求学求知求真理及知识创造的地方，这个地方还不是一般的组织场所，而是精神乐园，是充满快乐的地方。这个乐园的独特性还在于必须以尊重知识、思想自由、学术民主为特征的学术至上为条件，否则，不能受外界干扰的真理之探索和知识之创造就无法进行，更难以成为知识分子人格独立、思想自由、精神快乐的乐园。关于理想大学的特性，笔者亦同意刘道玉先生的见解：其一，理想大学必须以人为中心，人的自由、权利、尊严、志趣和选择权都必须受到尊重，实行人性化的教学与管理，使人的个性和智慧得到充分的解放；其二，创造性的思想必须贯穿始终，教师为创造而教，学生为创造而学，致力于培养创造性的人才，迎接以创造为特征的 21 世纪提出的挑战；其三，一所理想大学的精神之所在，是对历史和未来负责，而不仅仅是对现实负责，她关乎的是影响终身的学问，以追求终极真理为目的。此外，他认为，理想大学必须以人为本、独立自主、思想自由、学术至上、学风民主、创造不止。

关于社会对大学的颇多诟病和批评，甚少有大学领导人思考大学自身对此负有什么责任，习惯的思维方式是把责任，包括人才培养质量不高这样纯属大学自身的问题也推给政府和社会。当然，作为以政府投入为自己赖以生存条件的学术组织，大学无法也不能我行我素，脱离政府的治理甚至管控，所以大学的不甚理想确实也不能完全归咎于大学。比如，教育家办学治校的问题已经为党中央所重视，但我们至今不仅尚未形成让教育家脱颖而出的现代大学制度，甚至连有利于教育家脱颖而出的舆论环境都还没有形成。

坦诚而言，在高等教育质量，尤其是人才培养质量有待提高的今天，我们应该从大学未能担负好自己基本使命的昨天和今天找原因。而很长一段时间以来，大学领导人的管理能力是一个不能不答的问题。1949 年以后，包括改革开放以来，我们的大学领导人中就不乏既忠诚于祖国又忠诚于教育，既有教育理想、教育思想又有办学治校能力的教育家，如蒋南翔、匡亚明、刘道玉、朱九思、曲钦岳、张楚廷等校长就是典型代表。但如果我们不能营造让教育家校长脱颖而出并赋予他们按大学自身规律办学治校的基本权力的话，大学是不可能办好的。

大学毫无疑问是社会需要并适应和满足社会需要的产物，但她还是有不同于政府及其他任何社会组织之独特规律及规则的教育和学术组织，其人才培养和知识创新的组织特性决定了其只有在管理上适度走出体制之外，才能更好地履行体制之内的使命，为体制服务并做出更大的贡献。欧美大学的成功就是鲜明生动且值得我们思考和借鉴的案例。

基于此，有学者认为，从长远来看，就制度改造问题而言，中国更需要学习的是政府。笔者亦认为政府在现代大学制度改造中应负重大责任，因为大学需要获得按自身规律自主办学的社会环境，尤其是政府营造的体制和制度环境。但问题是仅有好的外部环境和条件是否可以保证大学的理想性？在同样的体制和制度环境下，为什么有不同的大学行为及其结果？理想大学的充分必要条件是什么？一所大学是否理想大学取决于两个要素：大学外部的治理结构（宏观管理）；大学本体条件（内部管理）。由此可以建立两个假设：一是如果大学外部的治理环境不好，大学可能有"理想或不理想"两种结果，其取决于大学内部管理的好坏；二是如果大学的外部治理环境好，大学也有"理想或不理想"两种结果，这两种结果其实也取决于大学内部管理的好坏。由此得出结论：好的高等教育宏观治理制度环境只是大学理想与否的充分条件，而好的大学内部管理环境才是大学优秀的必要条件。外因只是变化的条件，内因才是变化的根据。如果大学组织本体有问题，仅有优越的外部体制机制不足以保证大学就是"理想大学"，这是大学领导者必须解决的观念问题。遗憾的是，不少大学领导人喜欢把大学存在的问题全部推卸给政府和社会，甚至把广为社会诟病的人才培养质量不高、没有培养出拔尖创新型人才等问题也归咎于缺乏"自主招生，自授文凭"的自主权。

从一个大学批评者的角度直言，笔者以为，即便在现行的环境下，我们的大学可以也应该办得更好，对国家乃至人类的文明发展有更大的作为，何况我们的大学所处的制度环境亦在日益民主、开明和开放。剑桥大学原副校长艾什比认为，大学并不只是受政治和市场影响的组织，来自大学本身的影响在某些时候更大。这为我们从大学自身的不足讨论大学何以不理想提供了理论依据。

作为一个理想主义者，多年来笔者一直没有停止过对大学应该怎样和不该怎样的观察和思考，由此发现在大学轰轰烈烈、令人兴奋的、包括校园扩张、规模膨胀、条件改善的高速发展中，似乎忽视了一些灵魂性的东西，而这正是在以往传统大学可以感知并让人景仰、神往和激奋的，那就是大学的理想主义。这种思考使笔者得出这样一个结论：当前大学最大的问题既不是物质不足也非制度不善，而是大学理想主义的丧失。事实亦然，在大学的改革和发展中，我们或十分强调自主办学权力的重要性，或十分强调资金雄厚、条件改善的重要性，或十分强调机遇把握、制度创新的重要性，等等，唯独缺乏对大学本质与大学使命予以严肃思考的自觉，更谈不上对理想主义的倡导和守护、培育和弘扬，由此导致不少大学呈现出无视以生为本、以师为尊、以学术为理想、以社会为责任的，与大学崇真、向善、求美、务实（有社会担当）之宗旨、之属性相悖的过度功利和势利。设想一个使命意志模糊、价值方向失偏的社会组织，能企盼她自觉进行有利于使命坚守和责任担当的制度建设和物质利用吗？

如果说理想是表现人们追求社会或事物合理性、完满性、完美性并且通过努力可以实现的美好向往和愿望，其意义"就在于为平淡的生活提供美好的希望，为不完美的现实提供完满的参照，从而促使人们努力追求完美"①的话，那么理想大学就是人们关于大学应然的价值取向和基本看法，是对大学的一种美好的期望。而大学的理想主义则是"大学对客观世界、社会生活及大学自身寄予的美好期望所持有的观念体系，亦是大学对自己的使命、责任、目标和操守所持有的一种既符合大学规律又有崇高要求的价值认定和信念追求。它不仅是人们寄予大学的一种美好祈望，更是大学之为大学所必须固守、薪火相传并不受外界干扰的精神向往和文化灵魂"②。大学理想主义为大学的办学和发展、大学的教育者和被教育者提供了一种美好的、纯洁的、积极的、向上的参照和

---

① 眭依凡：《大学何以要倡导和守护理想主义》，载《教育研究》，2006(2)。
② 眭依凡：《大学何以要倡导和守护理想主义》，载《教育研究》，2006(2)。

追求，是对大学行为提供普遍指导和制定决策的参照点，是使大学及其成员据此采取行动的基本信念、基本态度和基本准则。理想主义是大学不可或缺的对人具有深度影响的文化精神。

上述讨论使我们进一步认识到：理想大学其实就是真正意义的大学，而真正意义的大学既非仅资金雄厚、数据骄人、设施齐全、建筑豪华的楼群，更非以物质利益诉求和权力依附为目的的组织。否则，西南联大就不可能成为我们大学的丰碑。这所组建于抗日烽火年间，办学条件极其艰苦的大学，历时9年，先后仅仅招收了8 000名学生，其中毕业2 440人，却培养出了像邓稼先、杨振宁、李政道、黄昆、邹承鲁、郝诒纯、赵九章、朱光亚、宋平、彭佩云等一大批人文大师、科学巨匠、国之栋梁，其毕业生多数成为新中国各个学科的中坚力量或中流砥柱，为新中国的成立与发展做出了不可磨灭的功绩。其卓越贡献并不只是拥有像吴大猷、周培源、王竹溪、梁思成、金岳霖、陈省身、王力、朱自清、冯友兰、吴有训、陈寅恪、沈从文、陈岱孙、闻一多、钱穆、钱锺书、费孝通、华罗庚、朱光潜、吴晗、赵九章、林徽因等数百位学有造诣的教师，更在于西南联大那份不畏艰难，为保存中华民族教育免遭毁灭，"千秋耻，终当雪；中兴业，须人杰。便一城三户，壮怀难折。多难殷忧新国运，动心忍性希前哲。待驱逐仇寇复神京，还燕碣"，"抗战，建国，都要我们担当"的"刚毅坚卓"的理想主义精神。

大学当然是需要物质支撑的，包括楼宇建筑的实体，但这个实体不同于其他组织的是她非同一般的生命感和使命感，即她有不同于其他组织的精神追求和价值信仰。若说过去的大学与现在的大学有什么不同，那就是过去的大学是坚守理想主义的大学。西南联大的历史告诉我们，大学之大的首要者，并非其条件之优越，而是支撑其的价值追求、价值坚守的精神。人们之所以呼唤理想大学，最重要的原因就在于今日大学已经失去了往昔大学的精神坚守。"任何面对现实的不满，都带有回归原始的冲动"，大学亦然。

人们对理想大学的诉求，其实就是对本真大学回归的期待。那么大学的本真是什么？就大学的本质而言，笔者始终坚持这样的立场：大学是以探索、追求、捍卫、传播真理和知识为目的，继而负有引导社会价值观、规范社会行为之使命，对人类素质改善和提高、社会文明发展和进步具有不可替代之重大公共影响力、推动力的教育机构和学术组织，是"研究和传授科学的殿堂，教育新人成长的世界"，是社会文明的一面旗帜，是人类社会的道德良心、文明希望、科学脊梁。① 大学的这一使命和功能本身就决定了大学这样的基本逻辑：它必须是一个充满理想主义的所在。大学之所以为大学，就是它代表着社会人文精神的高度，这个高度就是大学的理想主义。理想主义使大学根本不同于其他社会组织。没有理想主义的精神支撑和守持，大学的外在条件再好，也只是一个缺失文化内涵的华丽外壳，或许她也会获得一时肤浅的羡赞，但她永远不可能成为被人们敬畏的、文化底蕴深厚的且生命力持久的理想大学。

关于大学的理想主义，笔者发表于《教育研究》的《大学何以要倡导和守护理想主义》阐述了如下观点：大学的理想主义并非脱离现实的幻想，由于大学是社会高度文明的集中体现，因此，大学的理想主义不仅是大学本身应有的理性和追求，同时也代表着一个社会的理性和追求；大学的理想主义是大学在近千年发展的历史长河中形成的对大学应有价值的概括和追求，蕴含在大学的使命、大学的精神、大学的信念、大学的责任、大学的目标之中，指导并规范着大学的选择和行动，尤其是对大学的人才培养发生积极的作用；大学的理想主义是一种与庸俗实用主义相区别的，坚持自己人类社会的道德良心、文明希望、科学脊梁的一种价值追求和精神境界；大学理想主义的本质就是崇真、向善、求美和务实(有社会担当)，有理想主义的大学才愿、才会、才能崇真、向善、求美和务实(有社会担当)。②

理想主义使大学：知其伪而守其真，知其恶而守其善，知其丑而守其美，知其不能为而守其必须为，知其何谓辱而守其学府之尊。失去了理想主义，大学已经不是大学，更何况理想大学乎？理想主义是"崇尚真理，追求科学""学术自由""对国家前途负有责任""育人为本"等大学精神的反映，这是大学最不能放弃的基本价值追求和坚守。

关于"崇尚真理，追求科学"，古希腊哲学家亚里士多德和德国哲学

① 眭依凡：《高等教育强国：大学的使命与责任》，载《教育发展研究》，2009(23)。
② 眭依凡：《大学何以要倡导和守护理想主义》，载《教育研究》，2006(2)。

家雅斯贝尔斯的告诫对大学及其学者具有警醒的意义："人们是由于诧异才开始研究哲学；过去是这样，现在也是这样……既然人们研究哲学是为了摆脱无知，那就很明显，人们追求智慧是为了求知，并不是为了实用。"①一个人，"只有当他把追求真理当作一种内在需要时，才算是真正参与学术研究"②。雅斯贝尔斯还说："大学是个公开追求真理的场所，所有的研究机会都要为真理服务，在大学里追求真理是人们精神的需要。因此，它给大学带来勃勃生机，是大学进步的条件。"③这是一种治学精神：为学术而学术。科学是天使，不是被挤奶的奶牛，若不戒除为功利而学术的浮躁风气，我们就永远难以产生原创性成果。

　　关于"学术自由"，是由大学研究高深学问，创新、创造知识必须忠实、客观这一学术组织属性决定的，其主要表达的是一种"大学应当有独立精神，学者应当有自由思想"的理念。亚里士多德说："哲学和科学的诞生有三个条件：第一个条件是要求人们有好奇心和求知欲。第二个条件是闲暇，即知识阶层不用为了生活而奔波劳碌，因为整天从事繁重体力劳动而没有闲暇的人，是无法从事求知这种复杂的脑力劳动的。第三个条件是自由。哲学是自由的，它不以什么目的而存在，而纯粹是为了自身而存在，它是一门自由的学问，它要求自由地思考、自由地发表意见，不受他种目的和利益的支配。"④一所大学若想在它围墙以外获得金钱和权力，所付出的代价就是自由的丧失。所以大学必须义无反顾地明智选择放弃那些与权力和欲望有关的、需要牺牲大学基本原则才可获取的东西。大学若不能自觉放弃权势和商业化带来的庸俗实用主义，就不能逃脱台湾大学校长陈维昭先生所说的"大学所崇尚的人文主义的理想和精神会丧失殆尽，大学会降格为一种庸俗教育的场所"⑤的命运。刘道玉先生亦强调："独立、自由、民主、质疑和批判精神是西方大学

---

① ［古希腊］亚里士多德：《形而上学》，吴寿彭译，5页，北京，商务印书馆，1962。

② ［德］雅斯贝尔斯：《什么是教育》，邹进译，150页，北京，生活·读书·新知三联书店，1991。

③ ［德］雅斯贝尔斯：《什么是教育》，邹进译，169页，北京，生活·读书·新知三联书店，1991。

④ 刘道玉：《大学的缘起及精髓》，载《校长》，2009(12)。

⑤ 陈维昭：《大学的角色和任务》，见《21世纪的大学：北京大学百年校庆召开的高等教育论坛论文集》，23页，北京，北京大学出版社，1999。

沿袭了近千年的精髓，是一个大学的灵魂，失去了这些精神，大学就是一具没有灵魂的躯壳。"①

大学以学术传承和创新为根本目的的组织属性要求大学按自身规律发展，而条件是不受外界的干扰，尤其不能为政治和商业性质的目的生产文凭和知识。剑桥大学原校长乐思哲·博里塞维奇（Leszek Borysiewicz）在巴塞罗那对欧洲研究大学联盟发表讲话时指出，"大学是经济成长的关键因素，但是经济成长不能成为驱动大学的力量"，"大学对经济的贡献非常巨大，但这并不是说经济成长是大学的首要目标"，"经济产值只是大学从事教学和研究的'副产品'，而大学从事教学和研究的目的并不是为了经济成长"。②"虽然在争取公共资金的时候，有越来越多的大学强调他们对经济成长所做的贡献，但是大学更宽广的目标和纯研究才是让他们成功的原因"，"如果经济成长变成大学的首要目标，如果大学成为整个工商业的研发分支，那么大学的独特价值就不存在了"。③

关于大学"对国家前途负有责任"的精神，可以从大学发展的历史找到依据。大学是社会发展到一定阶段后政治、经济、文化、科技等要素相互作用的结果，大学不仅需要社会为其提供生存发展的物质基础，同时其存在与发展的价值亦在于对社会的进步有不可替代的作用。社会需要是大学产生、存在和发展的唯一理由，大学的发展史决定了其绝不能遗世独立及放弃社会和国家责任。日本科学史家汤浅光朝在统计自文艺复兴以后科技文献分布的基础上，于1962年证实了英国学者贝尔纳关于世界科技中心转移的观点，即在近400年间，世界科技中心转移的路径是：意大利—英国—法国—德国—美国。而自中世纪大学诞生以来，世界高等教育中心与世界科技中心的转移大体接近，这说明了大学对科学技术进步的作用。意大利的文艺复兴、英国的政治民主和工业革命、德国科学技术的飞速发展、美国经济强国地位的建立等，无不有其当时世界一流大学的支撑。由此可见，大学对国家、社会发展的重要性。这

①　刘道玉：《大学的缘起及精髓》，载《校长》，2009（12）。

②　《剑桥校长：大学不该一味追求经济成长》，http：//news. sciencenet. cn/htmlnews/2012/5/263971. shtm，2012-05-20。

③　《剑桥校长：大学不该一味追求经济成长》，http：//news. sciencenet. cn/htmlnews/2012/5/263971. shtm，2012-05-20。

种重要性在知识经济时代不可替代，并使大学成为国家实力的象征和国家事业的重要组成。

德国柏林大学的创建者洪堡深悉大学在民族振兴中的不可替代性。他从文化国家观出发，认为大学作为学术机构，本身就是国家事业的一部分，大学的目标和利益就是国家的目标和利益。在我国，清华大学之所以成为世界研究中国大学的典范，就在于清华之人才培养目标（又红又专，德才兼备，能为社会主义现代化建设服务），之学科专业建设（发展国家急需专业如航空技术、核工业技术、通信技术、计算机技术等），之科学研究（要与生产实际结合，解决实际问题）。它们都体现了大学为国家、为人民负责的精神，这亦是清华大学能造就如此多的治国栋梁、科学大师、兴业俊才的原因。具有理想主义精神的大学把国家和人民的利益置于第一，自觉为国家和社会做出重要的贡献，这是理想大学的标志。

关于"育人为本"，这是大学最不能忽视的使命，当然也是理想大学最必须守持的价值精神。育人是大学的天职和本分，忽视和放弃了育人，大学就不再是真正意义上的大学。同样，具有什么育人观的大学就培养出什么样的人才。"育人为本"的大学精神不仅强调大学必须重视育人，而且强调用什么样的大学精神去营造育人环境及影响育人成效。胡锦涛同志在清华大学百年校庆的讲话中指出："从总体上看，我国高等教育还不完全适应经济社会发展和人民群众接受良好教育的要求，同国际先进水平相比还有明显差距。"[①]在教育部直属高校工作咨询委员会第二十次全体会议上，刘延东同志亦坦言："与世界高等教育强国、与世界一流大学相比，我们的教育质量还存在较大差距。"[②]面对人才培养质量不高的事实，大学不仅要把时间和精力集中于人才培养，而且必须以理想主义文化影响青年学生，使他们在大学阶段形成坚定的科学信仰、高雅的文化涵养、高尚的道德操守、高度的责任担当意识。一所大学能否有好的人

---

① 胡锦涛：《在庆祝清华大学建校 100 周年大会上的讲话》，www. gov. cn//ldhd/2011－04/24content_1851436. htm,2011－04－24。

② 刘延东：《加快建设中国特色现代高等教育　努力实现高等教育的历史性跨越——在教育部直属高校工作咨询委员会第二十次全体会议上的讲话》，www. moe. gov. cn/jyb_xwfb/moe_76/201009/t201000913_108606. html,2011－04－24。

才培养质量，必须看她是否守护和弘扬育人为本的大学理想主义，以及是否有理想主义的育人文化。强调"育人为本"的大学精神，不仅是因为现在的大学越来越功利、越来越势利，更在于大学的这些世俗倾向对培养合格的人才有着与大学宗旨相悖的不良影响，而且这些影响已经发生。因此，我们真的有必要在喧闹的、变迁加速的社会环境中安静下来，重新认真思考大学"育人为本"的使命和责任。

正如针对当前不少大学已经呈现与大学崇真、向善、求美、务实(有社会担当)之宗旨、之属性相悖的过度功利和势利的问题，我们理应从它们理想主义精神的缺失中寻找原因一样，理想大学的建设也必须以大学理想主义的价值坚守为精神依托。斯坦福大学原校长卡斯帕尔在北京举办的首次中外大学校长论坛上指出：大学必须持续地专注于改善自身的品质，这是大学自身的责任。什么是大学自身的品质和自身的责任，不就是大学必须始终坚持和弘扬的理想主义吗？理想主义应该成为大学永远的定针、所守和执着！

大学的使命及其守护[*]

就大学组织属性而言，大学属于主观为社会的一类组织，所以它只能是生产公共产品为社会服务的组织，不是也不能以谋私营利为目的。依笔者个人之见，大学虽然不是国家机器，却像国家机器一样，是最不能只代表自己利益的一类组织。尽管大学出于探索、追求、守护和传播知识与真理、坚守学术组织属性的需要，应当具有学术自由等组织特性，但大学的根本利益应当与民族和人类社会的根本利益一致，这是大学存在和发展的最基本理由。凡社会组织都应该有明确的使命，在知识权力对一个社会、民族和国家乃至人类世界的决定性影响日益强大且不可替代的时代，大学因其知识保护、知识传承、知识创新、知识应用的角色，必须明确并守护自己的使命。

一、大学使命的概念及其意义

使命是人们对组织之社会责任的主观赋予，是人们对组织必须承担的社会责任的一种认定，

---

* 本文原发表于《教育研究》2011 年第 1 期。

亦是人们对组织应有价值判断、价值选择和价值追求的明确表达。有时，它通过组织的宗旨、目的抑或理想具体表现出来。任何社会组织不论大小，都应当有自己的使命，并在使命确定的基础上确定组织的目标和任务。使命决定了一个社会组织应该做什么，同时也决定了其不能做什么。对社会组织而言，使命起着定性、定向继而定职能的作用。一个组织的社会地位和作用越重要，明确其组织使命也就越重要。

大学就是这样一种必须明确自身使命并在使命驱动下采取有理性的行动的极其重要的社会组织。基于使命的内涵，大学使命可以界定为：人们对大学这一特殊组织必须承担的社会责任的一种确定，是人们对大学应有价值的判断、追求和选择，具体体现为大学组织的宗旨、理想、目的和责任。大学使命是人们透过大学组织在复杂的社会环境下的种种表现，关于大学应该是什么的深刻的批判性的思考和价值判断。在使命确定的基础上，大学确定自己具体的组织目标和任务，以及办学治校的组织结构和运行方式。尽管大学的使命是伴随着大学的创建与生俱来的，但它随着大学的发展和人们对大学及其规律的认识深化而逐渐完善，进而引导着大学向着应然状态不断自我丰富、自我调整和自我完善。

从哲学的高度讨论大学的使命，两种高等教育哲学观为国际社会所认同。其一，以认识论为基础，大学要体现崇尚科学、追求真理、学术自由的精神，大学必须集中精力于自己核心的且经过时间检验证明是正确的"求知"使命。基于此，大学无疑是一个最需要学术自由以保证其在知识探索和创新过程中保持客观性的组织。然而，全面审视大学可知，大学肩负的不仅是知识追求和科学创新的重任，还有人才培养和服务社会的使命，而后者赋予了大学强烈的社会性。于是，又有了第二种以政治论为基础讨论大学使命的哲学观，即人们探索深奥的知识并不只是出于对知识的好奇和知识本身，而是它对国家及人类社会有着深远的影响。因此，大学应该对社会的变化做出积极反应，通过教学、科研、服务承担起改造和促进社会发展的责任。[①] 该观点强调：如果知识和思想

---

① ［美］约翰·S. 布鲁贝克：《高等教育哲学》，王承绪等译，12～14 页，杭州，浙江教育出版社，1987。

并不能使人们产生社会行动，那么它们就是无效的；进一步说，如果知识和思想导致的结果是反社会发展和人类文明的，那么它们就是有害的。大学追求知识不仅是目的，更是一种服务社会、服务国家、服务人类的手段。归纳起来，大学既有知识生产的使命又有服务社会的使命，大学因此而更加重要。

关于大学使命的意义，西班牙著名思想家奥尔特加·加塞特强调，关于大学，"我们应该直接地、明确地回答大学是什么、大学应该干什么"①。他强调指出："重要的是大学应该重新认识其使命，使大学活动真正发挥出应有的力量。"②著名高等教育学家哈罗德·珀金认为，过去的希望、抱负和价值观与现代大学概念紧紧结合在一起，所以人们应从"大学的希望、抱负和价值"角度去真正理解大学，而所谓大学的希望、抱负和价值，就是大学的使命。③ 英国著名人文学教授格里艾姆·哈珀在造访了全世界众多一流高校，尤其是英国、美国和澳大利亚的著名学府，并潜心研究十年之后，得出了一个重要结论：一所大学何以出众？不在于其教学如何出色，学术水平如何高深，校园如何漂亮，建筑如何古老而优美，或者所有的一切兼而有之，最重要者在于大学的理想。因为正是理想使一所学术机构成为一所大学，而唯有坚守理想，一所大学也才有可能成为一所伟大的大学。所谓大学的理想，就是大学使命的一种以大学价值追求和美好向往为表现方式的具体反映。

关于大学使命的意义，基本可以概括如下：其一，大学使命规定了大学的组织属性，是大学理想、价值取向、学术追求、道德准则的反映；其二，大学使命决定了大学的定位和发展方向；其三，大学使命是大学发展目标制定和办学治校的指导思想和出发点，是大学行动的指南；其四，大学使命使大学组织具有整体性、统一性，使大学这样一个极其复杂的组织及其成员具有强烈的使命感、历史感、责任感，有利于增强大学内部的凝聚力，为共同的组织目标团结有序行动。

---

① ［西班牙］奥尔特加·加塞特：《大学的使命》，徐小洲、陈军译，"译者前言"6页，杭州，浙江教育出版社，2001。

② ［西班牙］奥尔特加·加塞特：《大学的使命》，徐小洲、陈军译，"译者前言"4～5页，杭州，浙江教育出版社，2001。

③ 转引自［美］伯顿·克拉克：《高等教育新论》，王承绪等译，49页，杭州，浙江教育出版社，2001。

二、为什么要强调大学的使命

通过上述对大学使命概念和意义的阐述，我们似乎从大学使命的理论价值及现实价值层面对"为什么要强调大学的使命"已经做了基本的回答。这里还有必要从大学使命对大学校长办学治校的作用，以及当前大学已出现的严重问题角度，进一步讨论大学使命的重要性。

(一)大学使命对校长的办学治校具有不可替代的重要性

其一，任何校长治校的前提是他十分清楚大学的属性和发展方向，即他明确大学是什么组织，以及自己将把大学带向何方。大学使命的陈述就在于它明确了大学的社会责任和办学方向，使大学获得了理性的指引。大学使命的明确，使大学校长成为登高望远的战略家，而不陷落为被繁杂事务纠缠不休、只顾眼前工作的管理者。

其二，大学使命的明晰是大学校长教育理念的基础，而大学校长的教育理念在其办学治校过程中具有两个最基本的作用：一是使校长个体的行为具有自觉性和目的性；二是使大学整体的行为具有自觉性和目的性。自觉性表现为行为的理性，目的性表现为行为的指向性。在使校长个体的行为具有自觉性和目的性方面，大学使命主要通过校长在认识到大学"为什么要做"和"为什么要这样做"的基础上，明确大学"应当做什么"和"应当怎么做"来发挥作用。如奥斯汀学院原校长约翰·莫斯利所说："使命陈述并不意味着它是个一般的概念表述，而是一份基本的工作文件，是大学性质的一种类型，它应当包括学校及其作用的描述。"[①]之所以说大学使命陈述是大学运行的一份必需的基本文件，是因为大学使命确定后，其目标和重大任务方可确定。

其三，大学校长的一个重要作用就是精神领导。作为精神领导，校长不仅自己要对大学的发展充满自信，还必须激发大学所有成员的信心，唤起他们为大学理想一致行动的共同信念。社会学家认为，复杂的社会组织主要有三种依从形式：强制依从、工具依从和规范依从。大学

---

① John D. Moseley, *The President and the Role and Mission of the College*. Washington DC, Council for Advancement and Support of Education, 1988, p. 21.

是一种规范依从的组织，其主要特征是该组织的部门和群体共同依附于某种观念或信念。伯顿·克拉克认为，信念即"位于系统不同部门的很多行动者的主要规范和价值观"[①]。大学信念作为教育理念体系中的一种理念，是人们在对大学教育实践的认识过程中确定的，是人们普遍认同且坚定信奉的大学价值观及办学主张。大学信念一经形成，对外它是大学整体的、统一的象征，是社会影响力的一种源泉；对内它决定大学的方向，是凝聚组织成员，使他们对大学的未来充满信心并自觉和努力实现大学目标的精神力量，是形成学校健康向上的文化力的一种源泉。

大学的变革往往有难度，这一方面是因为大学自身的结构过于复杂，另一方面则是因为大学历史上形成的传统的抵制，两者相较，后者更为主要。因此，大学之改革应该从信念的更新开始。伯顿·克拉克分析高等教育系统的方法，就是视其为工作、信念和权力三大要素构成的系统。美国一项关于文理学院的院校文化研究表明，一些规模和名气都不是很大的学院之所以能跃居院校的最高层次，其至关重要的原因就是它们形成了强烈而统一的自我信念。[②] 为了维护组织的一致性，似有一种通过排除那些不能适应或根本不能接受既定观念的人而减少内部冲突的方法，但它绝对不适合不仅倡导学术自由而且也只有依靠学术自由才能获得学术进步的大学组织。因为大学的成员多是由有独立思维、独立见解和独立人格的人组成的，这些人不仅需要一些强制性及工具性的措施将他们整合为一，更需要通过接受共同认可的信念凝聚在一起。因此，大学校长常常通过明确责任的大学使命来建立所有成员的共同信念，以形成大学的凝聚力。

（二）大学使命的缺失已经导致大学文化理性的失守和大学文化的低俗

2003 年，笔者在《大学庸俗化批判》一文中，对大学存在的官本位、市侩作风、学术不端及犬儒现象等媚权、媚钱、媚俗的文化现象予以了

---

① ［美］伯顿·克拉克：《高等教育系统》，王承绪等译，6～7 页，杭州，浙江教育出版社，1994。

② ［美］伯顿·克拉克：《高等教育系统》，王承绪等译，92 页，杭州，浙江教育出版社，1994。

批评。① 现在看来，一些大学的问题还远不止于此。复旦大学原校长杨玉良院士在接受《中国青年报》采访时，尖锐地批评道：现在大学"出现了一种相对来说比较广泛的精神虚脱"。杨玉良先生对此有自己的观点："我反对任何形式的在学校中莫名其妙地闹哄哄，鼓乐齐鸣，因为这会降低学校的高雅性。"而问题是，如果任凭社会庸俗、低俗、媚俗之风侵蚀大学内部，大学的文化堕落就不能避免，受害的又岂止大学的高雅性！

奥尔特加·加塞特指出，大学的功能包括三项：文化传授，专业教学，科学研究和新科学家培养。因为文化是一种生命信仰，是大学生命中一个不可或缺的部分，"没有文化的生活是有缺陷的生活，是遭到破坏、不真实的生活"②。人才培养不仅有知识和能力发展的目标，还有人格精神养成、理想信仰形成之目标，而后者决定了大学文化育人的学理性、必然性、必要性、合法性。因此，大学必须有高度的文化理性，不仅要重视大学健康文化的营造、守护和弘扬，更要防止不良文化对大学的侵蚀。否则，大学及其人才培养之崇真、向善、求美和务实（有社会担当）的使命就难以坚守。

三、大学使命的守护

关于大学使命的守护，有两个问题是不能回避的：守护什么？谁来守护？前者涉及对大学本质属性的认识，后者则关乎大学办学治校者责任的坚守。

大学是以探索、追求、捍卫、传播真理和知识为目的，负有引导社会价值观，从道德上规范社会行为之使命，对人类素质改善和提高、社会文明发展和进步具有不可替代之重大公共影响力、推动力的教育机构和学术组织，是"研究和传授科学的殿堂，教育新人成长的世界"，是社会文明的一面旗帜，是人类社会的科学脊梁、道德良心和文明希望。③

---

① 眭依凡：《大学庸俗化批判》，载《北京大学教育评论》，2003(3)。

② ［西班牙］奥尔特加·加塞特：《大学的使命》，徐小洲、陈军译，"译者前言"7页，杭州，浙江教育出版社，2001。

③ 眭依凡：《科学发展观与大学按规律办学》，载《教育研究》，2008(11)。

以上陈述使笔者对大学一直坚持如下学术立场：大学是人类最美好的希望，应该自觉处在社会改革和文明进步的最前沿。大学的这样一种组织属性决定了大学的知识探索、知识传播和服务于社会的使命，并使其成为充满理想的所在，成为师生享有充分追求真理、激发思想、探索知识、发展能力的自由空间。大学必须以自己天然的庄重、理性、自律、智慧和责任承担，影响学者、学生以庄重、理性、自律、智慧和责任承担为追求；以自己天成的崇真、向善、求美、务实，教人并引导社会崇真、向善、求美、务实。基于对大学本质的这样一种认识，笔者认为大学必须坚守如下使命。

（一）大学必须坚守培养人才的使命

大学的真正功能是"培养良好的社会公民"，并通过公民的塑造"带来社会的和谐"。[①]尽管经历了英国大学以培养绅士为教育目的，德国大学重在培养学者，而美国致力于造就专家的大学发展过程，但本质上大学并没有放弃以人才培养为第一社会职能。固然大学是不断自我完善以适应社会需要才能保持旺盛生机活力以可持续发展的组织，随着社会的发展变化，大学的社会职能也会与时俱增，然而，人才培养是大学存在和发展的核心使命这一点是永恒不变的。

人才培养不仅要通过科学知识的传播和专业能力的训练，使学生获得有利于个人生存发展的真才实学；更重要的是培养学生正确的世界观、人生观和价值观，使其获得对人生意义、生存目的的理解，使他们能够自觉应用科学知识，为社会、为国家、为人类的进步做出有益的贡献。

（二）大学必须坚守探索真理、创新知识的使命

近千年的大学历史已经证明，哪里有大学，尤其是一流大学，这些大学所在的国家就会在不长的时间内崛起为世界强国，并为人类的文明进步做出贡献。英国的工业革命、日本和德国战后经济社会恢复重建的奇迹，以及美国经济科技强国地位的确立等，无不是该国大学人才及其创造的科学技术支撑的结果。探索真理和知识创新不仅使大学有实力和

---

① ［英］约翰·亨利·纽曼：《大学的理想》，徐辉等译，18页，杭州，浙江教育出版社，2001。

声誉，人才培养有质量，更重要的是国家因此有竞争力，人类社会有持续发展能力。在一个日益依赖知识和科技文明的现时代，大学对国家发展的重要性和不可替代性日益凸显，从而使大学成为国家实力的象征和人类社会发展不可或缺的推动力。

由于国家的科技竞争力很大程度上建立在大学科研和创新能力的基础上，而大学的科研和创新能力既来自学者自身的学术潜力，亦来自他们对科学的执着和追求科学的殉道精神，以及大学为此创造的精神、制度和物质环境，因此，科学研究使命的坚守，要求大学不仅集中精力于知识创新和真理探索的责任担当，更应该创造一种让大学的师生安于学问、热爱学问、忠于学问并献身学问的学术自由氛围。任何时候，大学都应当足够清醒，知道自己的使命和方向所在，不仅能自觉坚持和守护大学的学术属性，而且有意识、有力量、有制度唤起和保护学者、学生对专业学问追求的真正兴趣和热情，使他们不受学问之外种种利益的干扰和驱使，安于在实验室和书房里做淡泊名利、宁静致远的学问。为了科学研究使命的坚守，大学有必要认真审视自己是否真正建立和改善了尊重知识和人才并有利于吸引人才和发挥他们科研积极性、创造性的学术自由环境。

（三）大学必须坚守对国家负责的使命

大学必须对国家负责的使命，尽管从大学在国家发展中所具有的不可替代的现实作用获得了很好的证实，但其更是大学人才培养和知识创造这一与生俱有的属性所决定的。因此，该使命的坚守应体现在如下方面。

1. 为国家、为社会服务

伍德罗·危尔森曾指出：一所院校能在国家的历史上占一个位置，不是因为她的学识而是因为她的服务精神。在哈佛校长位置上达 40 年之久的埃利奥特对学生提出的要求是：进入本大学，在智慧中成长；离开后，服务国家和人类。正因如此，哈佛的各个学院都设有社会服务中心，服务社区作为学生的必修课程计入成绩。为追求知识真理，大学必须保持应有的独立性，但又绝不能脱离社会的需要。大学只有把校园与国家融为一体，才会加强对国家和社会的关注和服务，从而自觉履行对国家前途负责的使命。大学的伟大在于对人类社会负责，而对人类社会负责的大学的前提是对国家、对民族、对社会负责，能为自己的国家和民族做出贡献、做好榜样。

2. 有社会担当

大学的所作所为对社会具有示范性和影响力，所以大学必须守持在任何时候只做正确的事的高度理性，万万不可为了自身的利益，尤其是急功近利，放弃国家和民族的长远利益，做任何诸如毁害良田、破坏环境等"江山留与后人愁"的事情。大学不仅要始终保证自己不犯有害人类和社会文明进步的罪错，而且应该有勇气并竭尽其能，批评和阻止任何有违人类文明进程的罪错，体现其为国家负责、为人民担当、为人类未来负责的胆识、志向和勇气，以保护和积极推动社会的健康发展，这就是社会担当。

3. 做文明自律的榜样

大学是社会的道德榜样和先进文化的推行者，引导社会的大学必须是自律的大学。自律既是大学属性所致，也是大学在树立风气和人才培养方面可为楷模、堪为榜样的逻辑前提。大学担负着道德和文化引导社会的作用，大学的一言一行都会受到社会的关注并具有示范作用。[①] 民族的振兴和国家的繁荣是世代接续的结果，大学必须培养对国家、对社会、对人类负责的高度文明的后来人。

(四) 大学须有对信仰或价值观的坚守和责任的担当

关于谁来守护大学使命，我们固然需要政治家者的参与[②]，但我们更需要来自大学内部成员，尤其是具有行政权力的校长和学术权力的教授的守护，因为他们的言行与大学使命的执行有最直接的关系。大学教授和校长在大学的精神范畴和各自的权力范围内担负好履行和守护大学使命的责任，即他们在行政权力和学术权力的行使过程中，绝不能犯有悖大学属性、大学规律、学术精神、学术道德的任何错误。

大学的本性是真善美和有社会担当，其重要性不只是存在，更在于自己的存在能够使人类社会更加美好。大学的神圣必须让大学内部的人感到大学的神圣，然后才能让大学之外的社会敬畏和热爱大学。大学使

---

① 邓之湄等：《令人汗颜的绿色通道》，载《瞭望东方周刊》，2010(24)。

② ［美］伯顿·克拉克：《高等教育新论》，王承绪译，32 页，杭州，浙江教育出版社，2001。

命就是使大学成员体悟大学神圣而有所坚守的精神文化和精神力量。世界名校何以伟大？不仅在于她们有一流的科学成就，更在于她们在大学使命的驱动下，具备了为民族、为世界负责的精神意识，并着力培养能够自觉对国家、对人类及对科学负责的各行各业的人才。凡大学都应该在大学使命的指引下运行，没有这些价值观，我们就不能被称其为真正意义上的大学。

大学文化思想研究

——基于改革开放 30 多年大学文化发展的线路 *

大学作为文化属性的组织，被其文化决定，有怎样的大学文化就有怎样的大学，缺失了文化底蕴的厚重大学就不是真正意义上的大学；相反，任何卓越大学都是卓越文化支撑的结果，所以大学文化的意义绝不亚于大学自身的意义。考察我国大学改革开放 30 多年来的发展历程，其实就是一部大学文化发展建设及大学文化思想不断成熟和完善的历程。本研究在循历史线索考察我国自改革开放以来大学文化发展建设历程，并提出大学文化历经自"校园文化"之兴起、经"人文素质教育"之高潮、最后沉淀于"大学文化"之成熟的三大发展阶段的研究结论基础上，专门梳理了大学文化思想发展的脉络，从大学的"文化育人""文化治校""文化强国"三个层面提炼了大学文化思想，并就大学文化思想的学理性及其实践两个切面进行了全面、深入的讨论。关于大学文化思想的学理性讨论旨在为大学文化思想的形成和发展找到理论依据，而对大学文化思想实践

* 本文原发表于《北京大学教育评论》2016 年第 1 期，第二、第三作者分别为俞婷婕、李鹏虎。

的研究则旨在关注大学文化思想的意义价值的现实化。"思想决定命运"，这是俄国学者尼古拉·别尔嘉耶夫在研究陀思妥耶夫斯基精神的著作《文化的哲学》时一再强调的结论，笔者同意这个结论。如果把思想比喻为在黑暗中闪烁的光芒，黑暗不仅不能将它笼罩，相反，凡光芒到达之处，黑暗必将被驱除，所以，思想对人类社会而言，具有决定性的意义。大学文化思想对大学文化的发展和建设亦具有决定性的意义。大学文化的核心即属于精神层面的大学文化所体现的思想，而大学文化思想的对应即大学文化理性。所谓大学文化理性，是人们对大学及其文化价值有了全面、深刻的认识和把握后，形成的对大学清醒的文化自识、高度的文化自觉、自知之明的文化自信、严肃的文化自律。① 文化理性不只是大学的外衣，更是大学的灵魂，决定了大学能否理性办学、治校、育人及强国。对大学文化思想的形成与发展予以总结提炼，是大学文化研究及文化建设循着理性方向提升的必要，其不仅为大学文化研究开创了一个新领域，更从大学文化思想的深处，挖掘大学文化的价值，以更好地指导大学文化发展建设的实践，这是大学文化思想研究的意义所在。

一、大学文化育人思想研究

大学最基本的使命是育人和知识创新。认识和守持育人和知识创新的本质、价值和规律是大学基本的理性。两者相较，无疑育人是大学之首要，因此，育人为本或以生为本成为大学的核心理念。解决了育人问题，大学的核心使命方能得到现实的践行。正是受上述大学理性的驱使，历史上英国大学重视通过博雅教育培养有教养的人，德国大学注重科学研究对学者的训练，美国大学则注重受教育者社会责任担当精神的养成。各国大学的人才培养目标虽有不同，但他们利用文化育人的理念有极大的相通性。正是人才培养的首要性，使大学及其教育者在大学文化的营造中首先关注的就是大学文化育人的价值。我国大学文化的发展亦然，无论是校园文化还是人文素质教育，都是大学文化育人思想的具体化和

---

① 眭依凡：《大学的文化理性与文化育人之责》，载《中国高等教育》，2012(12)。

现实化。

(一)文化育人的学理性讨论

学校教育存在的理由在于青少年学生,包括大学生的素质改善、发展、提高不能完全依靠自发完成即自我实现,但学校教育能否产生预期结果,不仅取决于教育者的外加影响,更取决于或最终取决于受教育者自身的内心接受,即外来教育的效果取决于受教育者内化过程的质量。大学文化正是把具有外律目的的学校教育通过优良文化环境的形成或改善,使受教育者在一种特殊的文化环境中耳濡目染,生成内律要求,从而实现自我教育。利用文化的影响达成教育目的,是教育的最高境界,即"不教之教"。笔者关于大学文化育人的作用机制研究表明:大学文化育人作用的发生,在于其通过教育环境的营造,以一种不知不觉的、潜移默化的、润物无声的情感陶冶、思想感化、价值认同、行为养成的方式,实现教育的目的并决定教育的质量。[①]

人才培养体系中有诸多要素,如培养目标、知识体系、培养模式、教学制度、施教者等,它们同时对受教育者施加各自的影响,并不同程度地决定着教育的效果。但上述教育要素均属于外来的影响,它们固然重要,但无论是教师还是学生都不能仅仅依靠带有强制性的制度就能让教师教得更努力、学生学得更刻苦,因此,如何依靠师生已经建立起来的人生态度和价值追求唤起他们内心的自觉性,既是学校文化的责任,也是学校文化的作用。文化育人主要通过营造一种大音希声、大象无形的大学人文生态、文化氛围,以及受此影响积淀而成的思维模式、行为方式,使置身其间的师生在学府浓郁的学术文化气息熏陶中,自觉于志学、自律于修身。如此,文化育人的学理性清晰后,把大学文化纳进人才培养体系就顺理成章了。

文化育人的价值是由"人才培养是大学的核心使命"内在规定的,因此,大学文化建构的核心价值亦在育人。改革开放以来,我国大学校园文化、人文素质教育的缘起和发展,无不体现了文化育人思想的实践,人文素质教育的推行尤是。早在 1995 年 9 月,时任国家教委高教司司长周远清在全国高校加强大学生文化素质教育试点院校工作会议上的讲

---

① 眭依凡:《大学文化理性与文化育人之责》,载《中国高等教育》,2012(12)。

话中，特别指出加强文化素质教育有四个根据：一是切中当前社会"急功近利，重智轻德，重理轻文"的时弊；二是符合世界高等教育改革潮流，符合科学教育与人文教育交融的趋势；三是符合党的教育方针，有利于加强德育教育，促进学生全面发展；四是有利于教育思想、教育观念与人才培养模式的探索改革。① 由此可见，文化素质教育的启动，本身就是在文化育人思想引领下的人才培养模式的改革探索。事实亦然，正是文化素质教育，根本改变了我国高校过去"重理轻文""重专业轻人文"的人才培养观念，从而推进了人才培养模式的改革与完善。人文素质教育之所以广被大学及其师生接受并取得显著成效，是因为它始终在文化育人思想引领下，贯穿在整个人才培养模式改革的过程中。

进入 21 世纪后，随着大学文化学者对大学文化育人功能的深入探讨，人们对文化育人功能及其重要性的认识亦不断深化。尤其是胡锦涛同志在清华大学百年校庆讲话中强调要"积极发挥文化育人的作用"后，大学文化及其育人的重要性获得了中央高层的认同，并成为政府改革高等教育的指导思想，而不再只是高等教育界的自说自话。上述关于文化育人的学理性讨论，让我们获得如下结论：育人不仅是大学文化的基本作用，而且是大学文化建设的逻辑起点。

(二)大学文化育人思想实践

文化育人有了形成及存在的学理性支撑，文化育人思想的立足并指导大学文化育人的实践就有了合理性及合法性的理论基础。随之而来，需要讨论的问题是大学文化育人思想的实践。大学文化育人思想如何实践或实践什么，决定了大学文化育人思想的意义和价值。关于文化育人，笔者一以贯之，坚持在以下三个方面加以强化。

1. 培养理性精神

培养理性精神，这是大学文化育人目的之首要。关于理性，梁漱溟先生有两个独特的观点：其一，"中国人理性开发的早"，但"说他开发的早，倒不是称扬颂美的话，而是确指其不合时宜"；其二，"人类所以能明白许多情理，由于理性；人类所以能明白许多物理，由于理智"。②

---

① 周远清：《加强文化素质教育，提高高等教育质量》，载《教学与教材研究》，1996(1)。
② 梁漱溟：《我们如何拯救过去》，7 页，南京，江苏文艺出版社，2013。

梁漱溟先生关于中国人理性早启的观点，在于把西方人擅长理智与我们注重理性加以区别，而并非我们真的比西方人更为理性，因为他明确表示中国人的理性与"欧洲大陆的理性主义非一事"。就概念而言，理性在西方是指一种关于如何做人继而决定如何做事的价值信仰，是关于"我究竟是一个有头脑、有理性的人，还是一个有欲望、有情感的人"[①]即"我是谁"及"怎样的人更伟大"的问题的确定和回答。大学文化对育人以理性精神的重要，不仅在于理性精神是以真理追求为旨归、以责任担当为道德的价值信仰，还在于大学培养的人才未来多是因占有知识而获得行政权力或专业权力的，或居庙堂之高或处江湖之远的社会精英。唯有在理性精神的感召下，他们才有可能形成并守持信念之真、内心之善、行为之美，养成"国家兴亡，匹夫有责""青年者，我不作为谁作为"的理想信念与责任担当。由此，大学文化育人以理性精神的意义就在于：通过大学文化的濡染，青年人形成和持守一个知识分子必须永驻内心的那份崇真、向善、求美和有社会担当的理想主义，以及无论何时都应该持有的那份"知其伪而守其真，知其恶而守其善，知其丑而守其美"的清醒和坚定。

置培育理性精神于大学文化思想实践的首位，其目的不仅在于通过理性精神的培养，引导青年知识分子绝不堕落为人文主义代表性人物席勒所批评的"为了追求利禄的目的而读大学和从事学术""为了满足特定官职的任职条件并希冀官职所带来的好处""为了改善其物质状况并求得些许虚荣"[②]的"利禄之徒"，不堕落为另一位人文主义的领军人物欧文·白璧德在《文学与美国的大学》一书中所唾弃的"在估量事物的时候远离了事物的真实、内在价值，而是迷惑于外在的财富、权力和地位带来的利益"[③]那样的"势利小人"，不堕落为北京大学钱理群教授严厉批评的"高智商、世俗、老道、善于表演、懂得配合，更善于利用体制达到自己目的"的"精致的利己主义者"，更在于自觉以知识分子的理性精神影响、

① [美]威廉·巴雷特：《非理性的人：存在主义哲学研究》，段德智译，2页，上海，上海译文出版社，2007。

② 陈洪捷：《中德之间——大学、学人与交流》，7页，北京，北京大学出版社，2010。

③ [美]欧文·白璧德：《文学与美国的大学》，张沛等译，50页，北京，北京大学出版社，2011。

改善理性精神逐渐衰微的社会。

一个民族的未来在很大程度上取决于这个民族是否自觉理性的民族。大学生是民族未来的希望，他们理性精神的养成无疑决定着民族的未来。所以习近平总书记在 2014 年"五四"青年节与北京大学青年座谈时勉励大学生，"人生的扣子从一开始就要扣好"，"要勤学，下得苦功夫，求得真学问"，"要修德，加强道德修养，注重道德实践"，"要明辨，善于明辨是非，善于决断选择"，"要笃实，扎扎实实干事，踏踏实实做人"。① 笔者以为，这就是对大学在文化育人中必须对青年大学生涵养的理性精神提出的具体要求。

就理性精神而言，青年人应以陈寅恪、胡适为人生楷模。两位文化大师在推动我国近现代文化进步的进程中功不可没，他们分别为中西古典主流文化与西方近代主流文化价值在 20 世纪中国的积极传播做出了贡献。他们人格磊落、刚直不阿，善于独立思考，倡导思想自由，恪守传统人伦道德，"致力于将个人生命的终极意义落实在对中国文化的贡献上，都自觉通过立德、立言、立功来实现人生的不朽价值"②。他们既是传统意义上的君子儒，也是西方文明意义上的有人文修养的绅士知识分子。传授大学生专业知识、训练他们获得职业能力只是大学教育的部分责任，培养他们形成健康人格及有利于社会和人类文明进步的世界观、人生观、价值观与思维方式才是大学教育培养"有质人"的目的。③

2. 营造学习化生态环境

营造和强化大学学习化社会生态环境，使热衷和努力探索真理和求知向学成为师生的一种共同的生活方式，这是文化育人思想实践之二。何谓生活方式？即人类为满足正常生活需要，自发且自然状态下的活动形式。一个好的生活习惯对一个人事业的成败或许比理想、毅力更重要。大学之学习化生态环境的营造，旨在让大学师生在无须任何外在压

---

① 习近平：《青年要自觉践行社会主义核心价值观——在北京大学师生座谈会上的讲话》，http://www.xinhuanet.com/politics/2014-05/05c_110528066_3.htm，2015-10-01。

② 杨丹荷：《文化保守者陈寅恪与自由主义者胡适》，http://news.tsinghua.edu.cn/publish/thunews/9668/2011/20110225232538062516959/20110225232538062516959_.html，2015-10-01。

③ 眭依凡：《大学文化理性与文化育人之责》，载《中国高等教育》，2012（12）。

力的前提下，把学习作为一种生活方式，成为他们生活中的习惯和自然。苏联心理学家巴普洛夫说"人死于习惯"，若是人也有其反面的存在，则是"人成就于好的习惯"。大学是以传播知识和发展科学为天职的教育及学术组织，大学文化能否营造出使其成员敬畏科学、热爱科学、探索科学、忠于科学及安于学问的学术生态环境，关系到大学及其人才培养能否在物欲横流的诱惑下独善其身，放下一张宁静、好学的书桌。

3. 培育大学理想主义氛围

培育大学理想主义氛围，此为文化育人思想实践目的之三。何谓大学理想主义？笔者的早期研究有如下界定：大学理想主义即"大学理想的集合，是大学对客观世界、社会生活及大学自身寄予的美好期望所持有的观念体系，亦是大学对自己的使命、责任、目标和操守所持有的一种既符合大学规律又有崇高要求的价值认定和信念追求。它不仅是人们寄予大学的一种美好祈望，更是大学之为大学所必须固守、薪火相传并不受外界干扰的精神向往和文化灵魂"[1]。文化作为生活环境的存在，对人的影响是无法回避的，有什么样的大学文化必然培养与该文化吻合的人，这就是北大学子有北大学子的神韵、清华学生有清华学生气质的深层原因。凡卓绝大学必有其卓绝文化，其不仅重视大学文化，更重视大学文化的营造，以达成影响人才培养的目的。大学理想主义之崇真、向善、求美、务实（有社会担当）的本质，使大学理想主义处在大学文化的顶峰，由此决定了理想主义文化氛围对大学及其师生的影响为其他所不能替代。有理想主义的大学不仅是自觉于崇真、向善、求美和有社会担当的组织，而且是自觉以崇真、向善、求美及有社会担当的文化去影响和塑造大学师生的组织。

"大学的理想主义是一种既追求科学本身，又强调科学对人类、对国家、对社会负责的价值追求。这样一种理想主义要求大学不能放弃自己对社会进步、对国家前途必须负有的责任，更不能把自己的知识使命和国家的前途命运对立起来。"[2] 大学自觉追求这样一种理想主义在人

---

① 睢依凡：《大学何以要倡导和守护理想主义》，载《教育研究》，2006（2）。
② 睢依凡：《大学的理想主义与人才培养》，载《教育研究》，2006（8）。

才培养活动中的文化营造，往往体现在大学培养既"崇尚科学，追求真理"又能对国家和社会有责任担当的知识分子的努力和行动中。如前所述，大学文化之要在育人。要育"崇尚科学，追求真理""对国家负责，有社会担当"之决定国家未来的后继者，唯有让大学生在春风化雨般的大学理想主义文化氛围下受到不教之教的影响，而非传统的空洞说教、严苛管制等教育方法所能为之。如果说大学的理想主义文化营造的目的在于培养有坚定的科学信仰、高雅的文化修养、高尚的道德操守及高度责任担当精神的德才兼备之人才，那么"科学信仰使学生崇真，文化涵养使学生向善，道德教养使学生求美，社会责任使学生务实"[①]，就是大学理想主义在人才培养过程中的文化灵魂和大学必须持守的价值追求。

二、大学文化治校思想研究

大学文化治校思想形成并趋于成熟得益于两个因素：其一，20 世纪 90 年代后期，随着大学文化研究的深入，大学组织的文化属性受到广泛认同，同时文化育人取得显著成效，大学文化的实用价值得以深入挖掘，从而为大学及其办学治校者主观上认识文化治校的重要性提供了理论依据；其二，进入 21 世纪后，我国开始意识到不能以牺牲高等教育质量为代价，换取高等教育的规模和速度，自此我国的高等教育进入了以质量提高为目的的理性发展阶段，从而为大学及其办学治校者自觉以文化治校提供了现实基础。在大学文化研究的深化中，大学文化治校思想的形成可以说是大学文化研究最具突破性的进步。换言之，大学文化研究对推动大学发展所做出的贡献不仅是大学文化概念对校园文化概念的取代，更是大学文化建设从文化育人到文化治校的提升。文化治校对大学传统治校的理念和模式均提出了挑战。

以生产和传播知识为社会职能的属性，使大学成为人类社会最具复杂性且规律十分独特的组织。然而，长期以来，大学的办学治校者却沿袭着等级森严的科层组织模式，或以利益最大化为目的、以计量管理为

---

① 摘编自睦依凡：《大学何以要倡导和守护理想主义》，载《教育研究》，2006（2）。

手段的企业组织的管理模式施政。大学内部管理机制与大学组织属性及其活动规律的啮合度不高，其结果导致大学作用难以发挥，更休言人力资源和知识资源开发与利用的最大化。大学组织内在生机活力受到制度性的遏制，必将以其外部功能作用的受限为代价。所幸的是，两者之间这样一种因果逻辑，在高等教育发展的外部机遇和大学文化研究趋于成熟的内部条件下，引起了中央高层及大学办学治校者的注意和重视。

所谓外部机遇，即改革开放后经济社会的快速发展带来了各行各业高层次专业人才严重不足的问题，加速高等教育发展成为国家当务之急。大学为满足时代需求，在发展规模和发展速度上获得了前所未有的外部机遇，然而，这种以规模和速度进程为特征的外延发展模式虽然满足了社会对高等教育快速发展的要求并为促进我国高等教育的大众化及实现高等教育公平创造了条件，但不可避免地带来了诸如人才培养质量下降、大学知识创新度及其贡献率不高、大学急功近利等一系列问题。正是基于之些问题，2005 年，国家决策层适时采取了被学界称为"高等教育软着陆"的适当控制规模与速度，以提高高等教育质量为目的的宏观调控。所谓内部条件，即在大学过速、过度发展导致高等教育质量颇受社会诟病的时期，大学内部的学者和管理者也在反思是否有必要一改"大学工厂模式"这一既成事实，让大学向"科学理性组织回归"①的问题。可以说，大学文化研究领域提出的大学本质上是文化属性的组织等学术观点，为大学及其办学治校者提供了一个全新的理性审视大学的理论框架。在大学文化研究的普及和理论趋于成熟的过程中，大学文化作为大学管理结构中的一个可能的元素上升为必要的元素，被大学办学治校者认识和重视，并自觉将其纳入大学治理结构。比如，很多大学在编制中长期发展规划的同时，均认真研究制定了大学文化建设与发展纲要。此举绝非沐猴而冠、虚有其表，抑或故弄风雅、矫情作态，而是表明了大学文化治校的思想不仅被大学及其办学治校者认同，而且在大学的办学治校中确实得到了自觉践行。正是在文化治校思想的引领下，进入 21 世纪后，我国大学开始步入了以高等教育质量提高为发展之根本目的的新时代，并为中共十八大后大学治理概念的现实化及大学治理

---

① 眭依凡：《大学：向科学理性的组织回归》，载《中国高等教育》，2004（17）。

结构的建立提供了坚实基础。

（一）大学文化治校的学理性讨论

大学文化显然不同于大学章程、大学制度、大学规则等管理工具，所以其并非直接治校的利器，否则大学文化也就不称其为文化了。然而，正如蒙田拷问"教育如何不糟蹋我们"一样，若不重视大学必要文化如理想主义的弘扬、守护及其环境营造而任由世俗不良文化在大学泛滥，那么"文化如何不糟蹋大学"就不只是一个疑问，完全可能成为大学组织的附骨之疽，终将导致大学失范而生切肤之痛。相反，与大学组织品性高度契合的文化，则会以一种如沐春风般的柔软力量引领大学组织及其成员守持大学理性、维护大学尊严、履行大学使命。讨论大学文化治校的学理性旨在回答大学文化治校的合法性、合理性问题，它是实践大学文化治校的理论基础。关于这方面的讨论，可以选取如下三个角度。

其一，大学文化是大学治校结构中不可或缺的基本要素。英国文化学者阿雷恩·鲍尔德温在其《文化研究导论》一书中指出："文化是相互作用的产物，所以它也是社会世界的一部分。"[①] 大学是一个高度浓缩的且更为复杂的"社会世界"，因此，大学文化是构成大学组织不可或缺的一部分。20世纪60年代，结构主义对人文社会科学的贡献之一就是其思想方法，与早于它存在的系统论一样，其强调：必须把所研究的对象看作一个系统诸多要素相互作用的产物，把研究对象置于系统的结构之中，研究该系统及不同因素之间的关系，尤其是研究系统、要素、环境三者的相互关系和变动的规律性，要比研究"组成这个系统的个别因素更加重要"[②]。依据结构主义的观点，大学组织毫无疑问是一个由诸多要素构成的复杂系统，由此决定了大学的治校活动是一个不能忽视其内部任何要素的相互影响的复杂活动。如前所述，大学本质上是个文化属性的组织，文化作为一种资本，是大学办学治校必须依赖的资源。这意味着大学作为一种文化组织，其内部的整合协调及制度安排、

---

① ［英］阿雷恩·鲍尔德温等：《文化研究导论》，陶东风等译，18页，北京，高等教育出版社，2011。

② ［英］阿雷恩·鲍尔德温等：《文化研究导论》，陶东风等译，25页，北京，高等教育出版社，2011。

秩序建立均离不开大学文化的参与和作为。此外，文化本身先于行动存在，以及其无所不在、无刻不在的全面渗透的特性，使大学文化成为大学组织结构中最不可或缺且最不能被其他替代的要素，其参与大学治校不仅是天赋的权力，更在于文化对大学的影响具有根基性和先决性。据以上分析，我们可以做出如下结论：大学文化既然是大学治校结构中具有决定性的要素，那么大学文化治校也就顺理成章，其存在的合理性及合法性亦因此得证。其实，大学以学术为根基的文化属性，使大学组织内部治校者与师生之间的关系已不再是管理者与被管理者那样简单。无论是把大学视为一个文化社会还是运用文化的研究方法去看待大学组织，我们都会改变对大学管理的看法。大学组织不是政府官僚的附庸，更不是企业工厂的翻版，其有自己独特的管理规律和管理法则。

其二，大学文化是先于大学治校行动且指导行动的价值引领。美国社会学家塔尔科特·帕森斯把文化看作社会适当运行所必需的"润滑社会的车轮"，是保证"社会生活的规律性、持续性、相对稳定性和可预见性"及社会正常秩序的核心要素，因为文化"提供了价值、可共享的关于在社会中什么是可欲求的观念（也许是像物质财富、个体自由和社会公正那样的价值），以及标准、获得这些事物（如诚实努力是通向成功之路的观念）的可接受的途径"[1]。塔尔科特·帕森斯的话揭示了文化对社会之所以重要，就在于文化是反映社会价值、标准、规则的符号和象征，对社会秩序具有决定性。大学文化本质及核心的东西就是价值观，其对大学办学治校的参与、介入是不请自来的。作为一种价值存在，其附着在大学及其成员的观念体系和思维模式中，从而对大学的决策及其行为选择，以及由此产生的大学秩序具有决定性的影响。

大学尽管有学术共同体的称谓，但其内部并非一团和气，常常伴随着各种文化的冲突。比如，在大学理念、大学定位、思维方式、指导思想、远景规划、目标设计、制度安排等方面，大家各执己见，难有共识。大学不同利益主体之间的冲突，其实也是他们所持的文化不同导致的利益博弈，比如，对大学师生的看法很大程度上决定了大学管理层的

---

① 转引自［英］阿雷恩·鲍尔德温等：《文化研究导论》，陶东风等译，27 页，北京，高等教育出版社，2011。

态度及管理制度的设计。作为哈佛大学学术自由理念的倡导者和捍卫者，原校长埃利奥特坚持认为大学应该是包罗万象的，"学术文化的价值成果是开放的思想"，"大学是世界上最容不得独裁者的地方，学问总是共容的，只有偶像而无主人"。①哈佛大学时任校长福斯特 2015 年于清华大学的演讲中也强调，大学应该是任何一个题目、任何一个问题都可以提出来讨论的地方。大学必须培养这种讨论氛围，因为唯有在自由的思想探索中才能有新发现。这些才是世界最好学府的核心标志和共同价值。在这样一种学术理念的支配下，哈佛无论在制度设计还是在文化营造上，都有利于教授治校文化的形成。但也有对学术及其承担者持不同看法的治校者。艾森豪威尔将军在 1948 年出任哥伦比亚大学校长的欢迎大会致辞中，就把在场的全体教授称为哥伦比亚大学的雇员。据说艾森豪威尔当即受到因发明核磁共振而获 1944 年诺贝尔物理奖的 I. I. 拉比教授的反驳：先生，教授并不是哥伦比亚大学的雇员，教授就是哥伦比亚大学。把教授视为大学的雇员还是视为决定大学学术声望、学术水平高低，甚至决定大学兴衰成败的必须依靠的主体力量，大学校长对待教授的这样两种截然不同的态度，很可能会决定其对教授的管理方式及制度建构。

其三，大学文化是驾驭大学行使权力的"无形之手"。社会系统主要由政治、经济与文化三大要素构成。相较于具有权力象征的政治、具有物质力量的经济，人们多会把文化与"无用之学"，以及既不能决定谁的命运又不能直接为社会创造财富的"形而上"相联系，较少认同文化的操作性价值。然而，事实非也！文化与政治、经济有着形无实存的高度关联性，是好似看不见但并非不存在的对政治及经济具有影响的第三只手，是一种隐性的"软权力"。"政治"的代名词即"权力"，而权力是组织管理得以发生、组织秩序得以建构的基本要素。文化虽不归属于由政治或经济所产生的硬权力类型，而是属于由概念构建等形成的软权力类型，但文化产生的隐性权力与政治、经济产生的显性权力之间的关系是紧密的。例如，阿雷恩·鲍尔德温就指出："无论我们采取什么

① Richard Hofstadter & Willson Smith, *American Higher Education*, Chicago, The University of Chicago Press, 1961, pp. 606－619.

观点，权力与文化不可避免地联系在一起这一点是清晰的，文化分析不可能从政治和权力的关系中分离出来。"① 在塔尔科特·帕森斯看来，甚至经济和政治这两个构成社会的基本要素都是由文化维持的。② 由此可见，文化的意义和作用是绝对不能无视的。文化与政治的关系也为文化研究成果所证实，因此有文化政治一说，即"文化研究的成果之一就是它改变了什么是政治的观念"③。而政治与治理的关系是一目了然的，由此逻辑推断文化与治理的联系也是客观成立的。大学文化治校之所以成为可能且极其重要，就在于大学文化不仅是大学组织的重要基元，而且大学文化与大学权力有着不能分割的高度关联，即它无时不刻不以价值观念或思维方式引领或主导着大学权力的运作，继而间接支配着大学的资源。中共十八大后，治理成为从国家到社会组织管理改革的引擎，大学治理的问题也因此受到大学管理层的重视。文化治校不是一个管控的概念，而是利用文化影响办学治校，它是一种注重民主管理的柔性的治校方式，所以文化治校其实是大学治理的一种必要手段。

在上述讨论中，大学文化治校的学理性得以清晰呈现，大学文化治校的合理性、合法性因此确立。至此，有必要对大学文化治校做进一步的总结：所谓大学文化治校，就是把大学视为文化组织并借助大学文化的影响，营造吻合大学组织属性并有利于大学组织运行和发展的观念环境，以共同文化为纽带，构建大学内部良好的人际关系，尤其是有利于师生与行政人员良好关系形成的人际环境，从而避免由科层管理和数量化控制带来的偏离大学组织属性的倾向，建立并维护大学作为学术组织应有的良好秩序；大学文化治校的本质是以师生为本，以师生的需求为根本目的的柔性管理模式，其根本特征就是对大学施以文化影响，建立起大学管理的文化；文化治校是大学内涵发展的精神动力，是大学治理的最高境界。大学文化治校之学理性的明晰为大学文化价值的开发、大学文化治校思想的生成与发展找到了理论支撑，而文化治校思想又为大

---

① ［英］阿雷恩·鲍尔德温等：《文化研究导论》，18 页，陶东风等译，北京，高等教育出版社，2011。

② ［英］阿雷恩·鲍尔德温等：《文化研究导论》，27 页，陶东风等译，北京，高等教育出版社，2011。

③ ［英］阿雷恩·鲍尔德温等：《文化研究导论》，228 页，陶东风等译，北京，高等教育出版社，2011。

学治校理论体系的完善奠定了基础。

（二）大学文化治校思想实践

当人们认识到文化的价值和意义并由此形成了文化理性时，文化就具有了建构性。大学文化不仅是大学组织及其活动的构成要素，更是人们对大学组织文化属性有所认识后，对大学文化理性的接受、理解和守持。文化理性对大学文化的建构意义体现在大学办学治校育人过程中，对大学及其成员的价值选择、思维模式、制度规范、行为建构、活动方式及环境营造产生的引领性。具体到某一所大学，在文化理性的支配下，该大学会自觉营造与大学组织属性及其大学个性、发展愿景相吻合的文化，并利用文化直接或间接影响大学的办学治校。"大学的成长、成熟，取决于大学内在文化精神的培养和成形，而非外部的机遇和手段"，这是笔者一以贯之的学术立场。大学的成长、成熟是大学治校的目标，而大学文化精神的成长、成熟无不以大学文化理性的形成及守持为标志。大学文化理性在很大程度上决定了大学治校目标的科学性及其实现。何谓文化理性？即人们对大学文化及其价值有了全面、深刻的认识和把握后，形成的对大学清醒的文化自识、高度的文化自觉、自知之明的文化自信、严肃的文化自律。[①] 大学文化建设的目的之一就是帮助大学及其成员认识和把握大学应有的文化理性，而文化理性则是引领大学文化办学治校实践的价值取向、思想动力。

1. 价值确定

大学文化作为附着在大学体内的一种客观存在，其本质上没有工具意义。然而，在大学文化的建设中，大学的价值确定一旦赋予了办学治校育人者赖以行动的文化理性，大学文化自然就具有了意想不到的工具理性的作用。众所周知，一个有理性的人会自觉思考决策及其行动的意义。大学是一个目标多样、关系复杂，表面看来人与人及机构与机构间各行其是、自由自在的组织，尤其是大学专事知识传播和知识创新的智力劳动特点，要求大学组织及其成员必须有充分的适合科学研究和人才培养的学术自由，因为，关系大学生命活力及创造力的学术繁荣与否取决于其组织及成员是否有足够的自主性、灵活性和积极性。但是，大学

---

① 眭依凡：《大学的文化理性与文化育人之责》，载《中国高等教育》，2012（12）。

的上述特点并没有导致大学组织的无序和混乱，维持大学组织温文尔雅、井然有序运行的除了大学的制度规范，另一起作用的就是把大学成员凝聚为一个学术共同体。因为对大学的价值认同，大学成员有了文化理性，并成为有共同精神追求的整体；因为文化理性，大学组织及其成员自然而然就会唤起维护大学应有的秩序自觉。文化理性对大学办学治校的影响至少可以归结如下：其一，使大学办学治校者在决策和行动之前，自觉思考自己的决策和行动对大学现在乃至未来带来的影响，而后慎重做出支配决策和行动的价值判断和选择；其二，使大学办学治校者高度关注构成大学主体的师生对决定大学改革与发展具有方向性意义的决策和行动是否产生价值认同。如果说前者在于避免大学的决策和行动发生方向性错误，那么后者对大学的办学治校而言，其使大学所有成员具有共同的使命感继而主人感。

　　大学的领导者需要卓有成效的领导力去建立和处理高层管理者与师生的关系。密歇根大学原校长詹姆斯·杜德斯达特说过一句话："大学是要去领导的，而不是去管理。"美国伊利诺伊州立大学原校长艾肯伯雷在回答什么是领导时说："领导的一个最基本的任务便是建立一整套的价值观念和信仰来回答为什么的问题。"[①]　两位治校卓有成就的大学校长的经验之谈揭示了如下真理：大学领导者与大学师生持有共同的价值认同是有效领导大学的关键。苏格拉底一再告诫人们最重要的知识就是"认识你自己"。这句话同样适合由从事学术传播和研究的学者、学人集群构成的大学。据新浪网报道，哈佛大学原校长福斯特在就职演讲中借用"认识你自己"，阐述了认识大学的重要性。她说，作为人类，我们需要寻找意义，"我们努力去理解我们是谁，从哪里来到哪里去，原因何在？对许多人来说，四年的大学生活不过是允许自己去自由自在地探索这类根本问题的一个插曲。但对意义的寻找是没有尽头的探索，它在不断地阐释，不断地干扰和重新阐释现状，不断地在看，从不会满足于已有的发现。事实上，这就是所有学问的真谛，自然科学、社会科学和人文学科，概莫能外。因此，它也就成为'大学是干什么的'之核心所在了"。明确了大学价值之后，大学的精神自然就在其中。价值确

---

① 　转引自余立：《校长—教育家》，112 页，上海，同济大学出版社，1988。

定对大学的办学治校而言，就像在茫茫黑夜中照亮大学这只海上巨轮不迷失航道、坚定于目标的灯塔。

权力的运用不仅取决于制度本身，更取决于制度设计者如何对待组织的价值选择这一文化理性。制度是制度设计者按照自己的价值判断安排的结果。制度设计者的价值选择比制度本身更具决定性的逻辑就在于此。大学治理概念的提出及大学治理结构的创建，就是人们对大学组织属性及其价值重判后做出的制度改造。这不仅是大学管理机制的进步，更是对大学价值认识的突破。我们完全可以断言，正是人们对大学属性及其价值的再认识，引领了大学从过去简单的管控机制逐渐向强调共同目标及价值认同下的民主管理制度的复归，亦即大学治理结构的建立。价值确定在大学治校中主要有两大作用：其一，在大学决策者认识到大学"为什么要做"和"为什么要这样做"的基础上，保证决策是在高度自觉性和目的性引导下的活动；其二，在价值明确及价值认同亦即大学各部门及其成员明确"应当做什么"和"应当怎么做"的基础上，保证大学的整体行为具有自觉性和目的性。大学是一个具有高度文化理性自觉的学术组织，这种理性自觉源于其办学治校者对大学价值的认识、大学价值的确定、大学价值的选择和大学价值的坚守。价值观念是文化范畴中最为重要的一种形态，其意义早被社会学家马克斯·韦伯道破：价值观念是社会发展历史中起决定作用的力量。价值观念对大学的改革发展的指导作用也是决定性的，选择和确定大学必须守持的价值追求是文化治校思想实践之首要。

2. 制度安排

如果我们接受文化理性不仅让人们看清事物的本质，而且文化理性帮助人们建构起新的观念秩序与组织秩序这一观点，那么马修·阿诺德关于"一旦认清文化并非只是努力地认识和学习神之道，并且还要努力付诸实践，使之通行天下……"[1]，"文化除了被社会结构塑造之外，也能够塑造社会结构"[2] 的论述，可以帮助我们更好地理解文化理性实践

---

① ［英］马修·阿诺德：《文化与无政府状态》，韩敏中译，9页，北京，生活·读书·新知三联书店，2002。

② 转引自［英］阿雷恩·鲍尔德温等：《文化研究导论》，陶东风等译，29页，北京，高等教育出版社，2011。

的意义。大学文化治校的实践意义之二，就在于其对大学组织结构的塑造。这种塑造主要反映在对大学制度的设计和安排上。

关于治校，首先与之关联的概念是管理，而与管理高度关联的概念是制度。"从管理的实践来看，管理是一种组织协调活动，其目的是通过人财物等资源的合理配置，通过把组织内部的各部门和各要素有机地联系起来，形成具有统一精神和物质力量的、有序的结构，部分能和整体联合起来的有机体。管理的这一复杂过程就是组织的整合过程，而经整合的组织才更像是一个整体、一个有机体。"① 大学制度安排的价值就在于此，通过制度使大学整合为具有统一意志的且组织内部各要素有机关联的学术共同体。大学的制度设计绝非旨在通过制度限制大学组织及其成员的学术自由和学术民主，并终而导致学术创新空气的窒息，其目的恰恰相反，旨在通过制度为大学内部的所有机构及其成员创造一个思想活跃、精神愉快，有利于杰出人才培养和知识创新的学术制度环境。文化对大学内部治理结构及其组织秩序的影响，主要通过大学制度的设计实现。正是大学文化向大学制度的转换，使大学文化治校具有了现实和具体的操作意义。

诠释学的一个基本思想是，任何文本的意义必须与它的阐释者的文化语境联系起来，而后结构主义把文化视为一个可以被"阅读"的"文本"。② 据此，文化和制度的关系可以明确如下：制度不仅受到制度设计者及阐释者文化语境的影响，而且制度就是文化的具象形式即"文本"。大学制度作为管理大学的必要"文本"，其建构不能脱离设计者及阐释者的文化语境。大学文化对大学制度安排的影响不仅无法避免，而且对制度设计的影响是具体的，有什么样的大学文化就有什么样的大学制度。从文化选择的视角，我们也可以把大学制度视为受大学意志支配而选择的一种文化，如大学使命陈述、大学目标设计、学校制度安排、校规校纪制定等，无不是打下办学治校者文化意志烙印的产物。它们虽以必须严格遵从和执行的制度面目呈现，但归根到底，它们属于制度与文化高度交融的复合体。制度文化是大学办学治校得以顺利进行的基本

---

① 眭依凡：《大学校长的教育理念与治校》，51 页，北京，人民教育出版社，2001。

② ［英］阿雷恩·鲍尔德温等：《文化研究导论》，陶东风等译，41 页，北京，高等教育出版社，2011。

保证。我们完全可以说正是选修制、学分制等不断与时俱进的教学制度文化成就了哈佛大学在卓杰人才培养方面的世界大学领袖地位，因为自1860年以来，哈佛大学先后七任校长就从未停止过教学制度的改革。牛津大学、剑桥大学也一样，它们的卓杰亦都是学院制度和导师制度文化培育下的学术硕果。大学文化施予大学制度设计及制度执行的现实影响，使大学文化治校思想及其落实具有根基。

3. 环境营造

人类学家把文化定义为人类赖以生存的环境，换言之，任何环境无不是文化的呈现。环境无论作为一种社会存在还是一种自然存在，其对人类生活的影响既无法逃避也不能取代。梁漱溟先生干脆直白道："文化，就是吾人生活所依靠之一切。"对此界定，他继而解释道："意在指示人们，文化是极其实在的东西。文化之本义，应在经济、政治，乃至一切无所不包。"① 文化与环境的此种关系使文化的形态有了由抽象向具象转换的可能，这样文化就具有了可视性。人们于是可以利用文化营造赋予环境以某种意义，使之对生活其间的人产生直接的、具体的且有明确目的的影响。由于人又是环境的产物，人们只有在所处环境特有的文化中习得文化，因此人们的价值观念形成只能以自己所处环境内含的文化为条件。据此，马克思断称：存在决定意识。此话传达的意义非常明确，即环境作为一种文化或社会存在决定人的思维及其行动。对以育人为天职的大学而言，环境的作用非常重要。美好的环境是塑造美好性情和心灵的基础，这恰恰与教育的目的不谋而合。大学创设的环境对青年人的影响和塑造之所以不容忽视，是因为大量的学校教育事实已经做出了如下结论：学校教育目的的达成与否及质量好坏，很大程度上取决于学校创设的教育环境的好坏，教育环境的品位极大地影响学校造就的人的品质。大学环境必须刻意营造的意义就在于：大学环境是大学育人的重要组成部分，既不可缺亦不可替代。

美国著名高等教育家弗莱克斯纳把大学喻为不应该有杂草在其间的美丽、美好的"花园"。联合国教科文组织早在1998年巴黎召开的世界高等教育会议上的一份题为《21世纪的高等教育：展望与行动》的文

---

① 梁漱溟：《中国文化要义》，7页，上海，上海人民出版社，2011。

件中便强调，"除了正规的课程以外，学生置身于其中的环境也是一种教育要素或反教育要素。一个肮脏的环境培育不出环保意识和美学意识"，"高等教育机构应当作为育人的环境去设想、去管理，而不是仅仅作为培训的场所"。① 关于大学环境的意义，北大早期的校长蒋梦麟先生在任职期间也表达了自己的看法：从教育的眼光来看，教训青年的地方，是在山林花草鸟鸣虫嘶的天然景内，不在臭虫跳蚤的囹圄内。为此，他曾考虑在西山为北大谋一新的校址，并希望有关方面把圆明园送给北大。此外，作为杭州大学董事会成员，他在参与制定《杭州大学意旨书》中特别提出，杭州大学的选址必须"兼有西湖秀美、之江雄伟两者之胜"，为"诚天然胜境，修养身心，研究学术之喜地也"。② 大学物理环境对大学育人的重要性由此可见一斑。

需要指出的是，本研究所涉的环境概念并非仅指由物质及自然条件构成的物理环境，其还包含了大学价值文化、符号文化、活动文化、遗产文化、思维模式、行为习惯、教风、学风等诸多文化要素交融集成的大环境。联合国教科文组织在世界高等教育会议上关于"一个充斥疯狂竞争精神的环境造就不了团结互助精神。一个教员不尊重承诺（无故缺勤，迟到等）的环境教育不出责任感"③ 的结论，就是针对大学学风的文化环境批判。芝加哥大学原校长罗伯特·J. 吉莫深得其悟，他在就任校长的演说中就该校何以注重文化环境营造道尽其妙："我们认为芝大与众不同的一切均源自以下的承诺：……我们提倡发展这样一种教育模式，它能让学生沐浴在浓厚的学术氛围中，如此一来，无论学生最终选择怎样的职业道路，他们所接受的教育都会赐予他们无穷的力量；我们努力吸纳那些对学科具有创新品质的教师和学生，使他们能最大限度地受益于我们的学术气氛，并能为我们做出更大的贡献；我们深知，我们能否对社会做出更大贡献关键取决于我们的思想是否具有影响力，我们能否打开校门去校验和发展已有的思想。以上这些永恒的价值观和基

---

① 联合国教科文组织：《21世纪的高等教育：展望与行动》，世界高等教育会议文件，1998。

② 蒋梦麟：《蒋梦麟教育论著选》，223页，北京，人民教育出版社，1995。

③ 联合国教科文组织：《21世纪的高等教育：展望与行动》，世界高等教育会议文件，1998。

本原则已构成学校的主导文化，并经过一代代的芝大师生和行政人员不断地传承下来。"①

在有利于人才培养的大学环境的整体营造方面，美国大学的经验值得借鉴。例如，培养创新型人才是美国大学的核心使命，为此，美国大学十分注重创新文化的建设。菲尔兹数学奖得主、哈佛大学终身教授丘成桐先生说，"大学作为追求真理、生产文化的场所，理应是创新的源头"，但是"创新从根本上而言是一个文化问题"。② 美国大学极其重视营造有利于大学生丰富想象力培养和创意激发的文化氛围。譬如，麻省理工学院（MIT）坚信任何学生只要有了丰富的想象力和好的创意，在学校的鼓励和支持下就可能孵化培育出不同凡响的发明创造，甚至可能开发出一个新的富有发展潜力和生机活力的专业领域。因此，MIT 特别鼓励能够充分激发大学生想象力和敢于提出创意的创新文化环境的营造。MIT 人说校园每天都会激发人产生发明发现的冲动，并不时冒出一些新想法（ideas），有时一天甚至会有 20 个想法。为了缓解学习压力，让大学生在"学习高压锅"里获得身心放松，以及提供大学生充分展示聪明才智的舞台，MIT 不仅允许大学生在学校某些特殊时刻如毕业庆典时，搞一些惊世骇俗的富有创意和创新精神的"恶作剧"，而且校方热衷于收藏这些颇具"嬉闹"色彩、标新立异的"恶作剧"作品。正是在学校不成文的鼓励和支持下，这一充分体现了大学生创新创造精神的创意活动久而久之成为 MIT 颇受师生喜爱和期待的、特有的文化传统。大学环境因此有了人的意志赋予，但其是一种无声胜有声的文化呈现，其发生教育影响的方式已经不同于说教，其施行治校影响的方式也已经不同于管制，方式的变化带来了自然的影响。环境营造作为文化治校思想的实践，其意义如老子所言：圣人处无为之事，行不言之教。

以上我们从价值确定、制度安排和环境营造三个维度讨论了大学文化治校思想的实践，三者分别对应大学的精神文化、制度文化和环境文化。大学文化治校实践之所以可以发生并产生其他不能替代的效果，不

---

① 眭依凡：《学府之魂：美国著名大学校长演讲录》，328 页，北京，教育科学出版社，2013。

② 丘成桐：《创新来自对学问的真正尊重》，news. sciencenet. cn/htm/news/2015/7/323921. shtm，2015-10-01。

仅在于大学文化是大学组织及其活动的构成要素，更在于其对大学的价值确定、制度安排、环境营造三大治校要素具有直接的观念引领和组织建构作用。今日大学之治转向现代治理体系的大势已不可逆转，在这个转型过程中，大学传统行政管理模式忽视大学人的自主性、知识传承创新的规律性、管理的泛行政化等诸多问题愈加凸显，因此，文化治校作为大学治理结构的一个重要元素的价值逐渐获得大学及其治校者的认同。如果说大学的文化研究为大学的文化治校奠定了理论基础，大学文化治校的必要性得以阐释，那么大学治理体系的现代化则对大学的文化治校实践提出了紧迫的要求，大学文化治校的可行性因此有了环境现实和制度现实的促进和保障。大学文化治校不止于文化的营造，更在于大学成员对大学文化价值的认同。这种文化价值的认同使大学成员从被管理者的角色中获得解放，并产生与大学思想及大学价值追求的一致性。①

三、大学文化强国思想研究

在 2011 年 10 月召开的中共十七届六中全会上，中央基于改革开放30 多年来我国综合国力不断提高、社会经济发展取得了世界瞩目的巨大成就，但国家的文化软实力还有待提高的国情，以及伴随着经济全球化，国际竞争日益加剧，提升我国在国际社会的文化话语权和文化影响力日益紧迫的国际背景，通过了《中共中央关于深化文化体制改革推动社会主义文化大发展大繁荣若干重大问题的决定》，提出了"推进文化改革发展、努力建设社会主义文化强国"的国家战略。为进一步推进文化强国战略的落实，2013 年 12 月，习近平总书记在中共中央政治局第十次集体学习时，专门就"提高国家文化软实力，努力提高国际话语权"发表了重要讲话。在这一社会背景下，建设文化强国的紧迫性进一步凸显。自 20 世纪中叶以来，人类社会步入知识经济时代，大学强大的以高层次人才培养和知识创新为己任的社会职能，使其不仅成为国家文化实力的重要组成，更是国家文化实力发展、提升不可替代的主力

---

① 眭依凡：《论大学校长之文化治校》，载《清华大学教育研究》，2012（6）。

军，这使大学在提高国家文化实力和推进文化强国建设的进程中负有义不容辞的责任。可以说，大学文化强国思想的形成及其实践是大学文化的内在属性与文化强国的国家需要高度耦合的必然。

（一）文化强国的学理性讨论

大学文化强国的学理性讨论不仅旨在为大学文化强国思想提供必要的逻辑支撑，更在于为大学文化强国思想的实践提供有现实意义的具体指导，以解决大学文化思想如何在文化强国建设中发挥作用、有所作为的现实问题。文化强国的学理性问题即文化强国的必然性问题，必然性问题一旦清晰，则文化强国的必要性不言而喻。文化强国的学理性可以从如下几方面加以讨论。

其一，人类文明发展史其实就是人类文化发展史，这是一个既理性又符合现实的判断，关于两者的关系已经有了广为学界认同的研究结论。从文明与文化的概念看，人们把文明与文化都定义为涵盖了诸如精神、制度、物质科学及教育等层面的人类所创造的各种财富的总和，是人类社会发展到某种阶段的反映。马修·阿诺德强调："文化为人类担负着重要的职责；在现代世界，这种职责有其特殊的重要性。"[1] 从文明与文化的关系看，文明是人类社会发展的根本目的，而文化是人类追求文明的实践手段。换言之，文明是文化的内在价值即文化的目的，而文化是文明的表现形式，即文化从属于文明。从承担文明和文化发展及享有文明和文化财富的主体看，他们都是人，离开了人，任何文明和文化都将失去存在的意义，因此，人是文明和文化的核心。从文明和文化的结果看，文明和文化既是人类赖以生存所必需的环境，同时又是人类为了适应生存加以改造完善、与时俱进的结果。一个社会的文化发展水平越高，其文明程度越高。

以上陈述帮助我们获得了一个推论：任何文明大国都是文化强国的必然。大学不仅以文化传承及创新为己任，而且大学教育作为人类社会最伟大的发明，对人类文明发展具有最直接、最具体、最有力的推动作用。从这个意义上说，大学教育发展史不仅是人类社会文化发展史的具

---

① ［英］马修·阿诺德：《文化与无政府状态：政治与社会批评》，韩敏中译，11 页，北京，生活·读书·新知三联书店，2002。

体化，更是人类社会文明发展史的强大推手。这就是为什么人们常常说看一个国家可以看她的大学，而看一所大学可以看这所大学的精神，判断一个民族的文明程度只要看这个民族的学校文明。所以就一个民族或国度而言，建设文化强国必须以大学文化为引领、为动力。从社会发展的历史进程来看，大学文明的历史就是推动人类文明的历史。在文明、文化、大学这根社会发展的关系链中，大学是文明得以实现、文化得以发展的根本基础，这就是大学文化在建设文化强国进程中不可或缺、不可替代的逻辑所在。

其二，大学先进文化应引领大众文化。雷蒙·威廉姆斯曾经为文化下了三个宽泛的定义：一是指"智力、精神和美学发展的一般过程"，在讨论文化发展史时，人们谈论的往往是这方面的成就；二是指"一群人、一个时期或一个群体的某种特别的生活方式"，如民俗、体育及宗教活动等；三是指智力，尤其是美学所创造的作品和实践，指涉那些赋意的生产活动及其产品，如诗歌、小说、歌剧、美术等均属文化范畴。① 相较于第二及第三定义的大众文化（popular culture），雷蒙·威廉姆斯关于文化的第一定义属于精英文化（elite culture），这是一个只有甚少人能够理解、思考和关注的领域。康德把文化定义为"有理性的实体为了一定的目的而进行的能力之创造"，而英国知识界常常把"文化"与"意识形态"混为一用。比如，詹姆斯·凯瑞就主张"将英国文化研究描述为意识形态研究"②，他认为"这样更简洁，或许更准确"。所谓意识形态，可以理解为某一特定人群所共同持有的观念系统。这种对文化的认识不仅把文化等同于精英文化的概念理解，更强调文化价值意义的提升。

大学不仅由于科学技术知识的传播和创造而具有生产力属性，而且由于担负着传播和培育思想观念、价值理性、道德信仰亦即对属于意识形态领域问题的解释、建构、宣传等极其重要的责任，大学因此亦有上层建筑的特征。譬如，我国就把"育人为本，德育为先，以理想信念教

---

① 转引自［英］约翰·斯道雷：《文化理论与大众文化导论》，常江译，2 页，北京，北京大学出版社，2010。

② 转引自［英］约翰·斯道雷：《文化理论与大众文化导论》，常江译，3 页，北京，北京大学出版社，2010。

育为核心，树立正确的世界观、人生观和价值观"，确定为大学生思想政治教育之首要。当然，大学以科学技术知识的探索和传播为核心使命。"尽管科学在本质上是一种智力探索活动，但它却是伴随着诸如为求知求真等价值追求参与的探索活动，学者的文化修养、价值取向等都会影响到科学的探索过程。因此，科学不仅创造物质世界的价值，同时也在创造精神世界的价值，科学的信仰使人坚持真理，自觉地运用科学发展观去审视和对待人类、社会和自然。因此，科学信仰不只是对待科学的态度，它是形成正确世界观的基础。有什么样的科学信仰，就有什么样的世界观、人生观、价值观。"① 德国哲学家雅斯贝尔斯说：教育须有信仰，没有信仰就不成其为教育，而只是教学的技术。大学及其文化的意识形态价值和意义赋予了人们对大学强烈的先进文化诉求。习近平总书记也反复强调：推动国家发展，核心价值观是最持久、最深沉的力量。文化强国必须以核心价值观为依托，而先进文化的首要责任就是核心价值观的推动. 由此可见先进文化在文化强国建设进程中的意义和作用；由此可证大学文化不仅有文化强国的使命，而且是引领和推动文化强国的主力军。

大学存在和发展的唯一理由是社会需要，其人才培养、知识创新及服务社会无不是为满足及引领社会发展需要做出的选择，大学因此被赋予了强烈的社会性。大学的社会性决定了大学文化的社会性。所谓大学文化的社会性，即大学的价值绝不在于大学自己，如果以为大学文化只是为了追求自身内部的和谐与完美，那无疑是对大学文化社会意义的矮化。在社会日益依赖大学的引领和推动发展的时代，大学与社会的位置已经发生倒置：大学通过改造、改变社会而决定社会。大学如何才能承担起改造、改变及决定社会之重？唯一的选择就是充分发挥自己先进文化的应有作用。其实，强调大学自主的目的就在于使大学按自身的规律发展，担负好为社会培养人才及贡献知识的责任，而绝非与世隔绝或成为影响社会文明进步的反动力量。大学是先进文化的最重要代表，文化强国的使命自然而然落在大学的身上。

其三，大学文化强国是大学开放性、国际性、竞争性的组织特征所

---

① 眭依凡：《大学的理想主义与人才培养》，载《教育研究》，2006（8）。

决定的使命与责任。"提高国家文化软实力，要努力提高国际话语权"①，习近平总书记的话深刻揭示了这样的逻辑：文化强国必须以能对国际社会具有文化影响力和文化话语权的国家文化软实力为基础。关于强国，笔者在"2009年高等教育国际论坛"上对"高等教育强国"概念做了如下梳理：强国是一个国际比较的、以世界为参照系的概念，所谓高等教育强国，绝非高等教育数量、规模及速度的概念，也不只是高等教育物质条件拥有的概念，而是强调高等教育质量及对国家乃至人类社会发展所做出重大贡献的概念。② 由此类推文化强国亦然。作为一个国际比较概念，文化强国的内涵有两个要素：强盛的国家文化软实力及具有国际影响力的文化话语权。大学是国家文化软实力的重要组成，这里不必赘述。但需要强调的是，大学以高层次人才培养和知识创新为核心使命的学术属性和社会诉求使之成为效率优先的组织，大学因此有了较其他组织更强烈的面向国际社会的开放性和竞争性。大学只有通过对外开放及参与国际竞争，才能在最短的时间内高效率地获得大学赖以生存发展的代表国际学界最高水平的智力资源，从而缩小自己与他国大学的差距，以根本提高大学的竞争力。从这种意义上说，大学主要通过国际开放和国际竞争获得生存空间的扩展及发展能力的提升。大学的竞争力可以说是国家竞争力的基础，因此，大学文化的国际竞争力及其话语权对文化强国具有决定性。

鉴于国家文化软实力在国际竞争中具有战略制高点的意义，因此，在文化强国的建设进程中，大学文化强国的重要性应当引起人们的重视。如果说文化育人是大学文化思想发展的最初认识，文化治校是大学文化思想发展的理性提升，那么文化强国无疑是大学文化思想发展的国家高度。大学参与文化强国并担负文化强国的责任，是大学文化的本分而非角色作用的僭越。与"大学在建设高等教育强国中肩负着其他任何组织不能替代也无法替代的使命和不可推卸的责任"③ 一样，在建设文化强国的进程中，大学亦肩负着其他组织不能替代也无法替代的使命和

---

① 习近平：《建设社会主义文化强国　着力提高国家文化软实力》，www.xinhuanet.com/politics/2013-12/31/c_118788013.htm，2015-10-01。

② 眭依凡：《高等教育强国：大学的使命与责任》，载《教育发展研究》，2009（23）。

③ 眭依凡：《高等教育强国：大学的使命与责任》，载《教育发展研究》，2009（23）。

责任。

（二）大学文化强国思想之实践

大学文化在文化强国建设中扮演着不可或缺的重要角色，担负着不可替代的重要使命，这是近几年来学界在有关大学文化与文化强国建设关系研究中形成的共识。学界之所以形成这样的共识，不仅源于学者们在研究中做出了大学文化能够强国、必须强国的主观判断，更在于大学拥有文化强国的其他组织无法替代的诸多文化要素，为文化强国建设提供了观念引领、人才支撑、理论创新、知识供给、国际交流等一系列有利于传承、改造、繁荣文化，以提升文化质量的得天独厚的条件。关于大学文化参与文化强国的实践，已有诸多的研究成果。例如，韩震先生提出，高等学校可以通过整理文化典籍、考古和历史研究，为文化强国建设找到深厚的文化根基；通过学理分析和学术研究，为建设文化强国构建引领人类的先进文化；通过国际交流，为建设文化强国提供丰富的营养和参考；通过创新性构建和培养文化人才，为文化强国建设提供持续的创造力和推动力；通过话语体系建设和人才培养，为文化强国建设提高文化传播能力。[1] 徐魁鸿先生提出：优化课程设置，大力弘扬中华民族优秀传统文化；改革教育教学模式，培养创新型人才；秉持服务基层的理念，扩大高等教育服务的范围；加强国际交流与合作，促进中西文化交融。[2] 王嘉毅先生提出：发挥学科优势，为文化大发展大繁荣提供人才支持；加强科学研究，为文化大发展大繁荣提供理论支持；主动服务社会，在文化大发展大繁荣中实现高校与社会的互动；加强对外交流，提升中国文化的国际影响力。[3] 笔者对此均无异议。然而，由于大学及其文化的多元素及多样性特征决定了其对文化强国建设的参与有种种不同的选择，因此，从更概括的角度加以梳理、提炼就十分必要。基于这个考虑，笔者把大学文化强国思想的实践归纳为如下三大层面。

1. 致力于高等教育强国的建设

大学的兴衰成败不仅关乎而且决定了国家的兴衰成败。举目全球，凡国之强者无不是高等教育之强者，美国等西方强国均是依靠高等教育

---

① 韩震：《建设文化强国是大学的重要使命》，载《中国高等教育》，2014（24）。
② 徐魁鸿：《试论高等教育与文化强国的关系》，载《现代教育论丛》，2013（6）。
③ 王嘉毅：《文化强国建设与高等教育的新发展》，载《教育研究》，2012（2）。

体系强大崛起的典范。全球竞争力是评定一个国家实力强弱的重要指标。据世界经济论坛报告，2014－2015 年全球经济体竞争力排名中，位居前 10 的经济体，其"高等教育与培训"指标的竞争力排名无不居前，尤其是芬兰、新加坡、荷兰、瑞士这些人口小国依次包揽了"高等教育与培训"指标竞争力的前 4 位。由于"高等教育与培训"与"创新能力"直接相关，上述 4 国的"创新能力"指标竞争力亦均居前 10（见表 1）。我国的"高等教育与培训"指标的排名不算靠前，这在很大程度上制约了我国"竞争力"指标排名的提升。高等教育对一个国家和地区竞争力的增强至关重要，决定了国家崛起必须以高等教育强国建设为基础。知识经济时代的大学之于国家的关系，其逻辑同于梁启超先生在《少年中国说》中做出的判断：大学智则国智，大学富则国富；大学强则国强，大学独立则国独立；大学自由则国自由，大学进步则国进步；大学胜于欧洲，则国胜于欧洲；大学雄于地球，则国雄于地球。高等教育强国与全球竞争力的关系如此，高等教育强国与文化强国的关系亦然。在全球范围内，没有哪个文化强国不是以高等教育强国为率先行动并以高等教育强国之实现奠定基础的。换言之，高等教育强国是文化强国的基础，而文化强国必须以高等教育强国为条件。

表 1 2014—2015 年全球经济体竞争力排名（部分）

项目	经济体									
	瑞士	新加坡	美国	芬兰	德国	日本	荷兰	英国	瑞典	中国
竞争力	1	2	3	4	5	6	8	9	10	28
高等教育与培训	4	2	7	1	16	21	3	19	14	65
创新能力	2	9	5	1	6	4	8	12	7	32

高等教育强国并非一个空洞的概念，而是以实施高等教育为己任的大学实力比拼、创造性作为的结果，因此，在高等教育强国建设中，我国的当务之急是加速建设能与世界发达国家比肩的强大的极具国际竞争力的大学。没有大学的支撑，高等教育强国将失去人才和科学的依托。文化强国必须以高等教育强国为基础，而高等教育强国必须以大学为基础，三者间的逻辑关系将大学通过努力与高等教育强国建设和文化强国

紧密相连，通过对高等教育强国的积极作为，为文化强国建设做出贡献。上述逻辑决定了致力于高等教育强国建设，是大学参与文化强国实践必须做出的首要选择。

由于大学本质上是承负选择、传承、创造文化使命的社会组织，通过知识贡献、科学创新、人才培养直接参与高等教育强国建设，因此，大学与文化强国间的关系还可以进一步明确如下：其一，大学的知识贡献、科学创新的活动及结果均是文化强国必须依赖的文化要素；其二，因为高等教育强国与文化强国几无本质的区别，因此，大学上述活动的质量对文化强国活动的质量构成了直接影响；其三，国与国之间的竞争主要表现为经济的竞争、科技的竞争、文化的竞争，但归根结底是人才的竞争。高等教育强国及文化强国建设最宝贵的资源是人才，无论高等教育强国还是文化强国，无不是人才强国的结果。离开了规模宏大且高水平人才的支撑，任何强国梦恐怕连昙花一现的机会都不会出现。由于文化强国建设迫切、广泛需要大学所培养的人才，从而与大学建立了较其他社会组织更直接、更密切、彼此更依赖的关系，使大学参与文化强国建设的使命更重大、责任更具体。负有文化强国的使命责任，大学文化思想及其实践亦获得了国家战略高度的提升。一言概之，通过致力于高等教育强国建设，为文化强国奠定雄厚的人才基础和文化底蕴，以根本提升国家的文化实力及文化的国际话语权，是大学文化强国思想实践必须做出的选择。

2. 致力于先进文化使命的践行

大学文化是一个民族文明的缩影，但大学文化的意义不只是一个民族文明的反映，更在于它代表了一个民族最先进文化的水平，以及对民族文化引领的责任。大学文化具有民族精英文化的地位，引领民族文化发展、提升民族文化品位是大学文化先进性赋予它的特有的品质、意志和能力。且不论文化的传承和创新作为大学的第四职能能否获得人们认同，无论是作为一种独立存在的活动还是渗透在人才培养、科学研究及社会服务中的影响，大学的文化传承和创新的重要性不仅直接决定了大学能否自觉及怎样自觉致力于大学的教学、研究等既有的社会职能及其使命，而且关系到国家民族乃至人类社会的文明程度及其进程。大学文化应是先进文化的象征，其应具有以崇真、向善、求美及有社会担当为本质的大学理想主义赋予的文化先进性。理想主义要求大学涵养、形成以文化自识、文化自觉、文化自信及文化自律为特征的文化理性。关于文化理性，永恒主义强调其是人性的基础，他们认为社会秩序的稳定依赖于以永恒的真善美原则为基础的文化理性，漠视文化理性，社会就会因精神支柱的坍塌而造成混乱。因此，西方社会甚至把 20 世纪 30 年代世界范围的经济危机所带来的社会问题，也归因于道德的沦丧和文化理性的失守。作为先进文化的存在或反映，大学文化理性的意义就在于以国家先进文化代表的身份，在引领和推动国家文化发展、民族文明进步中发挥其他组织无法替代也不能替代的作用。

"一所大学的精神所在，是它要特别对历史和未来负责——而不单单或者仅仅是对现在负责。一所大学关乎学问，影响终身的学问，将传统传承千年的学问，创造未来的学问。一所大学，既要回头看，也要向前看，其看的方法必须——也应该——与大众当下所关心的或是所要求的相对立。大学是要对永恒做出承诺……"① 哈佛大学原校长德鲁·福斯特在任职演讲时之所以强调大学必须对历史、对未来、对社会负责，以及对永恒做出承诺并因此坚持独立于世俗的精神，就在于大学是传承和创造知识且必须守持文化理性的组织。文化理性不仅关乎大学自身文化的良莠，而且影响社会风习乃至人类文明的进程；文化理性不仅使大学区别于其他社会组织，而且引领社会文化与精神的方向；大学文化理性的意义体现在大学应该成为社会的人文精神榜样和道德榜样。由此可得出结论：大学的文化理性超越了大学边界，具有鲜明的社会性乃至具有国家及人类意义。大学需要办学自主，但这并不意味着大学仅仅属于自己，大学是国家和民族文明传承与发展的重要阵地。大学文化如果失去了影响和改造社会的自觉性及充满正能量的社会影响力，大学文明重镇的地位也就不复存在，其存在的正能量亦会锐减甚至消失。基于上述认识及事实，致力于先进文化使命的践行，以引领国家文化的健康发展和提升民族文明的质量，就是大学文化强国思想实践必须选择的途径。

特别需要强调的是，中共十八大从国家、社会及公民三个层面提出

① ［美］德鲁·福斯特：《放飞我们最富挑战性的想象力》，郭英剑编译，载《语文新圃》，2008（1）。

了"富强、民主、文明、和谐，自由、平等、公正、法治，爱国、敬业、诚信、友善"的社会主义核心价值观。社会主义核心价值观的提出，对文化强国的意义在于：文化强国建设因此有了现实操作性，其为文化强国建设既指明了价值追求的方向又落实了具体的价值目标。文化强国建设绝非一个华而不实的口号，而是一项国家的具体行动方案。核心价值观如果缺位，文化强国就会失去文化灵魂的引领，继而失去文化平台的支撑，文化强国及其建设就会成为海市蜃楼。

大学本质上是肩负文化批判、文化选择、文化传承与文化创新使命的社会组织，推进先进文化发展和文化强国建设是大学责无旁贷的重任，尤其在我们所处的知识经济与社会变革交织的伟大时代。积极培育和践行社会主义核心价值观以促进文化强国建设的进程，既是大学努力践行先进文化使命的具体行动，也是大学文化强国思想的具体实践。关于建设文化强国的意义，中共十八大报告明确提出"全面建成小康社会，实现中华民族伟大复兴，必须推动社会主义文化大发展大繁荣，兴起社会主义文化建设新高潮，提高国家文化软实力，发挥文化引领风尚、教育人民、服务社会、推动发展的作用"[①]。大学作为充满理想主义文化理性的组织，如何在"实现中华民族伟大复兴，扎实推进社会主义文化强国建设"的进程中发挥好自己引领和推动国家文化发展、文明进步的作用，是大学必须致力于文化强国思想实践的意义所在。

3. 致力于文化国际竞争力的提升

文化实力和竞争力是国家富强、民族振兴的重要标志，"增强文化整体实力和竞争力"是我国确定的文化强国建设的核心任务。如果说文化实力是建立在本土坐标系上的、旨在提升民族文化自身水平质量的概念，那么文化竞争力则如同高等教育强国、文化强国一样，是个国际比较的概念。两者本质上都是文化能力水平的反映，但前者是关于文化实力的一种静态反映，而后者是在文化竞争的动态过程中体现出来的文化实力。在文化强国的建设中，如果说高等教育强国的目的主要在于文化实力的增强，那么文化竞争力则需要走出国门，在文化的国际交流、比

---

① 胡锦涛：《胡锦涛在中国共产党第十八次全国代表大会上的报告》，www.xinhuanet. com18cpcnc/2012-11/17c_113711665_htm，2015-10-01。

较及竞争中获得提升。通过文化的国际交流、比较及竞争，宣传和展示本土文化的优越性，扩大民族文化的世界影响力，开阔国民的文化国际视野，发现自身文化存在的不足，吸收世界先进文化的精髓，借鉴发达国家先进文化的成功经验，最后获得本国文化竞争力的提升。其实，文化竞争力本质上就是在文化的国际交流、比较及竞争过程中表现出来的文化影响力。尽管文化实力是文化竞争力的基础，但任何国家的文化实力都需要通过文化的国际交流和竞争来体现自己的存在并衡量自己实力的强弱。例如，我国的传统文化凭借悠久历史的积淀，绝对有优势的一面，但它如果没有得到很好的发掘和提炼并获得对外交流、宣传、展示的机会，那么它就只是"养在深闺人不知"的文化。由于文化的对外影响尚未发生，其竞争力如何也就难以确定。文化竞争力是衡量国家文化强弱的重要指标，所以在文化强国建设中，致力于文化国际竞争力的提升是必要的选择。提升文化的国际话语权是文化国际竞争力提升的目的，而提升文化的国际竞争力是文化国际话语权提升的必要手段。

在文化实力与文化竞争力的概念，以及文化国际竞争力与文化强国的关系清晰之后，进一步需要讨论的问题是大学致力于文化国际竞争力提升的理由何在？文化强国和文化竞争力无不以人才竞争力及知识竞争力为基础，而人才培养和知识进步恰恰是大学的核心使命。除此之外，一方面，大学的人才培养和知识创新必须及时反映时代最前沿及最高水平的知识要求，赋予了大学较其他组织更强烈的开放性和国际性特征；另一方面，大学只有通过国际竞争才能跟踪和把握、学习和吸纳世界最高水平的高等教育知识，以保证人才培养的高质量、知识创新的高水平。所以，在提升文化国际竞争力的国家行动中，以效率优先与高度开放的国际化为特征的大学占有天时、地利、人和的绝对优势。尽管现代大学是西方文化积淀和西方制度的产物，但任何大学一旦植根于某个民族，就会受到本土文化的影响，并代表本土文化参与国际社会的交流和竞争，大学因此也就成为最需要通过加强文化国际交流和吸纳优秀外来文化以提升自己，对外辐射民族文化正能量、展示民族文化魅力的组织。

需要指出的是，我们所说的文化国际竞争并非旨在谁取代谁、谁驾驭谁。在一个多元文化价值和多极文明共存的人类社会，分享不同民族创造的文化成果和智慧，学习他国的优秀文化以增进不同国家间文化的相互了解、相互尊重、相互认同、彼此融合，促进世界文化的和谐及人类文明的可持续进步，才是文化国际竞争的真正目的。文化或文明对话的目的就在于从根本上改变上述文化歧视和不平等，前提是获得文化平等对话的权力。然而，文化的平等对话权力绝非他人施舍的结果。为了获得文化的平等对话的主动权，我们只有选择在增强民族文化实力的基础上，提升民族文化的国际竞争力及文化的国家话语权。这就是大学要在文化强国建设中致力于文化国际竞争力提升的目的及理由。有了强大的文化国际竞争力，我们才会有在国际对话中影响他人并让他人尊重自己的底气。

所谓文化的国际竞争，并非国与国之间的文化比拼争胜，而是为了增进对彼此文化的了解和认同。达成此目的的有效途径就是加强国与国之间的文化交流，而这既是大学的优势又是大学的使命。对此，我国不少学者均有类似的观点。例如，上海社会科学院花建提出，文化强国不仅要具有自觉的文化体系设计能力，树立社会共同体的核心价值观念，形成创造文化魅力的巨大活力，发挥创新驱动的强大能量，还要有强大的推动文化交流和国际文化贸易的实力。① 学者夏文斌在其《文化强国与大学使命》一文中也强调，大学在文化强国建设中担负着神圣的使命，其主要缘于大学不仅是学术文化的圣地，推进文化的传承创新是大学的天职，而且大学是文化教育的战略高地，也是文化研究的重要场所，是文化服务的有效平台，更是文化交流的桥梁、纽带。② 加强文化的国际交流是文化强国的内容，更是建设文化强国的手段，因为文化强国本身就是"指文化发展程度处于世界先进水平并对其他国家文化发展起重大影响的国家"③。唯有通过文化交流，才能扩大我国文化在国际社会的影响。

关于加强文化的国际交流，包含两层意义，可以提炼如下：其一，积极宣传民族文化，以扩大民族文化的对外影响及提高国际社会的认同度。关于此，我们有极为典型和成功的案例，例如，由中外大学合作举

---

① 花建：《树立迈向世界文化强国的新文化观》，载《探索与争鸣》，2014（4）。

② 夏文斌：《文化强国与大学使命》，载《中国教育报》，2011-12-20。

③ 徐魁鸿：《试论高等教育与文化强国的关系》，载《现代教育论丛》，2013（6）。

办的遍布全球、旨在推动汉语加快走向世界、提升汉语文化影响力的孔子学院和孔子课堂，就为提高中华文化的全球影响力做出了重大的贡献；其二，学习、吸纳外国先进文化，以开阔我们的文化视野、共享人类的文化成果。人类社会文明进步的一个最重要标志就是不同民族、不同国家对他国文化的尊重和认同，尤其是对引领人类社会文明的文化成果的分享和融合。当今世界正处在一个文化多元、文明多极的时代，减少文化、文明冲突的最有效手段就是通过对他国文化的学习，理解、认同他国文化。加强文化交流对任何国家的文明建设都有积极的意义。例如，第二次鸦片战争后，以曾国藩、李鸿章和张之洞为首的洋务派为了摆脱清政府所面临的内忧外患，提出了"中学为体，西学为用""师夷长技以自强"的洋务派思想。"中学为体"，强调以中国的纲常名教作为决定国家社会命运的根本；"西学为用"则主张采用西方资本主义国家的近代科学技术，效仿西方国家在教育等方面的一些具体制度、措施，以改变中国的落后状况，增强中国的国力。这种学习借鉴客观上改变了旧中国的文明模式，为加速中国的思想文化及科学技术的现代化进程起到了积极作用。

北京大学原校长蒋梦麟先生在其曾经风靡台湾，几乎让台湾青年人手一册的《蒋梦麟自传：西潮·新潮》一书中，对文化有一段独到而深刻的演绎："文化是个有生命的有机体，它会生长，会发展；也会衰老，会死亡。文化，如果能够不断吸收新的养分，经常保持新陈代谢的作用，则古旧的文化，可以更新，即使衰老了，也可以复兴。""大凡文化的发展，有两个重要的因素：一个是内在的，基于生活的需要。人类有种种生活的需要，为了满足这些需要，不得不想出种种方法来创造，来发明。这是促进文明发展的一个动力。另一个是外来的，基于环境的变迁。环境变迁多半是受外来的影响。这是四周环境改变了，为了适应新的环境，就不得不采取新的适应方法。人类如不能适应新的环境，就不能在这环境里生存。"[①] 大学文化岂不如是？大学文化必须守持的是它作为先进文化与生俱来的以理想主义为本质的文化理性。这是大学由人才培养和知识创新的组织属性内生的永恒的文化特质，大学因为有了这

---

① 蒋梦麟：《蒋梦麟自传：西潮·新潮》，312页，北京，华文出版社，2013。

个文化特质而根本不同于其他社会组织，当大学具有改造社会的力量时，它也就有了破坏社会的力量，这两种力量一样巨大。大学究竟起引领、推动社会进步的作用还是反社会进步的作用，取决于大学能否守持其应有的文化理性。大学是社会需要的产物，大学是最不能仅仅代表自己并只顾满足自我需要的组织，因为大学有较其他组织更多的社会和历史责任。大学及其文化之所以如此重要，就是因为它必须与时俱进，根据国家、民族乃至人类社会文明进步的需要，不断丰富和完善自己，以真正堪当引领人类社会进步的文明旗帜。

有容乃大：大学必须守持的文化理性[*]

作为一个教育和学术组织，大学的职能不仅包括培养人才、科学研究、服务社会，还包括传承和创新文化。但与培养人才、科学研究及社会服务不同，大学的文化传承和创新不仅关系到国家民族乃至人类社会的文明程度及其进程，而且直接决定了大学能否自觉及怎样自觉承担其使命。负有传承和创新文化使命的大学组织，其文化必须代表人类文明的方向和高度，成为引领社会进步的旗帜。

大学文化是大学经历史的积淀、选择、凝练、发展而成的高度成熟并为大学及其所处社会高度认同的高层次精神文化，其意义不仅体现在它对内能创设一个积极、奋发、向上，影响其成员价值选择、思维方式、精神气质、道德情感、行为模式的大学文化氛围，更表现为对外的大学价值和理想追求，并以此树立了受社会尊重的崇真、向善、求美、有担当的形象。大学文化不仅通过大学核心价值和理想使命的确定，决定大学发展的方向继而决定其社会作为的大小，以及大

---

[*] 本文原发表于《教育发展研究》2012 年第 21 期。

学生存发展的质量；而且通过对其成员价值选择、思维及行为方式的影响，以及大学师生所处精神和制度环境的营造，决定他们的所思所作所为。从这种意义上说，大学及其成员是大学文化浸润并受其深刻影响的产物，即有什么样的大学文化就有什么样的大学及其成员。

基于此，大学文化是大学最不敢也最不能忽视的，其关系到大学能否坚守自己本真的属性和使命。一所选择以人才培养为天职的大学与一所急功近利的大学有着天壤之别。前者以学生为本，致力于提高人才培养质量；后者以追求所谓"政绩"为目标，无视学生的需要。两者之别，归根结底是大学文化价值观的区别。

由于大学组织的学术属性和特征及大学知识创新的使命和规律，决定了大学不仅需要陈寅恪先生所倡导和追求的"思想自由，人格独立"之文化精神，而且需要受此文化影响以有利于鼓励和保障学者知识创新的大学制度设计。大学既需要理想主义这一统领大学文化的灵魂，也需要对大学的知识创新使命具有保护和直接推动作用的文化要素，而包容性则是对大学成员求学设问、探索新知具有直接影响力的文化理性。

没有世界一流大学不仅是中国之痛，更是大学之痛，但大学绝非金钱可以堆砌起来的产物。大学是文化的积淀和成长，而非一蹴而就的大楼之建。同样，世界一流大学更是优秀文化的结果而非巨额金钱及物质的堆积。在政府的推动下，也许总有一天我们会产生一批世界一流大学，但那是一个非常漫长的过程。实现世界一流大学之梦，一方面，需要政府为大学创造走出体制之外的条件，以便大学按规律办学治校，更好地履行自身使命；另一方面，大学必须自觉坚守应有的文化理性，尤其是包容文化，让大学更像大学。

王晓明教授说："大学是集中人类全部知识的地方，社会生活中没有哪个地方像大学这样集中了人类最多的知识……大学的学生可以听各种各样的课程，正是这种见多识广，造就了大学的人总是要问为什么是这样，他总是要想想你说的对不对，因为他们明明还知道另外的事情……这就是大学文化的魅力和它的价值所在。"肖雪慧这样评价哈佛："无论世事怎样瞬息万变，人们如何浮躁地追潮逐浪，它有一种任凭举世中风狂走，我自卓然独处的孤傲和镇定。"① "是自由和宽容使置身于大学中的师生去掉了心灵的镣铐，让思想和精神自由生长；是自由和宽容，使大学具有一种朝向未来的张力。"②这就是世界名校的文化理性：有容乃大！

　　一所大学只有尊重历史文化才会重视未来；只有拥有尊重师生个性的包容文化，才能造就出为国家、为人类做出思想和知识贡献的富有创造力的杰出人才。如果说理想主义的文化精神使大学知其伪而崇其真，知其恶而向其善，知其丑而求其美，知其不能为而肩其社会之担当，那么，有容乃大的大学文化理性则使大学师生在"思想自由，人格独立"的精神生态下，无私无畏地追求真理、探索真理、坚守真理，并以此报效自己的国家和人民。

---

① 肖雪慧：《大学之魂》，见刘琅、桂苓：《大学的精神》，161 页，北京，中国友谊出版公司，2004。
② 肖雪慧：《大学之魂》，见刘琅、桂苓：《大学的精神》，166 页，北京，中国友谊出版公司，2004。

当·代·中·国·教·育·学·家·文·库

卷

中 篇

理想主义大学与世界一流大学建设

世界一流大学建设的六要素[*]

当今世界正处在一个发展变化极其迅速的知识经济时代，知识经济时代具有的突出特征是：高新知识成为最重要的生产力要素，高新知识彻底改变了人类的生活和生产方式，而且这种生活和生产方式的改变已经不可逆转。在国际竞争日益激烈的背景下，败下来的无一不是高新知识落后的国度。由于高新知识是大学创造的，且创造高新知识的人才是大学培养的，故一国之大学落后必然导致其高新知识的创新不足，这已经成为不容置疑的全球性事实。由此可得出结论：大学作为高新知识生产的垄断者，因其占有了决定国家竞争力强弱的知识权力继而决定国家的兴衰成败；缺乏卓绝大学，尤其世界一流大学支撑的国家不仅是没有竞争力的国家，而且难以担负起民族振兴的历史责任。在 2016 年召开的全国科技创新大会上，习近平总书记强调："成为世界科技强国，成为世界主要科学中心和创新高地，必须拥有一批世界一流科研机构、研究型大学、创

---

* 本文原发表于《探索与争鸣》2016 年第 7 期。

新型企业，能够持续涌现一批重大原创性科学成果。"① 这一论断道尽了世界一流大学对国家强盛的重要性。当然，世界一流大学不是一国所有大学的目标，但一个缺少世界一流大学的国家绝不会是高等教育强国，继而也就根本不能成为世界强国。

据达沃斯世界经济论坛公布的《全球竞争力报告》，瑞士、新加坡、美国、芬兰、德国、日本、荷兰、英国等国家和地区，已至少连续 3 年居全球经济体竞争力排名前 10（见表 1）。全球经济体竞争力排名由"制度环境""基础设施""宏观经济环境""健康与基础教育""高等教育与培训""产品市场效率""劳动力市场效率""金融市场发达程度""技术成熟度""市场规模""商业成熟度""创新能力" 12 个指标构成，高等教育通过高层次人才培养和知识创新，对上述指标均有直接或间接影响，尤其对"创新能力"影响巨大。

表 1　2014—2015 年全球经济体竞争力排名（部分）

项目	经济体									
	瑞士	新加坡	美国	芬兰	德国	日本	荷兰	英国	瑞典	中国
竞争力	1	2	3	4	5	6	8	9	10	28
高等教育与培训	4	2	7	1	16	21	3	19	14	65
创新能力	2	9	5	1	6	4	8	12	7	32

再以诺贝尔科学奖为例，众所周知，诺贝尔科学奖不仅代表世界知识创新成果的最高水平，而且其成果已经或必将带来人类生活方式和生产方式的革命。诺贝尔科学奖通常有两个特点：其一，人们对获奖人及其成果争议甚少；其二，欧美国家，尤其是美、英、德、法等国科学家及其大学通常是诺贝尔奖的大赢家。美、英、德、法等国为什么有如此多的知识贡献？因为他们拥有太多的世界一流大学。自 1901 年诺贝尔奖创设以来，欧美大学培养或产生了数量惊人的诺贝尔奖获得者。据维基百科截至 2015 年年底的数据，全球获得各类诺贝尔奖 10 人以上的大学共 57 所，其中，美国 29 所，英国 8 所，德国 8 所，法国等欧洲其他

---

① 《全国科技创新大会　两院院士大会　中国科协第九次全国代表大会在京召开》，www. xinhuanet. ckm/politics/2016-05/30/c_118956522. htm，2016-06-08。

国家 12 所。

据表 2，仅占世界人口比重 7.22％的英、美、德、法四国，占据了全球 73.82％的诺贝尔科学奖。表 3 则呈现了剑桥大学三一学院卡文迪什实验室这家研究机构先后产生和培养的 20 位诺贝尔科学奖获得者。

表 2   1901—2015 年诺贝尔三大科学奖获得者的国别统计

国家	人数/人	比例/％
三大科学奖总获奖人数	577	100
美国	245	42.46
英国	79	13.69
德国	70	12.13
法国	31	5.54
美、英、德、法四国总计	425	73.82

表 3   卡文迪什实验室出身的诺贝尔奖获得者（除特别注明外均为物理学奖）

序号	获奖者	获奖年份/年	获奖成果
1	约翰·斯特拉特，第三代瑞利男爵	1904	研究气体密度，发现氩
2	约翰·J.汤姆森	1906	气体导电的理论和实验研究
3	欧内斯特·拉瑟福德	1908	因放射性研究获诺贝尔化学奖
4	W.H.布拉格、W.L.布拉格	1915	用 X 射线研究晶体结构
5	查尔斯·格洛弗·巴克拉	1917	发现作为元素特征的二次 X 射线
6	弗朗西斯·阿斯顿	1922	因发明质谱仪而获诺贝尔化学奖
7	查尔斯·威尔逊、阿瑟·康普顿	1927	发现用蒸汽凝结的方法显示带电粒子的轨迹
8	欧文·理查森	1928	研究热电子现象，发现理查森定律
9	詹姆斯·查德威克	1935	发现中子
10	乔治·P.汤姆森	1937	电子衍射

序号	获奖者	获奖年份/年	获奖成果
11	爱德华·阿普尔顿	1947	上层大气的物理特性
12	帕特里克·布莱克特	1948	改进威尔逊云室，由此在核物理和宇宙线领域有新发现
13	鲍威尔	1950	照相乳胶探测技术
14	科克罗夫特、沃尔顿	1951	用人工加速原子粒子实现原子核嬗变
15	佩鲁兹、肯德鲁	1962	用X射线分析大分子蛋白质的结构，获化学奖
16	克利克、瓦森、维尔京斯	1962	发现去氧核糖核酸的双螺旋结构，获生理学或医学奖
17	约瑟夫森	1973	发现约瑟夫森效应
18	马丁·赖尔	1974	射电天文学
19	安东尼·赫维赛	1974	发现脉冲星
20	内维尔·弗朗西斯·莫特	1977	磁性与无规系统的电子结构

在知识经济时代，大学已经成为国家实力不可或缺的重要组成部分。2005—2006年，笔者在加州大学伯克利分校从事访问研究时发现：美国如果没有大学的支撑，尤其是失去一批研究型大学的支撑，就不再有人才优势，继而失去科技优势，也将不再有经济优势，最后必将失去大国优势。所以美国一直以来有个秘而不宣的国家战略：利用世界一流大学吸引全球最具智慧的青年人到美国留学，然后利用最优越的工作条件和最优厚的生活待遇，把最富有发展潜能的青年人才留在美国工作。如果把加州当作一个国家，它的整体经济实力一直排名世界前10且曾经排在世界第5位，原因就是其拥有一批诸如斯坦福大学、加州大学伯克利分校、加州理工学院等一批世界著名大学的智力支撑。据麻省理工学院（MIT）斯隆管理学院的统计：MIT毕业生中的20％已成为企业的总裁，50％的人担任高级管理职务。该校校友和教师创办或担任高级管理人员的公司，其经济实力总和在世界排名第24位。享有盛名的微软（Microsoft）、雅虎（Yahoo）、谷歌（Google）等最初都是美国世界一流大学在校生创办的公司。硅谷60％～70％的企业是斯坦福大学的学

生和教师创办的，硅谷总收入中至少有一半是斯坦福大学师生创办的企业的贡献。加州大学伯克利分校仅在旧金山湾区，就创建了一大批诸如Intel、Inktomi、Chiron、Virolab、Chez Panisse、Powerbar等著名的公司，为该地区创造了难以计数的财富并提供了大量工作机会。

美国是一个高科技的国度，它能有太多改变了人类生活方式和生产方式的发明创造，最重要的原因就是它拥有很多世界一流大学。从美国强盛是大学造就的事实可以得出结论：世界一流大学对国家的兴衰成败至关重要，而且这种重要性随着科学技术对人类社会影响的深入必将越来越大。一个不重视大学在经济社会进步中发挥作用的国家，是没有国际竞争力的国家，也是没有前途的国家。这个结论似乎很简单，但认识并重视并非易事。

至此，加强世界一流大学建设的紧迫性不言而喻。世界一流大学建设须明确何谓世界一流大学，若连世界一流大学这一基本概念都不清晰，后续的建设则无法操作。关于世界一流大学有诸多的表述，笔者认为，世界一流大学必须具有"学术实力雄厚，做出世界贡献，享有国际声誉"三大特征。据此，笔者对世界一流大学做如下界定：世界一流大学是指拥有一些世界一流学科和一流专业，聚集了一群世界一流学者，吸引了一大群世界一流学生，以世界一流的大学办学治校育人理念和世界一流办学条件，构建了世界一流大学制度和世界一流大学文化，能够培养世界一流专业人才和研究创造世界一流水平新知识的大学。即世界一流大学绝非什么评估的结果，而是具有诸多世界一流水平之要素特征的，在知识创新和杰出人才培养等方面做出诸多世界级贡献并被国际社会认可的高等教育组织。

上述世界一流大学的概念表述，无疑有利于我们获得关于世界一流大学的正确认识，但建设世界一流大学是一项具有极强操作性的工作，因此，有必要对世界一流大学的基本要素加以分解。笔者认为就大学要素而言，世界一流大学与其他大学无异，包括规律、学科、人才、资源、制度、文化，这是处在不同时空环境下所有大学的共性，而大学的个性则是上述要素的品质高低、强弱决定的。大学的个性包括大学的水平、质量及声誉。以下结合我国世界一流大学建设中存在的问题逐一讨论。

关于规律。任何事物及其活动均有规律，规律是事物及其活动不以人的意志为转移的内在规定性，规律对事物发展及其活动秩序具有决定性。人类可以改造自然和社会，但绝不能改变自然和社会发展运动的规律。人才培养及知识创新活动的基本属性决定了大学组织的独特规律，由此决定了大学是绝不能用强调行政权威的政府管控模式及以利益最大化为目的的企业管理模式办学治校的社会组织，大学自主办学的合理性就在于此。学术自由是大学自创生以来，历经近千年历史演进被人们发现的大学必须遵循的基本规律，是跨时空而不变的大学的内在规定性。缺失了必要的制度环境和运行机制，大学就不能按自身规律办学治校育人，这样的大学无法办也根本办不好。正如李克强总理在 2016 年全国科技创新大会及两院院士大会上所说的，"政府有关部门确实有着不必要的干预太多，卡得太死"，而"世界上一流的科研机构、一流的高校、一流的科技成果，从不是靠政府部门的工作人员管理管出来的"。[①] 所以在世界一流大学的建设过程中，高等教育面临着如同国民经济发展需要供给侧改革一样的问题，高等教育的举办者（政府）及大学的决策管理层只有从体制机制上为大学释放出让其按应有规律自主办学治校育人的足够空间，从制度供给上让大学适度走出对其约束过多的管理体制，大学才能迸发活力，从而在杰出人才培养和知识创新上更好地为国家发展服务并做出更大贡献。不像学科、资源等要素，规律既非精神亦非物质，属于视之不见、握之无实的抽象概念，但它有大音希声、大象无形的无限能量。凡人类活动，违逆规律则败，遵循规律则成。大学活动亦然，故让大学按规律办学治校育人是世界一流大学建设之首要要素。

关于学科。学科是大学组织构建的基本依据和基本元素，离开学科，大学的组织结构就不复存在。学科的结构使大学成为高度专业化的学术组织。大学组织及其活动的水平取决于学科的水平，故学科建设不仅是保证大学专业分工秩序的需要，更是提升大学质量水平的必要。世界一流大学尤其如此，非有世界一流学科而不能为世界一流大学，即世

---

① 冯悦：《科技成果不是政府部门工作人员管出来的——总理讲话被掌声数次打断》，http：//politics. people. com. cn/n1/2016/0531/c1001－28399963. html，2016-06-08。

界一流学科是世界一流大学的充分必要条件。美国世界名校云集，但这些大学仅有某些学科居世界学术领袖的地位，而并非所有学科都卓杰优秀。例如，哈佛大学最强的是商科、政治和医学，耶鲁大学最强的是法学、生物和数学，芝加哥大学最强的是经济和数学，斯坦福大学最强的是生物、工程和法学，加州大学伯克利分校最强的是化学、能源和计算机，MIT 最强的是计算机、工程和数学，约翰·霍普金斯大学最强的是医学，加州理工学院最强的是物理、化学和地球科学，等等。中国大学在世界一流大学建设中存在两个问题：其一，忽视学科建设，未把有限的经费用于学科建设；其二，在学科建设中缺乏有所为有所不为的选择，一味追求各学科的全面优秀。

关于人才。知识创新的高智力劳动及名师出高徒（见图 1）的高层次人才培养特点，要求世界一流大学是国际学术精英云集的学术组织。没有世界一流人才的支撑就不会有世界一流学科的产生，世界一流大学亦失去存在与成长的基础。所以，世界一流大学毫无疑问是人才竞争的结果，而杰出人才自然就成为世界一流大学激烈竞争的要素。剑桥大学是与牛津大学人才竞争的结果，哈佛大学则是与剑桥大学竞争的产物，耶鲁大学也是在与哈佛大学的竞争中发展、强盛起来的。世界一流大学都有一种非一流不争的霸气：一流教授我要，一流学生我要。哈佛大学原校长萨默斯称校长的首要职责是选聘教授，哈佛大学的聘人原则是非世界杰出人才不要。加州理工学院航空航天技术全球第一，因为他们拥有 20 世纪最伟大的空气动力学家冯·卡门教授，他创建了美国国家航空和航天喷气实验室，我国著名科学家钱学森、钱伟长、郭永怀都是他的学生。对国际学术大师的争抢，导致世界精英人才的卖方市场，从世界一流大学的人头费成为最昂贵的开支，以及卓绝教授的工资均由校长单独面议等事实，可见世界精英人才对世界一流大学建设的重要性。我国大学与世界一流大学的差距，与其说是世界一流学科的缺乏，不如说主要是人才水平的差距。

图 1 中包含如下人物关系：

威尔逊（1927P）

乔治·P.汤姆森（1937P）

阿斯顿（1922C）

拉瑟福德（1908C）

瑞利（1904P）

约翰·J.汤姆森（1906P）

波恩（1954P）

巴克拉（1917P）

戴维森（1937P）

欧文·理查森（1928P）

弗兰克（1925P）

费米（1938P）

鲍威尔（1950P）

赫德西（1943C）

索迪（1921C）

查德威克（1935P）

玻尔（1922P）

阿普尔顿（1947P）

科克罗夫特（1951P）

沃尔顿（1951P）

布莱克特（1948P）

贝蒂（1967P）

哈恩（1944C）

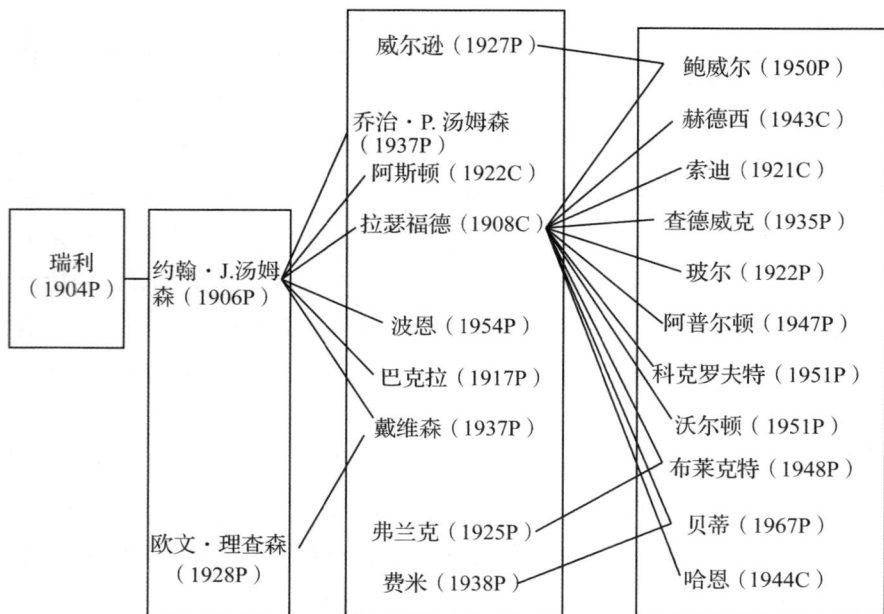

注："P"指诺贝尔物理学奖，"C"指诺贝尔化学奖。

图 1 诺贝尔奖得主约翰·J. 汤姆森和拉瑟福德与获奖学生的关系（1901—1972 年）

关于资源。世界一流大学是需要消耗大量资源才能维持和发展的组织，其人员聘用及学术活动必须以昂贵的资源支撑为基础。美国波士顿学院菲利普·G. 阿特巴赫教授指出，且不说一流大学需要持续而充分的公共财政拨款的支持，即便是研究型大学，如果没有雄厚的资金，要想维持其研究型大学的地位，都是极为困难的事。清华大学施一公教授研究组在"剪接体"的三维结构、RNA 剪接的分子结构基础研究方面获得了重大突破，该领域的研究是世界结构生物学的两大难题之一，他也因此成为诺贝尔化学奖的热门候选人。据施一公称，为上述科学研究能顺利进行，2008 年清华用 3 000 万元购买了第一台电镜设备，随后国家仅为冷冻电镜平台的搭建，又给清华大学投入了上亿元，这是亚洲第一台调试成功的可以收集数据的电镜设备。尽管物质资源并非世界一流大学建设的决定性因素，但由于雄厚的物质资源是人力得以凝聚以及他们的作用得以发挥的基础，因此，没有足够的物质资源支撑，且不说世界一流大学的建设，即便是大学的正常运行也举步维艰。与德国等欧洲国家的世界一流大学相比，我国如北京大学、清华大学等一流大学的资源总量条件并不输于他们，但我国研究型大学如何科学、合理地配置、管理资源，尤其是做出有所为有所不为的重大资源配置的正确决策并确保其高效率，则需要进一步思考。

关于制度。大学是个系统庞大、结构复杂的组织，由此决定了其必须是一个善治的组织。然而，善治并不是只依靠理念支配和组织及其个体自觉自律的行为过程，而是法规制度建构完善并对组织的运行及其成员的行为具有规制作用的结果，即善治是具有合法性及权威性的结构性规范，善治的组织需要制度环境和机制保障。大学作为按专业化进行智力劳动分工的组织，智力劳动的特点诸如劳动者的自主性、创造性、积极性等决定了该组织的复杂性。学术自由的合理性基础就在于此，如何使之合法性就是制度设计的责任。大学制度就是基于大学人才培养和知识创新的组织属性及其运行规律，构建其成员认同的规则，这个规则既包括行事的原则，也包括行事的程序。大学制度主要涉及：其一，通过制度建构，确定大学行政权力与学术权力的关系，以充分体现大学学术组织的基本属性，实现大学组织内部的民主管理；其二，规范大学组织及其个体的行为，提高大学管理运行的效率。制度旨在建立一种游戏规则，与世界一流大学比较，我国的大学还不能说是高制度理性的组织，在大学制度的设计上，我们还存在如何按大学规律办学治校等有待完善的空间。

关于文化。笔者一直坚持，对大学的认识需要从文化这个研究视角或分析框架来认识大学办学及其办学治校育人的活动，观察和分析大学的成功和不足。[①] 作为文化属性的组织，大学是被其文化决定的，即有怎样的大学文化就有怎样的大学。文化既外观于大学组织的方方面面而且深植于大学精神，其无所不包、无所不在且无所不能。文化不仅是大学组织构成及活动的要素，而且对大学的价值选择、思维模式、制度规范、行为建构、活动方式及环境营造具有决定性的影响。文化底蕴深厚是世界一流大学最不可或缺的特征，缺乏卓越文化支撑的大学永远不可

① 眭依凡、俞婷婕、李鹏虎：《关于大学文化学理性问题的再思考》，载《清华大学教育研究》，2015（6）。

能成为一流大学。

　　据《人民日报》报道，针对我国大学还未培养出世界一流人才的问题，钱学森先生晚年时坦诚：今天我们办学，一定要有加州理工学院的那种科技创新精神，培养会动脑筋、具有非凡创造能力的人才。我回国这么多年，感到中国还没有一所这样的学校，都是些一般的，别人说过的才说，没说过的就不敢说，这样是培养不出顶尖帅才的。我们国家应该解决这个问题。你是不是真正地创新，就看是不是敢于研究别人没有研究过的科学前沿问题，而不是别人已经说过的东西我们就知道，没有说过的东西我们就不知道。所谓优秀学生，就是要有创新。没有创新，死记硬背，考试成绩再好，也不是优秀学生。钱学森先生的这段话其实强调的就是我国大学与世界一流大学创新文化的巨大差距问题。

关于"双一流建设"的理性
思考[*]

2015 年 8 月，中共中央全面深化改革领导
小组审议通过《统筹推进世界一流大学和一流学
科建设总体方案》；2016 年 6 月，教育部在《教
育部、国务院学位委员会、国家语委关于宣布失
效一批规范性文件的通知》中宣布 382 份文件失
效。新闻媒体发现这些文件中有 8 份是与"985
工程""211 工程"相关的文件①，由此导致社会
对中央将以"双一流建设"取代"985 工程"
"211 工程"的解读，以及学界对"双一流建设"
的热议，包括其是否会重蹈"985 工程""211 工
程"老路的质疑。因为"双一流建设"和"985
工程""211 工程"均是中央政府推动的，旨在
建设世界一流大学和高水平大学的国家工程，若
"985 工程""211 工程"是成功的，那为什么要
用"双一流建设"取而代之？如果"985 工程"
"211 工程"的没有成功，那么"双一流建设"
是否又会步"985 工程""211 工程"的后尘，出

* 本文原发表于《高等教育研究》2017 年第 9 期。
① 《国务院办公厅关于做好行政法规部门规章和文件清理工作有关事项的通知》，
http：//www. moe. edu. cn/srcsite/A02/s5911/moe ＿ 621/201606/t20160622 ＿ 269365. html，
2017-06-10。

现同样的结果？本研究就"'双一流建设'：大学与国家谁的需要""'双一流建设'：我们可能出现的问题在哪""理性：我们如何遴选和创建'双一流'"等问题加以讨论。

一、"双一流建设"：大学与国家谁的需要

关于"双一流建设"究竟是大学还是国家的需要，笔者认为，这是在"双一流建设"中必须率先认识清楚的基本问题，因为它既涉及"双一流建设"利益相关者的需要，更涉及利益相关者的责任。概括起来，无非三种立场：其一，大学的需要；其二，国家的需要；其三，大学与国家共同的需要。持"大学的需要"的立场者认为："双一流建设"是大学的事，政府不要干涉也不能干涉。其基于的价值判断是：大学培养人才和知识创新的本质属性决定了大学是具有独特运行规律的组织。然而，问题是：大学是否有这样的意识，即大学是最不能仅仅代表自己利益的组织，大学有强烈的国家使命和责任。持"国家的需要"的立场者认为："双一流建设"是国家的事，政府对此责无旁贷。其基于的价值判断是：高等教育不仅关系国家的兴衰成败，而且国家是高等教育的主要投资者，由此决定了高等教育及其实施者——大学，是最具国家性的事业和组织，国家岂能放手不管？然而，问题是：对大学这样一类承担知识创新和传播使命且规律特殊的组织，不是国家要不要管的问题，而是管什么及如何管好的问题。笔者持第三种立场，即"双一流建设"既是大学的需要，但更是国家的需要。这一立场源于以下事实。

据搜狐网报道，在汤森路透发布的 2015 年创新百强企业中，居然没有一家中国企业，而日本与美国分别占了 40 席和 35 席，在前 10 强中美国企业占了 7 席。我国在全球制造业的四级梯队发展格局中处在"中低端制造领域"这一梯队层次（见图 1）；在全球科技实力的五个层级中，我们远远落后于核心层的美国及发达层的英国、德国、法国和日本，处在"门口层"（见图 2）。

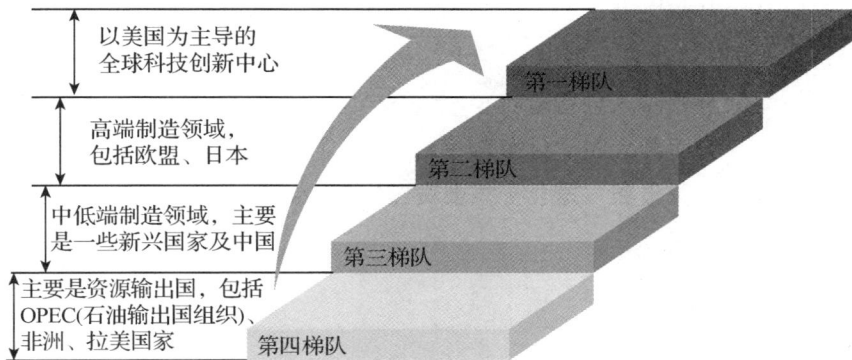

图 1　全球制造业已基本形成四级梯队发展格局

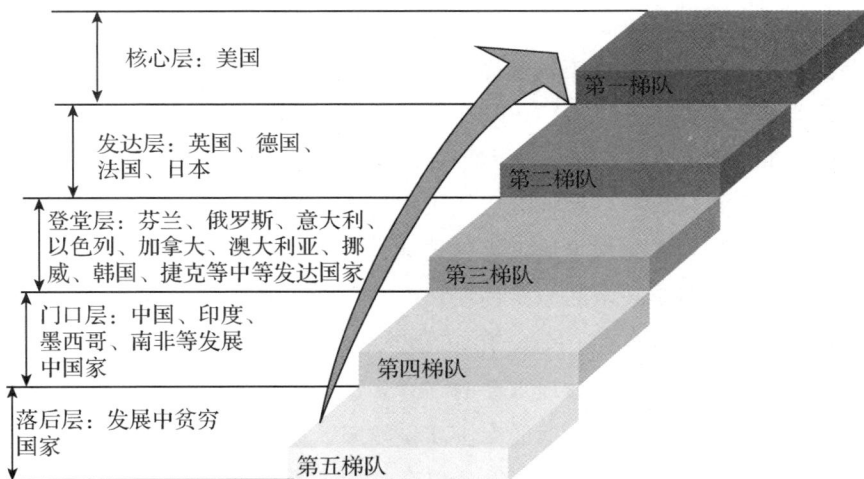

图 2　全球科技实力的五个层级

如表 1 所示，在世界经济论坛公布的"2014—2015 年全球经济体竞争力排名"中，瑞士、新加坡、美国、芬兰、德国、日本、荷兰、英国等国家和地区已经连续 3 年居全球经济体竞争力排名前 10。上述经济体无不是高等教育排名居前的国家和地区，因此，他们在创新人才培养和知识创新方面具有领先地位。从表 1 中我们不难发现，拖中国整体竞争力排名后腿的就是"高等教育与培训"及"创新能力"指标。

表 1　2014—2015 年全球经济体竞争力排名（部分）

项目	经济体									
	瑞士	新加坡	美国	芬兰	德国	日本	荷兰	英国	瑞典	中国
竞争力	1	2	3	4	5	6	8	9	10	28
高等教育与培训	4	2	7	1	16	21	3	19	14	65
创新能力	2	9	5	1	6	4	8	12	7	32

从表 2 中我们不难发现，全球科技实力排名居前的国家如美国、英国、日本、法国、德国等，其强大的高等教育系统功不可没。且不说在信息技术、新材料、新能源、大数据、汽车发动机、飞机发动机、机械工业、金融科技等诸多领域遥遥领先世界的美国、英国、德国等老牌科技强国，单说人口 871 万（2017 年），实际控制面积 2.5 万平方千米，与北京市相差无几，但 4/5 面积处在沙漠和半沙漠地带的以色列，在信息安全、高科技农业、航天航空、生物制药、污水处理、海水淡化、高端医疗仪器等技术领域均居世界领先地位，其整体科技实力居全球第 7 位，靠的就是科学技术的原始创新，而这种创新的主要依托就是大学及其培养的人才。以色列一个仅有 30 万人的小城市海法，包括微软、苹果、英特尔、华为等全球最重要的 340 多家高科技公司都在这里建立了研发中心，形成了闻名全球的海法高科技园，原因就在于这个小城拥有包括号称"中东麻省理工学院"的以色列理工学院等 3 所著名大学，它们为各家科技公司提供了源源不断的极富创造力的人才资源。

表 2　全球科技实力排名（部分）

排名	国家	科技表现	大学贡献
1	美国	拥有全球最顶尖实验室，全球十大科技顶尖公司占据八家，在军工、航空航天、医学技术、信息科学等诸多领域，以无可匹敌的实力和技术优势雄居世界之首	按科学贡献度计算，全球最顶尖的 20 所大学，美国占 17 所，培养了全世界最好的工程师和最顶尖的科学家

排名	国家	科技表现	大学贡献
2	英国	在新材料、新能源、大数据、汽车发动机、飞机发动机、金融科技等领域领先世界	诺贝尔奖获得者仅次于美国。世界最好的 200 所大学，英国占据 32 所（美国 75 所），保持着世界第二的科学技术优势
3	日本	在专利申请数中，是仅次于美国的第二大国，在 20 个关键科学技术领域排名居前，在材料科学、尖端机器人等领域拥有雄厚的科研实力	在全球大学排行榜和对世界科技贡献度上，日本大学仅次美国和英国
4	法国	在 20 个关键科学技术领域居于世界前列，在航天、能源、材料科学、空间技术等方面的优势明显	巴黎拥有相当多的著名大学，尤其是高等商学院和工程师学院，典型的精英教育模式，拥有 50 多个诺贝尔奖获得者，十多个菲尔兹奖获得者
5	德国	制造业全球领先，精密机床和机械为世界之最	拥有大量世界一流大学，有 70 多个诺贝尔奖获得者
6	芬兰	在 20 个关键科学技术领域，有 17 个排名前十，包括计算机科学	教育水平和科技水平始终居于世界前列
7	以色列	在信息安全、高科技农业、航天航空、生物制药、污水处理、海水淡化、高端医疗仪器等方面领先	有很高的教育水平，24％的劳动人口拥有研究生以上的学历，比例居全球第一
8	瑞典	38％的劳动人口在高科技公司（如爱立信）就业，这个比例居世界第一	是世界上最热爱读书的国家之一，国民科学素质居世界第一；实行严格的竞争教育模式，所有课程按难易程度分几十个级别，而不按年级和班级区分
9	意大利	机械设备产业位居全球第四、欧洲第二；拥有世界超一流的汽车制造技术，法拉利、玛莎拉蒂、兰博基尼等超级跑车均产自意大利	拥有一批历史悠久、声名卓著的欧洲早期大学，如博洛尼亚大学、罗马大学等
10	加拿大	在 20 个关键科学技术领域，有 16 个处于世界前 20 名，4 个处于世界前 5 名	多伦多大学、英属哥伦比亚大学、麦吉尔大学、阿尔伯塔大学等均是为加拿大科学技术发展做出诸多贡献的世界名校

上述事实表明，科学技术及其创新是提高国家生产力水平不可或缺的物质基础，而大学在推进科学技术及其创新方面具有不可替代性。在全球产业链上，我国之所以处于主要从事中低端制造的第三梯队，主要是因为我国极其缺乏真正引领世界和人类未来的原创性知识和科学技术发明创新，而这些高新知识和技术创新源于大学的贡献。当今世界正处在一个发展变化极其迅速的知识经济时代，其最突出特征是：高新知识成为最重要的生产力要素，高新知识彻底改变了人类的生活和生产方式。在国与国的激烈竞争中，败下来的无一例外都是高新知识落后的国度，而高新知识是大学创造的，且创造和运用高新知识的人是大学培养的。高等教育落后是科技落后的原因，大学作为高新知识的垄断者，在很大程度上拥有了决定国家前途命运的知识权力，并且担负着民族复兴的重大责任。基于上述事实，我们可以做出如下基本判断：缺乏卓绝大学，尤其世界一流大学支撑的国家是没有竞争力的国家。当然，世界一流大学不是所有大学的目标，但缺少世界一流大学的国家绝非高等教育强国，也根本不能成为世界强国。如果说"985工程""211工程"为我国大学的基本条件改善做了基础性的工作，那么这一波"双一流建设"的目的不仅在于创建具有国际竞争力的一流大学和一流学科，更在于通过一流大学和一流学科的创建引领国家的创新发展，尤其是为我国科技发展的核心领域做出突破性的贡献。

二、"双一流建设"：我们可能出现的问题在哪

世界一流大学及其对国家发展的重要性早就为中央高层所重视。在1998年5月北京大学百年华诞庆典时，江泽民同志就代表党中央提出：为了实现现代化的目的，我国要有若干所具有世界先进水平的一流大学。然而，近20年过去了，我国的世界一流大学建设依然成效不显。所以，在推进"双一流建设"的今天，我们需要思考的问题绝非仅仅为什么我们必须建设世界一流大学，更重要的是为什么近20年过去了，我们尚未建成在国际比较意义上具有比较优势的世界一流大学，以及怎样才能建成世界一流大学。

假若说"双一流建设"有取代"985工程""211工程"的意图，那

为什么要取代？国务院印发的《统筹推进世界一流大学和一流学科建设总体方案》对"多年来，通过实施'211工程''985工程'以及'优势学科创新平台'和'特色重点学科项目'等重点建设，一批重点高校和重点学科建设取得重大进展，带动了我国高等教育整体水平的提升，为经济社会持续健康发展做出了重要贡献"予以肯定，同时指出，"重点建设也存在身份固化、竞争缺失、重复交叉等问题"，并强调"迫切需要加强资源整合，创新实施方式"。[①] 笔者以为"985工程""211工程"的"功"有目共睹且不必多言，但清楚认识其存在的不足，对于"双一流建设"不失为前车之鉴。

"985工程""211工程"的不足可大致归纳如下：其一，"985工程""211工程"大学并未很好地实现国家包括这些大学自己预期的建设目标，尤其是相较西方著名大学，我们超高水平的资金投入似乎并未产生所期待的应有的人才培养质量及知识创新贡献提升的效率，高等教育资源配置似乎集中在少数大学，但实际上资源在这些大学的内部配置和使用中存在过于分散及效率不高的问题；其二，"985工程""211工程"大学是中央政府指定的产物而非竞争的结果，由此导致了"985工程""211工程"大学无竞争压力，而那些非"985工程""211工程"大学则无竞争积极性的双重问题；其三，也即最大的问题，这些大学无论在政府层面还是大学内部的决策层面均存在供给侧结构性改革的不足。[②] 世界一流大学不仅是国家科学和教育水平的象征，同时也是与世界学术界进行高层平等对话的条件，是引领国家高等教育发展和质量提高的主力军。因此，提出统筹推进世界一流大学建设的整体方案无疑是一项高屋建瓴、高瞻远瞩的重大国策。

然而，所谓世界一流是"在全世界名列前茅，达到国际卓越标准"的概念，只能是极少数甚至个别大学的目标。任何国家的一流大学是有限的，能进入世界一流大学行列者更是个别。所以一方面，我们需要确立"其他大学与一流大学同样重要"的立场。对此，阿特巴赫教授曾强

---

① 国务院：《国务院关于印发统筹推进世界一流大学和一流学科建设总体方案的通知》，http://www.gov.cn/zhengce/content/2015−11/05/content_10269.htm，2017-06-10。

② 李雨潜、眭依凡：《"985""211"工程建设的得与失》，载《中国社会科学报》，2016-08-18。

调：考量"世界一流"院校的概念是重要的，但对此要有一种现实而实用的眼光也同样重要；不要竭力追赶那些最富有的、在许多方面都胜一筹的大学，因为毕竟只有极少数大学有望达到这一水准。另一方面，无论政府还是研究型大学，都必须集中力量和资源于少数大学及少数学科的建设。数量过多的"双一流"项目必然导致有限的资源过于分散，继而导致高等教育效率低下和建设目标无法达成。美国的世界名校云集，他们的战略选择是在自己的强势学科领域集中精力、财力，以保证在该领域独领风骚。"双一流建设"要避免"985 工程""211 工程"问题的再复制，否则，"双一流建设"无异于新瓶装旧酒。

大学是依据学科而构建的旨在培养人才和创新知识的学术组织，离开了学科的支撑基础，大学即不复存在。世界一流学科是构成世界一流大学的基本要素，是世界一流大学在某一学科的具体化、单一化及其学科组织浓缩，它的条件、要求同于世界一流大学的标准，从某种意义上说，有了若干个，哪怕一个"世界一流学科"的大学，亦等同于"世界一流大学"。"世界一流学科"是"由在某一类或同类知识领域具有世界一流水平的实力和优势，能够创造该知识领域最先进成果并引领世界发展进步的，以卓杰人才培养和知识创新为核心使命的大学基层学术组织。世界一流学科的前提是拥有世界一流的学者及世界一流的学生"[①]，这并非很多大学所能达成的目标。问题更严重的是，这种多多益善的"双一流建设"思维竟然成为不少上榜大学的现实操作。

三、理性：我们如何遴选和创建"双一流"

遴选和创建"双一流"必先给予"双一流"明确的概念界定。所谓"世界一流大学"，即学术实力雄厚，具有世界级学术贡献和国际学术声誉的大学。世界一流大学绝非什么评估的结果，而是为知识创新和杰出人才培养做出世界贡献并被国际社会认可的学术组织。若把描述世界一流的种差加入，则世界一流大学还可以进一步界定为：拥有若干世界一

---

① 姜凡、睢依凡：《世界一流大学建设须以一流学科建设为基础》，载《教育发展研究》，2016（10）。

流学科专业，聚集了一群世界一流学者，吸引了一大群世界一流学生，以世界一流的大学办学治校育人理念和世界一流办学条件，构建了世界一流大学制度和世界一流大学文化，能够培养世界一流专业人才和具有世界一流水平知识创新贡献的大学。如前所述，所谓"世界一流学科"，则是构成"世界一流大学"的基本要素，是"世界一流大学"在某一学科的具体化及其学科组织浓缩，其条件、要求与"世界一流大学"的标准相同。根据上述对世界一流大学的界定，笔者提炼出世界一流大学的要素：规律、学科、人才、资源、制度、文化。[①] 在过去的世界一流大学的研究及建设进程中，我们多关注表征世界一流大学的指标及过程变量，缺乏对决定世界一流大学内涵及其深度的要素认识和提炼，由此导致我们在世界一流大学建设过程中急功近利。基于这一认识，笔者以为在"双一流建设"中，我们必须根据世界一流大学的内涵及其要素做出如下理性选择。

（一）加强政府及大学决策层供给侧结构性改革，为大学按规律办学治校创造必要的制度环境

任何事物及其活动均有其规律。规律是事物及其活动不以人的意志为转移的内在规定性。规律对事物的发展及其活动秩序具有决定性。人类可以改造自然和社会，但绝不能改变自然和社会发展运动的规律。人才培养及知识创新活动的基本属性决定了大学组织的独特规律，由此决定了大学是绝不能用强调行政权力的政府管控模式及以利益最大化为目的的企业管理模式办学治校的社会组织，大学自主办学的合理性就在于此。李克强总理在 2016 年的全国科技创新大会及两院院士大会上坦言，"政府有关部门确实有着不必要的干预太多，卡得太死"，而"世界上一流的科研机构、一流的高校、一流的科技成果，从不是靠政府部门的工作人员管理管出来的"。[②]

不同于学科、资源等要素，规律既非精神亦非物质，是一个视之不见、握之无实的抽象概念，但它有大音希声、大象无形的能量。凡人类活动，违逆规律则败，遵循规律则成，大学活动亦然。因此，让大学按

---

① 眭依凡：《世界一流大学建设的六要素》，载《探索与争鸣》，2016（7）。
② 冯悦：《科技成果不是政府部门工作人员管出来的——总理讲话被掌声数次打断》，www.xinhuanet.com//politics/2016-05/31/c_1118965563.htm，2017-06-10。

规律办学治校育人，是"双一流建设"之首要条件。真正的竞争力来自伟大的科学思想及原创性学术思想，而这必须来自大学和研究机构按规律办学治校，为大学及其学者创造有利于学术自由、知识创新的制度环境。一个缺乏学术流派、学术思想百花齐放、百家争鸣的学术生态环境，是根本无法产生改变人类生存方式及生产方式的科学思想及原创性知识成果的。所以在"双一流建设"中，大学，尤其是负有创建世界一流大学及世界一流学科使命的大学，面临着如同国民经济发展需要供给侧结构性改革的同样问题，高等教育的举办者政府及大学的管理层只有从体制机制上为大学释放出让其按应有规律办学治校育人的足够空间，从制度供给上让大学适度走出对其约束过多的管理体制，大学才能迸发活力，从而在杰出人才培养和知识创新上更好地为国家发展服务并做出更大贡献。

（二）加强政府对"双一流建设"有所不为的宏观调控，为实现核心学科专业领域有所突破的目标提供充足的资源条件

世界一流大学是需要消耗大量资源才能维持和发展的组织，其人员聘用及学术活动必须以昂贵的资源支撑为基础。美国波士顿学院菲利普·G.阿特巴赫教授指出：且不说一流大学需要持续而充分的公共财政拨款的支持，即便是研究型大学，如果没有雄厚的资金，要想维持其研究型大学的地位，都是极为困难的事。麻省理工学院（MIT）创立于1861年，其之所以迅速成长为世界一流大学，完全得益于第二次世界大战期间为满足美国国防科技研究需要而获得的难以计数的研发项目及雄厚的科研经费。康普顿院长在回顾MIT的发展时曾总结道：在第二次世界大战期间，学院根据战时合同的规定花的钱相当于过去80年正常办学开支的总和。我们不能不设想：如果在和平时期，为了建设更加美好的世界，我们拿出与战争时期同样大的干劲、决心和资源，那该会完成怎样惊人的业绩？MIT的研究者，尤其是物理学家，无不认为："资金充足才会使科研工作成就卓著。"尽管物质资源并非世界一流大学建设的决定性因素，但如果没有足够的物质资源支撑，且不说世界一流大学的建设，即便是大学的正常运行也举步维艰。

与德国等欧洲国家的世界一流大学相比，我国如北京大学、清华大学等一流大学从资源总量条件方面并不输于他们，但我国研究型大学如何科学、合理地配置、管理资源，尤其是做出有所为有所不为的重大资源配置的正确决策并确保其高效率，则存在较大的问题。清华大学施一公教授研究组在"剪接体"的三维结构、RNA剪接的分子结构基础研究方面获得了重大突破，该领域的研究是世界结构生物学的两大难题之一，他也是诺贝尔化学奖的热门候选人。为上述科学研究能顺利进行，2008年清华大学用 3 000 万元购买了第一台电镜设备，随后国家仅为冷冻电镜平台的搭建，又给清华大学投入了上亿元，这是亚洲第一台调试成功的可以收集数据的电镜设备。

从国家治理的角度看，我国一个突出的优势是有利于治理效率提升的"高度集权"，中外科学技术发展的事实均强有力地证明：加强来自政府高层的引导和集中调控有利于科学研究必需的人、财、物资源配置，可以突破国家急需发展的关键科学技术领域。我国的"两弹一星"及空间技术的发展便是极具典型意义的政府集中力量办大事的成功案例。美国亦然，例如，最初隶属于美国能源部的洛斯·阿拉莫斯国家实验室，从 1943 年创建到 1945 年，历时 3 年就完成了制造世界上第一颗原子弹的"曼哈顿计划"。这完全得益于该实验室集中了当时西方国家最优秀的核科学家，动员了 10 万多人参加并耗资 20 亿美元。"阿波罗登月计划"从 1961 年开始至 1972 年 12 月第 6 次登月成功，历时 11 年，耗资达 255 亿美元，在研发及运行的高峰时期，参加工程的有 2 万家企业、200 多所大学和 80 多个科研机构，总人数超过 30 万。若无美国政府的主导及操控，这两项巨型工程计划岂能成功？

美国有个广为世界认同的观点：原子弹结束了第二次世界大战，但雷达赢得了战争。雷达是如何发明的？据有关资料，MIT 于 1940 年年初创建了辐射实验室，哈佛大学物理学家、MIT 校友肯尼斯·拜因布里奇成为该实验室第一位科学家，后来 MIT 又聘请罗切斯特大学物理系主任李·杜布里奇担任实验室主任。在他们卓有成效的领导下，该实验室在世界许多地方建立了分站，工作人员达 4 000 多人，其中 1/5 是全国著名的物理学家。在随后的 5 年中，该实验室研制了 150 多个用于探索飞机、潜艇、目障轰炸、大炮瞄准、导航等各种目的的系统。其规模仅次于"曼哈顿计划"。第二次世界大战期间，MIT 与科学研究发展局先后签订了 75 项合同，总金额为 1.17 亿美元，远远超过国内其他项目合同。MIT 之所以在第二次世界大战期间崛起为世界一流大学，就在于其依托美国政府的项目及资源，集中了大量学科精英，并以学术集团的整体实力合作攻关，从而既发明创造了一大批世界一流的军事技术，又培养了各学科专业的杰出人才。

由此，我们得到的启示是：在世界一流大学的建设中，我们需要的不是资源平均主义的公平配置，而是需要像 MIT 这样集中了最好的科学家及雄厚资金支持的研究小组和实验室。在"双一流建设"中，我们必须用专项经费解决专门问题，但前提是我们知道需要什么，我们需要对自己核心领域存在的问题及与世界的差距有所了解，集中人、财、物资源，逐一攻克难关。

（三）加强中央政府的主导作用，以高效、集中的原则遴选"双一流建设"高校

产业经济的发展究竟是让市场在资源配置中起决定性作用还是由政府起主导作用？这是产业政策论争的焦点。大学是以知识创新和人才培养为核心使命，以智力资源积累和开发为特征，具有强烈的国家公共性的事业及组织。作为高等教育事业的承担者，大学具有依附于政府的性质和特征，从而根本不同于以物质资源积累和开发且追求利润最大化的产业经济组织。由于大学本身就是需要消耗大量资源的"贵族型事业"，而"双一流建设"本质上是以资源配置为激励手段、以提高大学竞争效率为目的的高等教育政策选择，中央政府作为国家资源配置的决定者，从某种意义上说对"双一流建设"高校的遴选起主导作用。"双一流建设"的焦点表面看来是资源配置的问题，但更深层次的问题是：首先，哪些大学应当获得更多的来自政府的资源配置，应当为哪些学科提供更多的资源，亦即"双一流建设"高校和学科如何遴选确定；其次，政府应该如何为"双一流建设"高校配置资源及如何监控和评估资源的使用及其效率。中央政府必须致力于解决好这两个问题，否则必然导致资源配置效率低下，"双一流建设"目标欲速则不达。加强中央政府对"双一流建设"主导作用的意义就在于此。

以上讨论的有关"双一流建设"高校遴选的原则可以提炼如下：其一，目标明确，重点突出。即无论是"世界一流大学"还是"世界一流学科"的遴选，都必须有利于国家科学技术的重大突破及人文社科的理论创新，必须有利于瞄准引领人类社会未来发展进步和填补我国空白及薄弱领域的学科发展。其二，数量控制，资源集中。"双一流建设"是需要消耗巨量资源的昂贵事业，必须高度集中人、财、物资源，一流大学和一流学科在数量上都必须有所控制，而非多多益善。其三，效率优先，实力取胜。"双一流建设"高校的理性遴选必须建立在具有绝对比较优势的国际或国内领军人才、学术团队及科研成果等要素的基础上，上榜的"双一流建设"高校必须是学科最精锐的学术精英所在，必须以实力水平、质量和效率作为唯一的遴选标准。其四，机会公开，竞争择优。"双一流建设"高校是机会公开、公平竞争、择优上位的产物，绝非政府指定的结果。为了保证竞争的公平性，必须保证竞争的公开化和国际化。

"双一流建设"既然是国家的需要，自然是国家投入，那么国家及"双一流建设"高校就应该知道哪些学科专业领域最需要突破，实现这些突破需要集中什么样的人才，然后才能集中资源。当关键技术获得突破，我们有了原创性知识产权后，其在国内的推广及附加产品的民用技术的广泛运用就不再是问题。关于如何遴选"双一流建设"的学科及其项目，美国有可以参考的经验。美国总统设有多个顾问委员会，比如，1946 年建立的为美国总统进行经济改革发展服务的白宫经济顾问委员会（CEA）；20 世纪 50 年代设立的拥有 300 多名科学家，专门为美国重大科学技术发展服务的总统科学顾问委员会（PSAC）等。在过去的近 20 年的世界一流大学及高水平大学的建设中，我们花了不少钱，但没有办成想办成的事，原因就是我们缺乏对"双一流建设"高校及其学科严格、科学的遴选标准，导致"双一流建设"高校资源配置过于分散。"双一流建设"没有什么捷径，也不需要什么捷径，世界一流大学成功的经验就是我们可以借鉴的道路。"双一流建设"若有"捷径"可走，那就是把有限的钱投入有限的高校及学科建设中，并让其按大学发展应有的规律运行。

"学科"还是"领域": "双一流"建设背景下"一流学科"概念的理性解读*

　　自 2017 年 9 月国家三部委联合公布"双一流"建设高校名单后，42 所入榜一流大学和 95 所入榜一流学科建设的大学无不在紧锣密鼓地完善建设方案。从已经公布的建设方案中，我们不仅看到入榜大学对"双一流"建设的高涨热情，而且看到这些大学在通盘研究整体和长远发展的基础上，对一流大学及一流学科建设的近期、中期和远期目标、路径、内容与举措进行了周密的顶层设计。这说明"双一流"建设已经进入全面实施的阶段。尽管入榜大学有了高涨的热情和认真的态度，主管部门也有了评价及整改的制度设计，但笔者认为，无论是入榜大学还是主管部门，依然有必要在实施"双一流"建设前对诸如"一流学科"等概念有清醒的认识，否则，人、财、物等资源投入巨大的"双一流"建设效果就有可能事倍功半。

＊　本文原发表于《高等教育研究》2018 年第 4 期，第二作者为李芳莹。

一、"双一流"建设何以紧迫

中共十九大报告在"优先发展教育事业"及"建设教育强国"的主题下提出高等教育要"加快一流大学和一流学科建设""实现高等教育的内涵式发展"。这两句话看似简单,但其内涵十分丰富且任务极其艰巨。"双一流"建设的目标是缩小我国高校与世界一流大学差距的选择,也对以提高高等教育质量为目的的高等教育内涵式发展具有不可或缺的引领和推动意义。1998年5月,江泽民同志在北京大学百年年华诞时提出:我国要有若干所具有世界先进水平的一流大学,目的是实现现代化目标。2015年10月,国务院颁布《统筹推进世界一流大学和一流学科建设总体方案》,目的在于提升我国的教育发展水平,增强国家核心竞争力,奠定长远发展基础。2017年10月,"双一流"建设写入中共十九大报告,目的在于加快一流大学和一流学科建设。区别于前两次的表述,十九大报告使用了"加快"两字。对此,我们有必要思考的问题是:为什么中央高层要在提出世界一流大学及一流学科建设近20年后,再次强调加快"双一流"建设?我们只有认识到加快"双一流"建设的重要性,才会有"双一流"建设时不我待的紧迫性及针对性。

(一)背景一:国家发展模式发生了根本变化

党的十八届五中全会提出了"创新发展、协调发展、绿色发展、开放发展、共享发展"五大发展理念和发展模式,其中特别强调必须深入实施创新驱动发展战略,把创新发展摆在国家发展全局的核心位置,不断推进理论创新、制度创新、科技创新、文化创新。党中央之所以做出以创新发展引领国家发展模式根本性转变的战略决策,是因为改革开放后我国经30多年的努力,已经实现了规模和速度发展的目标。我国的生产力水平、产业结构、产品质量与发达国家还有较大差距。比如,我们的制造业水平还不高。据搜狐网报道,全球制造业已形成四级梯队发展格局:第一梯队为"以美国为主导的全球科技创新中心",第二梯队为"高端制造领域,包括欧盟、日本",第三梯队为"中低端制造领域,主要是一些新兴国家及中国",第四梯队"主要是资源输出国,包括OPEC(石油输出国组织)、非洲、拉美国家"。这样一种制造业的划分，其实是一国科技实力物化为制造业生产力的结果。事实亦然，全球在科技实力上亦形成了五个层级的世界格局："核心层"当数美国，一家独大；"发达层"由英国、德国、法国及日本占据；"登堂层"成员有芬兰、俄罗斯、意大利、以色列、加拿大、澳大利亚、挪威、韩国、捷克等中等发达国家；"门口层"由中国、印度、墨西哥、南非等发展中国家构成；"落后层"为发展中贫穷国家。我国的制造业水平与科技实力基本处在同一层次。

在知识经济时代，高新知识与高新技术成为最重要的生产力要素，并彻底改变了人类的生活和生产方式。在日益激烈的国际竞争中抢占制高点的都是具有高新知识与高新技术优势的国家。随着知识与技术创新复杂性、复合性的日益加剧，创造高新知识和高新技术及培养专门人才的任务主要依靠具有多学科综合优势的大学，国之高等教育强则科技实力强，国之高等教育弱则科技实力弱。换言之，大学作为高新知识和高新技术的贡献者、垄断者，在很大程度上决定了国家经济发展的模式，继而决定了国家在国际竞争中的兴衰成败。据搜狐网文章，全球科技实力排名中，美国在全球十大科技顶尖公司中占据八家，其军工、航空航天、医学技术、信息科学等诸多领域以无可匹敌的科技实力雄居世界之首。其大学及实验室对科技的贡献居功至伟，全球最顶尖 100 所大学，美国占了几近 6 成，美国大学还培养了全世界最顶尖的工程师和科学家。英国在新材料、新能源、大数据、汽车发动机、飞机发动机、金融科技等领域领先世界，这也完全得益于大学的智力支撑。世界最好的 200 所大学，英国占 32 所，从而使其保持了世界第二的科技优势。日本在全球 20 个关键科学技术领域排名居前，尤其在材料科学、尖端机器人等领域拥有强大的科研实力，大学对此功不可没。其他科学技术排名居前的国家如法国、德国、芬兰等国在航天、能源、材料科学、空间技术、精密机床和机械、计算机科学等领域领先世界，此亦得益于大学在知识和技术创新上做出的贡献。以色列在信息安全、高科技农业、航天航空、生物制药、污水处理、海水淡化、高端医疗仪器等领域的国际优势，均源于该国高质量的高等教育。据统计，其 24% 的劳动人口拥有研究生以上的学历，比例居全球第一。

由此可见，我国要提升制造业的生产力水平，以尽快实现经济发展从数量和规模高速增长向高质量发展的转变，首先依赖于知识与技术的创新，而大学在加强基础研究和强化原始创新，以及充分发挥科技创新在全面创新中的引领作用方面负有不可推卸的责任。

（二）背景二：国家竞争力有待进一步提高

习近平总书记在党的十九大上提出了中国应该在推动构建人类利益共同体的努力中做出应有的贡献的主张，这与旨在"高举和平发展的旗帜，积极发展与沿线国家的经济合作伙伴关系，共同打造政治互信、经济融合、文化包容的利益共同体、命运共同体和责任共同体"的"一带一路"倡议一脉相承。其实践的关键在于：一个欲担负促进全球共同发展责任的国家不仅要有理想情怀，还必须有雄厚的国家实力，尤其是全球竞争力。否则，它既不会有推动构建人类命运共同体的底气和自信，也没有影响世界的话语权，更难以为世界文明进步做出具有引领意义的重大贡献。据世界经济论坛推出的《全球竞争力报告》，我国从 2015 年起连续 3 年在全球经济体竞争力排名中稳居第 28 位，但与连续 4 年排名前 10 的瑞士、新加坡、美国、芬兰、德国、日本、荷兰、英国等经济体相比，我们仍有差距。

《全球竞争力报告》把全球竞争力划分为"基本条件""效率增强"和"创新与精细化要素"3 个一级指标，包括"制度环境""基础设施""宏观经济环境""健康与基础教育""高等教育与培训""产品市场效率""劳动力市场效率""金融市场发达程度""技术成熟度""市场规模""商业成熟度""创新能力"12 个二级指标，作为经济体竞争力的依据（见图 1）。根据竞争形态，该报告把各经济体划分为五个阶段：第一阶段为生产要素驱动阶段，其特征是主要靠非熟练劳动力和自然资源等因素发展生产，工资和生产力发展水平很低；第二阶段为效率驱动阶段，其特征是由于工资和生产力水平提高，经济体开始探索更高效的生产方式，努力提升质量和价格；第三阶段为创新驱动阶段，其特征是市场成熟度很好，拥有较好的生产方式，能够提供创新产品和服务，维持高收入和较高的生活水平。另外两个阶段包括由第一阶段向第二阶段过渡的阶段，以及由第二阶段向第三阶段过渡的阶段。参与竞争力排名的 138 个经济体中有 35 个经济体处于第一阶段，17 个处于第一阶段向第二阶段过渡的阶段，30 个处于第二阶段，19 个处于第二阶段向第三阶段过渡的阶段，37 个处于第三阶段。

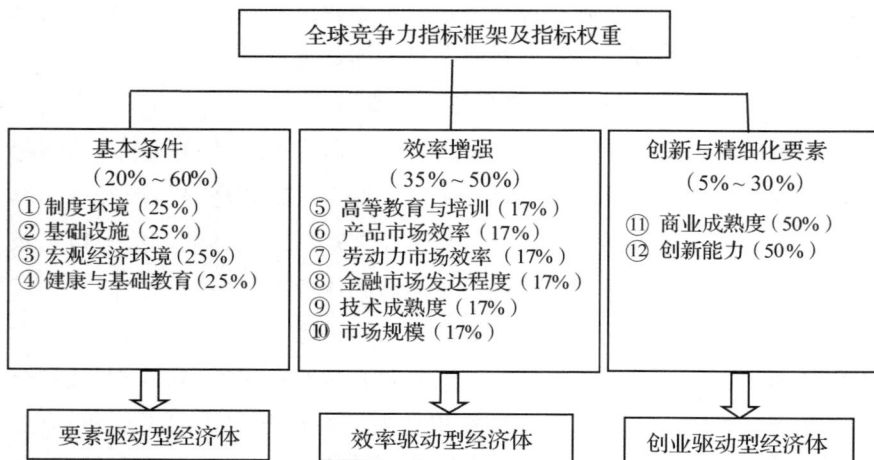

```
┌─────────────────────────────────┐
│      全球竞争力指标框架及指标权重          │
└─────────────────────────────────┘
```

基本条件 （20%～60%） ① 制度环境（25%） ② 基础设施（25%） ③ 宏观经济环境（25%） ④ 健康与基础教育（25%）	效率增强 （35%～50%） ⑤ 高等教育与培训（17%） ⑥ 产品市场效率（17%） ⑦ 劳动力市场效率（17%） ⑧ 金融市场发达程度（17%） ⑨ 技术成熟度（17%） ⑩ 市场规模（17%）	创新与精细化要素 （5%～30%） ⑪ 商业成熟度（50%） ⑫ 创新能力（50%）
要素驱动型经济体	效率驱动型经济体	创业驱动型经济体

图 1　全球竞争力指标及其权重

据《2016—2017 年全球竞争力》排名，我国在 12 个指标中排名最好的是"市场规模"（第 1 位）及"宏观经济环境"（第 8 位）；排名较落后的是"技术成熟度"（第 74 位）、"金融市场发达程度"（第 56 位）、"产品市场效率"（第 56 位），以及"高等教育与培训"（第 54 位），具体见表 1、表 2。据此可知我国处在效率驱动阶段。

表 1　中国 12 个全球竞争力指标的排名和得分情况

一级指标	二级指标	排名 （共 138 个经济体）	得分（1～7）
基本条件	①制度环境	30	5.3
	②基础设施	45	4.3
	③宏观经济环境	8	6.2
	④健康与基础教育	41	6.2
效率增强	⑤高等教育与培训	54	4.6
	⑥产品市场效率	56	4.4
	⑦劳动力市场效率	39	4.5

续表

一级指标	二级指标	排名 （共 138 个经济体）	得分（1～7）
效率增强	⑧金融市场发达程度	56	4.2
	⑨技术成熟度	74	4.0
	⑩市场规模	1	7.0
创新与 精细化要素	⑪商业成熟度	34	4.4
	⑫创新能力	30	4.0

表 2　2016—2017 年全球经济体竞争力排名（部分）

项目	经济体									
	瑞士	新加坡	美国	荷兰	德国	瑞典	英国	日本	芬兰	中国
竞争力	1	2	3	4	5	6	7	8	10	28
高等教育 与培训	4	1	8	3	16	15	20	23	2	54
技术 成熟度	1	9	14	6	10	4	3	19	16	74
创新能力	1	6	4	7	5	6	13	8	3	30

从表 2 可见全球经济体竞争力排名前 10 的无不是"高等教育与培训"及与之高度相关的"技术成熟度""创新能力"排名居前的国家和地区，它们在创新人才培养及高新知识和技术创新方面具有绝对优势。尽管我国的"高等教育与培训"的排名从 2015 年的第 65 位上升到了 2017 年的第 54 位，但这个位次多年来均处在全球 138 个经济体的中等水平，这说明我国仍然只拥有全球最大的高等教育系统而非最强的高等教育系统，这在一定程度上限制了我国全球竞争力的提升。在高等教育质量提升上，我国还有很大的空间，加速高等教育强国建设及加快世界一流大学和一流学科建设也已经成为我国提升全球竞争力的重要选择。笔者认为："缺乏卓杰大学，尤其世界一流大学支撑的国家是没有竞争力的国家。当然，世界一流大学不是所有大学的目标，但缺少世界一流大学的国家绝非高等教育强国，也根本不能成为世界强国。"[1]

---

[1] 眭依凡：《关于"双一流建设"的理性思考》，载《高等教育研究》，2017（9）。

（三）背景三：我国还没有一定数量具有真正比较优势的世界一流大学

我国的北京大学、清华大学等研究型大学在反映大学竞争实力的世界大学排名中成绩不错，例如，在全球认可度较高的上海交通大学世界大学学术排名（ARWU）、英国 QS 世界大学排名、英国 THE 世界大学排名及美国 U. S. News 世界大学排名这四大排行榜中，2017 年我国入选世界大学 500 强的高校有 12 所（未包括港澳台地区高校），均入选世界大学 600 强的高校有 19 所（未包括港澳台地区高校）。其中，排名最高的清华大学和北京大学在四大排行榜中均进入了全球大学 100 强，进入前 150 强的高校还有复旦大学和中国科学技术大学，进入前 200 强的高校还有上海交通大学和浙江大学；进入前 300 强、前 400 强和前 450 强的高校还有南京大学、中山大学和武汉大学，进入全球 500 强的还有华中科技大学、同济大学和厦门大学。尽管北京大学原校长林建华在第十九届北大光华新年论坛的演讲中宣称"北京大学已经晋升到世界一流大学的行列"，"在 2035 年左右，北京大学要晋升到世界一流大学的前列，在更长的一段时间、这个世纪的中叶，要成为能够引领世界高等教育的一所大学"。但是林校长自己也承认这个任务十分艰巨。虽然社会包括学界普遍认为我国大学与世界一流大学的差距还很大，但笔者坚信：只要我国对自己大学的现实条件、实力水平、知识贡献和存在的差距有清醒的认识而不妄自尊大，并充分利用时下有利于高等教育发展的制度环境和物质条件，仰望星空而不尚空谈，脚踏实地且追求卓越，守持大学理性，按大学自身规律办学治校育人，"双一流"建设的目标并非遥不可及。

世界一流大学必须具有"世界最强的学术实力""世界最高水平的学术贡献""世界最好的学术声誉"三大特征。"世界一流大学"是一个在全球范围内进行比较的具有时空相对性的概念。它是指"拥有一些世界一流学科专业，聚集了一群世界一流学者，吸引了一大群世界一流学生，以世界一流的大学办学治校育人理念和世界一流办学条件，构建了世界一流大学制度和世界一流大学文化，能够培养世界一流专业人才和研究创造世界一流水平新知识的大学"①。因此，我们应清醒地认识到：我国还没有一定数量具有真正比较优势的世界一流大学。世界一流大学不仅是国家科学实力和高等教育水平的象征，同时也是与世界一流大学进行平等交流的基础条件，是引领国家高等教育内涵式发展及推动高等教育质量提升的动力。若以这样一种视角审视"双一流"建设的目的，可以说"双一流"建设是既满足推动我国经济从高速增长向高质量发展的需要，更是高等教育从规模扩大和速度增长向以提升高等教育质量和大学办学治校育人效率为目的的内涵式发展转变的必然选择。"双一流"建设之所以紧迫，不仅在于其是尽快实现世界一流大学及世界一流学科根本性突破的需要，亦是缩小我国与高等教育强国的差距的战略。

二、"一流学科"之于世界一流大学建设之重要性的学理分析

自大学诞生以来，大学、学科、专业就成为彼此不能分割、相互依赖的概念体系。高等教育发展史的研究结论明确表明：中世纪早期的欧洲大学就始于哲学、医学、法律和神学四门学科知识的传播及其专门人才的培养。随着人类社会的发展及对复杂世界认识的深化，传统学科已经不能涵盖自然科学与人文社会科学的所有知识领域。传统学科出现了分化，并衍生出许多根据不同研究范式或研究方法探讨及描述同类学科或跨学科领域同一对象或现象的本质与规律的专业。就学术概念的严谨性而言，学科并非专业，两者的关系是具有包容性的上下位概念。学科代表一个内涵丰富的知识领域，而专业则是学科某一方向知识的具体化和专门化。但在大学现实的学术活动中，由于两者的不可割裂性，人们常常把它们作为并列的概念使用，甚至学科概念本身就涵盖或表达了专业的含义。在西方，学科兼有知识体系及学术组织的含义，人们对"大学就是依据学科或以学科为基本单位而构建的旨在培养人才和知识创新的学术组织""学科的逻辑起点是对高深知识的探讨和研究"达成了共识。基于大学与学科不能割裂的认识，负责遴选"双一流"建设大学的

① 眭依凡：《世界一流大学建设的六要素》，载《探索与争鸣》，2016（7）。

教育部、财政部、国家发展与改革委员会有关负责人强调"双一流"建设应以学科为基础。2017 年 9 月，"双一流"建设高校及建设学科名单公布后，2017 年 12 月，教育部学位与研究生教育发展中心又公布了全国高校翘首以待的全国第四轮学科评估结果。513 所高校参加了这次评估，涉及 95 个一级学科的 7 449 个子学科。据悉，有不少大学，包括"985 工程""211 工程"大学，出于对弱势学科评估结果的担忧而放弃了一些学科的参评，这足以说明学科之于大学的重要性。

回到"'一流学科'之于世界一流大学建设之重要性的学理分析"主题，有两个基本问题需要讨论：其一，世界一流大学的概念及其要素；其二，世界一流大学与世界一流学科的关系。关于世界一流大学的概念，前面已经做了界定，不必赘述。关于世界一流大学的要素，笔者在浙江省高校人文社会科学重点研究基地举办的"高等教育创新发展与世界一流大学建设"研讨会上，提出了建设世界一流大学必须注意并协调发挥规律、学科、人才、资源、制度和文化六大要素的作用的观点。① 当然，这六个要素也是一般大学在改革发展中必须重视的具有共性的问题，只是要求的标准及难度不同。

世界一流大学的形成绝非单一因素作用的结果，而是多种因素集成影响的产物。系统论及结构主义作为认识事物的一种思维方式或研究方法，其共同的基本观点是：事物的本质不在于事物本身，而在于人们认识到的事物的诸多要素及关系，即事物是由要素及要素之间的各种关系构成的，在任何既定的情境下，某一要素的意义由它与既定情境中的其他要素之间的关系所决定。上述观点从方法论的角度为我们讨论世界一流大学受哪些要素影响提供了理论依据。为什么要把看不见、摸不着的"规律"作为要素之首，因为任何事物及其活动均有其规律。规律是事物及其活动不以人的意志为转移的内在规定性。规律对事物发展及其活动秩序具有决定性。人类可以改造自然和社会，但绝不能改变自然和社会发展运动的规律。人才培养及知识创新活动的基本属性决定了大学组织的独特规律，由此决定了大学是绝不能用强调行政权威的政府管控模式及以利益最大化为目的的企业管理模式办学治校的社会组织，大学自主

---

① 眭依凡：《世界一流大学建设的六要素》，载《探索与争鸣》，2016（7）。

办学的合理性就在于此。我们为什么在过去的世界一流大学建设中忽视了大学规律这一具有决定性的要素，就是因为大学规律既非精神亦非物质的本质。它并非人才、制度、资源等要素那样是具有物质性的现实存在，然而，它有无形驾驭大学行动的力量。事实上，我们完全可以从诸多大学的兴衰中找到它们是否遵循了大学规律的因果联系的证据，由此得出结论：让大学按规律办学治校育人，是世界一流大学建设之首要任务。

尽管前面已经涉及"学科"的概念，但仍有必要结合世界一流大学与世界一流学科的关系，以深刻讨论笔者曾经提出的一个问题："双一流"究竟是"单"还是"双"？所谓"双"，指世界一流大学及世界一流学科；所谓"单"，在于明辨两者的逻辑关系。这一关系其实就是前面讨论的"大学"与"学科"的关系，不同的是在两个概念前加了"世界一流"的前缀，导致"学科"之于"大学"发展的重要性倍增，这就是讨论"双一流"的"双"与"单"关系对于"双一流"建设的意义。为什么要更加强调世界一流学科是构成世界一流大学的基本要素？因为世界一流大学是一个旨在进行知识创新和卓越人才培养的少数精英大学的概念，而承载世界一流大学知识创新和卓越人才培养职能的基础平台是世界一流学科。大学是高度开放的学术组织，具有不同于其他组织的激烈竞争性，同时大学又是需要占有及消耗大量人、财、物、信息资源的"贵族"组织，导致即便是历史悠久且实力雄厚的世界著名学府，为维持其世界一流大学的地位，也不得不放弃在学科建设上全面争先的策略。这也是哈佛大学、耶鲁大学、剑桥大学、牛津大学等世界名校仅在若干学科名列前茅的原因。事实亦然，凡世界一流大学，在世界一流学科的遴选和守持上无不采取"有所为"和"有所不为"的选择，即世界一流学科仅是世界一流大学若干学科发展的目标。我们可以由此得出结论：世界一流大学是以世界一流学科为基础的，而判断一所大学是否世界一流大学，其依据也是其是否拥有世界一流学科。"单"与"双"的逻辑因此清晰：一流学科决定一流大学。

基于上述讨论，世界一流大学的建设道路已经清晰，即世界一流大学建设要以世界一流学科建设为着力点和突破口。学科的水平和实力是决定和影响一所大学学术地位和学术声誉的关键。任何大学如果拥有了若干个哪怕一两个世界一流学科，那么这所大学就已经是世界一流大学。美国大学何以世界名校云集，就是因为这些大学仅仅选择在某些甚至某个学科领域确保居于世界领导地位，而非选择所有学科全面优秀。如哈佛大学在工商、政治和医学，耶鲁大学在法学、生物和数学，芝加哥大学在经济和数学，斯坦福大学在生物、工程和法学，加州大学伯克利分校在化学、能源和计算机，麻省理工学院在计算机、工程和数学，约翰·霍普金斯大学在医学，加州理工学院在物理、化学和地球科学等领域最强。它们的战略选择就是在自己的强势学科领域独领风骚。

对一流大学与一流学科关系的学理性讨论，有利于我们在一流学科遴选中尽量避免出现类似重庆大学等几所高校仅凭若干自定的"一流学科"而跻身"一流大学"，而东北师范大学等有若干按指标评出的一流学科却不是"一流大学"，以及"28所'双一流'高校的32个一流建设学科全部未进入第四轮学科评估A类"的尴尬。据新浪网报道，进入"双一流"榜单的137所高校的465个一流建设学科在第四轮学科评估中的表现并不尽如人意：仅有352个学科进入A类；被评为A＋的学科190个，约占41％，不到一流学科总数的一半；113个学科未进入A类，占一流学科的24％，这意味着这些所谓一流建设学科在参加评估的学科中排名在20％之后。但正如教育部等三部委负责人在回答"双一流"大学是如何产生的问题时所强调的：此次遴选认定所产生的是"建设"高校及"建设"学科，重点在"建设"，是迈向世界一流的起点，而不是认定这些学校和学科就是世界一流大学和一流学科，能否成为世界一流大学和一流学科还要看最终的建设成效。[①] 所以，现在入选"双一流"的高校和学科还只是国内具有相对"优势"的"一流"，而非具有国际比较优势的"一流"。这一认识有利于我们了解自己存在的不足。

三、"双一流"建设背景下"学科"与"领域"的理性解读

大学是人类社会理性的产物，所以大学的改革发展必须以大学理性

---

① 《三部委负责人解读"双一流"高校：不搞终身制》，www.chinanews.com/gn/2017/09-21/8336660.shtml，2018-02-22。

为指导，"双一流"建设亦然。反省关于世界一流大学建设的理论研究，我们似乎过多地关注诸如世界一流大学的特征、指标、投入等数据事实的描述性研究，对欧美国家为什么具有如此多的世界一流大学，以及在党中央高度重视世界一流大学建设且物质投入极大改善的条件下，我们的世界一流大学建设何以成效不显，缺乏解释性研究。相较描述性研究，解释性研究更需要从理论与现实的结合中发现问题并解决问题。实用主义的创始人、美国杰出逻辑学家皮尔士认为："一个理智观念的意义取决于：倘若这个观点是真的，那么由它可以得出怎样的实际效果；观念的意义无非就是它的实际效果的总和。""观念的意义，观念所包含的真理取决于它的'兑现价值'。"① 杜威也有类似的观点："思维并不是对'真理'的寻求，而是一种行为：它的目标是解决某些个人问题或社会问题；它是一种手段，人们力求通过它来和周遭环境建立起更为令人满意的关系。"② 在杜威看来，包括思维在内的理念都是人们用来解决实际问题的工具。理念并非仅仅停留在大脑内的可有可无的形而上，而是一种解决问题的重要手段和思想力量。皮尔士与杜威的上述观点为本研究的讨论提供了理论支持。

如果说"985 工程""211 工程"为改善我国大学发展的基本条件做了大量的基础性工作，那么"双一流"建设的目的就在于通过发展精英大学及创新型人才培养和原创性知识创新，引领和促进国家的创新发展，尤其是为我国科技发展的核心领域做出突破性贡献。众所周知，新知识和新科技正在以超乎想象的发展速度改变着人类的生产方式和生活方式。当前，我们正迈入以人工智能（AI）引领的新一轮科技革命的新时代。为此，我国于 2017 年 7 月专门发布了《新一代人工智能发展规划》。为什么我国如此重视人工智能的发展？中国工程院潘云鹤院士在 2017 年中科曙光智能峰会的演讲中做了如下解释：1956 年人工智能概念首次出现，其目的是让机器像人那样思考和学习。经过 60 年的发展进步，2015 年后，AI 走向 2.0 的时代。在潘云鹤院士看来，自 AI

① 转引自［美］布鲁克·诺埃尔·穆尔等：《思想的力量》，李宏昀等译，233 页，上海，上海社会科学院出版社，2009。

② 转引自［美］布鲁克·诺埃尔·穆尔等：《思想的力量》，李宏昀等译，235 页，上海，上海社会科学院出版社，2009。

进入 2.0 时代，人们便从以"人类社会空间（H） ＋ 物理空间（P）"为特征的二元世界向"人类社会空间（H） ＋ 物理空间（P） ＋ 信息空间（C）"的三元世界过渡（见图 2）。这样一种空间变化带来了人类认知的新计算（建立在新老空间的互动 CH、CP 之上的 AI），新通道（给自然科学、工程技术、社会科学提供了新途径、新方法），新门类（认识复杂巨系统如城市运行系统、环境生态系统、健康医疗系统等，即科学＋工程＋社会影响）。而为了适应和引领这个新世界，我们不仅需要新技术，更需要发展一些起基础性作用的新理论、新学科、新知识领域。

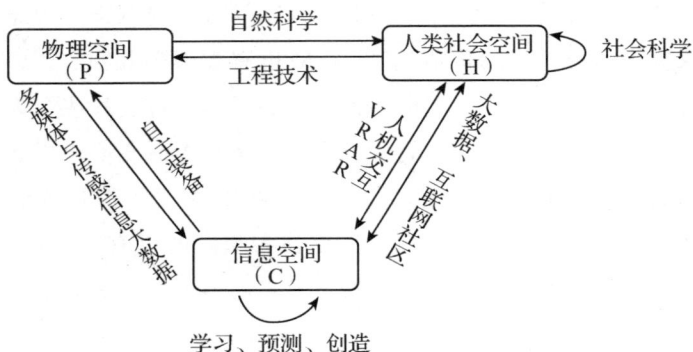

图 2　物理空间（P）、人类社会空间（H）、信息空间（C）关系图

在 AI 2.0 引领人类空间从二元世界向三元世界过渡的过程中，未来的科学技术及人文社会科学都将面临许多新理论及实践的挑战，这完全超越了传统学科的边界，由多学科、跨学科、新学科构建的新知识领域应运而生。其实，人类在新知识、新技术领域所面临的挑战远不只人工智能的创生，几乎所有的传统学科如生物与生命科学、材料科学、制造业技术、传媒技术等都受到挑战。面对这场来势凶猛的新科学技术革命，中国工程院原院长徐匡迪院士在"机械与运载工程科技 2035 发展战略"国际高端论坛上总结道，真正的颠覆性技术具有两个共性：一是基于坚实的科学原理，它不是神话或幻想，而是对科学原理的创新性应用；二是跨学科、跨领域的集成创新，而并非设计、材料、工艺领域的"线性"创新。徐匡迪院士的概括是准确的，麻省理工学院的媒体实验室就是一个很好的佐证。其之所以能够从 1985 年开创至今，仅用 30 多年的时间就成为国际上最富有成就的学术研究和技术创新实验室，就在于它致力于技术、多媒体、科学、艺术和设计的融合，在跨学科、跨领域的集成及设计的临界点上找到了人类知识的突破与科技创新之路。从该实验室现有的 24 个对传统学科、传统技术颇具颠覆性的多学科、跨学科研究小组中，我们不难发现新知识、新技术领域产生的特征及其规律（见表 3）。

表 3　麻省理工学院媒体实验室的研究小组及研究目标

研究小组	研究目标
情感计算 （Affective Computing）	如何利用新技术帮助人们更好地沟通，以理解和回应情感信息
生物机电 （Biomechatronics）	如何利用技术来增强人的身体性能
拍摄文化 （Camera Culture）	如何用创造新的方式来捕获和分享视觉信息
换位 （Changing Places）	建筑设计移动系统和网络智能的新策略如何产生一个动态演化的场所，并回应复杂的生活
公民媒介 （Civic Media）	如何设计、创建、部署评估工具，以及处理促进公民参与的社区内部和社区之间的信息流
虚构设计 （Design Fictions）	如何通过设计和讲故事来激发关于新技术层面的社会、文化和伦理意义的讨论
流体接口 （Fluid Interfaces）	如何将信息和服务的世界更自然地融入日常生活，从而引导洞察力、灵感和人际关系
人类（网络交互行为）动态 （Human Dynamics）	社交网络如何影响我们在商业、健康和治理方面的生活，以及技术的采用和传播
终身幼儿园 （Lifelong Kindergarten）	如何吸引人们创造性的学习体验
宏连接 （Macro Connections）	如何将数据转化为知识
介导物质 （Mediated Matter）	数字和制造技术如何在物质与环境之间进行调节，以彻底改变物体、建筑物和系统的设计与建造
分子机器 （Molecular Machines）	分子级部件如何在复杂条件下进行组装
基于对象的媒介 （Object-Based Media）	感知、理解和新界面技术如何改变日常生活
未来歌剧 （Opera of the Future）	音乐作曲、表演和乐器如何生成创新的表现形式

研究小组	研究目标
个人机器人 (Personal Robots)	如何建立社会互动的机器人和互动技术，为人们提供长期的社会和情感支持，帮助人们过上更健康的生活，与他人更好地沟通，以便个体更好地学习
玩乐系统 (Playful Systems)	传感器网络如何增强与调和人类的经验
响应性环境 (Responsive Environments)	如何设计大型社会系统
扩展性合作 (Scalable Cooperation)	重新思考社会组织合作和治理的方式
社会机器 (Social Machines)	构建以人类的方式学习使用语言的机器并开发工具和模型，以更好地了解儿童是如何在成年人影响下沟通的
社交计算 (Social Computing)	软件如何以交互方式来预测用户的需求
言说＋移动 (Speech ＋ Mobility)	如何使智能神经技术工程化以治疗疾病，增强认知力，改善人类状况
合成神经生物学 (Synthetic Neurobiology)	更精准地测量脑神经活动状况，记录和控制神经动态及其功能障碍的修复，为神经和精神疾病产生新的、真实的治疗策略
可触知的媒体 (Tangible Media)	如何设计人与人之间的无缝界面、数字信息和物理环境
病毒空间 (Viral Spaces)	如何制造可拓展的系统来增强我们对真实空间的学习体验

资料来源：根据搜狐网《MIT Media Lab 麻省理工学院媒体实验室》整理。

　　通常，大学按学科分类及其层级构建教学与科研机构，如学院及学系，但世界科技革命的发生均以学科的综合与分化为标志。随着新知识与新技术的不断发展，传统概念的学科固然有存在的必要，但推动人类社会文明进步、改变人类生产方式和生活方式的是自然科学、人文社会科学、工程技术等诸多学科交叉融合产生的新知识、新技术。人工智能、生命科学、多媒体技术等均非某一传统学科可独立作为的，而是由多学科、跨学科融合产生的具有全新意义及独特规律的新知识领域的产物。随着新时代的到来，传统的学科概念已经发生了很大变化，如果依旧以传统学科作为世界一流学科遴选的依据及建设的目标，那我们的世界一流学科建设至多只能停留在追踪世界高等教育强国，进行跟随式科学研究的水平，以及满足于所谓高水平论文发表的学术绩效上。

由于我国研究型大学与世界一流大学的学术水平确实存在一定差距，对世界一流大学的学术跟随及对高水平存量知识的掌握与运用并非不需要，问题在于我们选择跟随什么研究领域及如何跟随，更重要的是，跟随的目的是在接近学科前沿后有自己高水平的新知识增量的突破。否则，我们就不可能产生引领世界科学技术进步的原创性知识与技术成果，更谈不上为改变世界做出贡献。

基于以上讨论，我们对世界一流学科做出如下解读：其一，世界一流学科是世界一流大学建设及实现创造型人才培养和知识创新不可或缺的具有物质价值作用的基础，即世界一流学科不单纯是个学术概念，更是实现世界一流大学建设目标的具有操作意义的学术平台。其二，世界一流学科绝非传统意义上的学科概念，而是对人类社会发展和科学技术进步具有知识贡献的研究领域，其可以是某一学科新发现的或某一科学原理创新应用而产生的富有深入挖掘价值的研究方向或某一新研究领域，但更多的是多学科、跨学科交叉融合或协同攻关的新学科。世界一流学科不在于它作为一个学科整体有多么强大，而在于它在一个或若干相对集中的学术或技术研究领域做出了多少改变世界的知识贡献。其三，如同世界一流大学是极少数大学追求的目标一样，世界一流学科亦是少数学科追求的目标；同时，如同世界一流大学是需要极其雄厚的财力资源支撑的学术组织一样，世界一流学科亦有对财力资源巨大的依赖性。所以，即便那些具有较强可持续性财力资源的大学也无法满足过多学科同时冲击世界一流水平的需要。

基于以上对世界一流学科的理性解读，笔者对"双一流"建设提出如下建议。

第一，世界一流大学的建成与否取决于世界一流学科的建成与否，因此，必须不打折扣地把有限的人、财、物资源真正有效投入到具有比较意义的世界一流学科建设中并产生预期的建设成效。"双一流"建设若要从根本上避免"985 工程""211 工程"问题的再现，就必须在世界一流学科建设上真正务实、下力、建功。

第二，由于世界一流大学既是参与知识和技术国际竞争的需要，也是提升国家知识和技术薄弱领域的需要，所以世界一流学科的遴选及建设必须占据知识和技术国际发展的制高点，集中在对改变人类生存和发展方式具有引领性、突破性的知识和技术创新领域，以及我国相对薄弱且受经济和科技发达国家限制的高新科学技术领域。前者需要对世界科技发展的趋势做出高屋建瓴的预测和判断。在这方面，我们可以从2017年美国公布的《2016—2045年新兴科技趋势报告》中获得启示。这份长达35页的报告，通过对近700项科技趋势的综合比较分析，最终确定了20项最值得关注的科技发展趋势（见表4）。美国出台该报告，旨在帮助政府相关部门与科研组织及企业对未来30年可能影响国家竞争力的核心科技有个总体把握，以便它们明确科技投资的方向，确保美国在未来世界竞争中的科技优势。

表 4　2016—2045 年 20 项最值得关注的科技发展趋势

序号	名称	特征及趋势	代表性技术
1	物联网	到 2045 年，最保守的预测认为将会有超过 1 000 千亿的包括移动设备、可穿戴设备、家用电器、医疗设备、工业探测器、监控摄像头、汽车及服装等用户端连接在互联网上，它们所创造并分享的数据将会给我们的工作和生活带来一场新的信息革命	微电子机械系统（MEMS）、无线通信、电源管理技术
2	机器人与自动化系统	到 2045 年，地球上的机器人和自动化系统将无处不在并代替人类工作	机器学习、传感器与控制系统、人机交互
3	智能手机与云端计算	智能手机与云端计算正在改变人类与数据的相处方式。到 2030 年，全球 75% 的人口将会拥有移动网络链接，60% 的人口将会拥有高速有线网络链接，基于云的移动计算端会改变从医疗到教育的各行各业	高效无线网络、近场通信与低能耗网络、电池优化

序号	名称	特征及趋势	代表性技术
4	智能城市	到 2045 年，全世界 65％～70％的人口将会居住在城市里。大量人口向城市流动将会给城际交通、食物和水源、电力能源、污水处理及公共安全系统等基础建设带来极大的问题和压力	信息和通信技术（ICT）、大数据、自动化
5	量子计算	量子计算是通过叠加原理和量子纠缠等次原子粒子的特性来实现对数据的编码和操纵的。在未来的 5～15 年，人类很有可能制造出有实用意义的，将会给气候模拟、药物研究、材料科学等其他研究方向带来巨大进步的量子计算机	量子纠错、量子编程、后量子密码学
6	混合现实	虚拟现实（VR）和增强现实（AR）技术已经进入电子消费市场。在未来 30 年，混合现实科技将成为主流科技，AR 眼镜把相关实时信息投放在用户的现实中，VR 眼镜则可通过融合视觉、听觉、嗅觉和触觉来实现深度沉浸的体验	消费级硬件、沉浸式体验、交互技术
7	数据分析	在 2015 年，人类总共创造了 4.4 ZB（44 亿 TB）的数据。这些约每两年翻倍的数据隐藏了各种关于消费习惯、公共健康、全球气候变化及经济、社会、政治等方面的深刻信息。未来 30 年，人类处理巨量动态数据的能力将会逐渐提高，自动人工智能软件将会从散乱的数据中识别并提取有关联的信息。这种数据分析的能力将会从商业应用扩展到普通人手里	可视化、自动化、自然语言处理
8	人类增强	未来 30 年，科技将带领人类突破人类潜力的极限甚至生物的极限	可穿戴计算设备、外骨骼与假肢、药物增强
9	网络安全	未来 30 年，随着物流网的发展及其与人的日常生活发生的越来越多的链接，网络安全将成为网络行业的首要话题	用户身份鉴定技术、自我进化型网络、下一代解密技术

序号	名称	特征及趋势	代表性技术
10	社交网络	未来 30 年，人们将会使用科技形成社会契约和基于网络社区的社交结构，从而颠覆许多传统的权力结构	区块链技术、应用社会科学、网络身份与名誉管理
11	先进数码设备	智能手机的计算能力已经远超 1969 年把宇航员送上月球时的 NASA（美国国家航空航天局）。未来 30 年，这个趋势将会继续下去，人脑—电脑界面将会允许人们用思想控制数码设备，使它们成为人们身体的一部分	软件定义一切、自然用户界面、脑机接口
12	先进材料	在过去的 10 年，材料科学的突破带来了可以自我恢复和自我清理的智能材料、可以恢复原本形状的记忆金属、可以利用压力发电的压电陶瓷材料、拥有惊人结构和电力性能的纳米材料等许多先进材料，尤其是纳米材料，有着广泛的应用价值。未来 30 年，纳米材料及其新型材料将无处不在，例如，泡沫金属及陶瓷复合材料将会用在服装、建材、车辆、公路桥梁中	材料科学、纳米技术
13	太空科技	太空行业正在进入一个自 20 世纪 60 年代后从未出现过的发展阶段，新的科技如机器人、先进推进系统、轻便材料、增材制造及元件小型化带来了太空探险的新机会。未来 30 年，科技研发将会带领人类重返月球甚至登陆火星，将会出现开采小行星中的矿物等行业	机器人、先进推进系统、轻便材料、增材制造、元件小型化
14	合成生物科技	通过搭建新的 DNA 实现"无中生有"，创造出新的生物。在基因改造农作物的同时，人类正站在生物革命的突破口，处在生物科技的新时代，生命将会成为信息，并如同电脑程序代码一样可以被改写。在未来 30 年，合成生物科技将制造出可以探测毒素，从工业废料中制造生物柴油，以及通过共栖给人类提供药物的生物	建模与仿真、标准化 DNA、DNA 合成与测序
15	增材制造	到 2040 年，3D 打印技术将改变世界。人类将利用 3D 打印技术制造电子产品、备用零件、医疗设备等各种产品，并按照个人需求实现真正的"私人订制"	速度、尺寸、可靠性增强，全新合成材料，生物打印

序号	名称	特征及趋势	代表性技术
16	医学	未来 30 年，各种科学技术的突破将改变医学。通过基因组学，人类将会得到真正的个体化药物，癌症、心肺疾病、阿尔兹海默症，以及其他目前看似无救的疾病将能通过针对患者个人基因的药物来治疗。人类将可以通过 DNA 培养移植所需要的器官。生物假肢将会被直接连接到神经系统上，提供与真实触感极其相似的感官。机器急救人员的出现，以及如控制性降温的肢体存活技术将会大幅度延长救援的"黄金时间"。科学家们将找到衰老的原因，从而延长人类的寿命	定制化医疗、再生医学、生物医学工程
17	能源	未来 30 年，全球能源需求预计会增长 35%，人类将面临一场能源革命。新的采油技术如水力压裂及定向钻将帮助人类发现大量可开发的油田和气田。可再生能源如太阳能和风能的价格将接近石油	高效太阳能、电池技术、能源收集
18	新型武器	未来 30 年，多种新型武器技术将出现在战场上，除目前正在开发的非致命武器以及能量武器以外，多个国家正在开发可以阻绝军事行动能力的反介入和区域阻绝武器（A2AD）。A2AD 技术包括反舰弹道导弹，精密制导反车辆反人员武器，反火箭炮、火炮和迫击炮系统（C‐RAM），反卫星武器，电磁脉冲武器（EMP）等	精密制导武器、EXACTO 自导子弹
19	食物与淡水科技	未来 30 年，淡水和食物的缺乏将会给世界带来更多问题，全球约 25% 的农地由于过度耕作、干旱、污染等原因严重退化，主食谷物的价格将会提高 30%。如果全球气候变化及资源管理的失败状态无法得到控制，粮食价格提高 100% 也是可能的；到 2045 年，全球超过 40% 的人口将会面临水资源短缺的问题。这一切问题的解决只有依靠科技	农业技术、水资源循环与回收、可替代食物来源

序号	名称	特征及趋势	代表性技术
20	对抗全球气候变化	到 2050 年，地球表面的温度将提高 1.4℃～3℃，就算人类采取了一些极端方式来减少温室气体的排放，气候的惯性也会引起温度的提高。地表温度的提高会带来一系列恶果，比如，海平面提高给海岸城市带来危险，农作物产量下降引发饥荒，干旱导致数百万人缺乏饮用水，洪水造成灾难性损失。未来 30 年，这些危机将会引导人类研究减缓气候变化带来的影响的技术	在地图上标注有洪水危害的系统，用抵抗干旱的基因改造农作物，从大气中提取二氧化碳和甲烷等温室气体并将它们安全地储存在地下的技术

资料来源：根据《美国公布〈2016－2045 年新兴科技趋势报告〉》整理。

清华大学在"双一流"建设方案中把全校 11 个学科门类整合为工程科学与技术、自然科学、人文社会科学与艺术、生命科学与医学 4 个领域，同时组建 20 个相互支撑、协同发展的学科群及 8 个自身具有很强的竞争力且学科知识体系相对独立的学科。这种针对自身学科基础及未来发展需要的学科重构，对于清华大学的"双一流"建设，无疑是富有远见卓识的创举。在"世界一流学科"的遴选和建设中，笔者认为，把研究领域相对固定、专业化程度较高的实验室作为一流学科投资建设，或许是一种最富建设效率的选择。例如，剑桥大学卡文迪什实验室是近代科学史上第一个社会化和专业化实验室，它以近现代物理学如天体物理学、粒子物理学、固体物理学、生物物理学为主要研究领域，发现了电子、中子、原子核结构、DNA 双螺旋结构等新知识，为推动人类的科学发展做出了巨大贡献。又如，麻省理工学院的林肯实验室是美国大学中第一个大规模、跨学科、多功能的技术研究开发实验室，其使命就是专注于高科技在国家安全问题上的运用。

第三，"双一流建设"是需要消耗巨量资源的昂贵事业，政府部门和"双一流建设"入选大学都必须以"有所为有所不为"作为遴选与建设一流学科的基本原则，高度集中人、财、物资源。清华大学施一公教授的研究组之所以在解决世界结构生物学两大难题之一的剪接体的三维结构、RNA 剪接的分子结构基础研究领域获得重大突破，就是因为国家和清华大学都为该研究团队的建设和高精尖研究设备的供给倾注了大量的人、财、物。浙江大学具有"学术特区"之称的生命科学研究院创建于 2009 年，几年间就在《科学》（*Science*）和《自然》（*Nature*）子刊上发表了多篇研究成果，这与浙江大学为该院投入的数亿元资金密不可分。无论是对国家还是对入选"双一流建设"的大学而言，遴选数量过多的一流学科，必然导致有限的资源过于分散，建设目标也就欲速则不达。

世界一流大学建设：呼唤教育家型校长崛起[*]

一、引言

20 世纪末我们常常听到这样的声音：21 世纪是中国人的世纪。然而，进入 21 世纪后，海内外华人几乎没有人再说"21 世纪是中国人的世纪"了。为什么？道理很简单，如果说某世纪是某国的世纪，那么该国必须做出被世界各国公认的改变了人类生活方式和生产方式的诸多贡献。扪心自问，近现代以来，我们缺乏这样的世界性贡献，如果哪个世纪真的成了中国人的世纪，那么其因果逻辑一定是我们拥有了一批在知识创新和卓杰人才培养方面堪为世界领袖且可以引领世界文明进步的一流大学。遗憾的是，自胡适先生 1915 年留学美国哥伦比亚大学，在日记中留下"吾他日能生见中国有一国家的大学可比此邦之哈佛，英国之康桥、牛津，德之柏林，法之巴黎，吾死瞑目在矣"^① 这段文字后，一个世

---

* 本文原发表于《高校教育管理》2016 年第 5 期。

① 《胡适全集（第 28 卷）》，56 页，合肥，安徽教育出版社，2003。

纪过去了，尽管蔡元培、梅贻琦、蒋梦麟、胡适、张伯苓、竺可桢、吴玉章、马寅初、成仿吾、蒋南翔等，包括胡适本人在内的数代教育家皆为我国的世界一流大学建设身体力行，做出了努力，而且今日我们也有了在《泰晤士报》等国际排名并不落后于他国的如北大、清华等可以在世界上发出自己声音并被世界关注的大学，但严峻的事实是：就连北大、清华自己也未敢理直气壮地称自己已经是世界一流大学。原因何在？就在于我们的大学尚未做出被世界认可的知识贡献，以及我们培养的卓杰于世的国际精英还太少。一国之大学，尤其是研究型大学，如果失去高新知识及杰出人才的竞争实力，且不说难以雄于世界，就连影响世界的话语权亦将渐而衰微。

当今世界正处在一个日益依赖高新知识的时代，高新知识改变了人类的生活方式和生产方式。国与国之间的竞争归根结底是高新知识的竞争，是担负高新知识创新使命的杰出人才培养的竞争，即大学的竞争。在国际竞争日益激烈的环境下，我们不难发现，凡败下阵的无一例外是高新知识创新及杰出人才培养落后的国家，而高新知识创新及杰出人才培养落后又无不是高等教育落后的结果，尤其是世界一流大学匮乏的结果。缺乏世界一流大学会怎样？我们不仅无法与高等教育强国在知识创新和各行各业的世界领袖人才培养方面比拼，甚至连与人家平等对话的机会都很少。鉴于对大学，尤其是具有竞争引领作用的世界一流大学重要性的认识，中央把建设世界一流大学确定为国家发展的重大战略选择。1998 年在北京大学百年华诞庆典时，江泽民同志代表中共中央提出"我们要建设若干所世界一流大学"；后来我国把建设高等教育强国写进了《国家中长期教育改革和发展规划纲要（2010—2020 年）》。中共十八届五中全会后，《国务院关于印发统筹推进世界一流大学和一流学科建设总体方案的通知》明确指出："建设世界一流大学和一流学科，是党中央、国务院作出的重大战略决策，对于提升我国教育发展水平、增强国家核心竞争力、奠定长远发展基础，具有十分重要的意义。"在一个人们日益依赖高新知识的时代，拥有世界一流大学方可造就高等教育强国，造就具有强大科技竞争力及经济竞争力的世界强国。这已不再是什么理性的推断，而是被大量事实证明并成为世界共识的不二法则。

既然我们已经认识到世界一流大学之于国家发展的重要性，那么我们要提出的问题是：自有了近现代意义的大学以来，我国的高等教育已有了一百多年的历史积淀，但为什么至今还没有世界一流大学？这固然有体制机制方面的问题、国家社会稳定及大学内部管理方面的问题、高等教育资源投入及大学历史长短方面的问题等，但是我们很少意识到我们缺乏教育家型校长。据称，在世界一流大学建设的进程中，我国曾经派出一个高层次的研究型大学校长代表团赴美考察世界一流大学。美国著名大学的校长告诉中国大学同行，美国大学成功的"秘诀"是：要创建世界一流大学，必须有世界一流大学校长。由于国情不同，或许这并非一条适合不同国家的绝对真理。但如果我们换个"创建世界一流大学，我们需要一批懂得世界一流大学办学治校育人规律的教育家型校长"的表述，这个命题不仅成立，而且具有普适性。

记得 2010 年两会前夕，国务院参事室调查组带着国家领导人十分关切的"世界一流大学建设十几年了，我们的世界一流大学在哪"及"拔尖创新人才培养也提出不少年了，我们为何尚未培养出拔尖创新人才"两个问题到北大、清华调研。笔者时任北大特聘教授，在参加北大教育学院举行的座谈会上，笔者就这两个问题提出了如下建议：第一，让更多的教育家担任大学校长，尤其是研究型大学校长；第二，让现在的大学校长能够按大学的规律治校。其实，刘延东同志早在教育部直属高校工作咨询委员会第二十次全体会议上就提出："加快建设中国特色现代高等教育，高校领导，特别是书记、校长肩负重要责任。""书记、校长要努力成为懂教育的政治家和讲政治的教育家。"[①] 2009 年，温家宝同志在回答网民提问时，对教育家型校长的重要性也进行了特别强调。

二、教育家型校长何以重要

教育家型校长的问题提出后，有必要再说明"教育家型校长对世界一流大学建设何以重要"。其实，教育家型校长不仅对世界一流大学建设

---

① 刘延东：《加快建设中国特色现代高等教育努力实现高等教育的历史性跨越——在教育部直属高校工作咨询委员会第二十次全体会议上的讲话》，www.chinanews.com/eopu/2010/90—13/250233.shtml，2016-02-22。

重要，而且对其他大学的发展建设同样重要。这可以从如下几方面讨论。

其一，"大学是以探索、追求、捍卫、传播真理和知识为目的，负有引导社会价值观，从道德上规范社会行为之使命，对人类素质改善和提高、社会文明发展和进步具有不可替代之重大公共影响力、推动力的教育机构和学术组织，是'研究和传授科学的殿堂，教育新人成长的世界'，大学是社会文明的一面旗帜，是人类社会的科学脊梁、道德良心和文明希望"①，大学的重要性因此凸显。大学校长绝非仅仅是一所大学的法人代表，只引领一所大学的健康发展，他们负有更重大的通过引领一所大学而引领整个社会文明进步的社会责任。大学的上述本质属性决定了大学校长必须对大学组织有透彻的认识，并能守持大学理性，按大学独有规律办学治校，成为具有强烈的社会责任的教育家。

其二，大学是一个劳动复杂、成员复杂、结构复杂、环境复杂的，职能多样、目标多元，既有统一性又富有个性，且充满大学理想与社会现实需要的矛盾、精英教育与大众教育的矛盾、自由教育与专业教育的矛盾、教学和科学研究的矛盾、行政权力和学术权力分配的矛盾的高度开放的教育和学术组织。大学的这一组织特性决定了大学校长绝非一般的行政管理者，而必须是熟悉大学组织特性及大学组织成员特点的有大学理念及治理能力的教育家。

其三，我国大学长期积淀了组织属性不甚清晰、组织结构关系碎片化、内部资源配置及使用效率低下等问题。为此，以实施高等教育为己任的大学的内部管理体制改革亦是高等教育改革的当务之急。而由谁负责统筹大学改革的顶层设计及统领大学的治理进程，不仅关系到大学能否实现治理结构的现代化和治理能力的提高，而且关系到大学的兴衰成败。所以剑桥大学原副校长阿什比说："大学的兴旺与否取决于其由谁控制。"当前我们的一些大学校长存在如下问题：他们不是教育家，认识不到教育家的作用，故缺乏按大学办学治校育人的规律领导和管理大学的理性；他们不是教育家却以为自己就是教育家，他们误以为身为大学校长，自己就是胜任的大学校长，于是常常把办不好学、治不好校、育不好人的责任推给社会和政府。无视教育家的作用，以及误以为自己

① 眭依凡：《理性捍卫大学》，53页，北京，北京大学出版社，2013。

就是教育家，都无助于大学校长将自己造就成能自觉按大学规律办学治校育人的教育家。民国时期如北京大学蔡元培先生、清华大学梅贻琦先生、南开大学张伯苓先生等之所以治校成就斐然，新中国成立后如南京大学曲钦岳先生、华中理工学院（今华中理工大学）朱九思先生、湖南师范大学张楚廷先生等之所以在同样的制度环境下让治下的大学焕然一新，无不得益于他们自觉研究大学办学治校育人的规律，并注重把自己造就成教育家。

优良的高等教育宏观治理环境只是大学优秀的充分条件，而优良的大学内部管理环境才是大学优秀的必要条件。如果大学组织本体有问题，尤其是大学管理层有问题，光有优良的外部治理环境不足以保证大学的优秀。遗憾的是，我们不少大学校长并不认同这个结论。《马斯洛人本哲学》有一个基本观点：人并不是被决定或被限定的，人可以决定自己的命运。演绎之，即人并非简单地存在着，人最终是自我决定的。这是自我实现者与环境决定论者最大的区别。马斯洛关于人的这一观点完全适用于由一群最具理性的人构成的理性组织——大学，即大学也不是简单和被动地由外部环境所决定，大学作为高度自适应、自调整、自完善，具有相对独立性的高度理性的自律组织，其行为方式及其作为大小在很大程度上均是自己支配的结果。换言之，大学现实与大学组织存在变量和自变量的因果逻辑，大学的改革发展最后都无法回避来自大学组织自身带来的结构性影响。大学需要通过体制机制改革来提供有利于其按应有规律办学治校育人的制度空间，但大学组织自身由理想向现实转变必须承担的责任也不能忽视。也就是说，大学自身对大学改革发展的影响力绝对不能低估，社会和政府只是提供大学发展的外部条件，其能否起作用或作用的大小，有赖于大学内部的吸收和利用。

大学这种自身的内在影响力量，一方面来自大学独有的运行规律，另一方面则来自大学组织的管理结构及其成员的作用，其中以大学校长的作用为重。上海交通大学根据学术引用率、诺贝尔奖等指标对世界大学进行排名，500强中美国占170席。排名越靠前，美国占有的席位越多。例如，100强中，美国有54所；前50强中，美国有36所；前20强中，美国有17所；前10强中，除牛津大学、剑桥大学外，其余全被美国大学占据。其他的国际大学排名中，美国大学的情况基本相似。是什么造就了美国大学的整体优秀？原因很多，但归根结底是美国大学造就了自己的优秀。美国大学重视在全球遴选杰出校长并因此拥有世界最好的大学校长，这是美国拥有世界最多的最好大学的一个成功经验。美国著名学府无不得益于其发展史上诸多杰出大学校长的努力和作为，他们不同凡响的教育信仰、远见卓识、办学理念、治校能力，以及超人的改革魄力和高尚的道德感召力，或力挽狂澜或革故鼎新，不仅为自己执掌的大学带来了生机活力，而且向陈腐的教育理念勇敢挑战，为整个美国大学的改革带来了新鲜的空气。

加州大学原校长克拉克·克尔被美国教育界推崇为最具教育行政领导才能的杰出教育家，他不仅为加州大学的现代化做出了卓绝贡献，而且改造了美国的高等教育，使美国顺利实现了从精英教育向大众教育的转变。克尔于 1952 年任加州大学伯克利分校校长，在 6 年的任期内，他争取到了分校校长的行政自主权，在学术规划上努力使大型项目分割为小项目并由个人承担责任，从而使学术自由得到保障，教师积极性空前高涨，教师数量因此迅速增加，学校也获得较大的发展。1958 年，克尔升任加州大学校长，他以"分权"和"简政"为基本治校理念，尽量给予各分校以行政自主权，从而使各分校都得到了发展。加利福尼亚大学系统有 10 所分校，其中 7 所进入世界 100 所最好大学榜单。所有这些，克尔均功不可没。美国大学师生普遍持这样的观点：一个新校长的上任，往往意味着该大学一个新时代的开始。英国亦然，其高等教育界一直认为，如果没有费雪（Ronald Aylmer Fisher）校长这样风骨凌厉、高瞻远瞩的大学校长与伊拉斯谟（Erasmus）对希腊文的通力推动，剑桥大学就不能成为英国文艺复兴的新学重镇。牛津大学和剑桥大学在一定程度上从传统的象牙塔办学模式走出来并融入社会，也是其一代又一代校长观念更新并躬行力为的结果。①

我国也可以找到不少案例，足以证明任何一所卓越大学背后都有一个或若干个承上启下、继往开来的杰出校长。回顾中国大学发展史，我们无论如何也绕不开蔡元培、蒋梦麟、马寅初校长等之于北京大学，梅贻琦、蒋南翔、王大中校长等之于清华大学，竺可桢、路甬祥校长等之

①　眭依凡：《大学校长及其演讲的重要性》，载《高校教育管理》，2010（4）。

于浙江大学，郭秉文、罗家伦、匡亚明、曲钦岳等校长之于南京大学做出的卓绝贡献。美国著名教育家杜威对蔡元培有这样一段评价：以一个校长的身份领导那所大学，对一个民族、对一个时代起到转折作用的，除蔡元培而外，恐怕找不到第二个。正是由于大学是一个相对独立的教育和学术组织，它对起领导作用的大学校长有了更高的要求。校长作为主持大学校务的最高行政长官，是大学的灵魂。

今天，当"高等教育强国"成为国家战略的顶层设计后，"高等教育强国"的使命自然就落在了以实施高等教育为己任的大学身上。然而，严峻的问题是：我们的大学能否担负好这一沉重的历史使命？谁来领导大学自觉担负好这一历史使命？答案是：我们需要能够担负起世界一流大学建设之使命责任的教育家型校长。

当前，我国大学正处在提升人才培养质量和加速知识创新的巨大压力下，我们需要自觉思考和致力于解决"钱学森之问"的大学领导人。如果我们的大学校长习惯于上级驱动、功利驱动、项目驱动，仅为学术功利绩效办学治校育人，而不能自觉按大学发展规律、人才成长规律、科学管理规律来办学治校育人，那么大学的人才培养质量不高、知识创新不足的现状就根本不能改变。教育家型校长是大学回归理性、坚守理性的引领者和守护神。教育家型校长的崛起既是我国大学走出办学困境的必由之路，也是世界一流大学建设的必然选择。

三、教育家型校长的素质及如何治校

大学组织的高度复杂性决定了其治理者应当具有特殊专业性，即治理大学的专业思想、专业精神、专业能力。唯此，他们才能专注于和成就于这项高度专业化的事业。美国马里兰大学原校长穆特（Clayton Daniel Motel）曾经用玩笑式的比喻表达过如下治校体验："大学校长犹如墓地管理员，尽管他下面的人很多，但是没有一个人听他的。"如果一个大学校长不具备足够的专业性，或许遇到的问题会比这更棘手。所以，大学校长，尤其是教育型家校长，应当具备胜任大学治理的职业素质，这也是我们选任大学校长的必要条件。

校长是大学的最高行政负责人，对外代表学校，对内主持校务。中世纪早期的大学校长是由他们的教师同行根据资历指定的，基本上是一种荣誉头衔，被看作具有特别名称的教师而不是"管理者"。随着大学规模的扩大及功能的扩展，大学校长逐渐从一种荣誉象征发展为具有治校权责的管理实职。国外有学者认为，大学校长应是领导者、教育家、创新者等。在国内，人们普遍认为一流大学校长应是社会文化和社会美德的代表，在大学内部，他应是学术水平高、教学能力强、组织管理能力强、品德和人格高尚的楷模。大学校长最重要的职责就是办学治校。[①]

人才培养和知识创新是大学存在和发展的核心使命和立足之本。根据大学的这一组织属性，笔者曾经提出：作为治理大学的最高行政长官，大学校长应该是教育家、学者和道德楷模三个角色的集合，其职业素质应该集三者于一身，但首先应是教育家。

教育家型校长具备如下特质。

首先，富有教育思想，即具有独到的办学治校理念和系统教育理论。大学校长并非一般意义上的领导者，其能否领导好大学，首先取决于他能否为大学的使命、目的、方向等做出正确的判断和选择。国外学者认为，办好大学的首要准则就是对大学的长远发展规划及发展模式进行顶层设计，而这一设计质量的优劣既取决于作为总设计师的校长对所在大学的历史基础和现实条件的了解和把握，亦取决于他对大学做出的价值判断及发展方向选择。就学科发展而言，任何大学均有自己的长处和短处，不可能全学科、全领域领先居优。比如，哈佛大学的优势在人文社会科学和自然科学，其工学院水平并不高；而约翰·霍普金斯大学的医学则是该校的看家本领。凡世界一流大学，无不是有所为有所不为的结果。[②] 因为有大学理念，校长才会对自己大学的发展持清醒的认识，方能在办学治校中深谋远虑、立足本位、坚持特色，否则，其改革发展很可能欲速则不达。

其次，教育家型校长具有强烈的教育使命责任意识及敢为天下先的胆识，即他对教育有一种执着的爱和忠诚，以及求新求变的教育理想和勇气。不仅有弘扬传统、维护稳定的属性特征，更具有改造和创造未来

① 眭依凡：《一流大学校长必须是教育家》，载《教星》，2001（10）。
② 眭依凡：《一流大学校长必须是教育家》，载《教星》，2001（10）。

的使命责任。因此，大学不可一味地在继承中被动地适应社会的变化，相反，应率先引导社会的变革和进步。这就要求大学校长有改革创新的勇气和自信。如果蔡元培当年不敢改革旧北大，北大也就不可能有当时的盛名及日后发展的基础。当然，大学校长的敢为天下先并非盲目蛮干，而是有胆有识的教育行动。[①]

最后，教育家型校长具有治理大学的能力和领导大学的艺术，即他应有按大学发展的规律办学、按人才培养的规律治教、按科学管理的规律治校的能力。教育家型校长不只是教育思想家，更是教育思想和教育理论的实践者。如果说大学校长的教育理念主要用于对其办学治校进行指导，那么大学校长的治理能力及领导艺术则是大学校长治校的必要素质。

提出教育家的要求，并不是说非教育家不能出任大学校长。历史和现实中，凡优秀的大学校长并不取决于他曾经干什么，而在于他现在怎么干。身为校长的教育家都是学成的、干成的。如蔡元培可谓学者加政治家，梅贻琦可归入学问家，竺可桢当属科学家，但他们最后都成为教育家型校长。这些校长执掌大学后有一个共同的特征：勤于学习，善于学习，自觉研究探索办学治校的规律，不少人还在高等教育的理论研究方面做出了卓越的贡献。[②]

中共十八届五中全会以后，党中央提出了创新发展、协调发展、绿色发展、开放发展和共享发展的五大发展理念，其中以负有"理论创新、体制创新、科技创新、文化创新"责任的创新发展为引领。问题是谁来引领和推动创新发展呢？答案是唯一的，即对知识创新及人才培养具有垄断作用的大学，尤其是一流大学。在国际竞争日益激烈、以创新引领发展的时代，世界一流大学对国家的重要性日益凸显，所以我们需要一批自觉按教育规律办学治校之教育家型大学校长的崛起。中国大学按规律办学治校之时，就是中国大学崛起之日。选择什么样的大学校长与选择什么样的制度办学治校，均关系到我国大学的兴衰成败。

---

①　睢依凡：《一流大学校长必须是教育家》，载《教星》，2001（10）。
②　睢依凡：《一流大学校长必须是教育家》，载《教星》，2001（10）。

内部治理体系创新之于"双一流"大学建设何以重要[*]

中共十九大后，"双一流"建设从规划布局进入了资金到位、具体实施的阶段，从"重在落实"这一侧重点足见"双一流"建设与"985 工程""211 工程"建设的不同。然而，"一流大学"与"一流学科"的建设不仅是要依靠增加投入、改善制度环境及办学条件等方可实现的目标，也是需要通过内部治理结构创新以提高办学治校育人效率才能达成的结果。如果说前者是一种主要依靠外力的要素驱动，那么后者则是一种通过组织治理创新，主要依靠激发内部活力的效率驱动。由于大学本身就是要消耗大量资源的"富贵型"学术组织，更何况是旨在以培养卓越人才和知识创新的一流大学，所以，要素驱动是一流大学建设不可或缺的前提。正是由于大学对优质资源高度依赖的这一组织特征，决定了大学这一学术组织更是一个必须注重资源利用和管理效率的组织。"外因是变化的条件，内因是变化的根据"这条哲学定律于大学的发展而言，也是不能超越的规律。基于此，大学内部治理体系创

---

* 本文原发表于《探索与争鸣》2018 年第 6 期。

新之于"双一流"建设是一个无法回避的课题。

在本次由浙江大学教育学院和《探索与争鸣》编辑部共同举办的高等教育高峰论坛上，与会者围绕"一流大学内部治理结构创新研究"的主题，或从宏观指导思想上强调大学治理研究的方向性问题，或从微观层面的大学治理要素出发，讨论专项治理的具体问题；或基于治理的原理性，阐述大学治理的一般性问题，或从治理实践的角度总结大学治理遇到的现实操作问题；或立足本土实际，探讨中国特色的大学治理创新问题，或从学习借鉴的国际视角，比较分析世界一流大学治理的经验和特点，形成了不少对一流大学内部治理结构改革具有指导价值的意见。遗憾的是，没有人关注"内部治理体系创新之于'双一流'建设何以重要"这个问题。有人可能对这个问题不以为意，认为"双一流"建设都成了社会热点且"双一流"建设大学都已经进入实际操作阶段，不存在认识问题了。其实问题恰恰在于我们的"双一流"建设已经从思想发动进入建设实战的阶段，现在的工作重心不再是"双一流"建设的规划设计，而是"双一流"建设的目标如何如期高质量地实现。正是这一工作重点的转移，决定了参与"双一流"建设的大学必须对内部治理体系创新之于"双一流"建设的重要性有足够的认识，否则我们的建设者很可能会陶醉在"双一流"建设的好时代，而忽视对"双一流"建设目标实现具有决定性意义的大学内部治理体系的改革创新。

例如，在"双一流"建设中已经出现了将大学文化与大学制度对立的观点。再如，大学的知识输入和输出、知识传播和创新的基本属性决定了大学是一个开放、竞争、合作的学术组织。更何况世界一流大学和世界一流学科本身就是一个开放、竞争，通过比较，具有比较优势的学术概念。如果大学及其决策者没有这样的认识，并将其落实到指导大学内部治理体系的改革创新中，使其更有利于大学的对外开放，那么大学凭借什么与世界一流大学竞争、合作并获得有比较优势的学术突破，从而达成世界一流大学和一流学科的建设目标？

在教育部哲学社会科学研究重大课题攻关项目"高校内部治理体系创新的理论与实践研究"的前期调研中，笔者获得如下结论：大学内部治理体系之于一流大学建设具有决定性意义。一流大学的创建既取决于大学的投入及外部环境的改善，即要素驱动的力量，更取决于其能否按照一流大学应有的规律办学治校育人。而世界一流大学是规律、学科、人才、制度、资源、文化六大要素的集成及其协调的产物。① 由于大学特有的学术和教育组织的本质属性及核心使命，其天然就是一个极度复杂的社会组织，其劳动活动的复杂性、目标的一致性与多样性、成员的自主性、多元权力结构及其博弈，使大学必须严格遵循内在规律办学治校育人。内部治理体系的好坏不仅直接关系到大学能否稳定并坚守既定的办学定位，更直接关系大学能否按自身的规律办学治校育人。世界银行在一份题为《迎接世界级大学建设的挑战》的报告中，把"良好治理""人才汇集"和"充足资源"视为建设世界一流大学的三个基本前提条件。② 由此，我们可以做如下判断：一个不能按大学应有规律办学治校育人、内部治理混乱、效率低下的大学绝不能建成一流大学。换言之，没有与一流大学相适应的内部治理体系，根本不可能建成一流大学，更不能期许该大学形成卓越的办学格局和一流的竞争力。

针对要加快建设世界一流大学的需要，不仅国家必须从制度供给上创造有利于大学办学治校育人的制度环境，而且大学自己也必须通过内部治理体系的理论创新实现突破。基于这一认识，旨在有效推进"双一流"建设的内部治理体系创新应该明确如下逻辑思路。

其一，从"双一流"建设目标出发，紧扣大学治理体系和治理能力现代化的主题，坚持问题导向，分析和梳理我国大学内部治理体系的变迁路径，总结我国大学治理改革的经验和问题，分析与借鉴世界一流大学内部治理结构的特点、优势和发展趋势，超越目前停留在"双一流"大学的概念、指标和投入等简单描述性研究的层面，从大学内部治理结构层次探究制约一流大学建设的症结，从世界一流大学建设的要素切入，探索既符合国情又遵循世界一流大学发展规律的有效路径，为加速世界一流大学建设提供有理论意义和实践价值的决策依据。

其二，一流大学建设绝不能追求大学治理模式的雷同划一，必须因国情及校情而异。一方面，我们要坚持在高等教育治理实践中符合国情的且行之有效的治理模式；另一方面，要根据加快"双一流"建设的新

---

① 眭依凡：《世界一流大学建设的六要素》，载《探索与争鸣》，2016（7）。
② 施晓光：《一流大学治理："双一流"建设所必需》，载《探索与争鸣》，2017（8）。

时代特征，大胆改革阻碍一流大学建设的传统模式。

其三，确定治理体系创新需要解决的问题。例如，在管理组织及决策权力框架上，当前大学有哪些问题制约了其按规律办学治校育人？多权力体系的关系如何协调？内部管理体制突出的矛盾是什么及如何化解？大学决策及运行机制中有哪些不利于一流大学建设的因素？相关治理组织的作用发挥得如何？相关权力的现实关系如何？如何有效实现从矛盾走向统一领导下的良性互动？大学校院两级组织关系及运行机制在哪些方面影响了教学及科研组织的积极性和创造性，继而影响了人才培养质量及知识创新水平的提升？如何构建既能调动各方积极性又有较高治理效率的学校、学部、学院（系）关系结构？如何尊重教学、科研组织"底部沉重""学术自由"的特点？大学内部资源配置及其管理机制是否对一流大学的创建有制约作用？如何科学配置和管理资源？等等。

总之，"双一流"建设中的大学内部治理体系创新必须达到两大目的：一是依法治校、民主治校、科学治校、和谐治校，最后实现效率治校；二是找到扎根中国大地，创建具有中国特色的世界一流大学和一流学科内部治理模式。

关于一流大学建设与大学治理现代化的理性思考[*]

一

关于世界一流大学建设，笔者形成了三个学术观点：其一，在国与国的激烈竞争中，败下来的无一例外都是或将来一定是高新知识落后的国度。大学作为高新知识的创造者、传播者、垄断者，在很大程度上拥有决定国家前途命运的知识权力。国家兴衰，大学负有重大责任。这是一个关于高新知识及与其高度相关的大学之价值的判断。其二，世界一流大学建设有必要充分发挥中国特色社会主义的优势，中央政府要在供给侧为大学按规律办学治校创造必要的体制机制，做出以资源配置为激励手段、以提高大学竞争效率为目的的政策选择并进行制度设计，即以"目标明确、重点突出""数量控制、资源集中""效率优先、实力取胜""机会公开、竞争择优"^① 的原则遴选"一流大学和一流学科"，彻底改变传统

＊ 本文原发表于《中国高教研究》2019 年第 5 期。

① 眭依凡：《关于"双一流建设"的理性思考》，载《高等教育研究》，2017（9）。

学科的概念及"多多益善"的思维方式和决策模式。这是关于"双一流"建设高校如何遴选的宏观决策建议。其三，当有利于世界一流大学建设的包括良好观念与制度环境及充足经费投入的外部条件完全具备且稳定后，一流大学建设的得与失、成与败取决于大学自身如何治理。这涉及内部治理之于一流大学建设的关系，以及如何治理才有利于一流大学建设的现实操作问题。

关于大学内部治理对一流大学建设是否具有影响以及具有什么影响的问题，笔者亦有如下思考：第一，大学能否自觉按一流大学应有的规律办学治校育人，属于大学治理理念层面的问题。笔者在《世界一流大学建设的六要素》（载《探索与争鸣》2016 年第 7 期）给予了专门阐述。第二，大学能否充分利用资源优势并确保资源高效率利用，是关于大学资源如何科学配置及提高资源利用效率的问题。笔者在《关于"双一流建设"的理性思考》（载《高等教育研究》2017 年第 9 期）及《"学科"还是"领域"："双一流"建设背景下"一流学科"概念的理性解读》（载《高等教育研究》2018 年第 4 期）进行了讨论。第三，构建有利于一流大学按规律办学治校且"效率优先"的治理结构，是涉及大学治理模式的问题。笔者在《论大学的善治》一文中提出了大学善治结构的建构必须遵循"效率优先，整体设计，民主管理，依法治校"[1] 的原则。

大学理性、资源基础及治理模式这三个要素构成对一流大学建设产生影响的金字塔，如图 1 所示，顶部是大学理性，中部是资源基础，底部是治理模式。对一流大学竞争要素金字塔可以做如下解读：首先，大学的学术属性决定了其必须是一个自觉自律的理性组织，其行动受制于大学理性且行动结果很大程度上是被大学组织及其成员所持的理性预先决定的。一流大学建设必须以遵循大学办学治校育人的属性及规律为指导，所以大学理性在一流大学建设中具有置顶的重要性。其次，大学是需要消耗大量资源以支撑的贵族型学术组织，资源是一流大学建设不可或缺的基础。由于资源之于任何一所大学都是有限的，并非取之不尽、用之不竭的，所以即便是在西方高等教育强国，一流大学也只能是少数

---

① 眭依凡：《论大学的善治》，载《江苏高教》，2014（6）。

大学的理想和目标。最后，上述两个要素具备后，一流大学能否建成则完成取决于大学内部的治理模式，所以治理模式是一流大学建设底部厚重的操作性基础，对一流大学建设的成败得失具有决定性作用。

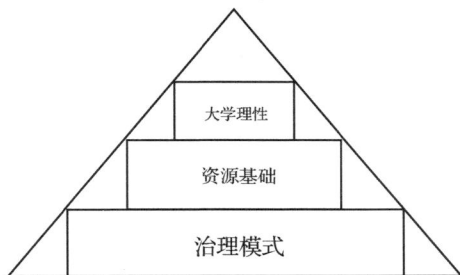

图1　一流大学竞争要素金字塔结构

关于大学理性的问题，学界已经讨论了很多，不必赘述。关于一流大学建设资金的投入情况，据百度资料，近三年我国一流大学建设高校的经费预算基本呈逐年增加的趋势。至2018年，经费预算排名前10的高校中，预算最低者武汉大学也达93.5亿元，而清华大学高达269.5亿元（见表1）。尽管从决算情况看，上述大学都有不同程度的降低，但总体而言，绝大多数大学的预决算都呈逐年增加的趋势，有些大学增速十分惊人。例如，清华大学2017年的预算比2016年增加了51.1亿元，决算增加了24.99亿元，每年预决算增幅数亿元及上10亿元的大学亦非少数。为了便于与欧美国家一流大学对照，笔者请从美国波士顿学院访学归国的熊万曦博士根据相关大学官方网站公布的最新数据，就2018年US. News世界大学综合实力排名前10的大学年度经费开支情况制作了表2。其中，年度开支最高的是斯坦福大学，为58.53亿美元，折合人民币406.3亿元；普林斯顿大学最少，为14.67亿美元，折合人民币101.8亿元。由此可以得出结论：无论中国还是欧美国家，凡一流大学，无不是强资源依赖型学术组织。

表1　10所一流大学建设高校近三年总预算数据

序号	学校	类型	2016年/亿元	2017年/亿元	2018年/亿元
1	清华大学	A类	182.2	233.3	269.5

续表

序号	学校	类型	2016 年/亿元	2017 年/亿元	2018 年/亿元
2	浙江大学	A 类	154.3	150.5	154.6
3	上海交通大学	A 类	118.0	140.8	144.9
4	中山大学	A 类	74.0	116.4	134.9
5	同济大学	A 类	60.1	76.6	134.2
6	北京大学	A 类	153.1	193.5	125.5
7	复旦大学	A 类	78.8	100.4	108.9
8	华中科技大学	A 类	70.5	84.2	98.0
9	吉林大学	A 类	52.2	88.0	97.7
10	武汉大学	A 类	78.2	87.5	93.5

表 2　全球 10 所顶尖大学的年度经费开支情况

序号	学校	财政年度	经费总额/亿美元	折合人民币/亿元
1	斯坦福大学	2017/2018	58.53	406.3
2	哈佛大学	2017/2018	45.00	312.4
3	哥伦比亚大学	2017/2018	43.84	304.3
4	麻省理工学院	2016/2017	33.49	232.5
5	加州理工学院	2017/2018	29.00	201.3
6	加州大学伯克利分校	2018/2019	28.00	194.3
7	约翰·霍普金斯大学	2016/2017	24.31	168.77
8	剑桥大学	2016/2017	18.07*	160.8
9	牛津大学	2017/2018	13.97*	124.4
10	普林斯顿大学	2017/2018	14.67	101.8

注：* 单位为"亿英镑"。

二

就经费投入而言，我国排名居前的一流大学建设高校已经接近或不输于世界综合实力排名靠前的欧美大学。基于提升我国教育发展水平、增强国家核心竞争力、奠定长远发展基础的国家战略发展需要，2015年10月，国务院印发了《统筹推进世界一流大学和一流学科建设总体方案》，2017年1月，教育部、财政部、国家发展改革委联合印发了《统筹推进世界一流大学和一流学科建设实施办法（暂行）》，并在同年10月把加快"双一流"建设作为实现高等教育强国的战略目标写进了党的十九大报告。可以断言：新一轮的世界一流大学建设无论在中央政府的制度供给方面还是资源供给方面，均极大满足了一流大学建设的需要，时下是我国的一流大学建设的最好时期。

然而，若要在较短的时间内把建成世界一流大学这一仰望星空的理想变为脚踏实地的现实，并非易事。如图2所示，笔者把改革开放后40年我国的世界一流大学建设分为两个阶段：第一轮的世界一流大学建设从1998年提出，是"985工程""211工程"建设阶段；第二轮的世界一流大学建设从2015年开始，是"双一流"建设阶段。两个阶段正好相隔20年。在这20年间，我们都遇到了建设发展的瓶颈：第一个瓶颈是"985工程""211工程"实施期间的"经费短缺"，该阶段我国主要通过加大投入解决世界一流大学建设的资金困窘问题。但由于长期积淀下来的高等教育投入不足，缺口较大，这一轮的世界一流大学建设经费更多用于整体办学条件的改善；第二个瓶颈是进入"双一流"建设阶段后如何解决"治理效率不高"的问题，因为在制度供给和资源供给的问题都已经得到根本解决的前提下，如果我们的"双一流"建设成效不佳，就不能再以制度供给不足、资源不足等外部环境不够好为借口推卸大学自身的责任。

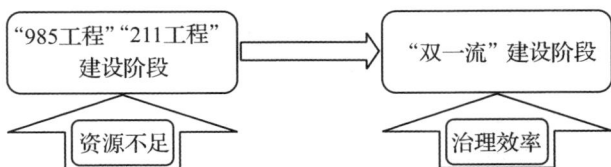

图2　世界一流大学建设的瓶颈

事实上，就上述两个发展瓶颈而言，资源充足仅是世界一流大学建设的必要而非充分条件，换言之，资源充足并非世界一流大学建成的唯一必要条件。相对而言，富有效率的大学治理体系及与其高度相关的大学治理能力对世界一流大学的建成更加重要，否则，大学的资源优势就会因为治理效率的低下而消减，甚至变成沉没成本。在资源问题解决之后，一流大学内部治理体系的优劣则成为决定大学竞争胜负的关键因素。在世界一流大学建设及其竞争中，我国大学内部治理体系效率不高的问题已经暴露无遗，若不对其进行以效率优先为价值引领的改革，亦即致力于大学内部治理体系的现代化，恐怕其不仅难以承担好建成世界一流大学的重任，甚至难以建成一所富有办学效率的大学都。在世界一流大学的建设进程中，办学治校者必须认识到，旨在实现一流大学建设目标的大学竞争，其竞争力提升与资源困窘的矛盾已经发生了向竞争力提升与内部治理体系落后之矛盾的转化。进入一流大学建设生态群的大学竞争，决定其成败的是大学内部治理体系的竞争。不解决大学内部治理体系现代化以提升治理能力的问题，在一流大学的激烈竞争中，我们就可能由于一流大学竞争要素金字塔结构中具有底部承重作用的治理模式存在问题而功亏一篑。

三

关于大学治理体系现代化讨论，首先需要厘清"现代化"的概念。《教育研究》2018 年第 8 期题为《2017 中国教育研究前沿与热点问题年度报告》的文章，在"加快教育现代化 建设教育强国"部分专门辟有"教育现代化的内涵与标准"的内容。关于教育现代化的内涵的界定，该文引用了三位学者的观点：其一，"教育现代化的本质是教育现代性的增长。教育现代化存在的合理性在于其有效增进社会的现代化和人的现代化。教育现代化评价的切入点是教育形态，是对教育管理、教育体系、课程与教学、教育资源等的评价以及对教育结果的评价。教育现代化任重道远，须促进教育发展方式的转变，真正实现教育的健康发展"。其二，"教育现代化的内涵应从'公益性'和'公共产品'概念转向'共同利益'概念，受教育者的选择权和学习形式应走向多元、平等，学习者的学习应具有终身性、连续性和自主性，应将人的全面发展的各个方面纳入政策视野"。其三，"教育强国必定强在质量上，教育竞争力评价指标体系，包括教育公平、教育质量、教育保障和教育贡献四个维度"。[①] 上述关于教育现代化内涵的表述，让笔者更加坚信"现代化"在学术上是个意义边界不清的概念。事实亦然，在 2013 年由中国高等教育学会举办的主题为"改革·质量·责任：高等教育现代化"国际论坛上，应邀在大会主会场和分论坛做学术报告的 5 位海外学者，无一人直接讨论"现代化"的概念，他们全部脱离论坛的主题而自说自话，言论高等教育不同领域的问题。会议期间，笔者专门问及个别海外学者为何不根据论坛主题需要，讨论高等教育现代化的问题，回答是关于"现代化"的概念不好把握。其实西方学界多是把高等教育现代化当作以某种价值为取向的社会发展进程来认识，比如，高等教育的普及化、网络教育等，这是代表高等教育发展方向的观点。[②]

　　基于研究规范的需要，笔者对"高等教育现代化"予以如下界定："高等教育现代化是以国际高等教育最高水平、最先进状态为参照的目标体系和追求，是具有时空局限性的相对概念，反映未来某阶段或现实高等教育发展的最高水平及其综合实力的最强状态。"[③] 进一步的认识是：高等教育现代化既是高等教育未来发展的方向和目标，又是高等教育发展的进程和状态；高等教育现代化既适于国家竞争和国家需要，又引领国家现代化发展并构成国家现代化不可或缺的基础。为了明确高等教育现代化的发展方向，笔者又提炼出了对高等教育现代化具有操作意义的六大要素：高等教育的普及化、高等教育的高质量、善治的高等教育结构、高等教育的国际化、高等教育的信息化、高等教育学习化社会。其中，善治的高等教育结构即属于大学治理现代化的问题，这个问题过去被诸多大学所忽略而现在到了不得不高度重视的时候。有了对"高等教育现代化"这一上位概念的认识，关于"大学治理体系现代化"的概念界定也就有了：所谓大学治理体系现代化，是大学从以控制为手段的传统管理模式向以效率为目的的现代治理模式变革和转型的过程，是按大学应有规律办学治校育人的，以人才培养及知识创新的高质量、高水平、高效率为目标追求的，富有竞争力的大学治理模式。大学治理

① 本刊编辑部：《2017 中国教育研究前沿与热点问题年度报告》，载《教育研究》，2018 (2)。
② 眭依凡：《关于高等教育现代化的理性思考》，载《高等教育研究》，2014 (10)。
③ 眭依凡：《关于高等教育现代化的理性思考》，载《高等教育研究》，2014 (10)。

体系现代化的要素包括：大学治理理念的现代化、大学治理结构的现代化及大学治理能力的现代化。上述关于大学治理体系的理解，无疑要比"大学治理现代化指以累积治理有效性来强化其合法性的过程"[①] 这一仅仅强调大学治理现代化的关键是提高治理有效性之说要全面，且更贴近大学治理体系现代化的内涵界定。

　　为了加深对大学这一特殊的社会组织之治理体系现代化的认识和理解，笔者借用物理学的"场论"及"耦合"两个概念及其理论，对大学治理体系现代化问题予以形象的说明。何谓"场论"？物理学中把某个物理量在空间的一个区域内的分布称为场，如温度场、密度场、引力场、电场、磁场等，任何物理场均有势能且会产生相互影响和相互作用；而"耦合"是与"场论"密切关联的概念，现实世界中存在许多物理场，物理学要解决的是这些物理场的叠加问题，即场与场之间能量的传递和接收，这种多个物理场相互叠加的问题就叫多场耦合问题。物理学的场论可以引入到社会组织系统的治理，借鉴这一理论，我们可以把大学视为由诸多组织形式的能量场构成的巨大系统。为了讨论方便，笔者把大学组织系统简单划分为行政系统和学术系统，但就权力体系而言，大学是个复杂系统，其内部的场远不止这么简单。大学内部的行政系统和学术系统都是具有能量且彼此影响的场，但两个系统在大学内部的职能约定不一样。例如，行政系统专司管理，其通过建立一套规则而对学术系统施加影响，以维护大学组织必要的运行秩序；而学术系统专司人才培养和知识创新，大学对社会的贡献主要取决于学术系统的能量大小及其作用的发挥。但在大学这个大系统中，学术系统受制于行政系统。所以有什么样的大学内部治理体系就有什么样的大学。若大学的行政体系像个官僚机构，大学就是一个难以按其应有规律办学治校育人的官僚机构，至少是半官僚机构，学术系统的社会贡献因此就会受限。就一流大学建设而言，只有该大学的行政系统和学术系统成为相互配合的协同系统，即两者形成的能量场发生高度耦合，一流大学建设的目标设计与大学内部治理的结构安排才能自洽，在这样一种治理状态下，一流大学的建设成效才能达至最佳。以上是关于大学治理体系现代化的感性

---

　　① 李家德、周湖勇：《大学有效治理研究》，24 页，北京，中国社会科学出版社，2016。

认识，下面简要讨论一流大学建设与大学治理体系现代化的三个问题。

1. 关于一流大学建设与治理理念的现代化

对大学治理理念的现代化的强调和认同，首先要回归对大学组织基本属性的认识。大学是高度依赖个人创造力的教育和学术机构，对什么是世界一流大学的特征，笔者曾做过如下判断：除了所有要素都必须是世界一流外，世界一流大学还必须具备这样三个特征，即具有世界最高水平的学术实力，在学术上做出了世界最高水平的知识贡献，因此获得了国际最高评价且有广泛认同的社会声誉。根据这些特征，可以得出一个结论：卓杰教师的遴选及其价值体现之于一流大学建设具有决定性。由于经典意义上的大学是几近千年发展历程，已经高度成熟的理性组织，就大学组织属性等而言，所谓现代化就是对其认识的返璞归真。比如，大学作为知识传承和创新的学术组织，对其具有决定性的要素就是人才。一流大学是一流人才支撑的结果，如果一流大学希望学术系统中教师的积极性及聪明才智得到充分发挥，从而为国家做出更大的学术贡献，那么大学的行政系统就要回答如下问题：学术系统及其成员在现有的治理体系下能做什么及能否做得更好？我们是否有能够遴选和延聘到卓杰人才的制度设计？这些专业卓杰者是否处在受尊重且其聪明才智可以得到充分发挥的文化环境中？等等。美国为什么拥有全世界最强大的高等教育体系，因为他们的大学校长均持有这样的治校理念并以此治校：聘用最优秀教师并让他们心情舒畅地留下来安心工作。2018 年 6 月，笔者携教育部重大课题攻关项目"高校内部治理体系创新的理论与实践研究"课题组的几个同事到斯坦福大学和加州大学总校及伯克利分校调研。在对硅谷的创建者、计算机图灵奖得主、斯坦福大学原校长约翰·亨尼西先生进行访谈时，他对"大学治理最重要的因素是什么"的问题做了如下回答：如果要我选择一个最重要因素的话，那就是信任教师并与教师保持良好的合作关系。如果教师不信任你，认为你不重视他们的利益诉求，大学将一事无成。事实上，如果你回顾美国大学发展的历史，大多数失败或被迫辞职的校长的主要原因在于教师而非董事会对校长提出了异议。在关于"学术权力与行政权力的关系"问题的回答中，他的重点依旧在教师和学生：我们一直努力确保教师和学生能够做得最好，即教师从事最好的研究，学生获得最好的学习机会。就我和教务长而言，我们一直认为我们的工作是为教师服务，我们一直视自己为教师的服务人员。当然，关于教师和学生之于一流大学建设意义和价值的认识并不是大学治理理念现代化的全部，但它们是最具引领性的。脱离了教师和学生，大学就失去了存在的意义，也失去了存在的基础，一流大学尤其如此。

2. 关于一流大学建设与治理结构的现代化

在推进大学治理结构的现代化过程中要克服两个错误观念：其一，把加强大学内部的管制与大学的秩序混为一谈，以为加强对大学内部的管制就能强化大学的秩序；其二，大学的行政权力是指向效率的而学术权力是有悖于效率的，所以学术权力必须服从行政权力。大学是一个以智力劳动为特征的学术系统，过度控制带来的所谓秩序只会导致对学术生态的伤害和学术活力的窒息。关于大学治理效率的最终判据绝非大学的行政权力效率本身，而根本取决于由大学学术系统决定的人才培养的高质量和知识创新的社会贡献度。所以，一流大学的治理结构现代化的价值取向应该是：行政系统不再是对学术系统的简单管控，而是通过共同治理方式让两个系统形成的能量场高度耦合，行政系统的价值是让学术系统的能量得以充分释放而不是相反。大学治理结构现代化的行动方案应该做出如下选择：建立健全校院两级学术委员会等学术权力机构，并通过大学章程明确其权力、责任及合法性，特别是要积极推进治理重心向学术系统的下移及治理权力的下放，让学院（学部、学系）更多地决定和管理自己的学术事务。如同大学向政府提出自主办学的诉求一样，大学内部的学术机构也有类似诉求。一流大学在治理结构现代化进程中，其领导层对来自学院（学部、学系）等学术组织的这一权利诉求不仅要予以理解，更要付诸行动。关于斯坦福大学的治理结构，约翰·亨尼西先生如是说：斯坦福大学的决策及其治理实行分权制，董事会在斯坦福大学的权力构架设计方面具有最终决定权，校长和教务长在财政等事务上也有一定权力，但诸如教师招聘、学位授予和课程设置等学术事务则由教师自己的学术权力系统决定。大学人才培养和知识创新的主体在学院，斯坦福大学一方面赋予院长很多权力以便其开展工作；另一方面注意招聘那些具有领导力的，能够引领学院开展开拓性工作的学术领导者，以便他们能够很好地担负起决定学院预算等学院治理事务。

3. 关于一流大学建设与治理能力的现代化

量子力学创始人、德国物理学家普朗克以科学家的睿智和敏感，发现了人类在对世界认识上的一个不足。他提出，科学是内在的统一体，它被分解为单独的部分，不是由于事物的本质，而是由于人类认识能力的局限性。其强调两个基本观点：系统具有整体性，系统要素的结构决定功能。可以说具有方法论意义的系统论的出现，改变了人们碎片化的思维方式，并以结构主义特有的思维，对社会系统的重大决策开始注重顶层设计、整体思维。大学治理，尤其是一流大学治理的有效性与大学治理要素间的关联性即结构高度相关，在大学治理现代化问题上绝不能用"头痛医头，脚痛医脚"的方式进行简单处理，因为大学治理结构本身就是对大学建设不可或缺的重要影响力。但必须指出的是，大学治理结构并非与大学治理能力提升唯一相关的要素，当大学的治理结构确定后，谁担任治理主角对大学的治理成效影响甚大。组织理论、社会行为学及领导理论认为，治理者的治理能力亦即领导力对于治理成效与治理结构同样重要，中外都循此规律。英国华威大学阿曼达·古达尔（Amanda Goodall）教授在其关于"研究型大学与校长的关系"的追踪研究中发现：优秀学者担任校长与大学领导力的关系呈正相关。习近平总书记在有关国家治理体系及治理能力现代化问题上特别强调人才的重要性："国以人兴，政以才治"，"治国之要，首在用人"，"为政之要，莫先于用人"。① 基于上述认识，笔者建议，关于一流大学治理能力的现代化建设，必须根据大学学术组织和复杂组织的基本属性和特殊规律，一方面，要用更高标准的德才素质能力体系遴选大学及其学院（学部、学系）和职能部门的领导者、管理者；另一方面，要通过一定的有效形式不断提升大学及其学院（学部、学系）和职能部门领导者、管理者办学治校的能力。一流大学建设必须靠一流德才品质的大学领导者和管理者去引领、去建设。

唯有实现大学内部治理体系现代化之时，才会有中国一流大学建成之日。

---

① 《习近平的用人观：治国之要、首在用人》，http://cpc.people.com.cn/xuexi/n/2015/0804/c385474-27405703.html，2019-01-01。

一流本科教育改革的重点与方向选择

——基于创新型人才培养的视角 *

在以建设世界一流大学及一流学科为目的的"双一流"建设已经进入操作阶段，教育部倡导的加强本科教育、提升本科教育质量理念全面落实的背景下，一流本科教育问题毫无悬念地成为时下高等教育改革的热点。如果说"双一流"建设旨在缩小我国与世界高等教育强国在创新型人才培养及知识创新方面的差距，那么加强本科教育则针对的是学术绩效主义影响下，大学普遍存在的对本科教育忽视的问题。"双一流"建设已经成为举国共识，但加强本科教育还处在发动阶段，有必要通过理论讨论，找到一流本科教育建设的重点和方向。

一、"一流本科教育"概念及其之于"双一流"大学建设的重要性

对"一流本科教育"概念加以厘清，是本研究不偏离主题的基础。首先可以确定，本科教育是一个大学教育层级的概念，据维基百科和百度

* 本文原发表于《现代教育管理》2019 年第 6 期。

对本科教育的界定：本科教育是高等教育中的中级层次教育。据联合国教科文组织《国际教育标准分类》的规定，本科教育属于第三级第二阶段的教育或总第六级教育，它与专科教育、研究生教育构成高等教育的三个层次是高等教育的主要层次。关于本科教育的这一界定十分明确，无须更多讨论，而所谓"一流本科教育"无非就是在"本科教育"之前加上"一流"这一反映水平程度或质量要求的前缀，其本科教育的本质并没有发生根本的改变。

"一流本科教育""一流本科"及"一流学科"的概念清晰后，三者间的关系亦可做如下分析：首先，"一流本科教育"是个完整的概念，而非"一流本科"，"一流本科教育"建基于"一流本科"，但逻辑上两者是上下位概念的关系，并非同一概念。"一流本科教育"是对有特别含义的"教育"的强调，由于"教育"概念具有很强的针对性或指向性，即特指"人才培养"活动，所以"一流本科教育"的内涵及意义更加具体，不仅是一个指向人才培养活动的概念，而且是针对一流人才培养或以一流水平的本科教育培养人才的概念。其次，"一流本科教育"与"一流学科"不可割裂，但两者亦非等同的概念。"学科"概念相对复杂，代表一个内涵丰富的知识领域。在西方学界，"学科"不仅是知识体系的代名词，而且还有学术组织的含义，即人们对大学"是依据学科或以学科为基本单位而构建的旨在培养人才和知识创新的学术组织"，以及"学科的逻辑起点是对高深知识的探讨和研究"这一认识基本没有争议。[①] 就词义解读而言，"一流本科教育"似乎是与"一流大学"或"一流学科"捆绑在一起的概念，然而，"一流本科教育"并非"双一流"大学的独属和专利。因为非一流大学同样可以致力于拥有高质量的本科教育。如果把高质量的本科教育与大学内涵式发展加以关联，上述结论则可以获得很好的解释，因为一流本科教育建设本身就是大学内涵式发展的需要和目标，而落实和践行高等教育内涵式发展的使命是所有大学的责任而非仅限于"双一流"大学。但"双一流"建设大学对一流本科教育应当予以更多的重视，因为缺失了一流本科教育的支持，"双

---

① 眭依凡、李芳莹：《"学科"还是"领域"："双一流"建设背景下"一流学科"概念的理性解读》，载《高等教育研究》，2018（4）。

一流"大学的建设既失去了基础也失去了意义，一流本科教育是一流大学的必要条件，所以本研究主要讨论与"双一流"大学密切关联的"一流本科教育"问题。

在关于"双一流"大学建设的理论研究中，我们已经确立了"一流学科是一流大学的基本要素"及"一流大学建设要以一流学科建设为着力点和突破口"，尤其是"一流学科是世界一流大学建设最为核心且最为紧要的基础，是支撑世界一流大学这座学术'大厦'的承重墙"这样一系列的认识理性。[①] 事实亦然，凡一流大学，尤其是世界一流大学，无不是以"有所为有所不为"的一流学科选择和建设来推进一流大学的发展进程和实现其目标的。世界一流大学是指"拥有一些世界一流学科和一流专业，聚集了一群世界一流学者，吸引了一大群世界一流学生，以世界一流的大学办学治校育人理念和世界一流办学条件，构建了世界一流大学制度和世界一流大学文化，能够培养世界一流专业人才和研究创造世界一流水平新知识的大学"[②]。由此我们可以推断：尽管学科水平是决定和影响一所大学的学术地位和学术声誉的关键所在，但大学的本质属性是负有人才培养和知识创新双重使命的学术机构。人才培养和知识创新不仅是大学的基本职能，亦是衡量和评价学科水平的两个不可或缺的量标，对欲跻身一流大学的研究型大学更是如此。

以创新型人才培养为目的的一流本科教育之于一流学科的重要性，可以从历史和现实两个维度加以确认。虽然现代大学以知识的传播和创造为目的，即以人才培养和学术研究为社会职能，但自中世纪早期欧洲大学肇始于哲学、医学、法学和神学四门学科知识的传播至今，专注于各级各类人才的培养始终是大学不离不弃的基本职能。放弃了人才培养，大学就不再是真正意义的大学。在知识及其创新决定胜负的时代，即便世界一流大学亦未敢忽视本科生的教育，反而坚定地把本科教育视为立校之本及大学竞争力之本。大凡世界一流大学，尽管有诸多原创性知识贡献，但它们引以为豪的却是自己为国际社会培养了各行各业的领袖型人才。它们也因此被社会所称颂并为一代又一代学人所向往。

---

① 眭依凡、李芳莹：《"学科"还是"领域"："双一流"建设背景下"一流学科"概念的理性解读》，载《高等教育研究》，2018（4）。

② 眭依凡：《世界一流大学建设六要素》，载《探索与争鸣》，2016（7）。

二、一流本科教育的问题何在

笔者在《杰出人才培养：大学必须守持学术理性》一文中，对大学人才培养问题曾经做过"育人使命的缺失""办学内在驱动力的缺失""人才培养目标的缺失""杰出教师的缺乏""优秀教科书的缺失""刻苦向学和自由创新文化的缺失"六个方面的归因分析[①]，现在看来，这六个方面的问题在我国大学仍然具有普遍性。但相对而言，"育人使命守持不够""人才培养目标不高""培养方式落后""创新文化淡薄"恐怕是"双一流"建设大学更需要加以重视和亟待解决的问题。倘若无视或悬置这些问题，对一流本科教育建设及人才培养质量的提高无疑是有害无益的，故有必要对上述问题再做分析。

（一）缺乏对育人使命的守持理性

欧洲中世纪大学创生伊始，其核心使命即人才培养，换言之，培养人才是大学的天职，大学天生就是为培养人才而创生并得以发展的社会组织。自科学研究及社会服务等活动逐渐演变为大学的社会职能并成为社会评价大学的重要维度之后，大学出于学术竞争和物质利益的需要，不再专一于人才培养，大学办学目标及社会职能的多样性亦因此应运而生。随着高等教育层次的分化，尤其是研究生教育的出现及快速发展，大学，特别是研究型大学的本科教育受到的冲击日益严峻，并且渐而成为研究型大学的常见问题。在科学研究及研究生教育双重使命的挤压下，研究型大学对本科教育的忽视其实已经是一个各国都存在的问题，对世界一流大学而言，或许问题更突出。哈里·刘易斯（Harry Lewis）教授在哈佛大学专事本科生培养的哈佛学院任教 30 余年并任院长 8 年，在《没有灵魂的杰出》（*Excellence Without A Soul*）一书中，他严厉批评哈佛大学：由于竞争，现在的哈佛大学只顾追求所谓优秀，忘记了自己的一个基本使命，那就是对本科生的教育，教育这些年轻人如何担负起对社会的责任，从而也失去了灵魂。[②] 在阅读该书后，笔者在加州大

---

① 眭依凡：《杰出人才培养：大学必须守持学术理性》，载《中国高教研究》，2012（12）。

② 转引自眭依凡：《理性地捍卫大学：高等教育理论的责任》，载《清华大学教育研究》，2010（1）。

学伯克利分校的访学日记中写下了如下一段话：大学什么事都可以不做，但绝不能不做培养学生的事，否则大学就不再是大学了；大学什么事都可以做，唯独不能做社会中司空见惯的庸俗化的事，否则大学也就不是大学了。

由于受大学排名等学术绩效主义的影响，我国大学忽视本科教育的问题具有一定的普遍性。正因如此，近 20 年来教育部对大学的本科教学工作予以了特别重视。继 1998 年召开全国高等学校第一次教学工作会议后，2004 年 12 月教育部又在北京组织召开了第二次全国普通高等学校本科教学工作会议。这次会议围绕"大力加强教学工作，切实提高教学质量"的主题，讨论了有关加大教学投入、强化教学管理、深化教学改革、以更多的精力与更大的财力进一步加强教学工作的政策和措施，并在此基础上研究制定了《关于进一步加强高等学校本科教学工作的若干意见》。2018 年 6 月，教育部召开了新时代全国高等学校本科教育工作会议。在这次会议上，陈宝生同志代表教育部所做报告的主题就是加强具有中国特色的"世界水平的一流本科教育"。陈宝生同志关于"不抓本科教育的高校不是合格的高校""不重视本科教育的校长不是合格的校长""不参与本科教育的教授不是合格的教授"，以及"高校领导注意力要首先在本科聚焦，教师精力要首先在本科集中，学校资源要首先在本科配置，教学条件要首先在本科使用，教学方法和激励机制要首先在本科创新，核心竞争力和教学质量要首先在本科显现，发展战略和办学理念要首先在本科实践，核心价值体系要首先在本科确立"[①] 的表述，足以说明我们的本科教育在坚持"以生为本"的育人使命方面还存在必须改进的方面。从教育部痛下决心整顿本科教育并受到社会的高度关注和大学的积极响应来看，我们的大学也确实到了需要认真反思本科教育问题的时候了。

（二）人才培养目标不高且缺乏可操作性

大学的人才培养是一项涉及诸多要素且十分复杂的师生交流活动。笔者在早年的一次应邀竞聘一所"985 工程"大学主管教学副校长的演讲中提出：人才培养质量受制于包括培养目标、知识体系、培养模式、教学制度、

---

① 《新时代全国高等学校本科教育工作会议召开》，www.gov.cn/xinwen/2018-06/22/content_5300334.htm，2019-03-06。

大学文化及教师素质等诸多要素构成的"人才培养体系"。由于培养目标是大学人才观在人才培养过程中的集中反映，是大学人才培养的具体要求和规格标准，所以大学的人才培养工作既要以人才培养目标设计为起点，又要以人才培养目标的实现为质量检验标准。前者强调大学之人才培养体系诸如知识体系安排、培养模式选择、教学制度设计及大学文化营造等均必须以培养目标提出的要求为依据，而后者则强调明确的培养目标是确保人才培养质量的前提。一言概之，培养目标是大学人才培养工作的出发点和归宿，人才培养质量首先取决于人才培养目标的质量。基于这样一个基本认识，无论是旨在人才培养质量提高还是针对人才培养问题改善的大学教育改革，均须对人才培养目标的科学性予以率先研究和诊断。

坦诚而言，尽管导致社会对大学人才培养质量颇多批评的原因不少，但通过对大学人才培养体系诸要素的考察不难发现，人才培养目标本身存在的如下问题是人们必须重视并解决的。其一，对人才培养目标的重要性认识不足。笔者从网上下载并研读了中国9所顶尖研究型大学近两年的本科教学质量报告，其中4所大学没有对培养目标的专门表述，余者虽然涉及人才培养目标，但多少存在对人才培养目标的意义及其作用认识不足、重视不够的问题，甚至有大学游离培养目标主题而言其他。其二，培养目标一般化，缺乏挑战性及高标准。在专门涉及了培养目标的5所研究型大学的本科教学质量报告中，尽管有的大学明确提出了培养"创新人才"或"卓杰人才"的目标，但仅有1所大学强调培养能够"引领未来发展的拔尖创新人才"，这与我们和世界一流大学"改变世界的人""非同凡响的人"的培养目标有着明显差距。这9所顶尖大学的人才培养目标若没有挑战性，其他大学则可想而知。举目世界一流大学，无不是培养各行各业领袖精英的大学。我们若甘于输在具有激发学生志趣和引领人才培养体系构建的培养目标设计上，那么就很难避免在具有国际比较优势的创新型人才培养上也输掉的结局。其三，培养目标不明确，缺乏可操作性。整体而言，我们大学的人才培养目标缺乏根据社会对人才素质要求而提出的关于学生人格素质及知识、能力结构整体发展的综合考虑，以及有利于人才培养体系设计的具体标准。或许正是人才培养目标的空洞及其不可操作性，导致了不少大学对人才培养目标的不重视。比如，仅有"创新人才培养"这一笼统的目标概念，没有对创新人才人格素质、知识及能力结构的分解，之后的知识体系及培养模式、教学制度及大学文化的设计就失去了依据。在一流本科教育建设中，大学必须具有从创新型人才培养目标率先抓起的敏感性，针对人才培养目标存在的问题，尤其是落后于社会发展需要及建设世界一流大学的问题，创新人才培养目标体系，使之既有挑战性、新高度，又有可操作价值。

（三）培养模式单一、落后

如果说知识体系抑或课程体系主要决定学生的知识结构，那么培养模式则主要对学生的能力结构具有决定性。受过于重视知识积累的传统文化影响，我们大学的培养模式一直比较单一，长期停留在"课堂教学""教材教学""教师教学""群体教学"的阶段，所做的最大改变无非是从板书教学"进化"为多媒体技术的运用，尤其是 PPT 教学。大学是最需要把人文社会科学及现代科学技术最新发展成果纳入人才培养体系，以培养占据高新知识制高点的专业人才，尤其是创新型人才的学术组织，其人才培养模式单一本身即意味着落后。因为单一的培养模式不仅不能解决高层次人才培养模式的多样性及有效性问题，而且不能满足时代发展对人才培养的需要。正如笔者在《培养目标达成：关于大学教学原则重构的思考》一文中所指出的："在信息化时代，虽然学生的知识积累及能力发展即获得学业进步的途径多样化，但大学的课堂教学是不可或缺的主要途径。由于大学的教学过程绝不止于知识的传授，还有人际情感的交流、科学态度的养成、思维方式的影响、学术文化的熏陶、专业兴趣的培养、问题敏感性及破解难题意识的形成、师生品性的展示等诸多影响的附加，由此可以推断，大学的教学活动对于大学生的身心发展具有整体性。"[①] 为了满足学生多样性发展及创新能力培养的需要，大学的人才培养模式就不能仅是单一的"课堂教学"，即便是"课堂教学"，也不能仅是"教材教学""教师教学"及"群体教学"。

其实，缺失了教学模式的多样性亦即培养模式的多样性，尤其是缺失了科学研究、社会实践等的积极参与，学生创新能力和动手解决问题

---

① 睦依凡：《培养目标达成：关于大学教学原则重构的思考》，载《西北工业大学学报（社会科学版）》，2019（1）。

能力的培养及提高几乎不可能。剑桥大学三一学院卡文迪什实验室之所以能一代又一代地培养出如此多的诺贝尔奖得主，绝非纸上谈兵的课堂及理论教学的结果，而完全得益于实验室在人才培养过程中十分重视动手解决问题能力的培养，并成为该实验室的文化传统。卡文迪什实验室不仅为学生系统讲授物理学理论，同时还开设很多自制实验课程。实验室主任麦克斯韦认为实验的教育价值与仪器的复杂性成反比。他认为，鼓励学生用自制仪器进行实验，这不仅有利于学生在不断修正失败的过程中更好地掌握实验仪器及实验方法，而且这种动手解决问题的实践本身就有利于学生学到更多的东西。与卡文迪什实验室注重自制仪器进行人才培养一样，MIT（麻省理工学院）倡导的"动手动脑"人才培养模式亦成为该校培养人才的优良传统。在这样一种培养模式的影响下，MIT 的学生绝不会满足于一篇论文的发表，而更热衷于在动手解决问题的过程中产生一些属于自己的发明发现和其他创新成果。

（四）创新文化氛围淡薄

大学是组织生态独特的学术组织，根据组织生态理论"几乎所有的集体行为都发生在组织的背景下"[①] 的学术观点，大学的人才培养活动并非孤立的活动，而是在特定的学术文化生态环境下发生的现象，所以创新文化氛围不浓是一流本科教育改革绝不能忽视的问题。何谓创新文化？即"一切创新活动及其活动方式和活动氛围的总和，是一种激发创新意识、崇尚创新精神、鼓励创新活动、促进创新发展的文化生态"[②]。在《创新文化：决定大学兴衰的文化之魂》一文中，笔者把创新文化要素提炼为"创新的价值追求、创新的思维方式、创新的传统风气、创新的心理氛围、创新的制度保证和创新的物质支撑"等，其作用在于"倡导和弘扬敢于独创、敢为人先、敢于竞争、敢担风险的科学进取精神，营造和形成尊重知识、尊重人才，鼓励人才干事业、支持人才干成事业、帮助人才干好事业的社会环境"[③]。对照上述创新文化的要素及其作用，我们大学的创新文化是否到了需要反省的时候？

---

① ［美］Michael T. Hannan、John Freeman：《组织生态学》，彭璧玉、李熙译，3页，北京，科学出版社，2014。
② 眭依凡：《创新文化：决定大学兴衰的文化之魂》，载《中国高等教育》，2007（7）。
③ 眭依凡：《创新文化：决定大学兴衰的文化之魂》，载《中国高等教育》，2007（7）。

在改革开放的初期和中期，高等教育尚处在精英教育的阶段，大学本科生就已经成为我国科学研究的生力军，并在促进科学技术发展的进程中发挥着积极的作用。随着高等教育规模，尤其是研究生教育教育规模的日益扩大，本科生逐渐退出科学研究的舞台并被视为仅仅接受基础知识而不具有科学研究能力的群体，在人才培养过程中连接受科学研究训练的机会都日渐减少，更休言参与知识创新的科学研究活动了。在这样一种对待本科生的态度及忽视本科生科学研究训练的培养模式下，鼓励本科生积极进行科学研究和知识创新的文化亦随之衰微。其实，在本科生、硕士生、博士生这样一条彼此高度关联的人才培养生态链中，忽视本科生科研创新能力的培养对于其后的研究生培养是一种潜在的伤害。或许这就是教育部部长陈宝生在新时代全国高等学校本科教育工作会议上强调"本科教育是研究生教育的重要基础。没有优秀的本科毕业生，研究生教育就没有高质量的毛坯和种子，就成了无源之水、无本之木，就无法培养出优秀的高层次人才"，"本科生培养质量直接影响到我国高层次人才培养质量的高低"[①] 的意义。耶鲁大学原校长理查德·莱文曾经总结耶鲁大学最大的特色就在于：帮助学生学会严肃认真地对待各种思想观念，学会如何思考和分析。他说，耶鲁教授的使命是与学生一起接近和探索真理，不只是教学生思考什么，还教学生如何思考。如果大学缺失了鼓励师生共同参与科学研究的创新文化组织生态，学生积极参与科学研究及教师主动带领学生共同进行科学研究的集体行为就不可能发生，大学知识创新的价值就会由于缺乏后继者而锐减。

三、关于一流本科教育改革的重点和方向讨论

"突出人才培养的核心地位"及"培养拔尖创新人才"[②]，是国务院在《统筹推进世界一流大学和一流学科建设总体方案》中提出的特别要求。习近平总书记在 2016 年 12 月召开的全国高校思想政治工作会议上

---

① 陈宝生：《教育部部长陈宝生在新时代全国高等学校本科教育工作会议上的讲话》，met. ntu. edu. cn/2018/0911/c27ba33954/page. htm，2019-03-06。

② 《国务院关于印发统筹推进世界一流大学和一流学科建设总体方案的通知》，www. moe. gov. cn/jyb_xxgk/moe_1777/moe_1778/201511/t20151105_217823. html，2019-03-06。

强调：只有培养出一流人才的高校，才能够成为世界一流大学。办好我国高校，办出世界一流大学，必须牢牢抓住全面提高人才培养能力这个核心点，并以此来带动高校其他工作。[①] 一流大学应立足新时代对卓越人才的需求，深化人才培养改革，提高人才培养能力。如果说本科教育的核心使命在于人才培养，那么一流本科教育的核心使命则在于拔尖创新人才的培养。拔尖创新人才培养不仅是建设创新型国家发展战略的需要，亦是检验"双一流"建设目标达成与否的重要指标。本研究针对一流本科教育存在的问题及拔尖创新人才培养，讨论一流本科教育改革的重点和方向。

（一）立德树人：回归人才培养使命的坚守

就大学组织的本质属性而言，人才培养是大学存在和发展的首要理由，是大学区别于其他社会组织的属性特征。由于人才培养是大学一切工作的出发点和立足点，因此，大学的组织架构、制度体系、学科建设、文化营造等都是围绕如何高质量实施和完成人才培养这一根本任务来设计的。脱离了人才培养，大学就不再是真正意义的大学。一流本科教育必须在回归立德树人使命的前提下，围绕拔尖创新型人才培养这一根本任务，选择改革重点和发展方向。

立德树人不仅是坚持中国特色社会主义办学方向对培养什么人做出的选择，亦是大学对育人为本之使命的坚守。[②] 关于立德树人，笔者还有如下理解：立德树人是大学立身之本，是大学人才培养职能所致；立德树人是大学办学治校的方向所在，立德为先是大学育人的价值之要；立德树人是基于为社会做出更大贡献，对大学人才培养提出的高标准、高质量要求；立德树人既是大学人才培养不可或缺的文化营造目标，亦是大学引领社会的文化之责。[③] 由此可以说明，立德树人不仅是由中国特色社会主义所决定的，也是大学自创生以来就具有的人才培养的核心使命的内在规定性决定的。所以在一流本科教育建设中，我们不仅要以

---

① 吴晶、胡浩：《习近平：把思想政治工作贯穿教育教学全过程》，www.xinhuanet.com/politics/2016-12/08/c_1120082577.htm，2019-03-06。

② 李芳莹、眭依凡：《"互联网＋"时代大学如何守持育人使命》，载《清华大学教育研究》，2018（2）。

③ 李芳莹、眭依凡：《"互联网＋"时代大学如何守持育人使命》，载《清华大学教育研究》，2018（2）。

立德树人作为大学办学治校的方向，致力于培养社会主义的建设者、接班人，还必须以立德树人为思想认识，引领大学回归人才培养的使命坚守。世界一流大学亦循此原则办学治校。例如，哈佛大学原校长萨默斯坚持"学生培养高于一切"的治校理念，他说：哈佛的伟大始终来自于当世界和自身需要发生变化时的进化能力——以全新和创新的方法教育一代代学生，并从每个成功的学生身上获得能量。正是守持这样的治校理念，其担任校长的 5 年间取得的最大治校成绩即"积极重建本科生教育"，他因此也深受学生的喜爱和尊敬。哈佛大学的另一位校长德雷克·博克在《回归大学之道：对美国大学本科教育的反思与展望》中这样写道：除本科教育需要确立务实的目标外，"以学生发展为导向的本科教育需要依靠大学自身（特别是大学领导人）使命感的推动"[①]。博克所说的使命感即人才培养的使命坚守。正是在坚定不移的育人使命感的驱使下，哈佛大学自埃利奥特校长后的历任校长无不把加强本科教育和提高本科教育质量视为办学的重中之重并加以顶层设计。此即哈佛大学在卓杰人才培养方面领先于世界的原因。

改革开放的 40 年间，我国的大学为推进国家科技进步、经济繁荣做出了巨大贡献，但是大学也一度出现过办学重心失偏，如热衷于为新校区建设、本科教学评估、提升大学排名而办学的问题。一些大学，尤其是研究型大学忽视本科教育。当然，这个问题在一定程度上源于研究型大学既有人才培养的使命又有知识创新的责任，而知识创新的责任要求大学更加重视具有排他性的科研绩效和竞争。但是这一问题的出现，更应该从不少研究型大学出于急功近利的学术绩效提升需要而忽视对本科生教育使命的坚守的主观上找原因。所以，笔者十分赞同陈宝生部长在新时代全国高等学校本科教育工作会议上关于要回归大学的本质职能，把"培养人作为根本任务""一定要把本科教育放在人才培养的核心地位，一定要把本科教育放在教育教学的基础地位，一定要把本科教育放在新时代教育发展的前沿地位"[②] 的强调。

---

① ［美］德雷克·博克：《回归大学之道：对美国大学本科教育的反思与展望》，侯定凯等译，5 页，上海，华东师范大学出版社，2008。

② 陈宝生：《教育部部长陈宝生在新时代全国高等学校本科教育工作会议上的讲话》，met. ntu. edu. cn/2018/0911/c27ba33954/page. htm，2019-03-06。

（二）拔尖创新型人才：创新人才培养目标

培养目标在整个人才培养体系中具有统领性，因此，提升一流本科教育质量必须从创新人才培养目标入手，如此才能从根本上改变培养目标定位过低、培养目标同质化现象严重、培养目标模糊等带来的一系列问题。为使人才培养目标更具操作性，笔者把培养目标分解为知识、能力、素质三维共 12 个二级指标，如表 1 所示。但这仅是一般大学的人才培养目标设计，一流本科教育的人才培养目标设计应该更富有个性特色和更高要求。一流本科教育的最重要标志是一流人才培养。缺失了一流人才培养目标，一流人才培养则失去了引领方向和支撑依据。

表 1 人才培养目标的基本要素

一级指标	序号	内容
知识	1	扎实的专业理论基础
	2	广博的知识，尤其是与专业相关的学科知识
	3	本领域开阔的理论视野及前沿发展信息
能力	4	应用专业理论解决实际问题的能力
	5	计算能力与实际应用能力
	6	语言能力和交际能力
	7	创新能力
	8	独立工作能力和管理能力
	9	不断学习的能力
素质	10	健康的身心素质
	11	爱国情操、社会责任感及职业道德
	12	国际视野及文化包容和合作精神

较世界一流大学，我国一流大学及一流本科教育应该学习借鉴的是他们培养各行各业卓杰领导者的目标，如哈佛大学的"培养社会各领域的领袖人才"，巴黎高等师范学校的"培养改变世界的人"，麻省理工学院的"为社会培养工程技术领域的领导人才"等。在创新人才培养目标问题上，以开环大学替代闭环大学为特征的"斯坦福大学 2025 计划"（Stanford 2025）对我国的一流本科教育尤其具有启发意义。该计划提出了强调学生个性发展的"自定节奏的教育"、体现能力优先教育理念的

"轴翻转"及"有使命地学习"三大改革措施。斯坦福大学的这一顶层设计，尤其是"有使命地学习"，具有更强烈的培养各行各业领袖型人才的针对性。其不仅要求大学生树立远大目标并奋发向上，而且要求大学为学生创造有利于他们形成社会担当意识并把他们培养成既有领导力又有行动力的专业领袖的学习和实践环境。可以说，斯坦福大学这项紧紧围绕人才培养目标创新的改革，对我国的一流本科教育极具启示意义。

大学曾经是精英教育的机构，随着高等教育由精英教育向大众教育、普及教育过渡，大学的精英教育机构地位和作用亦成为过去。然而，这并不意味着社会失去了对精英教育的需要。我国正处在高等教育大众化向高等教育普及化过渡的阶段，所以对于一流大学及一流本科教育而言，精英教育依旧是其使命所在。在人才培养目标设计与创新上，我们既要强调大学人才培养应有的共性，更要强调富有个性特色，旨在培养领袖型人才的精英教育目标。世界一流大学无不认为只有具备了专业领导才能的人，才能为人类社会的文明进步做出积极的贡献。我们的一流本科教育亦应该确立这样的人才培养理念。此外，世界一流大学十分注重根据时代发展需要和大学自身特点，对人才培养目标进行与时俱进的调整，从而保证人才培养目标既有时代性又满足大学个性发展的需要。

（三）能力发展优先：创新培养模式

在"互联网＋教育"及"互联网＋人工智能"的时代，知识获取及知识积累的渠道和方式的多样化与迅捷性，彻底改变了大学先知识积累、后能力发展的传统人才培养模式。例如，斯坦福大学在其"开环大学"计划中提出了"能力优先于知识"的所谓"轴翻转"人才培养模式（见表2）。为了将能力优先的人才培养理念转变为具有操作性的人才培养模式，斯坦福大学甚至在教学组织及教学制度方面进行了"改变传统大学按照知识划分不同院系的方法，而是按照学生的不同能力进行划分，重新建构院系"[①] 这一不惜"伤筋动骨"的改革。由此可见，在世界一流大学的治校理念中，培养模式对于人才培养的重要性。关于教学

---

① 项璐、睦依凡：《培养目标：人才培养模式改革的价值引领——基于斯坦福大学"开环大学"计划的启示》，载《现代大学教育》，2018（4）。

及培养方法的重要性，耶鲁大学原校长理查德·莱文表达过如下观点：教学方法的问题是制约学生创新能力发展的主要原因，因为不同的教学方法取得的效果是大不一样的。教育部原副部长韦钰在接受中国教育在线采访时，亦发表过一段富有远见的话，"未来人工智能和机器人依据海量的知识储存和快速的算法，将会取代人类的许多工作"，我们的教育"到底要培养什么样的人，这将是教育面临的最核心的问题。我们已经无法单纯地沿袭旧有的分科教学模式"。她认为：如果我们的教育依然按原有的方式对学生进行填鸭式知识教学，不鼓励学生去探索、去体验、去自信地解决遇到的问题，那么他们未来连工作都可能找不到。所以，现在学校教育着重要做的是培养学生综合解决问题的能力。

表 2　轴翻转前后比较

轴翻转之前	轴翻转之后
知识第一，能力第二	能力第一，知识第二
本科教育围绕学术主题展开	技能成为本科学习的基础
按照知识的不同来划分院系	按照学生的不同能力划分院系，并由院长牵头
成绩与简历反映能力	技能展现能力与潜力

笔者在人才培养问题上一直坚持这样的学术立场：大学生的知识结构取决于课程体系设计及其内容选择，大学生的能力结构则主要取决于培养模式。由于时代变迁对大学提出了新的人才培养要求，所以我们的本科教育，尤其是一流本科教育必须强化如下教学理性：在"互联网＋教育"及"互联网＋人工智能"的时代，必须积极应对现实和未来世界的变化和需要，通过创新培养模式、改进教学方法以提高大学生的知识创新能力、动手解决问题的能力、不断自我学习和发展的能力。世界一流大学为满足一流人才培养的要求，在不断挑战传统的人才培养模式基础上，创造了许多个性特色鲜明的人才培养模式，例如，哈佛大学以核心课程与通识教育为特色，注重学生个性发展与文化素质提升的全面发展模式；剑桥大学以模块课程和研讨教学为特色，注重质疑精神和理性思维培养的自主探究模式；斯坦福大学以校企合作和实践应用为特色，

强调创造力培养和学以致用的实践提升模式等。① 美国研究型大学之所以能成为世界各国青年求学深造最为向往的地方，关键在于其人才培养的高质量，尤其是它能够持续不断地批量化培养创新人才。究其根因，其有利于创新型人才成长发展并脱颖而出的培养模式功不可没。比如，对本科生创业能力的训练，重视旨在加强师生思想交流，以强化本科生个性发展、质疑与批判精神培养、解决问题思维方法及其能力训练的小班化研讨教学，重视本科生在教师指导下积极参与科学研究等。这些教学方法不仅成为美国研究型大学确保本科教育质量的基本手段，更是他们培养创新型人才的法宝。北京大学考试研究院院长秦春华的研究指出，在美国，越是重视本科教育的大学越强调小班教学的重要性。在芝加哥大学和哥伦比亚大学的核心课程中，小班教学的比例甚至达到了70％。

伴随着高等教育的大众化，我国大学本科生参与系统的科学研究训练的机会日益减少，但早已实现高等教育普及化的美国研究型大学却把鼓励本科生积极参与科学研究写进了教学制度，并专门设立了为本科生参与科学研究提供服务的管理机构。2006 年，笔者在美国加州大学伯克利分校做访学研究期间，应约赴斯坦福大学，与该校前校长杰拉德·卡斯帕尔（Gerhard Casper）会谈。会谈结束后，卡斯帕尔校长送了一份该校当日校报《斯坦福报告》（*Stanford Report*）给我。该报第 2 版题为《40 名学生毕业离校前获得燧石奖章和罗伯特金奖章》的新闻立即吸引了我。所谓燧石奖章，是斯坦福大学专门授发给在工程和社会、物理和自然科学研究中取得杰出成果的本科毕业生奖项，而罗伯特金奖章则是为取得杰出的人文科学成果和生产创造性美术作品的本科毕业生设置的荣誉。这两个奖项都在本科生毕业前夕评选发放。为优秀毕业生建立奖励制度并不稀奇，但美国研究型大学把为本科生设立科学研究奖项视为一种开发本科生科学研究潜能的人才培养模式并纳入人才培养体系的做法值得我们思考和学习，更何况他们在教学制度的设计上保证了本科生科研选题及其成果均有较高的学术水平和社会价值。这里不妨把当

① 董泽芳、王晓辉：《国外一流大学人才培养模式的共同特点及启示——基于对国外八所一流大学培养杰出人才的经验分析》，载《国家教育行政学院学报》，2014（4）。

年斯坦福大学获燧石奖章的本科生及其项目列举如下。

①迈科 E. 阿达奇（Maiko E. Adachi），都市研究："芝加哥中产阶层与邻里关系的变迁"（Gentrification & Neighborhood Change in Chicago），社会学教师指导。②约翰·阿德马斯（John Admas），生物科学："动植物种类史的相互变化分析"（Phylogenetic Bias in Correlated Mutation Analysis），生物科学和分子药理学教师指导。③道格拉斯·艾伦（Douglass Allen），环境科学和政策中心："加州氢基础设施发展的路径分析"（Developing a Hydrogen Infrastructure in California：A Pathway Analysis），管理科学和工程、经济学教师指导。④伊丽莎白·阿尔玛西（Elizabeth Almasi），经济学："针对消费者的医师处方药广告与处方药价格的关系研究"（The Relationship between Direct-to-Consumer Prescription Drug Advertising and Prescription Rates），经济学与医学教师指导。⑤迈克尔·伯恩斯坦（Michael Bernstein），符号系统："工作姿态：一种基于任务指向的窗户管理的动力支持"（Taskpose：A Dynamic Task-Based Window Management Aid），植物生物学和计算机科学教师指导。⑥艾利森·布鲁克斯（Alison Brooks），生物学："分子机制决定酿酒酵母色氨酸生物合成突变异种过程中科学数据系统的敏感性"（Molecular Mechanisms Determining SDS Sensitivity in Tryptophan Biosynthesis Mutants of S. cerevisiae），生物学教师指导。⑦爱娃·陈（Eva Chen），心理学："通过小说学习：儿童的想象力发展"（Learning Through Storybooks：Development of Ideal Affect in Children），心理学教师指导。

鉴于世界一流大学在拔尖创新人才培养方面确实积累了不少成功经验，我们的一流本科教育在人才培养模式创新上亦可以通过加强科学研究、科学实验及社会实践、小班化及个性化教学、创业训练，以及基于问题发现、讨论、解决和项目研究、能力发展的教学等一系列富有参与性、启发性、发展性的多样化教学方式，为本科生创造有利于调动他们学习积极性、自主性，激发其批判性、创造性的宽松、自由的学习环境，促进本科生独立思考能力、获取并处理信息的能力、分析判断能力、质疑与批评能力、解决问题能力、创新创造能力的提升。

大学之所以经千年之久而不衰，根本原因在于其对人才培养这一核心使命的坚守。同理，世界一流大学之所以对全球极具发展潜能的学术青年充满吸引力，就在于其为国际社会持续培养了一代又一代为人类社会进步做出积极贡献的拔尖创新人才。麻省理工学院之所以能够在战后很短的时间内迅速成为世界一流大学，是因为它为世界工程技术发展和经济社会发展培养了众多的领袖人才。可见，我国的一流本科教育也必须以拔尖创新人才培养为坚定不移的目标，并因此而创新人才培养目标和人才培养模式，这就是一流本科教育改革发展的重点和方向。

引领高等教育内涵式发展：
高等教育研究适逢其时的责任[*]

中共十九大报告在"优先发展教育事业"主题下关于高等教育的内容指出，"加快一流大学和一流学科建设"，"实现高等教育内涵式发展"。意简言赅的话，内涵丰富，任务繁重，充分体现了中央高层对加快"双一流"建设和实现高等教育内涵式发展的极度关切。本研究针对高等教育内涵式发展尚未引起大学足够重视的问题，在对该问题进行分析、诊断的基础上，提出推动和引领高等教育内涵式发展是高等教育理论研究适逢其时的重大责任并讨论之。

一、高等教育内涵式发展何以重要

21 世纪以来的国际竞争以高新知识创新为主要特征，由科技革命带来的产业革命完全改变了人类的生产方式和生活方式，以生产要素为驱动的经济发展时代已经让位于高新知识创新为驱动的新经济时代。在国际竞争日益激烈的现代社

---

* 本文原发表于《中国高教研究》2018 年第 8 期。

会，谁垄断了高新知识，谁就能立于世界竞争的不败之地。在这样一种时代变迁中，习近平总书记在中国科学院第十九次院士大会、中国工程院第十四次院士大会上的讲话中指出："科学技术从来没有像今天这样深刻影响着国家前途命运，从来没有像今天这样深刻影响着人民生活福祉。"[①] 持续创新高新知识及培养具有高新知识创新能力者的主力军是大学，此即"加快一流大学和一流学科建设，实现高等教育内涵式发展"的国际背景。

（一）"双一流"建设及高等教育内涵式发展的背景

"加快一流大学和一流学科建设，实现高等教育内涵式发展"的提出，是顺应国际发展大势和适应国际竞争日益激烈的需要，也是我们面对新变化、新挑战、新问题必须做出的新抉择，其理由如下。

1. 国家发展模式已经发生了根本变化

经过改革开放 40 年的不懈努力，我国的经济发展模式已经实现了由数量增长、规模扩大和速度增长向以高质量、高效率发展为特征的转型过渡。转变发展方式、优化经济结构、转换增长动力不仅是我国发展的目标，更是提升经济发展层次水平不可或缺的战略举措。在国家这样一种以生产力水平提升为手段，促进经济发展转型升级的过程中，高新知识是实现这一转型创新的动力。高等教育之高新知识的开发创新者、传播运用者的属性及其社会功能决定了它在国家经济创新发展进程中具有源动力的作用，是国家创新发展必须依靠的具有垄断地位的主体力量。

2. 国家竞争力有待进一步提高

作为负责任的大国，我国应该展现更多具有中国元素的"中国智慧""中国力量"，为影响和推动人类命运共同体的构建做出应有的贡献。但前提是：一个欲主动担负促进全球共同发展责任的国家不仅要有胸怀世界的理想情怀，还必须有强大的国家实力，尤其是足以引领全球发展的国家竞争力，否则，我们既难有推动构建人类命运共同体的底气和自信，更没有影响和引领世界发展方向及进程的国际话语权与国家实

---

① 习近平：《在中国科学院第十九次院士大会、中国工程院第十四次院士大会上的讲话》，www. xinhuanet. com/2018-05/28/c_ 1122901308. htm，2018-06-10。

力。据 2017 年 9 月世界经济论坛发布的《2017—2018 年度全球竞争力报告》(*The Global Competitiveness Report 2017—2018*)，在全球经济体竞争力排名中，中国排第 28 位。其中，中国的"高等教育与培训"排第 54 位。如表 1 所示，由于"高等教育与培训"的竞争力不足，在一定程度上拖了我国"技术成熟度"及"创新能力"2 个指标的后腿，最终影响了我国整体竞争力的提升。由此也说明了我国在整体竞争力，尤其是"高等教育与培训"竞争力方面还有很大的提升空间。

表 1 2017—2018 年全球竞争力排名（部分）

项目	经济体									
	瑞士	新加坡	美国	荷兰	德国	瑞典	英国	日本	芬兰	中国
竞争力	1	2	3	4	5	6	7	8	10	28
高等教育与培训	4	1	8	3	16	15	20	23	2	54
技术成熟度	1	9	14	6	10	4	3	19	16	74
创新能力	1	6	4	7	5	6	13	8	3	30

3. 目前我国还缺少具有真正比较优势的世界一流大学

举目世界高等教育强国，没有谁像我国一样如此强调一流大学和一流学科的建设及旨在提高质量的高等教育内涵式发展。因为我国还不是高等教育强国，我国的一流大学和一流学科及高等教育质量与世界高等教育强国还有一定的差距，尽管在认可度较高的上海交通大学世界大学学术排名（ARWU）及英国 QS、THE 和美国 U. S. News 世界大学排行榜中，2017 年我国入选世界大学 500 强及 600 强的高校数量分别为 12 所、19 所（不含港澳台地区，下同），其中，清华大学和北京大学在四大排行榜中均进入 100 强，复旦大学和中国科技大学进入 150 强，上海交通大学和浙江大学进入 200 强。世界一流大学和一流学科是具有"世界一流的学术实力"，因此做出了"世界一流的学术贡献"继而赢得"世界一流学术声誉"的大学。对照这样的条件，我们还有多少大学具有已经是世界一流大学的自信？笔者坚信：只要我们的大学对自己的现实条件、实力水平及知识贡献和存在的差距有清醒的认识而不妄自尊大，并充分利用时下有利于高等教育发展的宏观制度环境和优越物质条件，仰望星空而不尚空谈，脚踏实地，追求卓越，守持大学理性，按大学自身规律办学治校育人，就一定能在中国共产党的领导下，创建出既有中国特色又有国际比较优势的世界一流大学，"双一流"建设的目标并非遥不可及。

4. 我国高等教育质量有待提高，高等教育必须向内涵式发展转型

高等教育的内涵式发展既是满足我国经济从高速增长向高质量发展的需要，更是高等教育自身从高速增长向高质量、高效率发展的必然选择。如果说加快"双一流"建设是指向极少数研究型大学的目标，旨在通过卓越的创造性人才培养和知识创新，缩小与世界高等教育强国的距离；那么"实现高等教育内涵式发展"则是针对所有大学改革发展提出的要求，旨在全面提升高等教育质量，尤其是人才培养质量。加快"双一流"建设及实现高等教育内涵式发展是推进新时代高等教育改革发展不能分割的一体两翼（见图1），它们共同构成高等教育改革发展的主旋律。

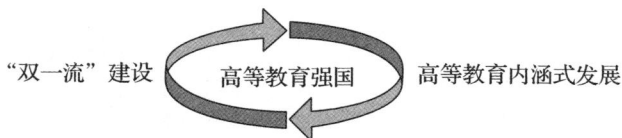

"双一流"建设　　高等教育强国　　高等教育内涵式发展

图 1　高等教育强国建设的"一体两翼"

此外，"双一流"建设与"高等教育内涵式发展"具有强烈的相互促进的关联性。一方面，"双一流"建设对"高等教育内涵式发展"具有引领性和推动性；另一方面，"高等教育内涵式发展"又为"双一流"建设奠定了必要的基础。"双一流"建设与"高等教育内涵式发展"在高等教育强国建设中具有同等重要性。党和国家在对高等教育内涵式发展寄予高度期望的同时也提出了很高的要求。党的十八大报告提出要"推动"高等教育内涵式发展，而党的十九大报告强调要"实现"高等教育内涵式发展。这不仅是高等教育发展的必然选择，更是高等教育内涵式发展的紧迫要求。习近平总书记在北京大学师生座谈会上的讲话中指出，"我国高等教育办学规模和年毕业人数已居世界首位，但规模扩张并不意味着质量和效益增长"，并强调"走内涵式发展道路是我国高等教育发展的必由之路"。① 2012 年《教育部关于全面提高高等教育质量的若干意见》的第一条就明确要求"坚持内涵式发展"②。

(二) 高等教育内涵式发展的现状

在高等教育强国的建设进程中，尽管"实现高等教育内涵式发展"与"加快世界一流大学和一流学科建设"一样重要，但大众传媒更关注"双一流"建设。同时，受"双一流"建设名利双收的驱使，不少非"双一流"建设大学也热衷于"双一流"的目标追求。整体而言，高等教育内涵式发展并未引起高等教育界足够的重视，甚至有被冷落的趋向。这一局面具体表现为：一些大学对内涵式发展缺乏热情，精力及物力投入不足，既缺乏制度安排也缺乏规划设计和改革举措等。

对此，我们有必要提出如下疑问：高等教育内涵式发展为什么被忽视？原因有三：第一，大学文化的问题。我国高等教育发展过程中存在的急功近利的价值取向及学术绩效主义倾向等造成了大学文化的匮乏甚至缺失，使高等教育内涵式发展缺乏强有力的文化支撑。第二，大学发展目标的问题。内涵式发展目标的模糊性使其既没有精确的衡量指标也缺乏科学的评价标准，从而导致发展的对象不甚清晰，缺少具体的抓手。第三，认识的问题。人们对高等教育内涵式发展的概念、要素、意义、方法等缺乏足够明确的认识，大学诸多不尽如人意的"实然"现象都可以从大学对"应然"的不甚了解中找到原因。

二、高等教育研究适逢其时的责任

人类文明成熟的一个重要标志，就是理性引领人类社会发展进步。我们正处在一个需要高度理性引领的时代，高等教育作为成熟的事业尤其如此。用高等教育应有的理性引领高等教育内涵式发展，是高等教育研究适逢其时的不能推卸的责任。因此，高等教育研究必须主动在舆论上呼吁高等教育向内涵式发展转型，在理论上为高等教育内涵式发展提

---

① 习近平：《在北京大学师生座谈会上的讲话》，http：//politics. people. com/cn/n1/2018/0503/c1024－29961468. html，2018-06-10。

② 教育部：《教育部关于全面提高高等教育质量的若干意见》，http：//www. gov. cn/zwgk/2012-04/20/content_2118168. htm，2018-06-10。

供必要的理性指导。解决高等教育内涵式发展的思想和认识问题，高等教育研究责无旁贷。关于高等教育内涵式发展，高等教育研究有必要对以下基本问题做出回答：什么是高等教育内涵式发展？高等教育内涵式发展与外延式发展有什么不同？高等教育内涵式发展的任务（要素）是什么？高等教育内涵式发展的动力何在？高等教育内涵式发展的途径是什么？

（一）高等教育内涵式发展的概念及其认识

内涵与外延是形式逻辑关于概念界定的一对专用术语。内涵通常指概念所反映的事物的本质属性，即关于事物的质的规定性；而外延则指概念所反映的事物的受其本质属性规定的全部对象，即关于事物的量的规定性。借用有关内涵的这一定义，可以将高等教育内涵式发展概念提炼如下：高等教育内涵式发展是一种以高等教育本质属性要求及遵循高等教育发展的内在规律为驱动，以高等教育内部诸要素有效开发为基础，以提升高等教育发展的质量和效率为目的的发展模式；是在发展形态上重视规模适度、结构协调、资源配置合理，追求数量、质量、规模、结构、效益统一的发展模式。邬大光教授在"高等教育内涵式发展的'内涵'"专题报告中也做了很好的阐述：理解高等教育的本质特征是高等教育的本体论问题，是回答高等教育是什么的问题；而高等教育内涵式发展回答如何发展、用什么方式发展，是高等教育发展的方法论问题。二者是目标与手段、归宿与途径的关系。无论是内涵式发展还是外延式发展，都是为了解决高等教育发展过程中的主要矛盾。高等教育内涵式发展是以激活高等教育内部因素为动力，以优化高等教育内部资源配置为手段，以全面提升高等教育质量为核心，以有效解决高等教育发展不平衡、不充分问题为重点，以构建适应新时代需求的创新人才培养体系为使命的高等教育发展模式。

高等教育内涵式发展绝非一个空洞的口号，必须通过大学具体落实。大学作为以人才培养及知识创新为本质属性和社会职能、以追求人力资源开发效益最大化为目的、以智力劳动为特点，并因此有其独特规律性，且组织要素极其复杂的学术研究及人才培养组织，一方面，其发展不能脱离社会需要，因其具有强烈的社会及资源依赖；另一方面，其更需要以坚守大学的基本属性、遵循大学应有的规律来发展。后者即高等教育内涵式发展所要面对的问题，也是"双一流"建设需要面对的问题。

（二）内涵式与外延式发展模式比较

所谓内涵式发展，是针对外延式发展的相对概念，因此，对内涵式发展的认识有必要通过外延式发展的讨论加以深化。可以说高等教育的外延式发展是一种传统的发展模式，其强调增加外部投入并以扩大发展规模与加快发展速度为特征。而高等教育的内涵式发展则是一种现代发展模式，主要通过内部要素积极性的激发及其结构调整和改善来驱动改革，以提高高等教育的质量和效率为目的。表2呈现了笔者从概念、目的、理念、动力、特点、关系六个方面对高等教育内涵式发展进行与外延式发展进行比较后得出的结果。高等教育内涵式发展虽然是完全不同于高等教育外延式发展的一种发展模式，但后者是前者一个不能超越的过渡阶段，即高等教育的内涵式发展是建立在高等教育外延式发展基础上的一个发展新模式与新阶段。回顾我国高等教育的发展进程，可知其就是由注重规模与速度的发展向效率优先的高质量发展转变的过程。要实现这一转变，必须采取根本转变发展方式、优化高等教育结构、创新发展动力等积极措施。

表2 高等教育内涵式发展与外延式发展的比较

方面	内涵式发展	外延式发展
概念	根据大学属性要求，遵循大学内在规律，以改善大学内部要素关系结构，充分开发大学内部要素的潜力，旨在提升高等教育质量效益的发展模式	以办学资源投入及办学条件改善为前提，旨在扩大高等教育规模、提高速度的发展模式
目的	旨在提升发展的质量与效率，追求发展的质的变化及学科实力的提升	旨在追求发展的数量、规模与速度
理念	效率优先，兼顾公平	公平优先，兼顾效率
动力	通过体制改革、制度创新激发发展活力	以增加资源投入为动力基础
特点	以自我完善为需要，具有强烈的内部结构完善的自觉性、主动性	具有强烈的外部资源依赖性，以适应外部发展的需要为需要
关系	引领、推动外延式发展	为内涵发展提供基础

（三）高等教育内涵式发展的主要任务（要素）

尽管内涵式发展是一种因校而宜的发展模式，即没有适应所有大学的统一的发展模式，但大学内涵式发展的主要任务（要素）具有普遍性。明确内涵式发展的任务（要素）是实施高等教育内涵式发展的必要前提和具体抓手。大学内涵式发展的基本要素与大学的核心使命及其践行是不能割裂的，所以大学内涵式发展的主要任务（要素）有三：第一，坚持育人为本。高等教育以育人为核心使命，高等教育内涵式发展的首要任务就是坚定立德树人的人才培养目标，改革人才培养模式，提升人才培养质量。第二，重视知识贡献。高等教育内涵式发展应以学科发展为立校之本，加强学科建设，强化优势学科，以整体提升学科发展水平，为社会、为国家、为人类做出应有的知识贡献。第三，创建善治结构。高等教育内涵式发展需依据效率优先、整体设计、民主管理、依法治校的原则构建大学的内部治理结构。如图 2 所示，善治结构是大学内涵式发展操作系统中一个不可或缺的要素。一个缺乏有效内部治理的大学组织结构是根本不可能担负好大学人才培养和知识贡献的核心使命的。所以，我们有必要就创建大学的善治结构进一步做如下阐述。

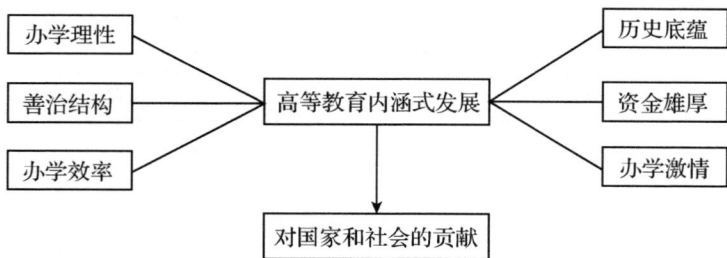

图 2　大学内涵式发展的操作系统

传统的大学管理结构由于没有反映大学学术生态组织属性及适应其发展的需要，导致其在一定程度上遏制了大学组织应有的活力释放，且不利于大学按自身特有的规律办学治校育人。从社会生态学的角度考察大学，不难发现大学属于与其他社会组织有很大不同的复杂生态系统，即大学作为一个以学术为基本活动、学科为基本单位的学术共同体，其人群的活动及利益博弈的规则不同于其他社会组织的生态系统。具体而言，大学的生态平衡远比其他社会组织的生态系统更加困难，原因在于尽管大学表面看来是组织化的生态系统，但由于其固有的管理结构问题总是没有解决好，也不能解决好利益相关者的关系，导致大学成为内部充满矛盾和交锋的组织。大学善治不仅要研究大学组织的属性特点和规律，还要利用这些特点和规律去改造大学组织，使大学的存在与发展更合乎其属性和规律的需要，使之有利于协调各要素关系并充分释放能量，实现大学功能最大化。

（四）高等教育内涵式发展的动力

全面深化改革是实现高等教育内涵式发展的唯一选择。我国新时期全面深化改革的总目标是完善和发展中国特色社会主义制度、推进国家治理体系和治理能力现代化。中央高层指出：全面深化改革的目的是不断推进国家治理体系和治理能力现代化，必须坚决破除一切不合时宜的思想观念和体制机制弊端，突破利益固化的藩篱，吸收人类文明的有益成果，构建系统完备、科学规范、运行有效的制度体系，充分发挥我国社会主义制度的优越性。全面深化改革的重点在于，必须坚持质量第一、效益优先，以供给侧结构性改革为主线，推动经济发展质量变革、效率变革、动力变革，提高全要素生产率，着力加快建设实体经济、科技创新、现代金融、人力资源协同发展的产业体系，着力构建市场机制有效、微观主体有活力、宏观调控有度的经济体制，不断增强我国经济创新力和竞争力。高等教育全面改革的目的及重点亦然。习近平总书记在北京大学师生座谈会上的讲话中指出："全国高等院校要走在教育改革前列，紧紧围绕立德树人的根本任务，加快构建充满活力、富有效率、更加开放、有利于学校科学发展的体制机制，当好教育改革排头兵。"[①]

（五）高等教育内涵式发展的途径

《教育部关于全面提高高等教育质量的若干意见》提出："牢固确立人才培养的中心地位，树立科学的高等教育发展观，坚持稳定规模、优化结构、强化特色、注重创新，走以质量提升为核心的内涵式发展道

---

① 习近平：《青年要自觉践行社会主义核心价值观——在北京大学师生座谈会上的讲话》，http://www.xinhuanet.com//politics/2014-05/05/c_1110528066_3.htm，2018-06-10。

路。"① 具体而言,第一,稳定规模。保持公办普通高校本科招生规模相对稳定,高等教育规模增量主要用于发展高等职业教育、继续教育、专业学位硕士研究生教育,以及扩大民办教育和合作办学。第二,优化结构。调整学科专业、类型、层次和区域布局结构,适应国家和区域经济社会发展需要,满足人民群众接受高等教育的多样化需求。第三,强化特色。促进高校合理定位、各展所长,在不同层次、不同领域办出特色、争创一流。第四,注重创新。以体制机制改革为重点,鼓励地方和高校大胆探索试验,加快重要领域和关键环节的改革步伐。

---

① 教育部:《教育部关于全面提高高等教育质量的若干意见》,http://www.gov.cn/ zwgk/2012-04/20/content_2118168.htm,2018-06-10。

论大学问题的"悬置"*

本研究提出和回答三个问题：为什么要提出大学悬置问题，大学问题为何以不能悬置，大学哪些问题被悬置了。大学问题的悬置当然包括政府管理体制及机制层面的问题，但本研究仅讨论导致出现悬置问题的大学内部的若干因素。因为大学作为一个高度理性的学术共同体组织，其产生于组织内部的问题亟待解决。

一、引言：为什么提出大学悬置问题

陈丹青在《体制迷墙：大学问题高端访问》一书的"序言"中，对该书的诸多被访者的观点有如下评价："说它糊涂，则书中的议论者提呈了大学教育的症状与处方，可是至关重要的问题却是无解的、被悬置的——谁造成的这一切？谁愿意出面辩护？谁承担责任？最后，谁能改变局面——然而问题可能真是无解的，只能被悬

＊ 本文原发表于《华东师范大学学报（教育科学版）》2017 年第 6 期。

置。"①他在"中国大学的人文教育研讨会"上的发言对我国大学还有更严厉的批评:"今日中国高等教育,有大学没有大师,有教育官员没有教育家,有教育政策没有教育思想,有教育大纲没有教育灵魂,有教育地位没有教育尊严。"②

波士顿学院国际高等教育中心创始人菲利普·阿特巴赫在《中国高等教育:"玻璃天花板"和"泥足"现象》中指出,中国在高等教育领域取得的巨大成就掩盖了中国大学上升至全球学术界顶端的一些重要障碍,同时也掩盖了教育系统底层的一些重要问题,而一些关键的结构性问题造成了可能影响中国大学在国际排名中进一步提升的"玻璃天花板"③。尽管阿特巴赫先生是从中国高等教育地位提升的角度提出我们可能存在什么问题的,但他所说的一些问题被掩盖,其实也是大学问题悬置的一种。

大众传播学有个著名的"议题设定"理论,说的是大众传媒通过对一些问题的关注及对一些问题的忽视,影响公众的关注点和舆论,从而导致公众倾向于认同大众传媒关注的问题并受其影响,对不同问题设定优先次序。然而,大学问题的悬置并非仅被大众传媒忽视的问题,有些问题即便被大众热议,也并未引起大学自己的高度重视,即这些问题也被大学悬置了。其实,"议题设定"与"问题悬置"的重点不同:前者旨在强调舆论导向可能决定人们对某些问题的关注程度;后者关心的则是问题是否被重视,以及是否得到解决。

"悬置"是个在多学科广泛应用的概念。在人文社会科学领域,"悬置"是古希腊斯多噶学派和怀疑论者提出的概念,意思是暂停判断,即把一个概念或者事物不与任何其他概念或事物相联系,让它真正地独立存在,然后再来分析研究。德国哲学家、现象学派创始人胡塞尔借助描述现象学的悬置原则,提出认识主体必须把各种主观成分,以及一切不是发自纯意识的知识,全部放入括号内悬置起来,"存而不论"。"将一切有关客观与主观事物实在性的问题都存而不论,并把一切存在判断

---

① 熊丙奇:《体制迷墙:大学问题高端访问》,1页,成都,天地出版社,2005。

② 熊丙奇:《体制迷墙:大学问题高端访问》,5页,成都,天地出版社,2005。

③ [美]菲利普·阿特巴赫:《中国高等教育:"玻璃天花板"和"泥足"现象》,嫣晓译,载《国际高等教育》,2016(4)。

'加上括号'排除于考虑之外"，这种认识方法被称为"历史的括弧法"。胡塞尔认为，这样一种哲学立场既可避免当时自然科学中经验论的"自然主义"，又可避免当时德国"精神科学"中的历史相对主义，从而在哲学研究中奠定具有普遍确定性的认识基础。

据此，我们可以把"悬置"即"把事物悬挂起来或搁置一边，没有着落或没有结果"的这种一般解释，引申为"将现在不能解决的问题，留待以后条件成熟时解决"。对"悬置"的这一理解，使其具有了方法论的意义和价值，其目的并非回避问题，而是待条件成熟时解决已存在但目前还不能解决的问题。这是"悬置"在哲学语境下的含义。

社会现实中存在两种类型的问题悬置：其一，问题的相关者并不知道有什么问题被悬置了，但问题是客观存在的，由于其具有隐蔽性或人们还没有意识到该问题已经存在，故也就不会采取解决问题的行动，这是一种问题的无意识悬置。其二，问题相关者知道存在某种问题，但目前尚没有解决良方或问题涉及多利益主体的博弈，如果处理可能会带来新的更严重的问题，因此对其"束之高阁"。由于不去解决或不想解决，故导致问题似乎无解，但事实是很多被悬置的问题并非无解，而是问题相关者出于某种考虑，有意将问题存而不解或暂时不主动、不积极去解决。

不难找到一些事关国家改革发展稳定的重大政治和历史问题在时机尚不成熟时，我们并不急于解决而是对其加以悬置的典型案例。例如，在改革开放初期，邓小平同志提出了"摸着石头过河""不管黑猫白猫，抓住老鼠就是好猫""淡化姓资姓社"等一系列为改革开放和经济发展扫平思想障碍的治国策略。为政之道，有"先说再做"与"先做再说"等多种选择，择谁而用必须酌情处理。为什么要悬置一些问题？因为讨论和解决问题的时机未到，有些问题在时空上还处在敏感区、深水区甚至禁区、雷区，不便讨论也不能讨论，若匆匆触及或许会导致问题的愈发严重，甚至导致社会不稳定。因此，在国家重大决策上"悬置"一些问题绝非不作为，而是将不宜解决的问题暂时悬置，以时间换成功解决问题之空间的策略和智慧。

理论成熟是一个国家文明的标志。改革开放 40 年，国家发生的翻天覆地的变化就源于观念和理论的突破，这些突破充满了利用"问题悬置"的时间长度换取"根本解决问题"之空间跨度的政治智慧。世界竞争日益激烈，我们必须通过加速国家治理体系现代化及治理能力的提高，以根本提升国家竞争力。我们已经没有太多的时间等待，应率先突破改革发展进程的障碍，尤其是思想障碍。正如习近平总书记在2016年二十国集团工商峰会（B20）开幕式的主旨演讲中所指出的，中国改革已经进入攻坚期和深水区，我们将以壮士断腕的勇气、凤凰涅槃的决心，敢于向积存多年的顽瘴痼疾开刀，敢于触及深层次利益关系和矛盾，把改革进行到底。① 我们不能再对一些关系国家发展进步的重大理论及现实问题视而不见、悬而未决，因为悬置并不是有效解决问题的根本办法。在国际竞争日益激烈的背景下不触及并解决根本性的问题，我们的事业发展和社会进步根本就没有希望。在知识经济时代，大学在很大程度上决定了国家的兴与衰，其问题尤其不能悬置。

二、大学问题何以不能悬置

中共十八大五中全会提出了全新的发展模式，即创新发展、协调发展、绿色发展、开放发展、共享发展，并明确了必须以创新发展推动各项事业发展。坚持创新发展，必须把创新摆在国家发展全局的核心位置，不断推进理论创新、制度创新、科技创新、文化创新等各方面创新；必须发挥科技创新在全面创新中的引领作用，加强基础研究，强化原始创新、集成创新和引进消化吸收再创新。大学以理论和知识创新及拥有并培养具有创新能力的高层次人才的垄断优势，在创新发展模式中具有不可替代的引领作用，因此，中央提出必须"推进有特色高水平大学和科研院所建设"。在科技决定生产方式及生产力水平的当今世界，以知识生产和人才培养为核心使命的大学对国家发展具有决定性作用。关于大学对国家发展的作用，可以借梁启超先生《少年中国说》的表述方式及其逻辑做如下论断：大学智则国智，大学强则国强，大学进步则国进步，大学胜于欧洲则国胜于欧洲，大学雄于地球则国雄于地球。

---

① 《习近平称改革进入深水区　决心向顽瘴痼疾开刀》，finance. china. com. cn/news/special/2016g20summit/20160903/3890848. shtml，2017-03-08。

世界经济论坛以"制度环境""基础设施""宏观经济环境""健康与基础教育""高等教育与培训""产品市场效率""劳动力市场效率""金融市场发达程度""技术成熟度""市场规模""商业成熟度""创新能力"12个指标对全球经济体竞争力进行排名，并发布了《全球竞争力报告》，结果发现：凡连续多年全球竞争力排名居前的经济体，无不是高等教育强国和高等教育发达的地区，因为高等教育通过高层次人才培养和知识创新对上述指标均有直接或间接影响，尤其对"创新能力"影响巨大。日本科学史家汤浅光朝通过统计自文艺复兴后科技文献的分布情况，证实了英国科学学奠基人贝尔纳关于世界科技中心转移的观点：在近400年间，世界科技中心转移的路径是"意大利—英国—法国—德国—美国"。我们不难发现，自中世纪大学诞生以来，世界高等教育的中心与世界科技中心的转移路径类似，这足以说明大学与科学技术进步具有不能割裂的逻辑关系。在过去的近千年，我们看到，哪里有一流大学的兴起，这些大学所在的国家就会在不长的时间内成为世界强国。意大利的文艺复兴、英国的政治民主和工业革命、德国科学技术的飞速发展、美国经济强国地位的建立等，无不有其时其国世界一流大学强大的人才及智力成果的支撑。

1997年，经济合作与发展组织提出了"以知识为基础的经济"新理论，做出了"许多国家的国民生产总值一半以上已经或将要由新知识和新技术提供，知识的生产、传播和运用已经成为当代经济运行的基础"这一结论。早在1992年，美国加州大学伯克利分校的卡斯特斯教授就把大学称为知识经济发展的动力源："如果说知识信息是新的世界经济中的电流，那么大学就是产生这种电流的'发电机'。"[①] 2001年，加州大学伯克利分校的希德威研究小组发表了《建设海湾地区的未来：加州大学伯克利分校的经济影响研究》报告。该研究小组以加州大学伯克利分校1998—1999学年的统计资料为基础，分析了该校通过人才培养及科研成果转让等方式对大学所在的旧金山湾区乃至全美及全世界社会经济发展产生的直接影响及做出的贡献。为此，加州大学伯克利分校原校长罗伯特·伯达尔（Robert Berdahl）骄傲地说：几乎所有的统计

---

① 转引自闵维方：《发展知识经济的关键与大学的使命》，载《教育研究》，1998（9）。

数据都表明，加州大学伯克利分校是旧金山湾区经济活力和人们高质量生活的一个主要贡献者。

事实确实如此，该校在创造"新知识、新工作、新企业"办学理念的指导下，鼓励科学发现向现实生产力的物化，每年为所在湾区创造的经济价值达几十亿美元之多，仅在湾区就有数百名校友创建了一大批诸如 Intel、Inktomi、Chiron、Virolab、Chez Panisse、Powerbar 等著名的公司，为该地区创造了大量的工作机会。加州大学这个在伯克利、圣地亚哥、洛杉矶、旧金山、戴维斯、厄文等 10 个地区拥有分校的大学系统，不仅各分校的学术人员在农业、医药、技术和环境等领域居世界领先地位，更因自己的知识发明给加州创造了数以万计的工作机会、数百亿美元的税收。据统计，在加州，凡居领导地位的公司大多与加州大学及其分校有关。旧金山湾区以加州大学伯克利分校和斯坦福大学等为基础，形成了世界闻名的研究与开发机构集中地。大学像磁铁一样，把全球诸多富有竞争力的大公司的研究与开发中心和相关企业吸引到该地区。该地区大多数研究机构及科技公司的产生，都与该地区研究型大学研究发明的新技术或提出的新理念有密切关系。美国已经形成了以研究型大学的知识和人才为依托的"波士顿—剑桥科学工业综合体""华盛顿—巴尔的摩科学工业综合体""纽约—新泽西科学工业综合体""旧金山—帕洛阿尔托科学工业综合体""洛杉矶—圣地亚哥科学工业综合体"五大区域性科学工业综合体，其中，位于美国西海岸的"旧金山—帕洛阿尔托科学工业综合体"就是加州大学伯克利分校和斯坦福大学的贡献。

由此可见，大学对国家进步、社会发展具有不可或缺的重要作用。所谓世界强国，无不是高度重视知识创新和高层次专业人才培养并积极参与社会经济发展的高等教育强国。在知识经济时代，大学已经成为国家实力，包括硬实力和软实力的重要组成部分。2005—2006 年，笔者在加州大学伯克利分校从事访问研究时发现：美国若缺失了大学，尤其是研究型大学的支撑，就不再有人才优势，继而就不再有科技优势，也就不再有经济优势，最后必将失去其大国优势。加州的经济实力一直徘徊在全球第 10 位左右，且曾一度位居全球第 5，原因就在于加州有一大批诸如斯坦福大学、加州大学伯克利分校、加州理工学院等世界著名大学的支撑。据麻省理工学院斯隆管理学院的统计，其校友和教师创造的公司产生的经济总量在世界排名第24位。这就是一所世界名校对国家、对世界经济的贡献。美国是一个有太多改变人类生活方式和生产方式之发明创造的高科技国家，这源于它拥有太多的世界一流大学。由此，我们可以得出结论：大学对国家的兴衰成败有重要影响，而且随着科学技术的进步，它对人类社会的影响将越来越大。一个不重视大学在经济社会进步过程中发挥作用的国家，毫无疑问是没有国际竞争力的国家，自然也是没有前途的国家。

关于高水平大学建设对我国经济社会发展的贡献，有学者认为，从自然成本看：资源成本降低的关键在于"资源使用效率和新能源替代率的提高"；环境成本降低的关键在于"循环使用率和'三废'治理率的提高"；生态成本是由于自然资源过度利用和环境破坏而形成的，因而资源成本和环境成本的降低自然会促使生态成本降低。从人文成本看，其降低的关键在于"组织创新及高素质人才的参与"。而所有这些都离不开知识的作用与贡献，即知识的进步将全面降低经济发展成本中的自然成本和人文成本。① 由知识创新与高等教育的关系可以推断：高等教育发展对于推动经济社会发展、促进经济增长方式转型、促使国家经济发展成本降低、实现人类社会的可持续发展具有极为重要的作用。

大学是国家科学的脊梁、民族文明进步的希望。大学的问题不能悬置也不容悬置，这关系到大学能否按自身规律办学治校。不按大学规律办学治校，我们就办不好大学，国家因此就会在国际竞争中付出沉重的代价，更休言大学担负起引领国家各项创新发展、实现高等教育强国继而建成创新型国家的使命。

三、大学哪些问题被悬置了

朱清时院士曾发问：我们教育界的纠错机制为什么这么不灵敏，明摆着做错了还不纠正？对朱清时之问，有两种可能的解释：其一，若我

---

① 胡光宇、袁本涛：《高教强国：高水平大学建设对我国经济社会发展的贡献分析》，载《中国高教研究》，2010（7）。

们对时下的教育是否有错及错在哪里都不知道，那我们能纠正什么？其二，我们知道问题所在，但目前无法解决、不能解决或暂时不宜解决、不好解决。第二种情况或许涉及敏感的社会问题，对此，需要从国家及社会稳定的大局出发，慎之又慎。然而，对于阻碍国家改革发展及社会文明进步的问题，我们必须"以更大的政治勇气和智慧，不失时机深化重要领域改革，聚合各项相关改革协调推进的正能量，不断增强改革的系统性、整体性、协同性"①，敢于碰硬，勇于改革，敢于直面和解决问题。对大学而言，更应遵循习近平总书记在北京大学师生座谈会上的讲话中提出的要求："全国高等院校要走在教育改革前列，紧紧围绕立德树人的根本任务，加快构建充满活力、富有效率、更加开放、有利于学校科学发展的体制机制，当好教育改革排头兵。"②

对于第一种情况，我们必须"增强问题意识"，知晓问题所在，从而加强改革的针对性及时效性。梁漱溟先生在《中国文化要义》一书中这样写道："我不是'为学问而学问'的。我是感受中国问题之刺激，切志中国问题之解决，从而根追到其历史，其文化，不能不用番心，寻个明白。"③ 做学问都要针对现实问题，更何况直接关系国家兴衰成败的高等教育事业？那么大学的哪些问题被悬置了？换言之，困扰大学的主要问题是什么？这些问题为什么没有得到解决？在讨论这些问题之前，笔者必须阐明一个基本观点：大学的强烈社会性决定了大学并非封闭、独立于社会的学术组织，由此导致大学的问题既有大学自身的根因，亦有来自其外部的包括政府及社会的影响。因此，彻底解决高等教育质量和效率不高的痼疾，必须从政府高层到大学组织，都在明确的高等教育价值引领下，对高等教育体系进行综合改革的顶层设计，从而保证高等教育体系改革的整体性及协调性。然而，有些问题是大学无法推卸给政府和社会的，即属于大学自己的、不能悬置的，必须通过大学理性的善治予以解决的基本问题。本研究主要讨论如下被悬置的三大问题。

---

① 中共中央文献研究室中国特色社会主义经济发展道路课题组：《习近平关于全面深化改革重要论述的几个要义》，theory. people. com. cn/n/2015/0401/c40531-26783645. htm，2017-03-08。

② 习近平：《习近平在北京大学师生座谈会上的讲话》，edu. people. com. cn/n/2014/0505/c1053-24973276. html，2017-03-08。

③ 梁漱溟：《中国文化要义》，4页，上海，上海人民出版社，2011。

（一）悬置问题一：人才培养质量提高

人才培养和知识创新是大学组织的本质属性及核心使命，若放弃这一属性守持及使命担承，大学就不再是真正意义上的大学，故大学之谤或大学之誉无不源于其属性是否得到守持及核心使命是否得到践行。改革开放以来，我们的高等教育成就是世界瞩目的。然而，无论是人才培养还是知识创新，我们的大学，包括一些著名研究型大学，均尚未很好地发挥应有的作用。在高等教育国际坐标系中，我们在人才培养及知识创新两个领域尚无比较优势是不争的事实。限于篇幅，这里仅讨论人才培养质量的问题。

1. 人才培养质量不高

据美国研究生院委员会《2011—2012学年国际留学生报告》，在美国高校首次注册的中国研究生人数连续七年以两位数百分比增长，中国留学生在美国高校国际研究生中的比例已达到37％。美国国家科学基金会对2006年度全美45 596名研究型博士学位获得者的一项调查表明，为美国大学输送博士生最多的大学首先是中国的清华大学（571人）、北京大学（507人），其次才是美国本土的加州大学伯克利分校（427人）。此外，复旦大学、中国科学技术大学、南京大学、浙江大学、上海交通大学、南开大学等输送的博士生都在150人以上。另据美国加州大学圣塔芭芭拉分校校长杨祖佑的统计，全美每年取得博士学位的学生中，每七人就有一人来自中国。由此我们可以得出如下结论：其一，美国大学以人才培养的高质量毫无疑问对世界杰出青年，尤其是我国优秀青年具有巨大的吸引力；其二，我国研究型大学还缺乏与美国著名大学竞争优秀人才的实力。

近十年来我国优质高中生出国留学人数不断增加的情况亦可证实上述结论。据教育部数据，前些年我国高考弃考人数一直维持在10％左右，近几年出国留学的高中毕业生每年都在20万上下。《中国留学发展报告（2016）》指出，从1978年至2015年，我国赴海外留学的总人数接近500万，2015年出国留学人数为52.37万，同比增长13.9％。[①] 新

---

① 付强：《2016留学发展报告：归国出国人数差距缩小　工作满意度待提升》，www.chinanews.com/hr/2016/12-12/8091682.shtml，2017-03-08。

华社披露，中国流失的顶尖人才数量居世界首位，其中，科学和工程领域人才滞留率平均达87％。[①]

上述情况与我们大学人才培养质量不高，缺乏对杰出青年的吸引力是否存在关联？印度流行这样一种说法：一流学生进印度理工学院（IIT），二流学生才出国念美国名校。IIT是印度于1960年前后创建的由7所工程与技术学院构成的一所新型大学，国际媒体称其在印度的地位相当于把哈佛大学、麻省理工学院和普林斯顿大学三校加起来在美国的地位，比尔·盖茨甚至赞誉IIT是一所改变世界的并且未来潜力无限的神奇学府。试问，我们有对优秀高中生具有如此强大吸引力的大学吗？IIT创建仅仅五六十年，且投资总量远远低于美国世界名校，却取得如此大的成就，足以说明一个事实：大学的历史及投入仅仅是决定大学卓越的要素之一，绝非人才培养质量的决定性因素。

卢梭在《忏悔录》说，假若他学徒时的师傅是一个比较好的师傅，他就不会逃跑。大学的人才培养亦然，国际社会称年轻人是带着钱，用自己的脚给大学投票。对优质教育资源的流失，我们有必要从大学自身找根因。有人称，"我们的教育已经堕落到不仅自己没有想象力、创造力，而且更可恶的是还在扼杀青年人的想象力、创造力"，日本人甚至批评"中国有的是人才，却并不培养精英"。且不论上述评价是否客观，但大学人才培养质量不高确实是我们无法回避也绝不能继续悬置的问题。否则，我们的大学教育就没有希望，继而我们的民族也就没有希望，这绝非危言耸听。

哈佛大学第28任校长德鲁·福斯特在就职演讲中说，当大学不断地沉浸在自己的回忆中，这个大学一定是没落了。不必怀疑，改革开放以来，我们的大学发展迅速，成就斐然，但是如果大学满足于已有的这些成就，那就一定不再会居安思危，更别说奋起进取了。美国大学的人才培养质量处在世界的最高水平，但他们仍在不断反思人才培养方面存在的不足。正是这种高度负责的批判精神，使美国大学保持警醒，并在办学治校及人才培养问题上不断修正方向。当前我们的大学存在两个遗

---

① 周英峰：《我国流失顶尖人才数量居世界首位　滞留率达87％》，www.jyb.cn/china/gnxw/201306/t20130603_540079.html，2017-03-08。

憾：其一，我们没有培养出像杨振宁、李政道、钱学森等这样的大师；其二，我们少有与钱学森"我们为什么培养不出杰出人才"之问及丘成桐"以目前中国的本科教育模式不可能培养出一流人才"之批评共鸣的大学领导人，更少有致力于解决这些问题的大学领导人。

刘延东同志在 2010 年召开的教育部直属高校工作咨询委员会第二十次全体会议上坦言："与世界高等教育强国、与世界一流大学相比，我们的教育质量还存在较大差距。"[①] 为此，她代表中央要求大学下大力气改变这一状况，坚守"人才培养是高校的首要职责"，"始终把人才培养作为根本使命"，确保教学的中心地位，转变教育观念，深化教育教学改革，始终把提高质量作为核心任务，在政策导向、资源分配、评价考核、投入保障等方面做更大的努力，不断提高人才培养水平。刘延东同志还特别强调，今后 10 年高等教育的改革发展最核心的任务及最鲜明的特征就是提高质量。遗憾的是，21 世纪第一次全国教育工作会议及这次直属高校工作咨询委员会全体会议召开已经 7 年了，《国家中长期教育改革和发展规划纲要（2010—2020 年）》也仅剩 3 年的执行期，我们不少大学表面看来似乎很重视人才培养质量问题，但在实际工作中的动作及其效果却极其有限。究其原因，就在于人才培养质量提高问题仍然被束之高阁，不少大学既无旨在持续改善的中长期规划，亦无应对紧迫的得力之法，依然存在"质量意识还比较薄弱，没有摆上应有位置，没有转化为具体措施；有的还没有把握规律，缺乏有效抓手和有力保障；在质量标准上也存在一些误区"[②] 等问题。

大学的竞争是人才培养质量的竞争。大学的人才培养质量不仅关系到大学的成败，而且关系到国家的兴衰。在高等教育大众化阶段，大学改革必须专注于人才培养质量的提高及知识精英培养的目标，这既是求学者的需要，更是国家的需要。一个缺乏高质量的高等教育体系及知识精英不足的国家，其国际话语权及国际影响力的衰微是不可避免的，更难以赢得国际社会的尊重。当今中国旨在提高人才培养质量的大学教育

---

① 《刘延东：与世界一流相比 中国教育质量存较大差距》，www.chinanews.com/edu/2010/09-13/2530197.shtml，2017-03-08。

② 《刘延东：与世界一流相比 中国教育质量存较大差距》，www.chinanews.com/edu/2010/09-13/2530197.shtml，2017-03-08。

改革，远比旨在扩大高等教育规模的大学教育发展更加紧要。

2. 如何提高人才培养质量

人才培养质量有待提高的问题现实存在，但为什么长久以来我们未能解决或没有根本解决从而导致其客观上仍处于悬置状态呢？这个问题可以从对人才培养重要性的认识问题和人才如何培养两个角度加以分析。

对人才培养的重要性认识关系到大学的使命确定，尤其关系到大学育人这一核心使命的确认。如果育人使命缺失，大学不仅会偏离育人为本的方向，还会丧失其育人的内在驱动力。一些大学在追求排名等学术GDP的功利驱使下，对人才培养的极端重要性缺乏足够认识和重视。大学应该拷问自己：当前大学关心的主题及工作中心是育人吗？大学的注意力及教育资源是否专注于、集中于人才培养？如此审视，不难发现一些大学并没有真正树立以生为本的办学治校理念，更谈不上对人才培养使命的坚守。钱学森之问、丘成桐之批评，以及每年数十万高中毕业生的弃考、弃录取、弃报到，十几万甚至更多的优秀考生义无反顾地选择海外留学，似乎并没有触动我们的大学校长，包括研究型大学的校长。一些大学热衷于投资数十亿元新建所谓现代化、园林化、生态化的超豪华校区，却吝啬于对提高人才培养质量予以必要的人、财、物资源的投入。上述现象实际上涉及我们怎样认识大学的本质属性，尤其是人才培养的重要性。由于关于认识方面的讨论已经较多，以下笔者主要从人才培养质量提高的思路及方法上加以讨论。

事实上，对多数大学而言，当前更重要的是对导致人才培养质量不高的根本原因进行深入分析。缺乏明确因果关系的解释性研究，有效解决问题的途径自然就难以确定。回答蒙田关于"教育如何不糟蹋我们"的拷问，我们应该怎样培养人才的问题是绕不过去的。坦率地说，不少大学在教学改革设计上还停留在为改革而改革做表面文章的层面上，对为什么要改革、改革什么、如何改革等缺乏深入细致的研究。这是我们的大学不能根本改善人才培养质量问题并导致这一问题悬置至今的根本原因。

多年前，笔者曾应邀参加了上海交通大学面向全球招聘主管教学副校长的应聘。在应聘陈述中，笔者提出了"人才培养质量取决于人才培养体系"的基本立场，并据此构建了包括"培养目标""知识体系""培养模式""教学制度""文化环境""教师素质"六大要素的人才培养体系（如图 1 所示）。对此，或许有人会问为什么不把被培养者——学生纳入培养体系？这与笔者一以贯之的教育理念相关：好的大学教育绝非把经高考标为"好学生"的人培养好，而是根据学生的身心特点，把所有人的发展潜能开发出来并培养成才。

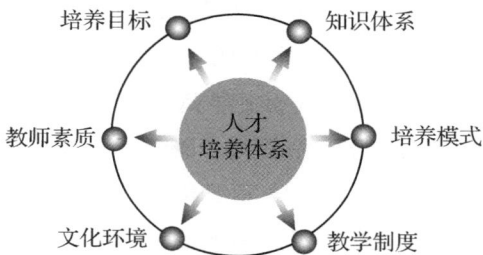

图 1 人才培养体系

人才培养体系的建立给了我们分析人才培养质量好坏的一个视角或方法，它使我们认识到所谓人才培养质量，绝非大学某单一教育要素影响的结果。因此，对人才培养质量的讨论不能就事论事，必须综合人才培养体系的全要素进行分析。我们在人才培养体系的诸要素中不难发现它们存在这样一个逻辑关系，即"培养目标"是决定性的。换言之，"培养目标"是构建及支撑整个人才培养体系的核心价值和框架基础。人才培养目标不明确，人才培养体系就会失去核心，其构建就会不得章法并导致整体性塌陷。博克特别指出，缺乏令人信服的、统一的教育目标，大学的课程体系便逐渐演变为由选修课堆积而成的自助餐。

所谓培养目标，是人才培养的标准，是人才观在大学的集中反映和培养什么人的价值主张及具体要求，也是人才培养活动得以发生的基本依据和人才培养制度安排的基本原则。人才培养目标设计是人才培养体系的第一要素，即大学的人才培养质量首先取决于人才培养目标设计的质量，明确人才培养目标是确保大学人才培养应有质量的基本前提。培养目标不明确，人才培养工作令人无所适从，其质量也就无法检验。①

---

① 眭依凡：《杰出人才培养：大学必须守持学术理性》，载《中国高教研究》，2012（12）。

考察大学的人才培养过程，我们不难发现，由于培养目标设计的问题导致知识体系，包括课程体系的设计、培养模式的选择、教学制度的安排、大学文化的营造及对教师素质的要求等，均出现了原则及依据缺失的问题。因为主要决定大学生知识结构的课程体系及主要决定大学生能力结构的培养模式的设计均受培养目标的支配，而教学制度、文化营造及教师遴选也都是为实现人才培养目标服务的。人才培养既始于培养目标又终于培养目标，人才培养的质量问题源于人才培养的前端即培养目标设计的质量。人才培养目标设计问题解决了，人才培养体系的其他要素的问题也就迎刃而解了。培养目标在人才培养体系的设计安排或人才培养模式的改革中具有价值引领作用。斯坦福大学在 2017 年发布的关于 2025 年创立"开环大学"（Open Loop University）的计划，就是以"自定节奏的教育""轴翻转"及"有使命地学习"为人才培养目标，引领人才培养模式改革的创新尝试。基于此，本研究仅就人才培养目标予以讨论分析。

如前所述，在人才培养问题上，我国大学缺乏国际比较优势，这使得我们有必要向欧美历史悠久的大学学习，借鉴他们的成功经验。在此过程中不难发现，我们的大学在人才培养目标设计上主要存在三大问题：培养目标太低；缺乏知识创新、问题解决能力的要求；目标模糊、笼统，缺乏对知识、能力、素质结构的分解。以下我们逐一简要讨论之。

（1）培养目标太低

我们的培养目标设计有个前提假设：即学生来到大学是接受教育、获取知识的，他们知识有限，谈不上有创造力。然而，情况并非如此，如果我们转变思维，大学的培养目标及培养模式会不会发生根本性的变化？这种变化或许就会带来人才培养质量的提升。在培养目标上，大学现在最关心大学生什么？是所培养的人不能是什么而非应该是什么，这与欧美大学选择培养"能改变世界的人""能最大化自己社会或组织影响力的人""能使自己所在的组织或社会有所改变的人"有很大的不同。哈佛大学校长德鲁·福斯特在清华大学演讲时特别强调，哈佛大学的人才培养目标是培养"不同凡响的人"，为此，哈佛大学重视营造"尊敬那些能为世界带来积极改变的人"的文化。相比之下，我们的大学缺乏对大学生的领袖角色期待，更缺乏有利于各行各业领袖人才培养及其脱颖而出的大学文化和大学追求。如果大学的培养目标不是在用最高、最严的标准要求学生，而是在用最低的尺度衡量学生，怎么可以期待在这样的培养目标统领下构建的人才培养模式能够培养出推动社会发展进步的杰出人才？

据搜狐网报道，清华大学著名生物学家施一公就中国的创新人才培养发表过一次演讲。结合在美国著名学府学习工作的体会，他阐明了两个立场：其一，研究型大学从来不以就业为导向，即从来不该在大学里谈就业；其二，研究型大学不能过度强调基础研究的成果转化。他甚至直言不讳地批评包括清华大学在内的研究型大学，学生从入学开始就让他们接受就业指导教育。他说："大学，尤其是研究型大学，就是培养人才的地方，是培养国家栋梁和国家领袖的地方。让学生进去后就想就业会造成什么结果呢？就是大家拼命往挣钱多的领域去钻。"对研究型大学而言，以就业为导向的人才培养目标其实无异于蔡元培先生初掌北京大学时就批判过的"把进大学当作升官发财的敲门砖"，以及美学家朱光潜早年批评过的学术"功利主义价值取向"。哈佛大学原校长博克在考察了美国大学对学生发展的影响后发现，学生对母校表示满意的主要原因在于，他们在近乎严苛的培养目标要求下，批判性思维、学术视野、知识面、数理能力、创造力及道德判断能力等方面发展成效显著。我们的教育花了那么大的力气想"不输在起跑线上"，可是我们并没有"赢在终点线上"，原因就在于我们的人才培养目标太低。

（2）缺乏知识创新、问题解决能力的要求

我国大学过于重视知识的传授，忽视了问题解决及知识创新能力的培养，这实际上也是一种低培养目标。对此，留美学者薛涌批评道：如果我们培养的学生仅只是本科生知道《泰晤士报》是何年创办的，硕士生知道是何月创办的，而博士生知道是何日创办的，这样的教育有何价值？基于这个观点，薛涌在新闻学院任教时，要求自己执教的新生班在完成本科学业的四年时间内完成一部《泰晤士报史》。大学是人才培养的最高阶段，大学人才培养的使命内涵不仅包括知识传承，还包括运用知识解决现实问题，尤其是为知识创新做出贡献。最有意义的大学教育是从知识中心走向研究中心，以提升学生动手解决问题的能力，尤其是知识创新的能力，这是大学教育改革的方向。然而，能力培养方面的严重问题还在于，我们的大学不仅对本科生缺乏需要努力才能达到的标准，研究生教育亦然。比如，我们十分关心研究生学位论文的"复制比"能不能通过"机检"，至于其有没有创新意义和学术价值则次之。众所周知，研究生学位论文，尤其是博士学位论文，必须是在前人研究基础上的深化或突破，因此，文献研究及其成果的呈现本来就需要占一定的"复制比"，过低的"复制比"或许并不是一篇高质量的学位论文，况且即便"复制比"低，也仅是检验学位论文的最低要求，并不等同于其就一定有知识创新的贡献。

当然，知识积累与知识创新是一对彼此不能割裂的对立统一的范畴，它们是继承与发展、手段与目的的关系，我们不能为了强调知识创新的目的而无视知识积累这一手段的重要性。但大学教育与中等教育的区别就在于此：大学的知识积累是为知识创新服务的，必须体现在人才培养目标的基本要求中，而且这种要求还必须反映在对学生创新意识和创新精神的求学态度的养成上。关于知识创新与治学精神，德国哲学家雅斯贝尔斯曾论断：一个人"只有当他把追求真理当作一种内在需要时，才算是真正参与学术研究"[1]。"大学是个公开追求真理的场所，所有的研究机会都要为真理服务，在大学里追求真理是人们精神的需要，因此它给大学带来勃勃生机，是大学进步的条件。"[2] 正是基于对青年人创新精神的培养，麻省理工学院甚至要求学生设计的建筑同时能更明确地表现创新的精神和社会的期待及冒险的思考，以此激发自己去实现人们乃至人类文明进步的愿望。

（3）目标模糊、笼统，缺乏对知识、能力、素质结构的分解

人才培养目标模糊、笼统，缺乏对知识、能力、素质结构的分解，是我国大学在人才培养中长期未解决的一个痼疾。这与计划经济体制的影响不无关系，因为我国大学专业人才的培养长期以来主要依据政府部门编制的人才需求计划加以实施。人才培养的基本逻辑是在具体清晰的

---

① ［德］雅斯贝尔斯：《什么是教育》，邹进译，150 页，北京，生活·读书·新知三联书店，1991。

② ［德］雅斯贝尔斯：《什么是教育》，邹进译，169 页，北京，生活·读书·新知三联书店，1991。

知识、能力、素质结构设计即培养目标极其明确的前提下，课程和知识体系的设计、培养方法的运用、教学制度的安排、大学文化的营造、教师素质及其责任的要求围绕培养目标有的放矢而非盲目混搭，从而建构有利于高效实现培养目标的科学人才培养体系。人才培养始于培养目标并终于培养目标，由此决定了人才培养质量首先取决于培养目标的设计质量。而遵循人才培养规律的培养目标设计，必须依据社会对专业人才知识、能力、素质的要求建构具体的目标体系。在此基础上，人才培养过程中包括知识体系、培养模式、教学制度、教学要素的设计、安排等才有科学的依据和导向原则。

笔者在较早时期一项关于杰出人才培养的研究成果中就指出，美国大学之所以在人才培养质量方面领先于世界他国，最成功的经验之一就是"培养目标明确"。比如，普林斯顿大学本科生培养目标就设计了 12 项包含创新型人才必需的知识、能力和素质要求：具有清晰的思维、表达和写作的能力；具有以批评的方式系统推理的能力；具有形成概念和解决问题的能力；具有独立思考的能力；具有敢于创新及独立工作的能力；具有与他人合作的能力；具有判断什么意味着彻底理解某种东西的能力；具有辨识重要的东西与琐碎的东西、持久的东西与短暂的东西的能力；熟悉不同的思维方式；具有某一领域知识的深度；具有观察不同学科、文化、理念相关之处的能力；具有一生求学不止的能力。[1] 麻省理工学院在广泛征询社会及师生意见的基础上，对人才培养目标进行了专门研究，最后明确大学生应该具有理智、知识和智慧三大类素质，具体包括：有批判、推理的理智力，能够运用科学方法获取、评价及利用信息提出并解决生活和工作中的复杂问题；在某个领域内具有扎实的知识基础并有专业造诣和实践经验，能将知识和社会问题联系起来，并理解科技和社会之间的交互作用，具有把知识与道德伦理思考结合起来的判断力；具有很强的适应重大变化的灵活性和自信心、好奇心与继续学习的动机，能够清晰、有效地交流，与人很好地合作共事。麻省理工学院的培养目标相对普林斯顿大学虽然简洁，但其对整个人才培养体系设

① 眭依凡：《大学：如何培养创新型人才——兼谈美国著名大学的成功经验》，载《中国高教研究》，2006（12）。

计的指导性及操作性一目了然。正是由于坚守这样的培养目标，麻省理工学院培养出了一代又一代为美国乃至人类社会进步做出重大贡献的杰出人才。

（二）悬置问题二：世界一流大学的建设

重视并加强世界一流大学建设可以说是我国在日益激烈的竞争中做出的国家战略选择。早在 1998 年 5 月，江泽民同志就代表党中央在北京大学百年华诞庆典时提出：为了实现现代化，我国要有若干所具有世界先进水平的一流大学。可是近 20 年过去了，我国世界一流大学建设的成效并不突出。2015 年 8 月，经中共中央全面深化改革领导小组审议通过，国务院公布了旨在"提升我国教育发展水平、增强国家核心竞争力、奠定长远发展基础"的《统筹推进世界一流大学和一流学科建设总体方案》。换个角度审视这一广被学界和媒体解读的国家重大决策，可以认为我们尚未解决好世界一流大学建设问题，即客观上这个问题还处在悬置状态。

缺乏世界一流大学是一个国家竞争乏力的重要原因。在知识经济时代，高新技术不仅彻底改变了人类的生活和生产方式，而且已经成为国家竞争实力强弱及生产力水平高低的决定性因素。这也是国家把科学技术创新作为各项创新之首的理由。作为科学技术知识的垄断者，大学在培养具有知识创新能力的人才及直接推进高新技术的进步方面具有不可替代性，在很大程度上拥有决定国家兴衰成败的知识权力。基于国家发展与高等教育之间的这样一种因果逻辑，我们必须承认高等教育落后是科学技术落后的主要原因，建设高等教育强国是强国建设的必由之路。由此可以进一步推断：缺乏世界一流大学支撑的国家很可能由于缺乏原创性知识及科技创新的竞争力而成为没有多少竞争力的国家。我们的大学如果不能在知识和科技创新上引领世界，我们就不可能在国际社会具有足够的话语权并引领国际社会。

系统论及结构主义有一个共同的观点：事物的本质不在于事物本身，而在于人们认识到的构成事物的诸多要素及其关系，即事物是由要素及要素之间的各种关系构成的，在任何既定的情境下，某一要素的意义由它与既定情境中的其他要素之间的关系所决定。持这种思维方式的教育研究者主张在讨论教育出了什么差错及为什么会出现这些差错的基础上找到纠正差错的对策。根据这种思维方式，笔者认为，在高新科技创新对国家的影响日益增强的今天，关于世界一流大学建设及其之于国家发展重要性的认识已不是最要，亟待解决的是我们的世界一流大学建设效果何以不佳，从而导致其客观上仍处在悬置状态及怎样建成世界一流大学的问题。为此，我们有必要思考如下两个基本问题：其一，世界一流大学由哪些要素构成，它们之间的关系如何？其二，为什么欧美国家建成了如此多的世界一流大学而我们没有？

1. 世界一流大学的构成要素及其关系

关于世界一流大学的要素及其关系，笔者在《探索与争鸣》2016年第 7 期上发表过《世界一流大学建设的六要素》一文。笔者在持世界一流大学必须具有"学术实力雄厚，做出世界贡献，享有国际声誉"三大重要特征的前提下，对世界一流大学的界定如下：世界一流大学是指拥有一些世界一流学科和一流专业，聚集了一群世界一流学者，吸引了一大群世界一流学生，以世界一流大学的办学治校育人理念和世界一流办学条件，构建了世界一流大学制度和世界一流大学文化，能够培养世界一流专业人才和研究创造世界一流水平新知识的大学。即世界一流大学是具有诸多世界一流水平要素特征的，在知识创新和杰出人才培养等方面做出诸多世界级贡献并被国际社会认可的高层次人才培养及知识创新的组织。在厘清世界一流大学概念的基础上，笔者提出了世界一流大学包括六大基本要素。它们彼此关联，构成了一个大学要素系统，共同决定一所大学能否建成世界一流大学。

就要素而言，笔者强调世界一流大学与其他大学无异，包括规律、学科、人才、资源、制度与文化。这是在不同国家、不同地区所有大学的共性，大学的个性则是上述要素品质之高低强弱的反映。不同大学的实力、贡献及声誉等方面的差异都是上述要素差异的必然结果，所谓世界一流大学，就是上述要素品质皆比其他大学优异的产物。关于上述大学要素的联系，笔者从各要素间的逻辑关系角度特别分析并强调了办学治校育人规律对于世界一流大学建设的重要性。[①]

2. 世界一流大学建设成效不显的原因分析

我们在过去的 20 年间建设世界一流大学成效不显的原因，归纳起

① 眭依凡：《世界一流大学建设的六要素》，载《探索与争鸣》，2016（7）。

来有以下三个。

其一，从关于世界一流大学的研究来看，我们的研究多集中于世界一流大学的指标、特征及学科与专业的异同，缺少针对世界一流大学规律的深入挖掘和归纳研究，尤其是缺少对为什么欧美国家能够创建如此多的世界一流大学，以及为什么我们建设世界一流大学的进度如此缓慢的解释性研究，由此导致我们的世界一流大学建设缺乏理论指导。大学是高度理性的组织，必须在理性的价值引领下找到符合其规律的发展途径，世界一流大学建设更是如此。

其二，从大学自身的建设过程来看，我国研究型大学过于追求全面优秀，即全学科或多数学科的优秀，缺乏有所为有所不为的选择。世界一流大学是顶级学术人才集中、高精尖研究设备充足、研究环境及条件极其优越的教育与学术组织，没有雄厚的资源支撑，"巧妇也难为无米之炊"。凡世界一流大学，如哈佛大学、耶鲁大学、麻省理工学院、斯坦福大学、加州大学伯克利分校等，无不是在办学治校中集中资源于自己的优势学科及研究领域的。剑桥大学原副校长埃里克·阿什比就强调：不选择什么与选择什么同样重要。

其三，从高等教育的举办者（政府）对大学的宏观治理角度来看，为了让大学更好地发挥其为国家培养卓越人才及做出更多的知识创新的贡献，政府部门有必要根据大学独特的运行规律赋予大学更多的办学治校自主权。据此，笔者的建议是：第一，加强政府及大学决策层供给侧结构性改革，为大学按规律办学治校创造必要的制度环境。第二，加强政府对"双一流建设"有所不为的宏观调控，为实现核心学科专业领域有所突破的目标提供充足的资源条件。[①] 必须指出的是，"双一流建设"如何避免"985 工程"及"211 工程"的不足，是政府主管部门必须认真严肃对待的大事。

（三）悬置问题三：大学的去行政化

所谓行政化，指过度的行政管控，亦即泛行政管理。行政管理是科层制组织的产物，科层制组织的主要特征是通过"劳动分工、非人格化取向、权威等级系统、规章制度和专业取向"以保证较高的行政管理效

---

① 睦依凡：《世界一流大学建设的六要素》，载《探索与争鸣》，2016（7）。

率，现代组织一般是科层结构的组织。行政化具有等级更森严的组织架构、行政理念的官本位倾向、管理过程中行政权力滥用等特点。所谓大学的行政化，即一种在"官本位"行政理念主导下的、高科层性的、行政权力滥用的大学管理模式。用朱清时先生的话说：大学行政化的表现是一切运作都以行政权力为主导，做什么事都是靠行政命令，谁权力大谁说了算，而不是通过学者、科学家讨论。大学的泛行政化受我国积弊已久的"官本位"文化影响极深。大学若滋生"官本位"文化，就容易沦为媚上争宠的官僚附庸而难守学术组织的基本属性。

正是由于"官本位"文化及泛行政化不利于大学组织更好地按自身的规律办学治校育人，因此，政府及学界在大学管理去行政化的问题上似乎已达成共识。2010 年两会之前，温家宝同志在与网友连线时就明确指出：教育行政化的倾向需要改变，最好大学不要设立行政级别。《国家中长期人才发展规划纲要（2010—2020 年）》明确提出：分类推进事业单位人事制度改革，逐步建立起权责清晰、分类科学、机制灵活、监管有力的事业单位人事管理制度。克服人才管理中存在的行政化、"官本位"倾向，取消科研院所、学校、医院等事业单位实际存在的行政级别和行政化管理模式。《国家中长期教育改革和发展规划纲要（2010—2020 年）》特别强调：探索建立符合学校特点的管理制度和配套政策，逐步取消实际存在的行政级别和行政化管理模式。2013 年 11月，党的十八届三中全会做出决定：加快事业单位分类改革，加大政府购买公共服务的力度，推动公办事业单位与主管部门理顺关系和去行政化，创造条件，逐步取消学校、科研院所、医院等单位的行政级别，建立事业单位法人治理结构。非常遗憾的是，几年过去了，大学的去行政化成效并不明显。

大学的去行政化并不在于去行政级别这一形式及弱化大学的行政管理，而是要促进大学从管理向治理模式转型。对此，笔者曾撰文阐明了如下理由：其一，"行政管理"与"管理行政化"不是同一个概念，对国家或社会组织而言，前者是根据法规制度及运用法定权力对社会事务或组织运行进行管理的活动，而后者则是行政权力和行政管理的滥用，为一种过度依赖行政等级权威并强调行政纪律秩序而无视被管理对象积极性、创造性的毫无灵活性的泛行政管理。其二，尽管大学的学术属性决定了其为一个需要学术自由的完全不同于政府及其他组织的特殊机构，但大学作为极其复杂的社会组织，无法脱离有效的行政管理，包括来自政府部门的宏观管理。缺乏必要的行政管理，大学的统一性及其目标、秩序和效率则无法保证。① 由此可以明确：大学独有的学术属性和规律决定了它不是纯粹意义上的科层组织，但它也不是可以放弃行政管理的组织。大学的内在规定性决定了它必须在不受外界任何干扰，尤其是在不受权力和金钱干扰的环境下生产知识和追求真理。大学的上述特征赋予了其不同于政府及企业等社会组织的运行规律，因此，以管控为目的的行政化管理对学术自由和学术活力具有扼制作用，从而难以调动大学学术组织及其成员的积极性和主动性。② 从本质属性来看，大学是与行政化管理不相容的组织。

攻克积弊已久的重大社会问题有两种途径：其一，不破不立，破而后立；其二，先立再破，以立促破。前者以改革的胆魄和勇气试图尽快割除社会痼疾，后者则旨在通过建构新事物以逐渐取代落后事物。至于用什么方法，则必须针对具体问题和具体情境。大学的行政化并非一朝一夕的产物，因此，大学的去行政化有必要选择渐进式的改良之路，即构建大学的善治结构，以大学的治理逐渐取代大学的管控。

何谓善治？善治是一种与以自上而下的统治为手段、以就事论事的碎片化行政为特征、利用经验简单管理的模式根本不同的，以组织的目标为价值选择，注重以组织及其权力构架、资源配置及管理的合法性、高效率为原则的顶层设计，追求治理效果的整体性、可持续性、长远性、高质量的管理结构，是使不同利益主体缓解或放弃冲突，并以共同的目标为纽带，以互动合作为方式，旨在追求效率的管理模式。③ 善治的价值理性是组织效率，而善治的工具理性则立足民主管理，善治的目的在于促进组织利益和社会功能的最大化。大学的学术属性及规律决定了其是一个职能多样、目标模糊、结构松散、人员独立、组织自主，以及具有复杂活动、复杂目标、复杂关系及复杂权力等组织特征的学术组织。大学以高深学问探索和知识传播为属性特征、以学科专业为组织构

---

① 眭依凡：《从南科大之困审视大学管理去行政化》，载《探索与争鸣》，2011（9）。
② 眭依凡：《从南科大之困审视大学管理去行政化》，载《探索与争鸣》，2011（9）。
③ 眭依凡：《论大学的善治》，载《江苏高教》，2014（6）。

架的逻辑特点，决定了大学绝非仅仅依靠行政权力维持运行的组织，即大学不是被"管控"的组织，而应该是一个能反映大学内部治理诉求和遵循自身规律的需要，通过善治以高效率达成目标的社会组织。

党的十八大以来，治理体系和治理能力的现代化已经上升为国家意志，大学治理现代化也成为大学改革的题中之意；善治既是大学治理体系和治理能力现代化长远发展的目标，也是大学以治理取代行政化管理，顺利实现管理模式改革的现实手段。在国与国竞争日益激烈的时代，各国大学间的竞争也日趋激烈。在这样的国际大环境下，大学必须与时俱进，积极改革，因为变与不变、改与不改关乎大学的兴衰。大学的管理模式改革已经成为大学无法回避的问题。实现治理体系现代化和提高治理能力从而实现善治，已经成为当前大学唯一的选择。

至于如何实现善治，笔者在《论大学的善治》一文中提出了如下原则：其一，效率优先。大学之间的激烈竞争，决定了大学必须以"效率优先"为善治的目的及目标。其二，民主管理。民主管理本质上是一种"共享治理"或"共同治理"，善治强调利益相关者共享共治，在治理的结构和程序上也强调利益相关者的权力制衡及互动。大学的组织结构以学科专业为依据，其专业性极强，具以智力劳动为特征的组织属性，决定了大学的重大决策必须具有专业知识的参与。大学治理的民主性即民主管理的合理性是由大学的学术性这一文化基因决定的。其三，整体设计。复杂性是大学治理中最不能忽视的组织特征之一。大学内部要素之间关系的复杂性及大学与外部社会关系的复杂性，导致大学在发展或变革中充满了不确定性。权变理论的基本观点是：一个组织的结构和程序都是为了处理组织所面临的政治或经济上的严重不确定性而设计的。大学对整体的综合改革的顶层设计强调其是为了尽可能地减少在制度安排及执行过程中各方利益冲突导致的未来不确定性。其四，依法治校。治理属于法规制度安排的范畴，善治并不只是依靠组织及其个体的自觉自律，完善的法规制度建构对组织的有序运行具有不可替代的重要作用。善治的依法治校原则，一方面强调大学的治理结构必须具有合法性；另一方面强调大学构建的法规制度必须具有包容性、稳定性、整体性，而非朝令夕改、就事论事的制度碎片。[①] 大学是系统庞大、结构及其人员极其复杂的组织，其法治建构与制度安排都必须在穷尽所有要素及其关系的系统框架下完成，这就是大学善治的目的和作为现代大学制度之大学章程建设的意义所在。

---

① 眭依凡：《论大学的善治》，载《江苏高教》，2014 (6)。

当·代·中·国·教·育·学·家·文·库

卷

下 篇

理想主义大学及其人才培养

大学的理想主义与人才培养*

  大学的理想主义是大学对客观世界、社会生活及大学自身寄予的美好期望所持有的观念体系，亦是大学对自己的使命、责任、目标和操守所持有的一种既符合大学规律又有崇高追求的价值认定和信念追求。它不仅是人们寄予大学的一种美好祈望，更是大学之为大学必须固守、薪火相传的精神向往和文化灵魂。其意义在于为大学的办学和发展提供一种美好的、纯洁的、积极的、向上的目标参照，为大学及其师生的行动提供基本信念、基本态度和基本准则。大学的理想主义是一种与庸俗实用主义相区别的，坚持人类社会的科学脊梁、文化旗帜、道德良心和民族希望的一种价值追求和精神境界，其本质就是崇真、求美、向善、务实。人才培养是大学的基本价值和主体职能，是大学的立身之本和大学存在发展的基本逻辑。大学的理想主义对人才培养具有重要的作用和意义。

---

* 本文原发表于《教育研究》2006 年第 8 期。

一、理想主义与大学生坚定的科学信仰

信仰是人们关于生命、人类和宇宙最高价值的坚定信念，是认识主体对某种理想的信服和追求。雅斯贝尔斯说："大学是个公开追求真理的场所，所有的研究机会都要为真理服务，在大学里追求真理是人们精神的需要，因此，它给大学带来勃勃生机，是大学进步的条件。"[①] 世界名校之所以卓尔不群，为大学之典范，就在于她们始终坚持以探求真理和传播学问作为自己的核心价值。书本至上、知识至上、科学至上、真理至上、精神至上是耶鲁大学的理念、文化传统、价值取向和精神追求，也是耶鲁大学永远高扬的理想主义。剑桥大学经久不衰的原因是从未放弃自己"通过追求国际最高水平的教育、学习与研究，从而对社会做出贡献"的大学信仰。而"求是崇真"则是哈佛大学始终不渝信奉的做学问、做人的准则。英国教育家纽曼在《大学的理念》中指出："大学乃是一切知识和科学、事实和原理、探索和发现、实验和思索的高级保护力量。"[②] 因此，坚持"崇尚科学、追求真理"以及由此衍生的对科学负责、对科学的结果负责，是大学的生命信念，也是大学最不能放弃的理想主义。大学的核心使命是传播和发展科学，没有对科学的坚定信仰，大学就不会敬畏科学、忠诚于科学、信服科学、遵循科学、探索科学、发展科学、维护科学，就不能形成坚定的、明确的、合乎大学发展逻辑和规律的目标和追求，就难以抵制并可能屈服于外部社会各种利益的诱惑。没有对科学的坚定信仰，大学就难以自觉坚持和守护大学的学术属性，也就不能更好地实践教育影响年青一代热爱科学、探索科学、坚持真理，并对科学、对社会、对人类未来负责的使命。

以理想信念教育为核心，树立正确的世界观、人生观和价值观，是党中央、国务院加强和改进大学生思想政治教育之首要。尽管科学在本质上是一种智力探索活动，但它却是伴随着诸如求知求真等价值追求参

---

① ［德］雅斯贝尔斯：《什么是教育》，邹进译，169页，北京，生活·读书·新知三联书店，1991。

② 转引自［美］克拉克·科尔：《大学的功用》，陈学飞等译，1页，南昌，江西教育出版社，1993。

与的探索活动，学者的文化修养、价值取向等都会影响到科学的探索过程。因此，科学不仅创造物质世界的价值，同时也在创造精神世界的价值。科学的信仰使人坚持真理，自觉地运用科学发展观去审视和对待社会与自然。科学信仰不只是对待科学的态度，也是形成正确世界观的基础，有什么样的科学信仰就有什么样的世界观、人生观、价值观。求知求真的社会是不能放弃价值关心和价值选择的，大学是一个关心世界观、价值观并影响学生世界观、价值观的场所，而以"崇真"为特征的科学信仰就是大学的理想主义。

大学不仅传播科学知识，而且弘扬科学。大学绝不能只满足于对学生的知识和技能的传授，还应让学生在精神层面上获得对生存意义、生存目的的理解以及生存的精神动力。有科学信仰之大学才会有坚持科学真理和追求科学的崇高目标，并以此教育学生坚持科学真理和树立崇高的追求科学的目标。20世纪西班牙著名思想家奥尔特加·加塞特强调："在大学里开展文化教学，建立起符合时代要求的思想体系。这是大学的一项凌驾于其他之上的基本功能。"[①] 内在的精神信仰比外在的物质更为重要，大学教育必须培育这种精神，这就是建构和弘扬理想主义的意义所在。

然而，遗憾的是，唯眼前利益是图、唯局部利益是图、唯个人利益是图的庸俗功利主义已经在一定程度上异化着科学信仰进而异化着科学本身。在一种学术功利、学风浮躁、缺乏科学信仰的环境中，有几人能淡泊名利、安于学术？缺乏做艰苦细致的基础研究工作，又岂能期待大学培养宁静致远的学者和产生影响深远的原创性成果，更何来科学的创造力？

二、理想主义与大学生高雅的文化修养

修养通常指人们在社会生活中，尤其在思维及为人处世方面表现出来的言行优雅程度。修养何以重要？齐家、治国、平天下……先修其

---

① ［西班牙］奥尔特加·加塞特：《大学的使命》，徐小洲、陈军译，"译者前言"8页，杭州，浙江教育出版社，2001。

身。由于个人的修养并非天成的结果，而是后天教育的产物，故人们习惯称"修养"为"文化修养"，表示经教育影响而达到某种高度或水平的人文素质。培养有文化修养的人是大学自文艺复兴以来形成的自觉为人类社会、为受教育者负责的人文主义的理性传统。这一传统在那些历史悠久和追求卓越的大学得到了很好的继承，例如，斯坦福大学至今仍坚持其创始人利兰德·斯坦福在建校之初提出的"造就有教养和有用的公民"的人才培养目标。为此，该校依旧"对旨在扩大人们的头脑和提升人们的工作能力的普通文化十分重视"[①]。在当今社会，一个人的成功与否或对社会的价值大小，并非仅取决于他的专业能力，更重要的是他受教育后获得的文化修养。

理想主义与文化修养的养成有何关系？笔者以为：修，即美也。有文化修养者，其思、其言、其行无不透射出高雅。故古人说："腹有诗书气自华。"修养是人们追求美的思想、美的言行、美的品性而衍生出的反映人之素质的产物。而理想主义的概念之一，就是为人们的社会生活提供一种崇尚和追求美好、纯洁、健康、向上的参照，并以此时刻召唤人们脱离低俗。其不仅要求人们树立信仰，而且唤起人们自我完善、自我完美的追求。如何把大学生造就成有文化修养的人？当然是用有文化灵魂的大学来造就。感受过历史名校浓郁文化氛围影响的人无不认为，对大学生最有价值的东西，是弥漫在学校里的理想主义之文化影响，他们因此而求完美、而有教养、而更加儒雅。在剑桥大学、牛津大学、哈佛大学等著名学府，我们不难从其学子身上发现一种求完美之理想主义文化烙下的文化自律和文化自觉的影响，以及由此养成的高雅的文化修养。

作为大学文化的灵魂，理想主义不仅把求完美的理想深深融入大学的使命、大学的责任中，同时也会融入大学的人才培养目标中。从组织管理的角度看，培养目标是大学人才培养工作的出发点和归宿，大学的人才培养活动始于培养目标的实践并终于培养目标的实现。如果说人才培养质量是大学的生命所在，那么大学教育的质量首先取决于大学人才培养目标的确定。明确人才培养目标，是确保大学人才培养应有质量的

---

① 　王英杰：《在创新与传统之间》，载《北京大学教育评论》，2004（3）。

前提。缺失了理想主义的文化追求，大学的培养目标就会重知识技能培养，轻教化养成。而从人才培养的视角考察大学的使命，它既要发展学生的知识和能力，又要培养学生的信仰和教养，这是大学不能割裂的同等重要的使命。

当前的问题是，我们在一定程度上忽视了大学对"人的教育"的属性的关注，从而也就忽视了对人的文化修养的关注。至今有相当数量的大学并未从大学本质属性即文化的高度来讨论并确定自己的使命。一段时期以来，不少大学都在热衷于一流大学建设，这本无可非议，问题在于我们对一流大学的理解。在北京举办的中外著名大学校长论坛上，与会校长们形成了一个共识：扩大研究生数量不等于研究型大学，开设人文类专业不等于提高人文修养，国际交流不等于国际化，修建大楼不等于建成一流大学。简言之，仅有直观可见的硬件建设并不等于创建一流大学。一流大学首先是它的文化、它的精神。有些大学在本科教学评估中最关心的是指标数据与硬件设施，而对大学的人文精神、学术底蕴，尤其是理想主义和大学生的文化修养的养成关注甚少，这难道不值得自省和深思？

三、理想主义与大学生高尚的道德操守

《左传》对"不朽"的解释为："大上有立德，其次有立功，其次有立言。虽久不废，此之谓不朽。"大学本质上担负的是探索真理和传播知识亦即"立言"，并通过"立言"而服务社会亦即"立功"的责任和使命。然而，大学何以能经千年而不衰亦即"不朽"？就在于大学坚持阐释正义、主张公平、传承人类文明的薪火，始终自觉扮演着社会道德良心的角色。因此，"立德"使大学伟大而不朽。事实上，大学之所以越来越受到社会的关注，其中一个很重要的原因在于人们始终期望并相信大学的神圣，期望并相信大学及其师生能够严格遵循人类社会的最高道德准则，严格履行他们的道德义务和责任。人们对大学道德旗帜的诉求和期许，也是大学以传播和发展科学为使命的本质属性所使然。因为科学本不是向量而一旦被人掌握后就成为向量。换言之，科学可以造福人类，同样也可以损害甚至毁灭人类。科学技术的发展及其应用实践已

经证明：道德决定科学知识的运用方向，因此也就决定了科学知识对人类的祸福。科学和道德是构建人类和谐社会最基本的两个高度相关的要素。科学和科学运用的不可割裂决定了科学需要道德的约束，也决定了大学在科学的发展和传播过程中必须担负起自己庄严而神圣的道德责任。由于理想主义追求造福人类社会而不是损害人类社会的目标，因此，理想主义也是一种引导社会和人们向善的道德力量。其实，当大学有了崇真、求美的理想主义，向善的追求自然就在其中。而善并非不讲原则地息事宁人，其本质是灵魂的纯洁，其基础就是道德。大学在促进社会的发展过程中，不仅需要依靠崇真之理想主义以激发创造力、依靠求美的理想主义以培养文化力、依靠务实的理想主义以唤起凝聚力，同样也需要向善的理想主义以产生约束力。

科学和道德是大学共同的理想和追求，而科学和道德的高度相关性决定了完整的教育应体现两个主要目的：一是让学生掌握科学，使其更聪明；二是让学生有道德，使其明辨是非。1912 年，马相伯在就任北大代理校长的演说中，对大学生就强调了这样的大学理念："诸君皆系大学生，然所谓大学者，非校舍之大之谓，非学生年龄之大之谓，亦非教员薪水之大之谓，系道德高尚，学问渊深之谓也。"[①] 爱因斯坦也有类似的观点：学校的目的始终应该是，青年人在离开学校时，是作为一个和谐的人，而不是作为一个专家。仅仅用专业知识教育人是不够的，通过专业教育，他可以成为一种有用的机器，但不能成为一个和谐发展的人。使学生对价值有所理解并产生热诚的感情，则是最根本的。19世纪欧美大学就为高年级学生开设必修课"道德哲学"，以充实和完善年轻人的大学生活和学习，帮助他们明确人生的意义和目的，使他们既有利于自己又有利于社会的发展。

遗憾的是，我们不得不承认当前道德教育在大学有某种"失位"的趋势。美国学者德海特·艾伦曾指出：20 世纪，高等教育自发地把如何使学生变得聪明当作主要的目的，高等教育忙于应付令人头晕目眩的新知识，无暇顾及价值观和道德教育。其严重性在于，"如果我们使学

---

① 马相伯：《代理大学校长就任之演说》，载《申报》，1912-12-29。

生变得聪明而未使他们具有道德，那么我们就为社会创造了危害"①。当今社会，大学领导人和教育者有必要扪心自问：大学还是那么庄严和崇高吗？在专业知识上我们有资格教育学生和影响社会，在道德上我们是否也有资格教育学生和影响社会？大学及教育者是否还能坚守诚信，并以诚信教育培养具备诚信品格的年轻人？

牛津大学有句格言："美德即高贵。"大学的"高贵"不仅在于其是知识的创造者和传播者，更在于大学注重和追求美德的理想主义。缺失了这样一种理想主义的精神引领，大学就会失去道德的自觉自律，也就不会产生对大学生具有潜移默化的文化滋润作用的道德感召力，更不堪承载社会道德楷模、人类道德希望之重。大学培养有文化修养的人，有文化修养之人首先是有道德之人，这是大学必须给受教育者带来的人格影响。道德的主要作用在于使实践主体在行为的选择上具有道德的价值判断。大学的理想主义使受教育者自觉形成一种精神上的自我控制、自我调节和自我约束的道德判断，从而使大学生自律、自尊、自爱、自省，成为道德心理健康的人。据人本主义哲学家马斯洛的观点：具有健康心理的人的行为，更多地由真理、逻辑、正义、现实、公正、合理、美和是非感决定，而较少受焦虑、恐惧、不安全感、内疚、羞愧等心理左右。理想主义使受教育者获得这样一种道德的力量，就是使他们不仅能根据自我价值需要而且更依据社会价值需要，判断和决定自己的行为选择，即能自觉地运用道德判断决定和把握利益行为的方向。这是我们期待大学教育的影响和作用之所在。

四、理想主义与大学生高度的社会担当

大学使命是人们对大学必须承担的社会责任的一种认定，是社会对大学应有价值的要求。杜威说，教育是社会进步和革新的根本。林肯在向美国国会提供的国情咨询报告中也曾提到，人类最后和最美好的希望之一就是教育。大学教育尤其应成为人类最美好的希望、社会改革和进步的重要力量，并自觉处在社会文明的最前沿。大学不能回避历史，更

---

① ［美］德怀特·艾伦：《高等教育的新基石》，载《新华文摘》，2005（22）。

不能回避现实，尤其不能回避其必须承担的社会责任。大学不仅要关注并推动社会的健康发展，还应批评并阻止任何势力对社会的任何伤害。这就是蔡元培所说的：教育指导社会，而非追逐社会。

大学教育有两种不同的哲学认识或理想主义，如果说认识论哲学要求大学体现崇尚科学、追求真理的精神，那么政治论哲学则强调大学探索深奥的知识并不只是出于对知识的好奇和知识本身，而是它对国家有着深远的影响，即大学必须对国家和社会负责。因为就大学的使命而言，大学的理想主义是一种既追求科学本身，又强调科学对人类、对国家、对社会负责的价值追求。这样一种理想主义要求大学不能放弃自己对社会进步、对国家前途必须负有的责任，更不能把自己的知识使命和国家的前途命运对立起来。哈佛大学原校长博克在《走出象牙塔——现代大学的社会责任》中指出，现代大学要从象牙塔中走出来，为国家的利益和社会的进步服务。如果大学脱离国家和社会的需要，大学就不再有继续存在的理由。一所不能忧国家之忧、想国家之想的大学，岂能担负起为人类文明谋福祉的重任？大学必须为自己的国家和所处的社会做出重要的贡献，这就是大学必须具有的务国家之实、务社会之实的精神，一种大学不可不有的理想主义。

大学对国家前途、对社会进步有所作为的理想主义体现在人才培养上，就是培养为民族、为社会勇于担当责任的知识分子。大学如果缺乏为国家、为社会负责的理想主义，其就难以培养思维具有整体性、长远性以及自觉为国家长谋远虑、为社会担当责任的人才。

理想主义的大学应当把国家和人民的利益置于第一，这样一种务实的精神不仅是大学的责任，而且是大学理想主义的标志之一。霍克说："知识分子是精神生活质量的天然保护者和糟粕的天然批判者，是理想的忠实卫士。"① 大学是独立思考、独立思想、独立批判的中心。大学不仅不能做"江山留与后人愁"的事，也不能对"江山留与后人愁"的社会现象无动于衷。随着大学对社会的作用越来越大，大学必须体现其直接介入社会，包括对社会持一种批判精神的责任，大学应该体现一个民族和时代的胆识、勇气和志向，大学的凝聚力也正来自这样一种为国

---

① 　转引自夏中义：《人与国家》，286页，桂林，广西师范大学出版社，2002。

家负责、为人民担当的胆识、勇气的作为之中。伟大的大学，必须是对国家、对民族、对社会、对人类负责的大学。

概言之，大学的理想主义旨在强调培养有科学信仰、文化修养、道德操守、责任担当的人，科学信仰使学生崇真，文化修养使学生求美，道德操守使学生向善，责任担当使学生务实。理想主义是大学的共性特征，是大学不能放弃的价值追求。当我们意识到应当把大学建成伟大的学府并有意识地剖析一些世界名校时，我们看到其成功的真谛正是基于理想主义文化灵魂的影响。没有理想主义，就不会产生和造就伟大的大学。

大学文化理性与文化育人之责[*]

一、大学文化理性之重要性

1936 年，哈佛中国同学会在哈佛大学建校 300 周年的一块纪念碑文中写道：文化为国家之命脉，国家之所以兴由于文化。国家如此，以文化为灵魂的大学尤其如此。国学大师王国维沉湖而去后，陈寅恪先生分析其自溺原因道："凡一种文化值衰弱之时，为此文化所化之人必感苦痛，其表现此文化之程量愈宏，则其所受之苦痛亦愈甚……"①文化可以让其熏陶者、追随者、传播者为之殉道献身，足见文化对人的教育之深、影响之甚。大学文化亦然，其在大学的办学治校育人过程中不可忽视、不可替代的原因，就在于文化使大学根本区别于其他社会组织，并使大学的办学治校及其人才培养产生千差万别的结果。例如，对求远效的教育家型校长而言，其办学治校是以自觉坚守大学属性、使命和教育规律

　＊　本文原发于《中国高等教育》2012 年第 12 期。

　①　岳南：《南归北渡》，60 页，长沙，湖南文艺出版社，2011。

为办学目标的，而取近功的政客型校长则以唯上讨宠、喜物弃人、求闹舍静的"政绩"工程为办学目标。此别完全是办学治校者持不同大学文化价值观所使然。如果大学把需要自己努力改造和摒弃的社会没落的东西如不公正、是非错乱、道德沦丧等让其渗透到大学内部，那是大学文化的堕落。让大学像大学，绝非雄厚的金钱、物质所能解决的问题。办什么样的大学，从根本上取决于办学治校者想办什么样的大学，而后者属于大学文化的问题。哈佛大学原校长德雷克·博克认为：大学的根本性转变必须通过大学内部才可以实现。而来自大学内部的根本性改变能否发生，首先取决于大学组织成员，尤其是办学治校者持何种大学文化价值观。

大学文化的重要性有四点：其一，大学是负有传承和创造人类文化职能的，具有强烈的文化组织属性和特征的社会组织，文化是大学区别于其他社会组织的身份，文化属性是大学永恒的特征。没有文化底蕴，大学就不再是真正意义上的大学；离开文化，大学就不再有教育的发生及学术的延续和繁荣。其二，教育是最充分、最有效培养人的力量，而大学内在的不可替代的教育力量就是它的文化影响。大学生是靠自己在所处的文化环境中积极主动地思维和在感悟中学到东西的，大学文化的价值就在于把具有强制性的教育，外化为虽带有教育意图，却以学生自我教育的形式完成的大学环境。它是一种以文化的形态或潜在的课程参与教育全过程的，花力最小、成效最好的非强制性教育手段，是通过教育环境的营造，以一种潜移默化的、润物无声的情感陶冶、思想感化、价值认同、行为养成的方式实现教育目的并影响教育的。其三，大学既是年轻人追求真理的知识殿堂，又是其涵养精神的文化教堂。大学不仅传播科学知识和真理，而且灌输文化精神和信仰。其四，当前大学的发展和完善关涉质量提高、制度创新和文化建设三大问题。其中，质量提高是大学办学治校的目标，制度创新是大学目标实现的制度保障，而文化建设则是大学质量提高和制度创新的精神动力和思想基础。一所大学如果长期在器物层面上务实，在文化层面上务虚，仅有现代化大楼而没有大学文化应有的浸润，这样的大学不免浅薄，既不可能担负好培养全民族科学、民主道德精神的使命，也不可能远离与学术追求格格不入的急功近利、浮华喧嚣，更不会安然于学术创新和育人的本分，也就不能自觉接近它原本应有的崇真、向善、求美、有社会担当的目标。

大学文化的重要性使我们认识到，大学的诸多问题首先应该从大学的文化中寻找。今日大学能否经得起如下拷问：大学是否存在过度社会化而追名逐利，不好好沉潜学问探索和知识传承的问题？大学作为人类文明的产物，其基本责任是促进人类文明的发展和民族进步，倘若结果不尽如人意，其是否会对自己存在的意义产生存疑和自我批判后的修正？相当数量的大学心不在焉地随波逐流，它们是否会在某天突然发现自己已经脱离了应有的生命轨道而自觉地迷途知返？大学被社会同化的结果已经把大学的教育、学术组织的独立性剥夺了，它们能否意识到自己与学府庄严神圣、纯洁的形象渐渐远离，并从对使命的漠然甚至麻木中回归大学之真？大学的道德理想及教师的风范应该使受其影响的学生在未来漫长的岁月里，以大学的道德理想为人生的准绳，但如果大学甘愿沉沦，不以励志向学、改造社会为荣，却以贪图享乐、放弃责任担当为趣，不仅自己没有想象力、创造力而且扼杀年轻人的想象力，这样的大学及其教育是否还有希望？

在建设高等教育强国、提高人才培养质量的今天，我们不能无视大学及其人才培养存在的被社会普遍诟病的问题，更不能把本应大学承担的责任推给政府和社会。当然，大学也是专业分工的产物，但有所不同的是：大学是国家的科学脊梁、民族的文明希望、社会的道德楷模，是以人才培养、知识生产和积累、文化传承和创新为使命担当的组织。这使大学应该有更多坚守真理、遵循规律的自觉、自律意识，也是我们需要讨论的大学文化理性问题。事实上，当今大学存在的文化理性衰微、非理性文化泛滥的问题已经不容忽视。所以，胡锦涛同志在清华大学百年校庆大会上特别强调：全面提高高等教育质量，必须大力推进文化传承创新。

二、大学文化理性的含义

理性是一种思考后的大智大慧，是对价值及其重要性的认识，以及获得认识之后的坚守。倘若一项行动是理性的，那么该行动事前就会认真地研究并被正确地设计，从而保证其成为谋求最大成功的行动。此为理性的重要性。

如果说大学文化是不以人的意志为转移的一种客观存在，不论其优良与否，大学都有附着其身的文化存在，那么大学文化理性反映的则是赋予了人们对大学主观意识的文化价值判断、选择及坚守，是人们对大学文化及其价值予以高度重视后的一种对大学的正确认识。人们借此影响大学的选择及其后的行动。大学的文化理性包括使大学保持清醒的文化自识、高度的文化自觉、自知之明的文化自信和严肃的文化自律。[①]

（一）文化自识

所谓文化自识，就是根据大学存在的意义和价值认识大学组织的文化属性，这是大学按自身规律办学治校的思想基础。大学的文化自识之所以重要，不仅在于大学天生就是一个以文化属性为主要特征的社会组织，还在于大学自创生来就以文化继承、文化传播及文化创造满足人类永恒的需要，并以文化影响和改造社会为己任。大学的使命角色就是先进文化的研究者、创造者和传播者，代表国家和民族先进文化发展的方向。剑桥大学总结自己的历史后得出结论：大学是成长的而非创造的。大学的庄严、凝重、神圣源于大学的成长，而大学成长的过程其实就是其历史文化的积淀和成熟过程，绝非一蹴而就。没有文化底蕴，大学就不再是真正意义上的大学。缺乏对大学的文化自识，大学就不能对自身的组织属性及核心使命有清晰的认识，也就不能奢望大学守持自身的基本属性及核心使命。

（二）文化自觉

著名社会学家费孝通指出，文化自觉，是生活在既定文化中的人对其文化有"自知之明"，明白它的来历、形成的过程、所具有的特色和它发展的趋向。自知之明是为了加强对文化转型的自主能力，取得适应新环境、新时代文化选择的自主地位。文化自觉是一个艰巨的过程，只有在认识自己的文化、理解所接触到的多种文化的基础上，才能在这个正在形成的多元文化的世界里确立自己的位置，然后经过自主的适应，和其他文化一起取长补短，共同建立一个有共同认可的基本秩序和一套多种文化能和平共处、各展所长、连手发展的共处原则。大学的文化自

---

① 眭依凡：《大学：向科学理性的组织回归》，载《中国高等教育》，2004（17）。

觉是在文化自识，亦即对大学文化在发展进程及办学治校育人过程的意义、地位、作用的深刻认识基础上的一种文化觉醒、文化省思和文化创新，是对大学文化发展规律的把握及对大学文化建设责任的主动担当。"大学的文化自觉是大学道德自觉、学术自觉、行动自觉的基础。大学是以探索、追求、捍卫、传播真理和知识为目的，负有引导社会价值观，并从道德精神上规范社会行为之使命，对人类素质改善和提高、社会文明发展和进步具有不可替代之重大公共影响力、推动力的教育机构和学术组织，教育新人成长的世界。"① "大学的组织属性决定了大学必须是一个充满理想主义的所在，大学是以理想主义的崇真、向善、求美、社会担当，教人并引导社会崇真、向善、求美、务实。"② 这种大学观要求大学较其他任何社会组织都应当有更高要求的文化自觉，有文化自觉的大学才能担负起引导社会自觉的使命。

（三）文化自信

《中共中央关于深化文化体制改革推动社会主义文化大发展大繁荣若干重大问题的决定》有如下表述："文化自信是一个国家、一个民族、一个政党对自身文化价值的充分肯定，对自身文化生命力的坚定信念。"③ 大学的文化自信亦然，是大学在自我认识基础上生成的对自己文化价值的认可和信心。文化自信是大学的立校之本和大学赖以生存发展的精神支柱。尽管经典意义的大学源于西方文明，但任何大学都创生和发展于所在的国家。其不仅要适应、满足所处社会发展进步的需要，同时要担负传承和弘扬本民族精英文化的使命，并受本民族文化的影响。大学的人才培养、科学研究、社会服务的组织属性及其办学治校育人的规律性，使各国大学必须具有作为教育和学术组织存在而特有的一致性或同质性，但大学亦有因民族文化等不同而产生的多样性，即个性。有文化自信的大学应该既坚守和弘扬本土文化精粹，又大度包容、学习、吸纳西方大学精英文化，从而不断完善自我。对仅有百年历史且处在建构现代大学制度阶段的中国大学而言，更需要处理好传统和现

---

① 眭依凡：《理性地捍卫大学：高等教育理论的责任》，载《清华大学教育研究》，2010（1）。
② 眭依凡：《理性地捍卫大学：高等教育理论的责任》，载《清华大学教育研究》，2010（1）。
③ 《解读：为什么要培养高度的文化自觉和文化自信》，www.gov.cn/jrzg/2011-11/14/content_1992759.htm，2012-10-01。

代、东方和西方文化的保持、扬弃与吸纳的关系，以形成既有中国优秀文化传统特色又有西方大学时代特征的适应国际化发展趋势的现代大学文化。换言之，中国大学必然以中国传统文化和西方文化优秀元素的兼容并包、互相补充为发展的资源和条件保障。大学文化自信是大学对自己的文化既不妄自尊大又不妄自菲薄，对外来的文化既非全盘照搬又非拒之门外，融守持与开放、继承与创新、批判与包容于一体的文化理性。没有文化自信的大学无以实现大学的文化自强。

（四）文化自律

文化自律即在价值追求、组织意志、思想意识层面的文化自我规范、自我要求和自我约束。文化自律是大学的一种修养及文化理性的最高目标。所有值得追求的目标都是需要文化自律才能实现的终极目标。大学若失去了文化自律，就可能堕落为只顾物质追求而不求精神支撑的一类自我放纵的社会组织，不会也不可能担负好民族和人类社会的责任。

大学的成长成熟取决于大学内在文化精神的培养和形成，而非外部的机遇和手段。大学必须有认识和坚持自己使命的文化自识、文化自觉、文化自信和文化自律。只有这样，大学才会、才能成为社会的人文精神和道德榜样。

三、大学文化育人之要务

2011 年，胡锦涛同志在清华大学百年校庆上的讲话中特别强调"要积极发挥文化育人作用"。教育部原部长袁贵仁也认为："在一定意义上可以说，大学即文化。大学的教育教学过程，实质上是一个有目的、有计划的文化过程。所谓教书育人、管理育人、服务育人、环境育人，说到底都是文化育人。"[①] 这一观点已经揭示清楚大学文化与育人的关系。讨论大学文化理性的主要目的之一，在于通过加强大学文化建设，使大学更加自觉地发挥文化育人的作用。

我们知道，青少年，包括大学生的素质改善、发展、提高是不能完

---

① 袁贵仁：《加强大学文化研究 推进大学文化建设》，载《中国大学教学》，2002（10）。

全靠自发完成即完全自我实现的，但教育能否产生预期结果不仅取决于教育者的外加作用，更取决于或最终取决于受教育者自身的内部接受，即外来教育的效果取决于受教育者内化过程的质量。① 大学文化正是通过具有外律作用的教育环境的形成及改善，使受教育者耳濡目染，产生内律要求，从而实现自我教育。利用文化的影响达成教育目的，这是教育的最高境界：不教之教。

我们一直在谈重视教育，可我们是否思考过如何使教育达成其必要效果？大学制度固然重要，但无论是教师还是学生，都不能靠强制性的制度使他们教得更努力、学得更刻苦，而应该依靠他们已经建立起来的使命感和价值信仰，这就是文化的意义和作用。文化育人并不在于通过什么制度化的规制和约束给人以影响，而是营造一种大爱无声的大学精神氛围，使置身其间的教师和学生无不感受到学府气息而自觉向学修身。所以，把大学文化营造纳进人才培养体系是有必要的。

大学文化育人要务之首是培养人的理性精神。通过大学文化的熏陶，受教育者形成并守持崇真、向善、求美和有社会担当的理想主义，从而在任何时候能够：知其伪而守其真，知其恶而守其善，知其丑而守其美，知其不能为而守其必须为，知其辱而守其尊。大学文化对育人于理性精神很重要的原因就在于，只有理性精神才能使受教育者形成并守住信念之真、内心之善、行为之美及有社会担当的大道，让受过大学教育的青年人自觉担当起社会责任。就理性精神而言，陈寅恪、胡适堪为我们的楷模。两位文化大师在推动我国近现代文化的进步中起到了重要作用，分别成为中西古典主流文化与西方近代主流文化价值在 20 世纪中国的积极传播者。他们人格磊落，正直不阿，恪守传统人伦道德，善于独立思考，倡导思想自由，"致力于将个人生命的终极意义落实在对中国文化的贡献上，都自觉通过立德、立言、立功来实现人生的不朽价值"②。他们既是传统儒家意义上的君子儒，也是西方文明意义上的绅士知识分子。"大学的主导精神如果要继续存在下去……就必须坚持维

---

① 　眭依凡：《关于大学文化建设的理性思考》，载《清华大学教育研究》，2004（1）。

② 　杨丹荷：《文化保守者陈寅恪与自由主义者胡适》，http://news.tsinghua.edu.cn/publish/thunews/9668/2011/20110225232538062516959/20110225232538062516959_.html，2015-10-01。

系人文标准。简言之，大学的目的就是：它必须在这个量化时代中造就有质的人。"①传授大学生以专业知识只是大学教育的部分责任，培养健康人格才是大学教育更重要的目的。

大学文化育人要务之二是营造和强化大学学习化社会生态环境，使热衷于探索真理和求知向学成为师生的一种共同的生活方式。既然是一种生活方式，就无须什么外加的压力，而是自觉自愿的意志和行动。大学的核心使命是传播和发展科学，大学文化能否营造使受教育者形成敬畏科学、热爱科学、忠诚于科学、探索科学的求学环境，关系到大学及其人才培养能否抵制外部社会各种利益的诱惑，确保年青一代热爱知识学问，并有以真才实学服务社会、国家乃至人类文明发展的责任担当。当我们强调民族创新精神和创新能力的时候，我们是否注意到如下问题："缺乏做艰苦细致的基础研究工作，又岂能期待大学培养宁静致远的学者和产生影响深远的原创性成果，更何来科学的创造力？大学及其教师如此，学生又何不如是？"②今日之大学及其学人的书房还能放下一张安静地研究学问、求知向学和探求真理的书桌吗？

大学需要有足够的出世精神和警醒，必须营造有利于青年人奋发向学而非投机取巧的育人文化，要"力图根据学生的能力而不仅是他们的出身来提携学生，使他们超越自己原来所属的层次"③。如果大学连对学习化社会应有的求知向学的育人文化都不能守护，岂能期待她是科学发展观的积极维护者、践行者？大学文化育人的重要性就在于她使大学及其教育者固守求知、崇真的科学信仰，并以此教育和影响学生，使他们在任何时候都能按科学发展观思维和行动。大学何以受到尊重，因为这里有思想知识的尊严。如果大学培养的都是"武不能剑行天下，文不能笔写华章"的人，岂不是大学培养人才天职的失守？

大学文化育人要务之三是立足国家和民族长远利益，积极营造有利于知识创新及创新者培养的，蔡元培先生早年就极力倡导和践行的"囊

---

① ［美］欧文·白璧德：《文学与美国的大学》，张沛等译，50 页，北京，北京大学出版社，2011。

② 眭依凡：《大学的理想主义与人才培养》，载《教育研究》，2006(8)。

③ ［美］欧文·白璧德：《文学与美国的大学》，张沛等译，50 页，北京，北京大学出版社，2011。

括大典，网罗众家"的办学治校育人文化。在全球激烈的科学技术竞争及创新型国家建设中，我们的优势不足，至今也尚未培养出改变世界的杰出人才，所以我们的大学还不能沾沾自喜。美国大学之所以对世界最聪明、最具创造潜力的年轻人具有巨大的吸引力，并不只是他们具有世界精英人才培养的经验和事实，更在于他们有遵循学术发展、知识创造规律的有利于培养各学科专业领袖的，以人为本、思想自由、人格独立、学术民主的大学文化。

胡锦涛同志在 2006 年的院士大会上强调："培养造就创新型科技人才，要全面贯彻尊重劳动、尊重知识、尊重人才、尊重创造的方针。"[①]知识创新是一种有独立性、创造性、批判性特征的艰苦的智力劳动，只有尊重人才和遵循智力劳动的基本规律，我们才能期待知识创造者取得创造性的成就。斯坦福大学校长约翰·亨尼西认为，创新需要充满勃勃生机的人的环境。心理学研究结果表明：要培养创新人才也许只有一件事情要做，即消除人才创新的文化障碍。所以，回归以人为本，营造尊重知识、尊重人才、尊重学者与学生的"有大略者不问其短，有厚德者不非小疵"的包容文化，是大学培养创造性人才的文化基础。包容性不仅是思想自由、学术民主的大学理想的体现，更是大学尊重知识、尊重人才、尊重学生的文化体现。缺乏学术组织必须具有的包容性，思想自由、学术民主的空气就会窒息，学者和学生的创造欲望、创新精神、创业冲动就会受到抑制，大学因此就会死气沉沉，毫无生气和活力。无"思想自由，兼容并包"的大学办学治校育人文化为基础，培养拔尖创新人才将永远是大学遥不可及的梦。

大学文化建设之要，重在涵养其文化理性。没有文化理性对大学文化的守护，大学就不会安然于育人的本分并注重育人的质量，更不能自觉以文化教育人、影响人、改造人，以及创造出新的文化。

---

① 胡锦涛：《胡锦涛同志在中国科学院第十三次院士大会和中国工程院第八次院士大会上的讲话》，http://www.nsfc.gov.cn/publish/portal0/tab88/info1900.htm，2012-10-01.

"互联网＋"时代大学如何守持育人使命[*]

　　"互联网＋"时代的到来，使人类生活和生产方式发生巨变。这一巨变带来的挑战，任何国家和行业都无法回避，只能直面，高等教育及实施组织——大学亦然。当前我国高等教育事业正处于加快"双一流"建设、实现内涵式发展的关键时期，习近平总书记在党的十九大报告中明确提出要全面贯彻党的教育方针，落实立德树人的根本任务，培养德智体美全面发展的社会主义建设者和接班人。[①] 由于人才培养是高等教育永恒的主题，因此，立德树人在以提高人才培养质量及培养一流人才为旨要的高等教育内涵式发展和"双一流"建设进程中依然是题中之意。以移动互联网、大数据、云计算、物联网等技术为支撑，以开放、自主、多元、交互和共享为特征的互联网与以人才培养和知识创新为己任的大学的结合，既是大势所趋，亦是大学必然的选择。毋庸讳言，"互联网＋"时代以其信息传播的迅捷

* 本文原发表于《清华大学教育研究》2018年第2期，第一作者为李芳莹。

① 《习近平：决胜全面建成小康社会 夺取新时代中国特色社会主义伟大胜利——在中国共产党第十九次全国代表大会上的报告》，www.xinhuanet.com/2017-10/27/C_1121867529.htm，2018-01-08。

性及观念价值的多元性等，对我国大学的立德树人提出了挑战。然而，挑战与机遇是一对并存的范畴，面对"互联网＋"时代的新挑战，我国大学的立德树人必须找到新思路、新举措。"互联网＋"时代的大学既要有所"守"，也要有所"变"。就人才培养而言，所谓"守"，即坚持立德树人的办学方向和育人使命，而所谓"变"，即与时俱进，充分利用"互联网＋"带来的挑战和机遇，积极拓宽育人的思路，改善育人的环境，创新育人的方法，更有效地践行立德树人的人才培养目标。而这正是习近平总书记对思想政治理论教育提出的"坚持在改进中加强"[①]的要求。

一、立德树人：大学必须守持的核心使命

自欧洲中世纪大学创立以来，人才培养便成为大学的核心使命。教育的最高目的就在于育人，而培养什么样的人既有对受教育者才能发展的标准，也有对其品德养成的要求。就人的成长规律而言，后者具有价值导向和精神引领作用。古人云：人以德立，邦以德兴；德者，才之帅也。立德树人不仅是坚持中国特色社会主义办学方向对培养什么人做出的选择，亦是大学对育人为本使命的坚守。所以党和国家把立德树人明确为大学的立身之本及大学办学治校的首要任务，不仅把立德树人写入有关高等教育改革发展的纲领性文件，而且党和国家最高领导人对立德树人不断加以强调。党的十八大报告将立德树人确定为教育的根本任务[②]，此后习近平总书记多次就立德树人发表重要讲话。2016 年 12 月，习近平总书记在全国高校思想政治工作会议上明确指出，高校立身之本在于立德树人……并以此来带动高校其他工作，努力开创我国高等教育

---

① 《习近平在全国高校思想政治工作会议上强调：把思想政治工作贯穿教育教学全过程 开创我国高等教育事业发展新局面》，dangjian. people. com. cn/n1/2016/1209/c117092-28936962. html，2018-01-08。

② 胡锦涛：《坚定不移沿着中国特色社会主义道路前进　为全面建成小康社会而奋斗——胡锦涛同志代表十七届中央委员会向大会作的报告摘登》，cpc. people. com. cn/18/n/2012/1109/c350821-19529916. html，2018-01-08。

事业发展新局面。① 2017 年，习近平总书记在党的十九大报告上明确要求高校落实立德树人的根本任务。②

《大学》开篇即言：大学之道，在明明德，在亲民，在止于至善。"德"居"道"之首，国无德不兴，人无德不立。就大学而言，"德"是指一种精神信仰、价值选择和信念追求。因此，我们有理由认为立德树人与以"崇真、向善、求美、务实"为本质的大学理想主义之间存在高度契合的关系，在一定意义上可以将立德树人视为大学理想主义在人才培养方面的价值诠释。明确大学立德树人的使命，就必须首先明确何谓大学的理想主义。大学的理想主义是大学对客观世界、社会生活及大学自身寄予的美好期望所持有的观念体系，亦是大学对自身使命、责任、目标和操守所持有的一种既符合大学规律又有崇高要求的价值认定和信念追求，其意义在于为大学的办学和发展提供一种积极的目标参照，为大学及其师生的行动提供基本信念、基本态度和基本准则。③ 以此为依据，我们可以将大学的立德树人使命理解为大学为实现理想的目标，而以培养具有坚定的科学信仰、高雅的文化修养、高尚的道德操守及有高度的社会担当的卓越人才为己任，进而对其人才培养提出的具有思想性、指导性与针对性的价值标准及根本要求。大学立德树人使命的内涵一旦明确，大学何以要守持立德树人使命就不言而喻，因为立德树人对大学具有如下价值引领、理念治校的意义。

其一，立德树人是大学立身之本，是大学人才培养职能之所致。英国教育家纽曼在《大学的理念》中明确指出，"大学是一个传授普遍知识的地方""如果大学的目的是为了科学和哲学的发现，我不明白为什么大学应该拥有学生"④。人才培养是大学的根本任务，衡量一所大学的根本标准不应是其经济收益与知识产出，而是人才培养的质量。笔者

---

① 《习近平：把思想政治工作贯穿教育教学全过程　开创我国高等教育事业发展新局》，cpc. people. com. cn/n1/2016/1209/c64094-28936173. html，2018-01-08。

② 《习近平：决胜全面建成小康社会　夺取新时代中国特色社会主义伟大胜利——在中国共产党第十九次全国代表大会上的报告》，www. xinhuanet. com/2017-10/27/C _ 1121867529. htm，2018-01-08。

③ 眭依凡：《大学的理想主义与人才培养》，载《教育研究》，2006 (8)。

④ ［英］约翰·亨利·纽曼：《大学的理想（节本）》，徐辉等译，1 页，杭州，浙江教育出版社，2001。

并不否认大学在知识创新与促进经济发展方面产生的巨大作用和做出的贡献，但是人才培养是大学发挥其科学研究、社会服务、文化创新等职能作用的基础与前提，是大学之为大学的根本。原因就在于高等教育是教育过程中的一个阶段和环节，大学作为实施高等教育的主要机构，其首要职能便是育人，即通过传递高深学问培养社会高级专门人才。这是大学的"原生功能"①，是大学与其他社会组织的根本区别，其为大学的存在提供了合法性依据。在我国建设一流大学之际，学界及大学将更多的目光转向对"一流本科教育"的探讨与建设，这实质上是对大学人才培养这一根本职能认识的回归。

其二，立德树人是大学办学治校的方向，立德为先是大学育人的价值。"德"之于大学及其成员是一种精神信仰。就宏观层面即大学而言，"立德"表现为立大学精神，大学首先是一种精神的存在。芝加哥大学的艾伦·布鲁姆教授曾将大学与殿堂对比，并据此论证信仰和精神之于大学存在的重要价值："过去大学中哲学家的存在比如今在殿堂中先知和圣人在场更为稀罕。由于这些殿堂被赋予了先知与圣人的精神，因而有别于其他的处所。""也许这个比较并非恰当，但是大学的讲坛的确也受到一种类同的精神的熏陶，这就是已故的先哲的精神。"② 就微观层面及大学个体成员而言，"立德"表现为"立理想信念""立意志品质""立使命担当"。"德"对大学及其成员而言，意味着一种价值导向和行为规范，表现为对社会责任担当的使命感，是一种道德自觉与道德自律的体现。有研究者通过对当代大学生道德情感现状的调查研究发现，当代大学生的道德情感总体发展正向、积极，但正直感、公益感、奉献感欠佳③，尤其社会担当精神及其自觉性有衰微之势，由此足见守护"立德为先"的大学育人理念之重要。

其三，立德树人是基于为社会做出更大贡献而对大学人才培养提出的高标准、高质量要求。知识经济时代的一个重要特征就是大学已经成

① 潘懋元：《多学科观点的高等教育研究》，350页，上海，上海教育出版社，2001。
② ［美］艾伦·布鲁姆：《走向封闭的美国精神》，缪青等译，291页，北京，中国社会科学出版社，1994。
③ 卢家楣、徐雷、蔡丹等：《当代大学生道德情感现状调查研究》，载《教育研究》，2016（12）。

为国家实力和竞争力最不可或缺的组成部分，大学已从与世隔绝的象牙塔走向社会中心，并对国家与社会发展发挥着其他组织无以替代的作用。为实现中华民族的伟大复兴，我国对高质量、高水平的高等教育的需要比以往任何时候都更加迫切，提高我国高等教育发展水平及增强国家核心竞争力是我们参与世界竞争、赢得话语权的当务之急。而这一目的的达成无不依赖于人才培养质量的提高。尤其是我们正处在对卓越人才的渴求比以往任何时候都更加强烈的时代，提高大学生能力素质是我国高校的必然选择。为此，习近平总书记强调："只有培养出一流人才的高校，才能够成为世界一流大学。办好我国高校，办出世界一流大学，必须牢牢抓住全面提高人才培养能力这个核心点，并以此来带动高校其他工作。"[①] 立德树人既是大学人才培养的目标和行动指南，也对大学人才培养提出了质量要求。人才培养的基本逻辑是在明确、具体、清晰的素质能力结构前提下，其知识体系的设计及培养方法与途径的选择围绕培养目标有的放矢，并服务于培养目标的实现。[②] 与世界一流大学相比，我们在大学生的综合能力培养，尤其是创新精神养成与创新思维及创新能力提升等方面还存在较大的差距，大学必须正视并有所作为。就大学生个体而言，能力素质亦是大学生的立身之本；就大学生整体而论，大学生的能力素质是民族的立国之力。

其四，立德树人既是大学人才培养不可或缺的文化营造，亦是大学引领社会的文化之责。文化在国家和民族的发展中具有"更基本、更深沉、更持久的力量"[③]。大学是一个国家和民族最重要的文化载体之一，担负着文化传承与文化创新及文化引领的重要使命，其培养出来的人才同样承担着这一职责。立德树人是大学面对外来文化、多元文化冲击时，在文化选择、文化批判、文化继承、文化创新等方面提供的价值设定和价值守卫。为此，我们必须回归大学本真，营造"追求科学、崇尚

---

① 《习近平在全国高校思想政治工作会议上强调：把思想政治工作贯穿教育教学全过程 开创我国高等教育事业发展新局面》，dangjian. people. com. cn/n1/2016/1209/c117092-28936962. html，2018-01-08。

② 眭依凡：《杰出人才培养：大学必须守持学术理性》，载《中国高教研究》，2012（12）。

③ 《习近平：决胜全面建成小康社会 夺取新时代中国特色社会主义伟大胜利——在中国共产党第十九次全国代表大会上的报告》，www. xinhuanet. com/2017-10/27/C_1121867529. htm，2018-01-08。

真理"和"对国家负责"的使命文化；回归以人为本，营造重视尊重知识、尊重人才、尊重学者与学生的包容文化；回归大学精神，营造大学的竞争文化。① 如此，我们的大学才能真正实现"扎根中国大地，办好中国的世界一流大学"的历史使命。大学之所以为大学，就在于它代表着一个国家、一个民族文化的高度，所以大学有使命、有责任以自己充满理想主义的文化理性、文化自信、文化自律及文化智慧，引领社会的文化理性、文化自信、文化自律及文化智慧。

教育的最高目的是人，而德育的力量就在于决定培养什么样的人。从学校教育的产生和发展历史来看，培养什么样的人始终是教育应予解决的根本问题，也是阶级社会至为关心并从未放弃的对教育的最高需要。其实，就道德教育而言，不同阶级社会的教育家、思想家也有不同程度的重视。德国教育家赫尔巴特认为，道德普遍地被认为是人类的最高目的，因此也是教育的最高目的。爱因斯坦认为，人是人类社会的最高价值，而一切人类的价值的基础是道德。苏霍姆林斯基也认为，在全面发展教育的统一体中，德育是起决定性作用的主导成分。因为在培养全面发展的个性过程中，人的所有各方面特征的和谐都是由道德这一主导成分和首要因素来决定的。立德树人本质上是对培养什么样的人的强调，亦是德育目标的具体化。

二、"互联网＋"时代大学立德树人的机遇与挑战

"互联网＋"最初特指依托互联网信息技术与其他产业的融合，通过优化和丰富生产要素、更新和重构生产及商业模式等手段实现经济转型、产业升级，以提升生产力水平、实现社会财富增长的一种新型经济形态。但随着人们对其内涵的深入认识和功能价值的挖掘，发现"互联网＋"不单纯是通过现代化信息手段运用而衍生出的新型经济形态，也是以创新、共建和共享为本质的社会发展理念和新型发展模式，其凭借开放、自主、多元和交互等诸多优势特征，对社会的各个领域进行全方

---

① 眭依凡：《创新文化：决定大学兴衰的文化之魂》，载《中国高等教育》，2007（7）。

位、全覆盖的渗透，在改变人类传统的生活及生产方式方面发挥着难以想象的作用。大学作为以人才培养、智力资源开发和利用最大化为目的的，最具有自适应性的智慧型社会组织，同样受到"互联网＋"的影响。顺应这一时代大潮带来的机遇，积极主动构建"互联网＋大学"的创新模式，是大学在国际竞争日益激烈的时空条件下与时俱进的明智选择。但是由于大学在属性、规律特征及成员特征等方面与其他社会组织有极大的不同，我们必须在注意到"互联网＋"为大学带来变革机遇的同时，也清醒地意识到其背后隐藏的对大学的新挑战。

（一）"互联网＋"时代为大学人才培养带来的机遇

首先，"互联网＋"为大学人才培养提供了更开放的"入口"。一方面，"互联网＋"突破了传统大学教育的空间概念，把大学的触角深入世界任何需要大学教育的地区，让更多的人获得和享有接受大学教育的机会和权利。另一方面，"互联网＋"颠覆了传统的时间概念，为任何人根据本人需要在任何时间学习有关大学课程提供了可能，"互联网＋"为大学人才培养创造了更自主的"时间入口"。此外，相较于空间与时间上的突破，"互联网＋"在思维方式上对大学人才培养的方方面面亦有深远和持续的影响，尤其是其创新创造和跨界融合的思维特征，对大学培养创新型、综合型人才具有很强的观念引领价值，所以"互联网＋"为大学的人才培养目标与模式更新提供了更具时代性的"观念入口"。

其次，"互联网＋"为大学人才培养提供了丰富、优质的教育资源。一方面，"互联网＋"时代的网络已经被公认为人类社会最庞大、最综合的信息源。网络大数据及信息共享、传播迅速等特征，不仅使其具有自我不断更新的机制，而且知识的数量及更新速度几乎呈几何级数增长，由此决定了大学的教育内容不仅不断扩充与更新，而且更富时代性、科学性与综合性，从而为大学生创造了更广阔的知识选择和发展空间。另一方面，"互联网＋"打破了大学之间，尤其是普通大学与研究型大学包括世界一流大学之间彼此封闭的堡垒，使优质教育资源通过网络跨越了空间距离的限制，更广泛地对外辐射，促成了大学之间教育资源的共享和联合开发。不同区域及国家的大学生可以通过"互联网＋大学"新型模式下的资源平台如"慕课"等，共享卓越学者，包括世界名校大师开设的优质课程，实现优质资源的最大化利用。

最后，"互联网＋"为大学创造了更多元的人才培养方式。"互联网＋"对传统大学教育最大的冲击就是人才培养的方式、方法。它带来了教师"教"的方式、学生"学"的方式、师生交流互动的方式及评价方式等一系列人才培养方式的创新。互联网新技术手段的应用，极大地改变了教师传统的教学工作，尤其是通过互联网的实时在线监测和数据统计，教师可以更加充分地客观把握、分析学生的学习状态，解答疑难问题，从而使教学活动更具针对性和有效性。教学过程中信息在时间和空间上的不对称逐渐减少甚至消除，知识直接面对大学生，大学的教学更加有利于大学生向自主化、个性化、体验式的学习方式转变。师生间的交流方式与途径因此得以丰富和拓展，而教学绩效的评价方式也更加注重符合人才培养规律的过程性和发展性。

（二）"互联网＋"时代大学人才培养面临的挑战

大学及其成员对"互联网＋"带来的挑战还不甚明确也不甚重视。若对此反应漠然，无疑对大学在"互联网＋"时代守持立德树人的使命是不利的。挑战可以概括如下。

其一，多元文化及其价值观对大学立德树人的使命坚守构成了冲击。思想的开放性与观念的多元化是"互联网＋"时代的文化特征。"互联网＋"时代的信息数量之多、传播之迅速、文化之多元、思想之开放等，使青年大学生难以及时对"狂轰滥炸"的信息加以甄别、筛选并做出正确的判断。事实上，具有负能量的网络文化在一定程度上对大学生的理想信念、价值判断、道德自律等已经构成不良影响，也对大学的立德树人构成了不容忽视的挑战。早在 20 世纪，英国作家阿道司·伦纳德·赫胥黎就在其著作《美妙的新世界》中预言："原子能的释放标志着人类历史的一次了不起的革命，却不是影响最深远的终极革命，除非我们把自己炸为飞灰，从而结束历史。这场真正革命性的革命不应该在外部世界进行，而应该在人类的灵魂和肉体上进行。"[1] 在"互联网＋"时代背景下反思当下的大学教育，可以肯定地说，我们难以回避的"真正革命性的革命"是思想观念的革命，这也是我国如此强调立德

---

① ［英］阿道司·伦纳德·赫胥黎：《美妙的新世界》，孙法理译，3 页，南京，译林出版社，2010。

树人并将其确定为教育的根本任务的原因。① 立德树人作为新时期中国特色的大学使命的最根本的目的，就是培养大学生守持社会主义核心价值观。如果站在更好履行党的十九大报告提出的"推动构建人类命运共同体"这一伟大历史使命的高度，大学作为传承和践行人类文明精神的主要场所，也必须守持立德树人的大学使命，在培养大学生代表人类文明的核心价值观及道德思考力与行动力方面有所作为。哈佛大学原校长德雷克·博克认为，培养学生的道德思考能力是大学义不容辞的义务，尤其是在如此众多的大学生还持有相对主义的观点，缺乏思考复杂问题（无论是道德问题还是其他问题）能力的今天，大学更应该责无旁贷地肩负起培养大学生道德思考能力的重担。②

其二，新的人才观对大学人才培养质量提出了前所未有的高要求。"互联网＋"时代知识的数量增长、质量提高及更新速度几乎呈几何级数发展，人类目前所掌握的知识和技术无时不刻不存在被新知识、新技术取代的可能，尤其是人工智能的迅速发展，不仅将大量取代由人从事的职业，而且构成了对人类未来的挑战。尤其是在 AI（人工智能）2.0时代，已经发生了"让机器像人一样聪明"向"人通过机器学习、获取智慧和能力"的逆转。著名物理学家史蒂芬·霍金已经发出警告：世界的毁灭已经逼近，人类创造了可以毁灭地球的科技，却没有建立有效的机制去防止毁灭的发生。他告诫人们：人类避免科技过度发达而导致世界灾难的唯一办法，就是运用逻辑与理性去控制这个可能即将到来的毁灭。然而，问题在于现代人是否还有敬畏知识和科技的理性？在科技发展过速的"互联网＋"时代，大学不仅面临着如何培养更具有创新精神和创造能力的"人才"的挑战，还面对如何把大学生培养成自觉担当社会责任的"好人"的挑战。这是"互联网＋"时代赋予人才培养质量的新内涵，亦是人才培养质量提高必须面对的新问题。而立德树人在培养什么样的人的问题，以及用什么标准来衡量人才培养质量的问题上具有价值引领的作用。目前，不少大学没有充分认识到"互联网＋"时代对

---

① 《习近平：把思想政治工作贯穿教育教学全过程　开创我国高等教育事业发展新局》，cpc. people. com. cn/n1/2016/1209/c64094-28936173. html，2018-01-08。

② ［美］德雷克·博克：《回归大学之道：对美国大学本科教育的反思与展望》，侯定凯等译，47～48页，上海，华东师范大学出版社，2012。

人才培养质量提出的新挑战，把"互联网＋"的价值作用停留在教育资源及其工具的层面，尚未树立"互联网＋"时代大学的新型人才观、质量观，从而导致在培养坚定的科学信仰及高度的社会担当又有终身学习及创新创造能力的新型人才方面，或重视不够或举措乏力。

其三，技术至上主义对大学立德树人具有一定的销蚀作用。"互联网＋"总体上属于高新技术，是信息技术向全社会多领域全面渗透和成功迁移的产物，由此导致其带着与生俱有的技术至上的优势而走进社会各行业各领域。技术至上主义对大学的人才培养，尤其是立德树人有以下三方面挑战：首先，受技术至上主义的影响，大学在人才培养模式上更多地关注并致力于教学手段的现代化，以及通过"互联网＋"手段充分吸纳和利用国际高等教育的优质资源，以加速人才培养的国际化进程。在这样的潮流下，大学立德树人的目标及其价值内涵在一定程度上被淡化甚至被忽视，从而导致立德树人被悬置为空洞无实的口号。其次，作为技术至上主义的衍生物，技术绩效主义对立德树人带来的冲击也不可小觑。技术绩效主义的主要观点可以概括为：接受高等教育是提高大学生生存能力、获得职业技能的重要途径，而职业技能对人的职业成功及职业阶层具有决定性。在当今对科学技术及职业技能要求越来越高的知识经济时代，高等教育从某种意义上就是高技术及职业竞争能力的代名词。受此影响，一些大学不仅热衷于"订单式"的人才培养方式，而且对大学生积极进行"职业生涯规划"设计和训练。而大学生则倾向于选择"有用的专业"，学习"有利于提高自己职业竞争力的知识"。大学立德树人的价值在这样一种技术崇拜和实用主义理性的旋涡裹挟下严重缩水。最后，"互联网＋"技术客观上改变了人际交互的概念和方式，由线上教育带来的这种崭新的交互观和交互方式表面上看来有利于大学的立德树人，但事实上，不少大学的线上教育并没有建立起真正有利于"校与校""师与生""生与生"互动，达成立德树人效果的有效机制。线上教育内容多为专业知识，缺乏晓之以理、动之以情的德育内容，而且教师也没有发生由线下教育主导者向线上教育引导者的角色转变，未能更好地利用网络这一交互平台发挥思想引领者、学业指导者和情感陪伴者的作用。

一言概之，"互联网＋"时代的大学在以立德树人为目的的人才培养过程中，既要针对挑战有所"变"，也要把握和利用机遇有所"守"。

三、"互联网＋"时代大学如何守护立德树人的育人使命

在"互联网＋"时代要守好立德树人的育人使命，就必须在思想政治教育观念、内容和方法上与时俱进，按习近平总书记关于"做好高校思想政治工作，要因事而化、因时而进、因势而新"[①] 的要求，遵循思想政治工作规律，遵循教书育人规律，遵循学生成长规律，改进思想政治教育。

（一）思想政治教育观念必须与时俱进

思想政治教育观念之所以要变，是因为其在很大程度上决定了思想政治教育的成败。笔者在《观念更新：大学人才培养改革设计的价值引领》一文中曾分析了人才培养观念与人才培养质量间的逻辑关系："人才培养观念决定人才培养目标，人才培养目标决定人才培养模式，人才培养模式决定人才培养质量。"[②] 人才培养观念是决定人才培养质量的起始条件，因为人才培养体系设计的质量决定人才培养过程的质量，而人才培养体系设计的价值前提就是人才培养观念，这也是思想政治教育不能逾越的规律。思想政治教育的目的即"提高学生思想水平、政治觉悟、道德品质、文化素养，让学生成为德才兼备、全面发展的人才"，问题在于思想政治教育的对象是人，尤其是身心发展进入一定成熟阶段，具有独立思想和自主判断能力的、心理高度复杂的大学生。如果我们的思想政治教育无视受教育者的存在，不能围绕、关照、服务他们的成长、成熟、成才需要和规律去构建思想政治教育体系，那我们的思想政治教育就难免成为居高临下施压及流俗于说教的"假大空"，其实效如何不言而喻。

---

① 吴晶、胡浩：《习近平：把思想政治工作贯穿教育教学全过程》，www. xinhuanet. com/politics/2016-12/08/c_1120082577. htm，2018-01-08。

② 眭依凡：《观念更新：大学人才培养改革设计的价值引领》，载《中国高等教育》，2009（12）。

在"互联网＋"时代，大学生会受到多元文化价值观的冲击，加强思想政治教育日益紧迫，但更重要、更紧迫的是用什么教育观念去引领和构建让大学生心悦诚服且富有实效的思想政治教育体系。思想政治教育改进的首要任务是教育观念的改变，这一变化要求大学认识到"互联网＋"不仅是一次技术革命，更是一次可能通过改变人们思维方式进而触及人们价值信仰的严峻挑战，其对以人才培养为己任的大学，尤其是大学的思想政治教育具有不能回避的深刻影响。应对这一挑战的核心是，在观念上认识到形式主义思想政治教育的危害，积极建构基于"互联网＋"开放、协作和分享特征的全新思维方式的，以立德树人为中心，以社会主义核心价值观为统领，以崇真、向善、求美、有社会担当为本质特征的大学理想主义为文化要素，有利于实现全员、全过程、全方位育人以达成立德树人目的的大学思想政治教育体系。

（二）思想政治教育内容必须与时俱进

作为一个教育概念，思想政治教育的内涵极其丰富，它既是包含多因素、多层次、多功能的系统教育，也是以马列主义基本理论及中国特色社会主义理论为核心，吸收政治学、教育学、心理学、社会学、法学、美学、伦理学等基础理论，对大学生进行思想、政治、道德、心理教育并研究探索其基本规律的综合性学科。而作为大学育人的重要组成，课程体系及其内容是思想政治教育赖以实施的"物质基础"。思想政治教育内容必须与时俱进，其原因如下：第一，思想政治教育的内容在很大程度上决定了受教育者关于世界观、价值观、人生观的形成及关于人类、国家、社会发展进步的历史与现实的认识，继而决定受教育者社会言行的选择；第二，世界的发展格局已经发生巨变，大学的人才培养必须顺应时代潮流，绝不能逆潮流而动。思想政治教育必须根据新时期大学立德树人的根本目标和任务，构建与时俱进的思想政治教育课程体系并丰富其课程内容。

习近平总书记强调，思想政治教育"要教育引导学生正确认识世界和中国发展大势，从我们党探索中国特色社会主义历史发展和伟大实践中，认识和把握人类社会发展的历史必然性，认识和把握中国特色社会主义的历史必然性"；"正确认识中国特色和国际比较，全面客观认识当代中国、看待外部世界"；"正确认识时代责任和历史使命，用中国梦激扬青春梦，为学生点亮理想的灯、照亮前行的路，激励学生自觉把个人的理想追求融入国家和民族的事业中，勇做走在时代前列的奋进者、开拓者"。① 根据新形势下国家对思想政治教育提出的这一要求，我们有必要创设类似"中国历史与中国现代化"的课程，通过比较中国不同历史阶段的事实，让大学生坚定对中国特色社会主义道路的自信。这是一门既跨越几千年历史做纵向比较又横跨国际社会做横向比较的，涉及政治、经济、文化、科技等诸多人类发展要素的庞大的知识系统工程。类似于这样用事实说话、据道理分析的思想政治教育内容，大学生能不欢迎、能不心悦诚服吗？其实，我国的思想政治教育也可以从西方大学的通识教育中获得启迪，它是帮助大学生获得正确的社会价值和多学科的思维方式，以提升思想道德素养为目的的核心课程。我们可以根据具有中国特色的思想政治教育的目的、目标要求及其知识逻辑，积极构建既符合我国政治要求又符合人类命运共同体发展需要的，重在思想政治教育实效的知识体系即核心课程及其内容。

（三）思想政治教育方法必须与时俱进

教育目的的达成不仅取决于教什么，而且取决于怎么教，这是教育规律所决定的。思想政治教育本质上是做人的思想、心理工作，更不能逾越这一规律。在"互联网＋"时代负有大学立德树人育人使命的思想政治教育，其方法、途径的改进包括两大层面：其一，在思想政治教育的方法、原则上，必须更加强调"理论联系实际""教育与自我教育的结合""规范与疏导的结合""统一要求与灵活施教的结合"。只有这样，思想政治教育才能以满足大学生成长发展需求和期待为目的，自觉遵循大学生身心成长发展的规律。其二，在思想政治教育的方法应用上，不仅要对思想政治教育的内容有所选择，更要"运用新媒体、新技术使工作活起来，推动思想政治工作传统优势同信息技术高度融合，增强时代感和吸引力"②。

思想政治教育是旨在提高大学生政治思想道德水平的精神层面的教

---

① 吴晶、胡浩：《习近平：把思想政治工作贯穿教育教学全过程》，http：//www.xinhuanet. com//politics/2016－12/08/c_1120082577. htm，2018-01-08。

② 吴晶、胡浩：《习近平：把思想政治工作贯穿教育教学全过程》，www.xinhuanet.com/politics/2016-12/08/c_1120082577.htm，2018-01-08。

育，包含在整个教育过程中，而非完全独立的教育过程，其主要方法可以纳入课堂教学、实践教学和自我教育三大类型的方法体系中，但在具体方法的选择和运用上则具有针对教育内容而有所区别的多样性。这里需要强调的是：其一，由于课堂教学依然是思想政治教育的主渠道，而思想政治教育又是全方位、全要素、全过程的育人行动，因此，所有课程及其教师都担负思想政治教育的使命，必须"与思想政治理论课同向同行，形成协同效应"。其二，思想政治教育的最高境界是把外来的教育要求转变为受教育者的自我需要，即"不教之教"，所以必须特别重视文化育人的作用，积极营造有利于大学生自我教育、引导大学生健康向上的格调高雅的大学文化和实践环境。大学作为负有传承和创造人类文化职能的社会组织，文化影响是重要的教育力量。其三，充分利用"互联网＋"时代的大数据及信息与知识积累、传播与共享等新型技术手段，创新教育教学方式，为丰富思想政治教育的渠道及方法服务。比如，宽领域合作型教学、多元化互动型教学、情感体验式教学等，包括积极建构以知识传授、能力提升和信仰养成为中心的聚焦于大学生个体的一贯式、个性化和多元化的教育模式，更加关注大学生道德品格、情感态度、学习能力等多方面的考察，以引导他们的健康发展。其四，重视"互联网＋"时代的主体积极性、自主性的开发，强化和调动大学师生认同并坚守立德树人使命的自觉性。大学教师更应积极转变旧有观念，准确定位自身角色，在人才培养过程中不断提升自身的政治、道德、人文素养，自觉成为社会主义核心价值观的坚定信仰者、积极传播者、模范践行者，以承担好大学生思想引导者、学习指导者与心灵对话者的角色责任。

　　大学是以探索、追求、捍卫、传播真理和知识为目的，继而负有引导社会价值观、规范社会行为的使命，对人类素质的改善和提高、社会文明的发展和进步具有不可替代的重大公共影响力、推动力的教育机构和学术组织，是研究和传授科学的殿堂，是教育新人成长的世界，是社会文明的一面旗帜，是人类社会的科学脊梁、道德良心、文明希望，是充满理想主义的所在。[①] "互联网＋"时代加剧了世界的深刻变化，面

---

① 眭依凡、赵彩霞：《自主与自律：大学教师权力与责任的博弈》，载《江苏高教》，2017（8）。

对多元的价值取向、复杂的社会现象，大学及其成员能否坚守立德树人的使命，关乎大学能否自觉坚守人才培养的本真，更关乎国家在激烈的国际竞争中的兴衰成败。

高校德育的意义及其德育层次[*]

德育是教育的重要组成。列宁曾说："应该使培养、教育和训练现代青年的全部事业，成为培养青年的共产主义道德的事业。"① 此话既指明了社会主义教育事业的方向，也道出了德育在社会主义教育过程中的地位、作用。一般地说，德育应该贯穿在人生受教育的整个阶段，但就学校教育而言，由于高等教育阶段的德育对青年学生的未来生活会发生更直接的影响并具有定型作用，因此，高校德育更应引起党和国家、社会和学校及大学生自己的高度重视。本研究主要讨论高校德育的意义及德育的层次。

一、高校德育的意义

由于不同的国家、民族或同一国家和民族在不同历史发展阶段对学校教育具有不同的德育内容和德育要求，因此，人们在对德育意义的认识和理解上，自然也会受到时间和地域的影响与限

＊　本文原发表于《高等教育学报》1990 年第 3 期。

①　中共中央编译局：《列宁全集》第 39 卷，302～303 页，北京，人民出版社，1986。

制。其实，道德本身作为为一定阶级社会服务的历史产物，也不是永恒的、万古不变的。对此，恩格斯早就做过科学阐述："一切以往的道德论归根结底都是当时的社会经济状况的产物。而社会直到现在还是在阶级对立中运动的，所以道德始终是阶级的道德；它或者为统治阶级的统治和利益辩护，或者当被压迫阶级变得足够强大时，代表被压迫者对这个统治的反抗和他们的未来利益。"[①] 对德育意义的阐明有利于我们了解德育必须存在的理由，以及有利于指导德育工作朝正确的方向进行。社会主义高校的德育意义可以从社会主义高等教育的目的、本质属性、社会职能及教育对象个体发展的需要四个方面加以分析和理解。

（一）德育是高等教育的重要目的

教育的最高目的是人，而德育的力量就在于决定培养什么样的人。从学校教育的产生和发展历史来看，培养什么样的人始终是教育应该解决的根本问题，也是阶级社会至为关心并从未放弃的对教育的最高需要。而无论何时，社会需要都是学校存在的首要理由及学校发展的第一动力。其实，就德育过程中的道德教育而言，不同阶级社会的教育家、思想家对其给予了不同程度的重视。19世纪德国教育家赫尔巴特指出，道德普遍被认为是人类的最高目的，因此也是教育的最高目的。大科学家爱因斯坦认为，人是人类社会的最高价值，而一切人类的价值的基础是道德。苏联教育家苏霍姆林斯基也认为，在全面发展教育的统一体中，德育是起决定性作用的主导成分。因为在培养全面发展的个性过程中，人的所有各方面特征的和谐都是由道德这一主导成分和首要因素来决定的。

社会主义高等教育是有组织、有计划、有目的地造就全面发展的，为社会建设需要的又红又专的高级专门人才的教育过程。在这一教育过程中，德育不仅是大学生全面发展的重要教育内容，而且是决定整个高等教育培养什么人的主导性教育，是决定我们选择什么样的教育目的的方向性问题。因此，我们不仅要认识到德育是高等教育的重要组成部分，而且应当坚定不移地把德育放在整个教育工作的首位。

（二）德育是高等教育上层建筑属性的具体反映

教育具有生产力和上层建筑的双重属性，这是辩证唯物主义和历史

---

① 中共中央编译局：《马克思恩格斯选集》第3卷，314页，北京，人民出版社，1995。

唯物主义的科学认识。片面地理解教育的属性，只能把教育引向唯阶级斗争或唯生产斗争的歧途，而使教育失去完整的功能作用。马克思历来把科学看作推动历史的革命动力，是属于生产力范畴的、促进生产过程的因素。他指出："生产力里面也包括科学在内。"1978 年，邓小平同志也明确提出了"科学技术是生产力"的论断。由于高校担负着发展科学技术并将科学技术引入生产，以及培养掌握现代科学技术文化知识的专门人才的任务，而人又是社会生产力诸要素中最能动的第一要素，因此，高等教育具有生产力的明显属性。

然而，高等教育在具有生产力属性的同时，也具有鲜明的上层建筑属性。教育的目的在整个教育体系中是起决定作用的因素，其居教育的核心地位，对教育的内容、形式和方法具有制约作用。而教育目的是被统治阶级的政治、经济利益决定并为之服务的。高等学校既要把本阶级的政治观、道德观等传授给受教育者，以形成他们与本社会相一致的思想意识等，同时又负有发展和宣传具有意识形态属性的哲学社会科学的任务。社会主义高校不仅要宣传马列主义理论和社会主义精神道德，而且要以马列主义为指导理论和方法论，研究哲学社会科学领域的诸多问题。这都说明了高等教育的上层建筑性质。

德育主要反映了高等教育的上层建筑性质，体现了一定社会对高等教育的政治方向和政治发展要求。对施教者来说，德育决定了学校教育的办学方向；对受教育者来说，德育可以影响并决定受教育者的发展方向。高等教育的生产力和上层建筑属性不是对立、分割的矛盾关系，而是处于互为条件、互相转化的统一联系中。譬如，高校传授的科学技术知识本身是无阶级性的生产力内容，但高校所培养的人是持有一定阶级观、政治观的，这些知识一旦为他们所掌握，就具有了为某阶级服务的政治属性。由此可见，德育的作用不可忽视。

（二）德育是实现高等教育社会职能的基本保证

高等教育的重要特征是通过培养各种各样的专门人才来参与社会的发展建设。社会主义现代化建设具有物质文明建设和精神文明建设的双重任务，因此，高校也就负有通过人才培养参与社会主义物质文明建设和精神文明建设的双重职能。尽管当前我们的工作主要是以发展物质文明的经济建设为中心，而这一建设任务完成的好坏直接影响到能否实现我国制定的现代化建设"三步走"的战略蓝图，关系到能否早日把我国真正建成为社会主义现代化强国。但是我们还须记住，我国是一个共产党领导下的社会主义国家，其现代化建设绝不仅仅是一个物质的技术的概念，它是我们国家整体的发展和进步过程。这就需要我们把握其正确的发展方向。

此外，我们也十分清楚，物质文明和精神文明其实也是互相促进的关系。正如《中共中央关于社会主义精神文明建设指导方针的决议》中所分析的："在社会主义时期，物质文明为精神文明的发展提供物质条件和实践经验，精神文明又为物质文明的发展提供精神动力和智力支持，为它的正确发展方向提供有力的思想保证。"完全可以说，由于"以马克思主义为指导的社会主义精神文明是社会主义社会的重要特征"，所以其也是社会主义现代化建设的重要特征。而"社会主义精神文明建设的根本任务，是适应社会主义现代化建设的需要，培养有理想、有道德、有文化、有纪律的社会主义公民，提高整个中华民族的思想道德素质和科学文化素质"。高校要很好地担负起社会主义现代化建设的重任，就必须既发展大学生参与社会主义经济建设的真实本领，又提高大学生参与社会主义精神文明建设的思想道德素质，从而保证物质文明和精神文明在社会主义现代化建设中的平衡发展。而后者正是社会主义高等教育德育的内涵，是建设社会主义基础文明的保证。

（四）德育是促进大学生健康成长的必要条件

智力和非智力因素是人发展的缺一不可的翅膀。一个人能否在生活和事业中取得成功，并且为人类社会做出应有的贡献，从个体自身的角度考察，取决于他们所具有的智力和非智力条件。如果说智力因素是个体适应社会、全面发展的物质基础，那么非智力因素则可以说是个体自我完善必需的精神动力。一般地说，智育和德育的任务分别在于提高受教育者的智力和非智力因素水平，它们是辩证统一的相互促进的关系，且不能代替对方的作用。一方面，人的智力发展，亦即随着人拥有的科学文化知识的积累和思维能力的增强，必然对其非智力因素的发展具有相当大的作用。进而言之，科学文化知识既是人们参与社会物质文明建设的重要条件，也是提高社会基础文明程度和个体的社会价值的重要条件。另一方面，人的非智力因素的发展必然要刺激并强化智力因素的发展，赋予人提高智力的精神动力。例如，远大的理想、顽强的意志、强烈的责任感、饱满的事业心、高尚的人格、优良的道德等，都必然要给反映人的智力水平的学习成绩、工作成效、创造成就等带来极其重大的影响，甚至起决定性作用。

对人的非智力因素持自然形成和发展的态度是错误的。高校应当承担起对受教育者智力因素和非智力因素平衡发展的双重责任，而非智力因素的形成、发展主要有赖于德育的作用。由此，我们也就不难理解为什么我们要求高校在培养"有文化、懂技术、业务熟练的劳动者"的同时，还要求高校利用德育过程培养这些劳动者"热爱社会主义祖国和社会主义事业，具有为国家富强和人民富裕而艰苦奋斗的献身精神"，"不断追求新知，具有实事求是、独立思考、勇于创造的科学精神"。精神的力量是不可抗拒的，德育的价值之一就在于它能培养一种精神。

二、高校德育的层次

高校德育是个内涵极其丰富的概念，与其他阶段的学校教育不同，高校德育并不单纯是我们以往理解的思想政治教育和道德教育，它实际上是多因素、多层次、多功能的系统教育过程。从理论上说，高校德育以马列主义基本理论为核心，吸收了教育学、心理学、社会学、法学、美学、伦理学等基础理论，研究对大学生进行思想、政治、道德教育，探索其基本规律的综合性学科。根据高校德育的目标和任务，笔者认为，高校德育主要包括思想政治教育、法纪教育、基础文明教育、人格教育、职业道德教育、人口及环境教育六个层次的教育内容。

（一）思想政治教育

思想政治教育是社会主义高校德育的核心，主要表现德育的政治功能。其包括马列主义基本原理教育、共产主义理想教育、国情教育等。这些教育又以马列主义基本原理教育为核心，其意义在于使大学生了解马列主义哲学、历史学、政治经济学和科学社会主义等基本理论观点的历史渊源、主要内容及其在中国的运用和发展。通过对马列主义基本理论的系统学习，大学生能在科学认识的基础上，建立起正确的世界观、人生观和道德观，从而获得认识社会、改造社会的思想武器。

共产主义理想教育在于使大学生树立崇高的革命理想、道德理想、成才理想和坚定的共产主义信念。对青年学生来说，崇高的理想对其成长、成才尤为重要。失去理想，无异于失去人生追求和精神支柱。

国情教育包括历史国情教育、自然国情教育、现实国情教育、比较国情教育等。国情教育的目的在于使青年学生真实了解历史、客观把握现实、满怀信心面向未来，以激发大学生的爱国主义精神。国情教育尤其应强化青年学生的爱国主义精神。江泽民同志在 1990 年 4 月会见高校党建工作会议代表时也强调说："对青年学生要进行近代史教育、国情教育，并从理论与实际的结合上进行形势教育。"同时，他还指出："要发扬我国知识分子的爱国主义传统，使大家把爱中华和爱社会主义结合起来。通过爱国主义教育，进一步调动青年学生和知识分子的积极性。"①

（二）法纪教育

法纪教育主要包括宪法教育、法制教育和纪律教育，表现为德育的法制功能和约束功能。宪法是规定一个国家的政治制度、社会制度、国家机构及公民的基本权利和义务等的根本大法，是统治阶级的意志表现，是其实现阶级专政的工具。而法制是统治阶级按照自己的意志，通过国家政权建立起来的法律制度和根据这种法律制度建立起来的社会秩序。进行宪法和法制教育的目的是使大学生充分了解我国的社会主义性质，了解宪法赋予公民的权利和应承担的义务，树立强烈的公民意识，严格遵守和执行宪法与法律规定，自觉维护法律的尊严，做守法、普法、护法、用法的合格公民。纪律是国家机构或组织在宪法和法律规定的范围内，为约束人们的行动、履行自己的职责而制定的规章、制度、守则的总称。

法纪教育的最终目的是通过宪法、法律、纪律的教育，使大学生成为懂纪识法、遵纪守法的社会公民和组织成员，并逐渐将这些强制性的规范变为自己自觉的道德行为习惯和内心驱动力，使他们认识到国家法纪是社会有秩序运转的必需手段，是人们正常生活、工作、学习的可靠

---

① 江泽民：《爱国主义和我国知识分子的使命》，载《光明日报》，1990-05-04。

保证；认识到遵纪守法也是一个社会公民必需的基本素质，而任何无视法纪、违背法纪的行为都必将受到法律的制裁。

（三）基础文明教育

基础文明教育是德育的社会性功能要求，包括伦理道德教育、社会主义人道教育、美育、国际主义教育等。

基础文明教育的核心是伦理道德教育，因为一个社会、民族的普遍道德水平具体、突出地反映了该社会、该民族的基础文明程度。由于道德是依靠人的内心驱动力和社会舆论来调节行为规范的，因此，从某种意义上说，具有较高道德水平的人更具有行为自觉性及稳定性。道德教育历来是德育过程中被教育者重视的，具有传统性质的教育内容，其主要目的也在于利用社会主义的行为准则、道德规范及民族优秀的伦理文化教育学生，发展他们的道德认识、道德情感和道德意志，使其养成良好的社会公德和行为习惯。

社会主义人道教育必须成为基础文明教育的内容，理由在于：人是社会的中心，而社会主义国家的人民更应相互尊重、相互关怀、救死扶伤、济困助贫，让人人都能感受到社会主义大家庭的温暖和友爱。

美育的任务在于培养学生发现美、认识美、热爱美、创造美的能力。美育作为人类自身建设的一个重要方面，对影响人全面发展的德、智、体等方面都有积极的作用。一个高度文明的社会，其人民不仅心灵美、语言美、行为美，而且他们以自己美好的心灵、语言和行为创造了足以陶冶他人性情的美好的社会环境和自然环境。罗丹说过：生活中并不缺少美，而是缺少发现。美育使人更愿用审美的眼光去观察社会和人生，而不是以颓废、消沉的心态去诅咒社会和人生。此外，美育还能有效地开发人的智慧。诺贝尔奖获得者杨振宁博士就多次谈到过自己从不把学习和科研当作苦役，而是以审美和享美的心境和方法去学习研究高深而抽象的数学和物理理论。

国际主义教育也是基础文明教育的内容。一个国家和民族的人民能否关心世界及全人类的利益和命运，能否以实际行动维护世界和平和正义，能否与世界人民和平友好相处、相互尊重、扶助他国人民等，都是该国家、该民族社会文明程度的具体表现。国际主义教育要求受教育者在热爱和忠诚于祖国的同时，胸怀世界，面向世界，关心世界，为世界共同利益服务，坚决反对民族孤立主义及霸权主义。

（四）人格教育

教育是塑造人的工作，而代表人的最本质特征就是人格。人格教育体现为德育对人类自身完善的功能要求。从某种意义上说，德育的本质也就是培养和形成青年学生完整的、健全的人格，并促进人格的社会化。一个社会的完善也是以组成该社会的个体的完善为前提的。换句话说，人格并非仅仅个体自身的问题，它关系并影响到高贵的国格和民族形象。因此，人格教育也不是可有可无的教育附加，而必须予以高度重视。

人格教育主要在于使受教育者形成和发展自我意识，认识人的存在价值，自觉扩展和实现自己的社会价值，自我尊重并尊重他人等。必须指出的是，我们的人格教育是以树立和完善社会主义社会所需要的人格为目的的，它的宗旨是要求受教育者按照社会的需要去塑造和完善自己，为社会的发展进步而努力实现自己应有的价值。

（五）职业道德教育

恩格斯说："实际上，每一个阶段，甚至每一个行业，都各有各的道德。"职业道德是每种职业特有的行为准则，是社会上从事某种职业的人在劳动中必须负有的道德责任和义务，以及必须遵循的行为规范。因此，所谓职业道德教育，即该种道德教育的内容更具有职业活动固有的特征。由于专业教育是高等教育的重要特点，其任务就是为国家的生产和意识形态部门培养职业人才，因此，对高校来说，职业道德教育在高校德育中是极有操作价值和实践意义的工作内容。

一般地说，高校职业道德教育的内容主要视学生所学的专业性质及其未来将要从事的职业而定，但也具有一定共性的教育内容，例如，科学道德教育、劳动态度教育、集体主义教育、社会责任教育等。由于大学毕业生从事的职业多与传播科学、应用科学、发展科学有关，因此，科学道德教育更应在高校的德育过程中加以强化。科学的宗旨在于探索、追求、发现、坚持真理，而科学道德则要求从事科学活动的人有纯洁的动机和高尚的目标、对人类社会的高度责任感、为科学事业发展的无私无畏的献身精神、实事求是的科学态度、艰苦玉成的持久韧性等。关于科学道德的作用，爱因斯坦有过这样的评价："第一流人物对于时代和历史进程的意义，在其道德品质方面，也许比单纯的才智成就方面还要大。"居里夫人之所以成为世界知识分子的楷模，一个很重要的原因就是她具有一个伟人的科学道德。

1990 年 1 月 2 日的《光明日报》载文介绍了王大珩、吴良镛等 42 位著名科学家倡导发扬的"三种精神"：第一，为国分忧的主人翁精神。即以强烈的爱国热忱和责任感努力工作，想国家之所想，急国家之所急，用科技进步带动各项事业的发展。第二，尽心尽力的奉献精神，即全心全意为人民服务，努力提高自身的道德修养和科学素养，讲理想，比贡献，在艰苦创业的奋斗中寻求真正的人生价值。第三，实事求是的科学精神，即以辩证唯物主义观指导科技工作，以严肃、认真的科学态度和严密、细致的科学作风对待科技工作，为物质文明和精神文明建设做出更大的贡献。这三种精神的实质与职业道德教育的所有内容是基本一致的。

（六）人口及环境教育

人口及环境教育的目的在于增强受教育者的人口意识和生态环境保护意识。由于人口和环境是涉及世界各国共同利益、关系到世界生存的重大全球性问题，而对此问题加以根本解决的最好措施就是通过教育呼唤全世界人民共同爱护和保护我们唯一的家园——地球。有人说，我们正拥挤在一艘缺乏适当组织、伦理和管理的，正处于毁灭之中的宇航船中。这种观点稍有过分，但也未必是危言耸听。世界人口的迅速增长、资源的过度开发、生态环境的严重破坏等，不仅已经使世界多数人的生活质量恶化，而且使有限负担能力的地球受到人类毁灭的危险。我们若是熟视无睹、漠然处之，只能坐以自毙并成为千古罪人。

当今人类已不是生活在过去那种狭小分离的文化和国家中，国家间的相互依赖和影响要求全球共同来解决人类生存问题。而这必须依赖于具有铸造人的作用的教育，因为教育也是决定人类命运的一个重要领域。为预防危害地球的事态进一步扩大，世界各国都已加快对其公民进行地球意识的教育。把人口、环境教育吸纳进德育，已是一种世界性教育趋势。事实上，随着世界各国政府和人民对地球未来的日益关注，加强人口意识、环境意识教育也应当成为德育的内容。而德育的这一功能发挥，不仅有益于国家利益，而且有益于全人类的生存和发展。

　　最后必须指出的是，德育不是一个孤立的过程，它应当贯穿在人生受教育的整个阶段。同时，德育也不是完全独立的教育形式，它必须有机融合在各种各样的教育过程中。只有这样，德育的意义才能充分体现，德育的层次才能充分展示，而德育的效果也才能充分获得。

再论素质教育[*]

　　中国高等教育学会与《中国高教研究》编辑部基于素质教育对高等教育改革的重要性，于2017年年初组织了对这一专题的再讨论。由于笔者在几年前曾经写过《以素质教育撬动大学人才培养体系创新》《素质教育：高校人才培养体系的重构》等多篇关于素质教育的文章，于是以《再论素质教育》为题，参与本次讨论。

一、关于素质教育概念的再认识

　　素质教育是最具本土性的一个教育概念，亦是我国当代最具影响力的一种教育思潮及对教育改革富有指导意义的教育理念。笔者在英国、美国、德国从事访学研究，以及出访加拿大、澳大利亚、新西兰等西方国家考察高等教育期间，曾经咨询过上述不同国家的教育学者，求教英语国家是否有与素质教育对应的词语。对方通常会以比较接近的 general education（通识教育）、liberal arts（博雅教育）或 quality education（质

---

　　* 本文原发表于《中国高教研究》2017年第8期，第二作者为王贤娴。

量教育，亦可翻译为"素质教育"或"品质教育"）对应。然而，通识教育、博雅教育均主要为区别于专业教育，旨在培养有价值信仰、人格完善、有社会担当的合格公民的一种教育理念，而 quality education 在西方是个相对稳定、成熟的概念，即"质量教育"。由于 quality 有质量、品质、才能、能力、技能、素养甚至优点等多种含义，故 quality education 尽管也可以翻译成"素质教育"或"品质教育"，但这是我国提出素质教育概念后，为找到与之对应的英文单词而多少有些牵强之所为，至于品质教育则主要是针对思想及道德品质教育的指称。由此完全可以断言：素质教育是我国率先提出的具有独特内涵的且最具中国特色的教育理念。

素质教育是 20 世纪 80 年代中期我国教育界针对基础教育积弊已久的应试教育而提出的一种全新的教育理念。邓小平同志在 1985 年 5 月 19 日召开的第一次全国教育工作会议上提出："我们的国家，国力的强弱，经济发展后劲的大小，越来越取决于劳动者的素质，取决于知识分子的数量和质量。"[①] 由于这是一次在我国具有里程碑意义的全国教育工作大会，而邓小平同志代表党和国家在为教育改革定向的大会报告中把劳动者素质与教育紧密联系在一起，故学界也有另一种观点，认为这是我国推行素质教育的源起。而配合这次全国教育工作大会，在同年 5 月 27 日出台的《中共中央关于教育体制改革的决定》中，关于"教育体制改革的根本目的是提高民族素质，多出人才，出好人才"[②] 的表述，直接阐明了教育与民族成员及劳动者素质之间的关系。无论依据哪种观点，素质教育的提出及推行迄今已有 30 多年的历史。由于素质教育揭示了教育的真谛，"从而得以从一种流行的教育理念成为我国教育，包括高等教育改革及其制度设计的指导思想和教育行动"[③]。事实亦然，党和国家把素质教育确定为各级教育改革发展的指导思想，素质教育不仅写入了有关法律及国家教育改革发展的纲领性文件，而且国家最高领导人多次在重大会议的讲话中对素质教育加以倡导。

① 《邓小平文选》，第 3 卷，120 页，北京，人民出版社，1994。

② 《中共中央关于教育体制改革的决定》，old. moe. gov. cn//publicfiles/business/htmlfiles/moe/moe_177/200407/2482. html，2017-05-10。

③ 眭依凡：《以素质教育撬动大学人才培养体系创新》，载《中国高等教育》，2010（7）。

　　1994 年发布的《中共中央关于进一步加强和改进学校德育工作的若干意见》，首次出现了"素质教育"的概念。1999 年《中共中央国务院关于深化教育改革，全面推进素质教育的决定》明确指出："实施素质教育，就是全面贯彻党的教育方针，以提高国民素质为根本宗旨，以培养学生的创新精神和实践能力为重点，造就'有理想、有道德、有文化、有纪律的'，德智体美等全面发展的社会主义事业建设者和接班人。"① 2006 年修订的《中华人民共和国义务教育法》明确规定：义务教育必须贯彻国家的教育方针，实施素质教育，以立法的形式确保有理想、有道德、有文化、有纪律的社会主义建设者和接班人的培养。2010 年颁布的《国家中长期教育改革和发展规划纲要（2010—2020 年）》把素质教育上升到了教育改革发展战略主题的高度："坚持以人为本，推进素质教育是教育改革发展的战略主题，是贯彻党的教育方针的时代要求，其核心是解决好培养什么人、怎样培养人的重大问题，重点是面向全体学生，促进学生全面发展，着力提高学生服务国家、服务人民的社会责任感，勇于探索的创新精神和善于解决问题的实践能力。"②

　　2005 年 1 月，胡锦涛同志在全国进一步加强和改进大学生思想政治教育工作会议上明确指出：要以大学生全面发展为目标，深入进行素质教育，促进大学生思想道德素质、科学文化素质和健康素质协调发展。③ 2006 年 8 月 29 日，在中共中央政治局第三十四次集体学习时，胡锦涛同志再次强调："全面实施素质教育，核心是要解决好培养什么人，怎样培养人的重大问题，这应该成为教育工作的主题。"④ 习近平总书记对素质教育也多次予以强调，例如，2013 年 9 月 30 日在主持中共中央政治局第九次集体学习时，习近平总书记从国家实施创新驱动发展战略的高度强调："要深化教育改革，推进素质教育，创新教育方法，

---

　　① 《中共中央国务院关于深化教育改革，全面推进素质教育的决定》，old. moe. gov. cn//publicfiles/business/htmlfiles/moe/moe_177/200407/2478. html，2017-05-10。

　　② 《国家中长期教育改革和发展规划纲要（2010—2020 年）》，old. moe. gov. cn/publicfiles/business/htmlfiles/moe/moe_838/201008/93704. html，2017-05-10。

　　③ 《全国加强和改进大学生思想政治教育工作会议召开》，www. moe. edu. cn/jyb_sjzl/moe_364/moe_1588/moe_1618/tnull_25621. html，2017-05-01。

　　④ 《胡锦涛：努力办好让人民满意的教育》，cpc. people. com. cn/GB/64093/64094/4761056. html，2017-05-01。

提高人才培养质量，努力形成有利于创新人才成长的育人环境。"①

素质教育在我国之所以备受党和国家重视，在主导国家教育改革发展的整体和顶层设计中具有价值统领性并成为我国教育改革发展的战略主题，其原因就在于"素质教育在理念上不同于以单一的知识积累、职业技能形成等为目的的教育体系，其本质旨在实现对人的自我成熟、成长、成才具有决定性作用的内在素养和品质的全面改善、提高和发展"②。在高等教育阶段，素质教育是在尊重学生主体性和主动性的前提下，根据学生个人发展和社会发展的实际需要，全面提高学生道德素质、业务素质、文化素质和身体心理素质的一种教育理念和教育实践，其目的是把受教育者培养成"有理想、有追求，有担当、有作为，有品质、有修养"的大学生。为有利于大学把素质教育理念富有成效地落实到人才培养的全过程，对素质教育的概念进行再认识，是以素质教育为目的，重构人才培养体系的思想基础。由此，"我们才会真正以素质教育为杠杆、为目的去撬动和重构人才培养体系，自觉设计明确的素质教育培养目标，创新素质教育知识体系和培养模式，建构和营造有利于素质教育的大学制度和文化环境，改善并提高大学教育者自身的素质"③。

二、关于素质教育意义的再讨论

如前所述，素质教育提出 30 多年来，历经了从教育概念至教育理念至教育改革指导思想再至教育模式，亦即从理念到实践的过程。在这个过程中，无论是教育系统的内部还是外部，教育的操作层还是决策层，对素质教育的重视程度都有增无减，且在大学内部已成为人才培养改革工作的重点。这足以说明素质教育对大学人才培养质量提升、国际竞争力提升的意义和价值。对素质教育意义的认识，事关素质教育的推行及素质教育实践的成效。我们将从素质教育实施的本然性、必要性、紧迫性三方面讨论素质教育的意义。

---

① 《习近平：敏锐把握世界科技创新发展趋势　切实把创新驱动发展战略实施好》，cpc. people. com. cn/n/2013/1002/c64094-23096105. html，2017-05-01。

② 眭依凡：《以素质教育撬动大学人才培养体系创新》，载《中国高等教育》，2010（7）。

③ 眭依凡：《以素质教育撬动大学人才培养体系创新》，载《中国高等教育》2010（7）。

（一）素质教育是大学核心使命"人才培养"的题中之意

笔者在早期关于教育的社会职能的研究中曾提出如下观点：倘若同意"教育的社会职能就是促成社会发展"的观点，那么问题是，该观点仅强调了教育对社会发展的作用，忽视了教育对人的发展作用。由于教育活动的对象是人，且社会发展又是由教育所培养的人来实现的，这就提醒我们应当注意：教育最基本、最深层的社会职能是对人发展所具有的重要作用。[①]"考虑教育的社会职能不仅不能脱离人自身发展的因素，而且应当从人的素质这一最高层次来认识把握。教育的社会职能就是改善、发展、提高人的素质……由于人的素质是任何社会生存发展之最要，因此其也应当成为决定教育社会职能的出发点和归宿。"[②] 由此可以断定：素质教育本身就是大学核心使命人才培养的题中之意；人才培养是大学存在和发展的核心使命这一点是永恒不变的，大学的恒久性也源自其对人才培养的专一性；除了大学，没有任何其他组织以人才培养为专门的职责和核心使命。因此，就大学人才培养这一核心使命而言，对大学生实施素质教育是高等教育的本然，也即实施素质教育的首要意义。

（二）素质教育是提升人才培养质量的必要选择

笔者赞同中国高等教育学会原会长瞿振元教授关于一分为二审视高等教育现状的观点，即我们既要看到高等教育所取得的前所未有的、令世界瞩目的成就，例如，高等教育的发展满足了国家和人民的需要，高等教育投入日益增长，大学办学条件日益改善等，但也必须看到高等教育教学改革仍然滞后，我们还存在诸如人文教育过弱、教学内容偏旧、教学方法偏死、专业口径偏窄、外语水平偏低的所谓"一过四偏"[③] 问题。上述问题长期不解决，人才培养质量不高的现实就根本无法改变。高等教育虽然具有中等教育后之专业教育的明确内涵，但大学的人才培养绝非仅以大学生专业知识、专业技能的发展为目的，也并不是仅靠专业教育就能实现人才的培养目标，而是一个涉及诸多教育要素的复杂工程。因此，人才培养质量并非仅由专业教育所能决定的，而是人才培养

---

① 眭依凡：《当代教育社会职能之我见》，载《江西教育科研》，1989（6）。
② 眭依凡：《当代教育社会职能之我见》，载《江西教育科研》，1989（6）。
③ 瞿振元：《素质教育要再出发》，载《中国高教研究》，2017（4）。

体系中人才培养目标、知识结构、培养模式、教学制度、大学文化、教师队伍等要素共同作用的结果。所以，提高人才培养质量，必须通过人才培养模式的根本变革来达成。

由于素质教育是切中我国人才培养质量不高之时弊，对我国大学人才培养模式改革进行顶层设计具有价值引领意义的教育理念，因此，以素质教育为目标，重构人才培养体系是大学提高人才培养质量的必然选择。教育的本质是全面关心人、全面培养人、全面发展人的社会活动，高等教育亦然。高等教育质量的提高，首先就是人才培养质量的提高，而人才培养质量的提高必须具体落实在大学生素质的全面提高上，由此自然决定了素质教育对大学教育及其改革的重要性。笔者一直认为，人的全面发展是包括人的生理和心理、知识和智力、能力和品德及自我调适和自我发展等内在素质的发展与完善，而人的这一全面发展并非自发且可以自我完成的过程，任何人都需要通过接受系统的、专门的、良好的教育才能获得全面发展的可能。

（三）素质教育是应对国际竞争日益激烈之大势的紧迫需要

当今世界国与国之间的竞争日益激烈，而高等教育竞争力作为国家竞争力不可或缺的基础和源泉，是国家竞争力强弱的决定性因素。谁赢得了教育，尤其是高等教育，谁就能在激烈的国际竞争中占据主动地位。表面看来，素质教育与国际竞争似乎没有直接关系，其实不然。众所周知，知识经济时代下的国际竞争无不以知识创新为特征，即一国之知识创新能力既是衡量国家科技实力的指标，亦是构成国家综合实力的基础。大学既是知识创新的主要承担者，亦是知识创新者的培养者，因此，在经济—科技—知识—大学—人才这根竞争生态链中，大学人才培养的竞争力最具决定性，即国家竞争的底盘就是大学知识创新的竞争力，尤其是大学人才培养的竞争力。素质教育与通识教育具有很大的相同性。笔者曾经就"通识教育何以能在20世纪中叶前从仅有少数大学的尝试，终而成为全美大学广泛的制度化行动"且"被世界各国大学广泛认同和竞相效仿"做出如下回应：通识教育基于大学的学术分科过细、知识体系严重割裂，旨在解决学有专攻和广泛涉猎结合不足的问题，培养知识结构合理，既有创新能力又有社会担当的人才，所以通识教育是美国大学推行精英教育卓有成效的法宝之一，成为培养具有质疑精神和创新能力的人才的手段。据《哈佛通识教育红皮书》，推行通识教育的合法性及合理性在于：教育的最终目的是培养既能将不同学科知识和思维方法融会贯通、善于独立思考的、有专门技能，又能对社会负责任的完全、完整的人。基于这样的人才培养目标，大学教育必须由"旨在培养学生成为一个负责的人和公民"的"通识教育"和"旨在培养学生将来从事某种职业所需的能力"的"专业教育"两部分构成。[①]

素质教育虽然不同于把自己区别于专业教育的通识教育，而是把大学生各方面素质的发展和提高贯穿在专业教育和通识教育两者间一并强调的教育理念和教育实践。由于素质教育是通识教育的上位概念，它亦包含了通识教育的内涵和外延，因而也就具有通识教育对具有创新精神及能力的精英人才培养的要求。面对竞争日益激烈的国际形势，由于教育思想及人才培养体系与模式的落后，我国高等教育人才资源大国的优势尚未转变为具有知识创新能力之人才强国优势，我们的国际话语权、影响力还有待提高，这就是我们通过推行素质教育，从根本上提高人才竞争力，以应对国际竞争之紧迫性的重要意义。

三、素质教育推行的再建议

在素质教育倡导并推行的 30 多年中，我国大学在大学理念、人才培养目标设计、知识体系建设、人文环境营造等诸多方面都取得了可喜的成绩。比如，我们提出了素质教育的概念，且自上而下在积极推行素质教育，在人才培养目标设计中重视大学生的科学素养与人文素养的融合及大学生社会责任担当等非专业素质的养成，在知识体系建设方面已经形成了专业教育与通识教育相结合的框架，在大学文化建设方面已经营造了有利于素质教育的人文环境等。然而，问题在于，如同素质教育在基础教育阶段遇到困难，素质教育在大学亦存在效果不尽如人意的问题。我国的素质教育总体上仍处在自上而下的政策及制度导向层面，大学在素质教育的具体作为方面成效有限，与大学生素质全面发展的理想目标还有距离。不仅《国家中长期教育改革和发展纲规划要（2010—

---

① 　睢依凡、汪征：《论通识教育的文化价值》，载《现代教育管理》，2014（11）。

2020 年)》指出的"学生适应社会和就业创业能力不强，创新型、实用型、复合型人才紧缺"问题尚未根本解决，而且大学生的使命感、社会责任感及敬业精神等受到社会微议的情况也依旧存在。当然，近些年来大学毕业生就业形势严峻，这对素质教育的实施也产生了一定的副作用。针对社会批评，我们有必要冷静下来，再度思考如何通过以人为本的素质教育，解决大学生素质有待提高的问题。基于此，本研究对素质教育的推行提出如下"再建议"。

（一）强化对素质教育重要性的认识

关于素质教育重要性的认识，既是一个观念问题，更是理论问题。当今的社会问题日益复杂，尤其是进行重大社会改革可能遇到的不确定因素很多，远非摸着石头过河那样简单。当代社会文明成熟的一个重要标志是理性，换言之，一个文明成熟的社会是依据理论指导实践的社会，高等教育亦然。大学的知识属性决定了其是一个高度理性的学术社团，其行为表现是观念先于行动。大学是个受校内外太多变量影响的高度复杂的学术组织，其任何行动，尤其是具有变革性的行动，必须预先对其意义、目的、涉及的要素及过程、遇到的问题及解决方法等加以理性思考并进行充分的理论准备。此即大学的任何行动都受制于大学理性，并通过大学理性决定大学组织行动的目的、目标及方式，继而决定大学组织行动的效率和效果。完全可以说，大学组织的行动结果在很大程度上是被大学组织及其成员的理性预先决定的。根据这一结论，我们可以找到大学素质教育效果不佳的首要原因，即我们缺乏从理论的高度认识素质教育的重要性，进而在实施素质教育时不够重视、不够坚持。这导致不少大学在素质教育的实施中用素质教育的外在目的取代了素质教育的内在价值，即过度注重素质教育的工具性层面诸如知识、能力方面的素质，而忽视了素质教育对人才培养体系改造的思想性和整体性，尤其忽视了对大学生社会责任及人文精神方面的价值关心。素质教育贯穿在大学教育的全要素、全过程中，而并非区别于专业教育的独立、单一的教育类型。

（二）走出素质教育的思想误区

如果说对素质教育重要性的认识关涉素质教育能否推行的动力系统，那么走出素质教育的思想误区则关系到素质教育的方向选择。事实上，不少高校在素质教育问题上确实或多或少存在思想上的混乱，这也是笔者首先对素质教育概念进行再认识的原因。不走出素质教育的思想误区，素质教育就会迷失正确方向，欲速则不达。概括起来，素质教育的思想误区表现如下：不少高校把素质教育仅仅视为专业教育的一种补充，"在教育理念上把素质教育等同于人文教育或通识教育，人为导致素质教育与专业教育的冲突；在教育措施上把素质教育简单化，等同于开设几门人文或通识教育课程，缺乏素质教育在人才培养中的全程参与和全要素渗透"①。如果说以人文素质提高为目的的人文教育和以实施通才教育为目的的通识教育主要是针对以往人才培养过于强调专业性的问题，那么素质教育提出的初衷就是为了培养受教育者人文素质、通才素质和专业素质等关系人自由全面发展的综合素质。宾夕法尼亚大学校长艾米·古特曼教授在北京大学的演讲中强调，美国为创造既让学生具有实用技能以满足工作需要，又能培养其人文品质，热爱并有能力终身学习的人的"更好的教育模式"，所做的努力就是将通识教育与职业教育融合。② 这种融合其实就是素质教育引领人才培养体系改革的方向。素质教育的思想基础就是用以人为本的思想和自由独立的思想代替应试教育思想和教育功利思想，从提高人的基本素质角度来设计人才培养体系，以促进大学生的个性发展和自主学习、创新能力的培养。教育现代化的最终目标是人的现代化，致力于全民受教育程度和创新人才培养水平的明显提高，以及全体国民素质的显著提高，使人能够适应瞬息万变的现代社会，而这也是素质教育的最终目标。两者不谋而合，由此可见，实施素质教育是教育现代化的必然选择。

（三）以素质教育为价值引领，构建大学人才培养体系

素质教育概念的再认识及素质教育重要性的再讨论，均是为解决思想认识层面的问题，而关键在于找到有效实施和推行素质教育的具体措施。素质教育的目的是促进大学生的全面发展和个性发展。为了实现这个目的，素质教育必须是一个完整的人才培养体系。人才培养体系是一个包括培养目标及其达成的全教育要素的有机结合，因此，只有围绕素

---

① 睦依凡：《素质教育：高校人才培养体系的重构》，载《中国高等教育》，2010（9）。
② 睦依凡：《素质教育：高校人才培养体系的重构》，载《中国高等教育》，2010（9）。

质教育目的，重构人才培养体系，素质教育才不会成为一种空洞的口号而发挥其积极作用。一个完整的人才培养体系包括培养目标、知识体系、培养模式、教学制度、文化环境、教师素质等要素限于篇幅，这里仅围绕这些要素简要讨论人才培养体系建构的原则性问题。

1. 立足素质教育，确定人才培养目标

培养目标即人才培养的规格要求，亦是人才培养的基本依据。由于人才培养活动始于明确的培养目标，因此，人才培养质量也首先取决于人才培养目标设计的质量。素质教育的目标是：通过素质教育，大学生在一定的专业知识和能力基础上，具备全面自由发展所必需的人格素质、适应社会变化的心理素质、胜任工作并有所创新的专业素质。

2. 立足素质教育，创新知识体系和培养模式

知识体系是决定大学生知识结构的基础，知识体系既要体现当代科技文化发展的最新成果，也要反映人才培养目标对受教育者的素质要求。立足素质教育目标实现的知识体系构建，必须满足人文学科与自然学科的结合，理论课程与应用课程的结合，基础知识与前沿知识的结合，专业教育与通识教育的结合，以及有利于大学生人格素质的完整性、知识素质的综合性、能力素质的发展性要求。[①] 培养模式是知识结构转化为能力素质的具体化，培养模式创新的方向就是突出个性发展的培养模式的多样化，为大学生创造更多的自由探索时间和空间。没有人才培养模式的根本创新，素质教育旨在培养有个性、有创造力的人才的目标就无法实现。

3. 立足素质教育，改革教学制度和营造大学文化

笔者早年就提出必须把教学制度和大学文化纳入人才培养体系，因为教学制度是大学规范教学管理的制度文本，具有整合教学资源、规范教学行为、保障教学正常有序运行的作用，教学制度使大学的人才培养活动具有合法性。立足素质教育的教学制度设计必须"既要有利于学生的全面发展又要有利于学生的个性发展，既要有利于教学规范又要有利于教学创新"[②]。而大学文化对大学所有成员的认同感、使命感、历史感、神圣感，以及他们的价值观、理想追求、思维模式、道德情感、行

---

① 眭依凡：《素质教育：高校人才培养体系的重构》，载《中国高等教育》，2010（9）。

② 眭依凡：《素质教育：高校人才培养体系的重构》，载《中国高等教育》，2010（9）。

为规范等都会造成现实的和潜在的影响，由此决定大学文化环境的品位将极大影响到大学所造就的人的品位。素质教育的推行既需要与之吻合的教学制度的建立和完善，使素质教育获得合法性；也需要与之吻合的大学文化的滋润，使素质教育获得生长、发展的土壤。

课程体系重构：基于增强思政理论课针对性和亲和力的调查和思考*

习近平总书记在 2018 年 9 月召开的全国教育大会上强调，"培养什么人，是教育的首要问题"，"坚持把立德树人作为根本任务"。① 如何把立德树人与培养社会主义建设者和接班人有效落实在高校办学治校育人的实践中，是我国新时期高校必须重视的课题。思想政治理论课作为高校思想政治教育工作的主渠道，在解决培养什么人和立德树人的问题上具有不可替代的作用。高校思想政治理论课的针对性和亲和力对高校有效实现立德树人的人才培养目标具有决定性作用。近年来，围绕高校思想政治理论课的针对性和亲和力问题，不少研究者和实践者从不同的研究视角对其进行了探讨，并从课堂教学各要素的角度提出了提高思想政治理论课教师水平、提高教材质量、改革教学方法等建议。本研究从重构思想政治理论课程体系的视角，对增强思想政治理论课的针对性和亲和力进行深入探讨。

---

* 本文原发表于《中国高教研究》2018 年第 11 期，第一作者为梁纯雪。

① 吴晶、胡浩：《习近平：坚持中国特色社会主义教育发展道路 培养德智体美劳全面发展的社会主义建设者和接班人》，www.cac.gov.cn/2018-09/10/c_1123408490.htm，2018-09-10。

一、思想政治理论课之于人才培养的重要性

本部分主要对"课程体系之于人才培养的重要性""思想政治教育之于人才培养的重要性"及"思想政治理论课程体系之于思想政治教育的重要性"进行学理分析，以期为本研究奠定理论基础。

（一）课程体系之于人才培养的重要性

"人才培养是大学的基本价值和主体职能，是大学区别于其他社会组织的属性特征，放弃或不关心人才培养，大学就不再是本真意义上的大学。"[1] 西班牙著名思想家奥尔特加·加塞特也认为："从严格意义讲，大学是为了把普通学生教育成为有文化修养、具备优秀专业技能的人。"[2] 美国著名教育家亚伯拉罕·弗莱克斯纳尽管在其著作《现代大学论——美英德大学研究》中肯定了"研究"对大学的重要作用，但是他也将人才培养视为大学的根本目的与基础："成功的研究所决不能取代大学，除非大学为之提供训练有素的人才。"[3] 事实是自大学创生至今，人才培养始终是大学的核心使命。因此，衡量一所大学优劣的根本标准是其人才培养的质量。

笔者在早年的研究中就提出，大学的人才培养质量是受人才培养体系诸要素如培养目标、课程体系、培养模式、教学制度、大学文化及教师素质等影响的结果[4]，但不同要素所起的作用有所不同。比如，课程体系及其内容主要决定受教育者的知识结构，培养模式主要决定受教育者的能力结构，两者继而决定受教育者的素质结构。但以建构和完善受教育者知识结构为目的课程体系在大学的培养体系中占据十分重要的位置，对促进个体的知识结构与提高能力素质具有重要作用。英国教育家纽曼提出："大学是传授普遍性知识的场所。这意味着，一方面，大学

---

① 眭依凡：《观念更新：大学人才培养改革设计的价值引领》，载《中国高等教育》，2009（12）。

② ［西班牙］奥尔特加·加塞特：《大学的使命》，徐小洲、陈军译，95 页，杭州，浙江教育版社，2001。

③ ［美］亚伯拉罕·弗莱克斯纳：《现代大学论——美英德大学研究》，徐辉等译，28 页，杭州，浙江教育出版社，2001。

④ 眭依凡：《杰出人才培养：大学必须守持学术理性》，载《中国高教研究》，2012（12）。

的目的是知识的……另一方面，大学之目的在于传授知识而不在于发展知识。"① 纽曼从知识传授与大学的关系上间接阐明了课程的价值。丹麦哲学家索伦·克尔恺郭尔则直接道出了课程的价值："教育是什么？我假定教育是一个人为了追赶自己而不得不经历的全部的课程，而没有通过课程的人，即使生活在最文明时代的事实对他也是无济于事。"② 在克尔恺郭尔的心目中，教育就是学校开设的全部课程，失去课程的支撑，学校教育也就不复存在了。

在整个大学教育过程中，以构建知识体系为目的的课程及以实施课程操作为目的的培养模式和教学方式是支撑整个教育活动的两项最重要的内容，它们关系到高校的人才培养目标能否顺利实现。"课程体系和教学方式分别通过确定教什么和怎么教，各自发挥着在人才培养过程中不可替代的作用。静态的课程体系及其内容很大程度上决定了学生的知识结构和知识体系，直接关系到大学生后继能力结构的形成与全面素质的提升，更是大学教学得以发生的基础，人才培养目标得以实现的重要保证和必需手段。"③ 因此，为了满足人才培养目标的发展性，各国均把大学课程及其教学内容的调整视为大学教育改革的首要工作。即"社会的发展进步对大学提出的最明显要求，就是大学培养的人才必须能够适应社会变化的需要。由于课程体系决定着大学所培养的人才的知识和能力结构，因此，大学应社会发展而提出的教育改革任务，最后都要落实在课程改革的核心问题上。事实上，人才培养的成败很大程度上是受课程体系的科学合理与否制约的"④。哈佛大学在卓越人才培养方面具有世界领袖地位且经久不衰，其原因在于历任校长始终关注并推行包括课程设置在内的教学改革。可见，课程及其内容在大学人才培养体系中的地位及作用何等重要。

---

① John Henry Cardinal Newman，*The Idea of A University*，London，Longmans，1947，p. 90.

② 转引自［美］安东尼·克龙曼：《教育的终结：大学何以放弃了对人生意义的追求》，诸惠芳译，衬页，北京，北京大学出版社，2013。

③ 俞婷婕、眭依凡：《大学课程与人才培养——基于大学教学理性的思考》，载《清华大学教育研究》，2013（6）。

④ 俞婷婕、眭依凡：《大学课程与人才培养——基于大学教学理性的思考》，载《清华大学教育研究》，2013（6）。

（二）思想政治教育之于人才培养的重要性

教育的最高目的是人，而思想政治教育之于培养什么人具有决定性作用。习近平总书记在 2016 年 12 月召开的全国高校思想政治工作会议上指出，高校思想政治工作关系高校培养什么样的人、如何培养人以及为谁培养人这个根本问题。[①] 从学校教育的产生和发展历史来看，培养什么样的人始终是教育应该解决的根本问题，其关系着国家的稳定与发展，继而决定着人类社会的稳定与发展。笔者认为，高校的人才培养应该体现两个主要目的：一是通过大学教育，学生掌握知识与科学，获得生存和发展及有为于社会进步的真才实学；二是让学生能够明辨是非，有道德、有理想，成为能为国家和社会担负责任的、素质全面发展的人。古人云：德者，才之帅也。毫无疑问，才能是对社会有所贡献的价值基础，但德者具有决定才能发挥之方向的重要性。所以 20 世纪最伟大物理学家之一爱因斯坦就主张，通过大学教育，学生应成为一个和谐的人，而不只是作为一个专家。可见，高校仅重视对大学生专业能力的培养和发展而忽视道德品质和社会责任担当精神的养成，是极其不完整的教育。

大学的人才培养目标是使学生具备包括智力、能力、体力、科技文化知识及生产劳动技能在内的"人力素质"，还应使其具备更为重要的"人本素质"与"政治素质"。笔者在早期的研究中就提出：包括理想、意志、人格等非智力因素及使命感、责任感、价值观等社会化意识在内的"人本素质"，对受教育者顺利地实现其政治、思想、文化、伦理、权益等价值有着极大的影响，关系到个体整体价值的实现及其全面发展的程度与层次；而包括个体的世界观、政治立场和信念、民族意识、爱国精神在内的"政治素质"不仅决定了个体的发展方向与未来命运，而且也是改善和提高人的"人力素质"和"人本素质"的动力基础。[②] 人本素质和政治素质作为高校人才培养目标的重要组成内容，对个体的全面发展起着决定性作用。

高校对人才"人力素质"的培养可以通过科学知识的传播和专业能

---

① 张烁：《习近平：把思想政治工作贯穿教育教学全过程 开创我国高等教育事业发展新局面》，载《人民日报》，2016-12-09。

② 眭依凡：《当代教育社会职能之我见》，载《江西教育科研》，1989（6）。

力的训练来达成，而"人本素质"与"政治素质"的培养则侧重于引导大学生树立正确的世界观、人生观和价值观，培养其对于崇高理想的追求，以及对国家、对社会负责的责任感与使命感，使其能够自觉应用科学知识，为社会、为国家、为人类进步做出贡献。只有通过思想政治教育这种"情"与"理"相结合的教育活动，在对大学生进行政治理论知识传授的过程中，通过情感与态度的点滴渗透来触动学生的心灵，教化学生，感染学生，使学生学会思考人生、思考社会，在此基础上建立起对国家、民族、社会的强烈使命感及责任感，并以此为动力，努力求知向学，才能自觉把自己造就成有理想、有理性、有担当、有真才实学、对国家和社会有所作为的建设者和接班人。从这个角度来看，思想政治教育之于人才培养目标的实现，有着不可替代的重要作用和价值意义。

（三）思想政治理论课程体系之于思想政治教育的重要性

当课程体系之于人才培养的重要性及思想政治教育之于人才培养的重要性的学理性关系清晰之后，思想政治理论课程体系之于思想政治教育的重要性的逻辑自在其中。具体言之，思想政治教育的效果既受到教育者个人的思想道德水平、教学能力及职业素养的影响，也受到思想政治教育资源的品质及其环境的开发利用，以及教育实践活动模式的适切性等影响。因此，按思想政治教育应有的规律，充分整合其要素并发挥其应有作用，是提升思想政治教育有效性的基本前提。无论是专业教育还是思想政治教育，都是围绕育人这一目的展开的，而教学活动是实现人才培养最重要的载体，因此，思想政治教育也主要受制于由课程体系与教学模式构成的教学体系，由此决定了思想政治理论课程体系在整个思想政治教育活动中的重要性。

思想政治理论课程体系之于思想政治教育的重要性主要体现在两个方面。

首先，由于课程体系决定着知识结构，而思想政治教育不仅是教育教学体系的重要组成部分，更是承担着大学生思想引领和道德养成之知识修养积淀的重要作用。其课程体系设置得科学与否，直接决定着大学生的思想类、道德类、政治类知识体系是否完善。而且，思想政治理论课作为教育目标的具体实施载体，其课程体系的结构设置还直接影响整个思想政治理论课程及教学的实施效果与质量。如果思想政治理论课程体系本身存在脱离思想政治教育的育人目标等问题，预设的立德树人目的及培养目标也就失去了基础，思想政治教育的效果自然就会大打折扣。

其次，思想政治理论课程体系不仅是落实立德树人根本任务的主干渠道，而且是帮助大学生树立正确的世界观、人生观、价值观的核心课程，对新形势下加强和改进高校思想政治教育工作具有至关重要的作用。教育是以人为基础的活动，离开了教育对象，教育活动就失去了意义。而思想政治理论课程体系及课程活动是维系教育者与教育对象、促使教育活动顺利开展的主要方式和载体，"它承载思想政治教育目的和任务，是思想政治教育目标的具体化，是教育主体和教育客体互动的中介"①。思想政治理论课程体系能够通过各项课程的开设及其教学活动，帮助学生系统了解和丰富专业以外的知识和价值判断与道德信仰。

二、关于思想政治理论课现状及其满意度的调查

由于思想政治理论课的实效性主要体现在课程的针对性与亲和力方面，并通过受教育者对该课程的满意度得以检验，所以有必要针对目前高校思想政治理论课的针对性与亲和力问题，通过高校学生对思想政治理论课的满意度调查，对思想政治理论课的实效性做出正确评价，并找到改进我国思想政治理论课的依据及研究的重点方向。本研究主要从大学生的情绪、情感、态度和行为等维度设计，侧重考察大学生对思想政治理论课的总体评价及学习态度和行为表现等。本调查利用"问卷星"发放问卷，调查对象包括浙江师范大学、浙江工业大学、浙江工商大学、宁波大学4所浙江省具有代表性的地方本科高校的一至四年级在校学生，涉及理工、经管、文法、教育、艺术5大类20多个专业，本次调查共回收有效问卷1 101份。

（一）关于思想政治理论课开设的现状

党和国家历来重视高校思想政治理论课建设，并依据不同时期形势的变化及事业发展的需要，对高校思想政治理论课建设提出了新任务和

---

① 熊建生：《思想政治教育内容结构研究导论》，载《思想理论研究》，2007（7）。

新要求。早在 2005 年，中宣部和教育部就颁布实施了《关于进一步加强和改进高等学校思想政治理论课的意见》，该意见也成为加强和改进高校思想政治理论课的纲领性文件。党的十八大以来，以习近平同志为核心的党中央更是高度重视思想政治理论课建设，并做出一系列重大决策部署。中宣部、教育部于 2015 年 7 月联合印发了《普通高校思想政治理论课建设体系创新计划》。该文件不仅指出了思想政治理论课建设是一个集重要性、长期性、艰巨性及复杂性于一体的过程，而且分别从教材体系、教学体系、学科体系、评价体系等方面对思想政治理论课建设提出了新的要求。于 2018 年颁布的《新时代高校思想政治理论课教学工作基本要求》明确要求新时期的思想政治理论课建设要全面贯彻落实习近平新时代中国特色社会主义思想和党的十九大精神，坚持以落实立德树人为根本任务，要在坚持不懈传播马克思主义科学理论的同时，讲清、讲透习近平新时代中国特色社会主义思想的时代背景、重大意义、科学体系、精神实质、实践要求，全面推动习近平新时代中国特色社会主义思想进教材、进课堂、进头脑，牢固树立"四个意识"，坚定"四个自信"。因此，高校既要把教学工作摆在更加突出的位置，同时也要从教学管理、教学质量等角度入手，不断加强思想政治理论课的亲和力与针对性。

在贯彻落实以上重要文件精神的基础上，上级有关部门同时也赋予高校根据自身具体情况，对思想政治理论课进行科学、合理设置与调整的灵活性。以笔者所在的地方师范大学为例，学校根据中央精神和教学实际需要，对思想政治理论课及其教材做了调整。例如，把《习近平总书记系列重要讲话读本》《中国特色社会主义学习读本》《马克思主义哲学十讲》等作为思想政治理论课教学的重要教材，丰富了思想政治理论课的内容。学校分别在一年级与二年级开设了 4 门必修课程。一年级学生主要参加"思想道德修养和法律基础"与"中国近现代史纲要"课程的学习。其中，"思想道德修养和法律基础"主要面向文科一年级与理科二年级学生，课程共 54 学时，占 3 学分；"中国近现代史纲要"则为面向全校一年级本科生开设的公共必修课程，共 32 学时，占 2 学分。二年级学生主要参加"马克思主义基本原理"与"毛泽东思想和中国特色社会主义理论体系概论"课程的学习。其中，"马克思主义基本原理"

面向全校二年级文理科学生，共 48 学时，占 3 学分；"毛泽东思想和中国特色社会主义理论体系概论"是面向全校本科生的思想政治理论课程，共 108 学时，占 6 学分。关于选修课，学校开设了"形势与政策""大学生心理调适与发展""中国近代民主发展述评""当代世界经济与政治""马克思主义宗教观概论"等课程，并贯穿大一到大三整个课程学习过程，每门选修课不超过 30 学课时，各占 1 学分。

从学校的思想政治理论课程的设置与安排不难发现，整个课程设置很好地贯彻落实了中央对思想政治理论课建设的基本要求，坚持了以正确的政治方向为指引，强化了思想政治理论课的价值引领功能。全国高校的思想政治理论课程设置亦大致如此。然而，随着新时代的到来，一方面，人们对高校思想政治理论课发挥育人主渠道的作用有了更高的要求；另一方面，"互联网＋"时代以其信息传播的迅捷性及观念价值的多元化等特征，对我国的思想政治教育提出了挑战。因此，我国大学的立德树人必须找到新思路、新举措，积极拓宽育人思路、改善育人环境、创新育人方法，更有效地践行立德树人的人才培养目标。[①] 而这正是习近平总书记对思想政治理论教育提出的"坚持在改进中加强"的要求。总体而言，学校思想政治理论课程的设置与组织突出了重点，且服从了思想政治教育立德树人的整体目标要求，但思想政治理论课程体系及其内容的逻辑性、科学性、综合性、人文性、时代性与实效性等方面仍有改善的空间。

（二）关于思想政治理论课的满意度状况

1. 大学生对高校思想政治理论课的总体评价

对思想政治理论课的总体评价持满意态度的，占被调查学生的 65.39％，其中，"非常满意"者占 25.79％，"满意"者占 39.6％；有 34.61％的学生对思想政治理论课持"一般"或"不满意"态度，其中，29.25％的学生认为"一般"，2.91％的学生明确表示"不满意"，2.45％的学生表示"非常不满意"。这个结果虽然表明多数大学生对思想政治理论课的总体评价是好的，但对高达 1/3 强的学生关于思想政治理论课总体评价不高的现状，我们亦绝不能掉以轻心。

---

① 李芳莹、睢依凡：《"互联网"时代大学如何守持育人使命》，载《清华教育研究》，2018（2）。

2. 大学生对思想政治理论课教学效果的评价

关于"您对高校思想政治理论课教学效果是否满意"的调查结果如下：29.16％和36.06％的学生分别选择了"非常满意"和"满意"，但有30.15％的学生选择"一般"，且分别有2.54％和2.09％的学生选择了"不满意"和"非常不满意"。仅有65.22％的学生对思想政治理论课的教学效果持"满意"及以上的肯定，34.78％的学生持不甚满意的评价，且其中4.63％的学生干脆对思想政治理论课的教学效果予以了否定。由此可见，高校思想政治理论课的教学效果还有待提高。

3. 影响满意度的原因

在对导致学生出现不满意的原因调查时，我们发现："课程内容脱离现实，枯燥、空洞""教学过程中方法陈旧、老套""课程内容缺乏针对性"是致使学生对政治思想理论课满意度不高的主要原因，分别占68.63％、58.82％和52.94％。其余如"教师居高临下地过度说教"（43.14％）、"教师学术与教学水平不高"（31.37％）、"教师责任心不强，投入不足"（27.45％）等，均为与思想政治理论课教师的态度、水平及教学方法等高度相关的问题。另有39.22％的学生认为"课程时间比例安排不合理"，这也是影响学生满意度的原因。从上述调查结果不难发现，"课程内容脱离现实，枯燥、空洞"及"课程内容缺乏针对性"是造成政治思想理论课满意度不高的重要原因。

（三）大学生对思想政治理论课所持的态度和表现状况

1. 关于大学生对思想政治理论课所持的态度

56.13％的学生对思想政治理论课的态度是"高度重视，热情有加"，但也有43.42％的学生认为上思想政治理论课只是出于学分需要而勉强应付，还有1.45％的学生对思想政治理论课采取消极对待态度，有严重的厌学情绪。从调查结果来看，近一半的学生对待思想政治理论课的态度不够积极，把思想政治理论课学习视为完成学分的需要。这种不得已而为之的学习态度不仅容易导致学生出现厌学情绪，更重要的是会对思想政治理论课的实效性带来不良影响。

2. 关于大学生在思想政治理论课中的表现

在关于"您在参与思想政治理论课中的表现是？"的回答中，51.32％的学生认为自己在思想政治理论课的教学过程中能够"认真学习，积极参与互动"，但"被动听讲，疏于发言"的学生为数不少，高达35.06％，12.62％的学生选择了"做自己的事，会偶尔听讲"，另有不到1％的学生表明自己"选择逃课"（0.64％）或存在"抵触情绪"（0.36％）。从调查结果不难发现，近50％的学生对思想政治理论课的表现是被动和消极的。这种情况的产生当然与学生所持的学习态度相关。行为心理学的一个基本观点即任何行为表现都是内在的心理意识，包括态度的对外反映。值得讨论的问题是，高校学生对思想政治理论课的态度与我们设置的课程及内容与教学方法不无关系，这也是思想政治理论课要强调针对性及亲和力的原因，否则，其教学的实效性就难以保证。

（四）关于思想政治理论课的重要性及其改善的必要性

1. 对思想政治理论课重要性的认识

在关于"您认为思想政治理论课对大学生全面发展是否重要"的回答中，分别有42.60％和39.96％的学生选择了"非常重要"和"比较重要"。这个结果说明绝大多数学生对思想政治理论课具有促进学生全面发展的作用持肯定的态度，由此可以推断，高校学生并不排斥思想政治理论教育对自己健康成长、成熟、成才的价值。然而，也有14.17％的学生回答"一般"，甚至还有3.26％的学生选择"不太重要"（1.63％）或"不重要"（1.63％）。这表明还有极少数学生对思想政治理论课的作用在认识上还有偏差，甚至持否定态度。

2. 关于课程体系和内容改革的必要性

在"为增强思想政治理论课的吸引力和有效性，是否有必要改革课程体系及丰富教学内容"的回答中，38.78％的学生认为"非常有必要"，41.05％的学生认为"有必要"，两者之和达79.83％。尽管余下的学生对该问题表示了并非积极肯定的观点，但调查结果还是反映了大多数学生对思想政治理论课程体系改革要增强吸引力及有效性的强烈愿望。事实上，课程体系及内容是教学发生的逻辑前提和"物质"基础。课程体系及内容是针对人才培养目标设置的，它们的质量在很大程度上决定了教学的质量和人才培养的质量。

从调查结果及其分析来看，大学生对思想政治理论课的评价总体上是肯定的，但我们不能因此忽视其中存在的诸多问题。调查结果表明，影响大学生对思想政治理论课满意度及其实效性的主要原因是课程及其教学的针对性与亲和力不足。思想政治理论课缺失了针对性与亲和力，自然就会降低大学生对所学内容的认同感，并降低他们学习的积极性和参与性，最终导致厌学心理，其结果就是消极怠课甚至逃课。思想政治理论课的亲和力更多地与教师的教学关系密切。调查结果已经证实"教学过程中方法陈旧、老套""教师居高临下地过度说教""教师学术与教学水平不高""教师责任心不强，投入不足"均为导致思想政治理论课亲和力不高、实效性不佳的主要原因。

就思想政治理论课的亲和力与针对性的逻辑关系而言，前者在一定程度上也依附于后者。调查亦证实了思想政治理论课的"课程内容脱离现实，枯燥、空洞"及"课程内容缺乏针对性"是导致思想政治理论课缺乏亲和力和实效性的根因。所以，从课程体系及其内容的设计端，重构既培养社会主义建设者与接班人又符合学生身心健康发展需要和规律的思想政治理论课程体系，以提升思想政治教育的实效性既必要又紧迫。

三、关于重构思想政治理论课程体系原则的理性思考

课程理论认为，学校课程设置的效果取决于课程体系、课程内容及课程实施三大要素。其中，课程体系决定课程内容，继而决定受教育者的知识结构和能力结构，最终决定受教育者的素质结构，所以课程体系具有基础性功能。

充满吸引力的思想政治理论课必须有针对人才培养目标的、构架科学的课程体系支撑，以及真实、客观、富有说服力的课程内容充实。因此，增强思想政治理论课的吸引力和实效性的首要任务是构建既能满足立德树人之思想政治教育目的，又符合大学生身心发展规律，且有助于思想政治教育入脑入心的课程体系。这或许就是习近平总书记在2016年12月召开的全国高校思想政治工作会议上特别强调"思想政治理论课要坚持在改进中加强""要加快构建中国特色哲学社会科学学科体系

和教材体系"① 的意义所在。本研究仅就思想政治理论课程体系重构建应该遵循的若干原则加以讨论。

（一）思想政治理论课程体系的构建必须与人才培养目标高度一致

原则即人们的行动必须依据的准则或规范。原则具有人为性，对行动者做什么及怎么做具有规定性。所谓"思想政治理论课程体系的构建必须与人才培养目标高度一致"，是指高校的思想政治理论课程体系设计必须依据高校人才培养目标并符合人才培养规律提出的要求。人才培养目标是人才培养的标准，是人才观在高校的集中反映和培养什么人的价值主张及具体要求，也是人才培养活动发生的基本依据和人才培养制度安排的基本原则。人才培养目标设计是人才培养体系的第一要素，它既是大学人才培养工作的出发点，亦是衡量和检验大学人才培养质量的依据和标准。基于此，大学的人才培养质量首先取决于人才培养目标设计的质量。明确人才培养目标是确保大学人才培养质量的逻辑前提，也是人才培养质量提升的关键。② 脱离了人才培养目标的课程设计不仅缺乏科学依据，而且容易出现课程之间彼此缺乏逻辑关联的零碎的课程拼盘现象，而非目的明确、结构严谨的课程体系。

人才培养目标的确定不仅受到社会政治、经济、科技、文化等诸多因素的影响，而且大学的定位本身也必须反映社会对大学的要求和期望。③ 思想政治教育就是政治及社会对人才培养提出的一种目标诉求，它通过高校开设体系化的思想政治理论课对学生施以政治素质和道德素养的教育。基于此，构建思想政治理论课程体系必须以人才培养目标，尤其是思想政治教育的目的为依据。然而，大学教育是旨在培养高层次专业人才的专业教育，由此导致不同专业属性的人才培养目标具有多样性，但强烈的社会担当和国家责任又赋予了不同专业的人才培养目标的共性要求，例如，"强烈的爱国主义精神和对人类、国家、社会、环境负责的精神；坚定的科学信仰、高雅的文化修养、高尚的道德操守；国际文化视野、世界胸怀和国际社会适应能力；自我发展和创业、创新的

---

① 张烁：《习近平：把思想政治工作贯穿教育教学全过程　开创我国高等教育事业发展新局面》，载《人民日报》，2016-12-09。

② 眭依凡：《杰出人才培养：大学必须守持学术理性》，载《中国高教研究》，2012（12）。

③ 眭依凡：《科学发展观与大学按规律办学》，载《教育研究》，2008（11）。

能力；精神健康及职业道德等"①。

总体而言，我国高校的人才培养目标是"培养德智体美劳全面发展的社会主义建设者和接班人"②。围绕这一人才培养目标，高校必须努力构建有利于大学生德智体美劳全面发展的，包括课程体系在内的人才培养体系。具体到思想政治理论课程体系的构建，则必须有利于高校学生树立正确的世界观、人生观、价值观，形成坚定的社会主义理想信念、系统的认识人类社会发展规律的世界观，培养学生强烈的爱国主义情怀和为国家繁荣、人类社会进步奉献的人生观、价值观，养成高尚的道德品行等。这样的思想政治理论课程体系必须既遵循思想政治教育的目标要求又遵循学生成熟、成长、成才的发展规律，并体现如下特点：社会进步真理性的反映、理论的科学性和系统性、与时俱进的时代性和强烈的思想吸引力。

（二）思想政治理论课程体系的构建必须突出核心课程并解决重大理论问题

思想政治教育的基本属性是强烈的思想性和政治性，由此决定了高校的思想政治理论课在目标导向、价值取向、教育倾向等方面必须具有鲜明的思想政治引领性。如前所述，由于大学教育是培养专业人才的专业教育，思想政治理论教育仅是大学教育体系的一个组成部分，由此决定了思想政治理论课在课时占有及课程容量上的有限性。此外，高等教育与基础教育是连续的教育阶段，因此，在基础教育阶段完成的思想政治教育课程不必在大学教育阶段重复设置。提出"思想政治理论课程体系的构建必须突出核心课程并解决重大理论问题"的原则，是为了强调思想政治理论教育必须形成强烈的思想与政治问题意识，通过设置以政治信仰与意识形态理论教育为主旋律的核心课程，防止思想政治理论课程体系就事论事的碎片化和课程内容的常识化，集中有限的课时，帮助大学生从科学理论和社会发展规律的高度和深度认识中国共产党何以伟大、中国何以必须坚持具有中国特色的社会主义道路，以根本解决思想

---

① 眭依凡：《科学发展观与大学按规律办学》，载《教育研究》，2008（11）。

② 吴晶、胡浩：《习近平：坚持中国特色社会主义教育发展道路 培养德智体美劳全面发展的社会主义建设者和接班人》，http://cpc.people.com.cn/n1/2018/0910/c64094-30284598.html，2018-09-10。

政治理论课入脑入心的问题，达成以真理服人的目的。这亦是习近平总书记多次强调"要加快构建中国特色哲学社会科学学科体系和教材体系，推出更多高水平教材，创新学术话语体系，建立科学权威、公开透明的哲学社会科学成果评价体系，努力构建全方位、全领域、全要素的哲学社会科学体系"① 的意义。

大学生是身心发展到一定成熟阶段且掌握了较多高深知识，具有一定独立的思想和判断能力的准知识分子群体。因此，对这个群体的思想政治教育就必须"遵循思想政治工作规律，遵循教书育人规律，遵循学生成长规律"②，课程设置及教学模式不能简单化，更不能搞形式主义。我们必须形成这样的认识：高校的思想政治理论课并非常识性的知识介绍，更非思想政治意识的外部强加和简单灌输。思想政治教育是一门有其独立研究对象和自身规律的学科，由此决定了思想政治理论课程应该具有科学的理论体系。提高高校学生思想政治的认识水平，建立系统、科学的政治理论思想体系，以坚定学生的政治信仰，是思想政治理论课的目的。

在 2018 年 9 月召开的全国教育大会上，习近平总书记明确指出："要在坚定理想信念上下功夫，教育引导学生树立共产主义远大理想和中国特色社会主义共同理想，增强学生的中国特色社会主义道路自信、理论自信、制度自信、文化自信，立志肩负起民族复兴的时代重任。"③ 在 2016 年召开的全国高校思想政治教育工作会议上，他还强调，思想政治理论课"要教育引导学生正确认识世界和中国发展大势，从我们党探索中国特色社会主义历史发展和伟大实践中，认识和把握人类社会发展的历史必然性，认识和把握中国特色社会主义的历史必然性"④。笔者认为，牢固树立对中国共产党领导下的有中国特色的社会主义道路、

---

① 吴晶、胡浩：《习近平：把思想政治工作贯穿教育教学全过程》，www. xinhuanet. com//politics/2016-12/08/c_1120082577. htm，2018-09-10。

② 吴晶、胡浩：《习近平：把思想政治工作贯穿教育教学全过程》，www. xinhuanet. com//politics/2016-12/08/c_1120082577. htm，2018-09-10。

③ 吴晶、胡浩：《习近平：坚持中国特色社会主义教育发展道路 培养德智体美劳全面发展的社会主义建设者和接班人》，http://www. xinhuanet. com/politics/leaders/2018-09/10/c_1123408400. htm，2018-09-10。

④ 吴晶、胡浩：《习近平：把思想政治工作贯穿教育教学全过程》，www. xinhuanet. com//politics/2016-12/08/c_1120082577. htm，2018-09-10。

理论、制度和文化的信仰与信心，奠定高校学生坚定的政治信仰和社会主义思想基础，是思想政治理论课的重点所在。为此，有必要开设一门"中国历史与中国现代化"课程，从中国历史发展的纵向比较及现代中国的国际地位的出发，考察、分析、总结中国的历史与现在、衰败与兴盛、贫弱与强大，通过大量立体的、客观的事实，让高校学生深切感悟到中国共产党何以伟大、祖国何以强盛，由此自然而然生成强烈的爱国情感和民族归属感、为国家担当的责任意识与使命意识，从内心深处接受和认同共同的政治理想、政治信仰、政治制度、政治观点、政治立场和政治道德，并将其自觉转化为政治理性及政治行为。由于马克思主义与中国特色社会主义理论是一脉相承的，建议把"马克思主义与中国特色社会主义理论"作为一个完整的理论体系，纳入思想政治理论核心课程。

（三）思想政治理论课程体系的构建必须坚持教育需要与教育实效相结合

思想政治理论课是高校根据人才培养目标要求，满足培养社会主义事业的建设者、接班人需要而设置的与政治及思想意识形态高度相关的课程体系。其目的是通过思想与政治理论的教育，使大学生在获得相关理论知识的基础上，建立与社会主义制度高度一致的政治认同和政治信仰，形成并坚持"四个自信"。然而，受教育者是否能顺利接受外来的思想政治教育，一般受到三个因素的影响，即"真理性判断、价值性体验、愉悦性感受"[1]。这三个因素决定了受教育者能否把外来的思想政治教育内容融入自己的认知世界并转化成自己社会行动的指南。提出"思想政治理论课程体系的构建必须坚持教育需要与教育实效相结合"的原则，就在于强调思想政治理论课的设置必须重视课程的科学思想，以真理说服人；重视课程的事实基础，以价值观打动人；重视思想政治理论教育的规律性，以生动、丰富的课程内容感化人，从而体现思想政治理论课教育的实效性。缺失了针对性与亲和力的思想政治理论课，毫无疑问，其教育实效性必将大打折扣。

任何学校教育都是一定社会针对培养人的制度化、体系化设计。没

---

[1] 张世欣：《思想教育规律论》，111页，杭州，浙江大学出版社，2008。

有为满足社会需要的教育设计就没有教育要求，也就没有学校教育。习近平总书记特别指出，做好高校思想政治工作，要因事而化、因时而进、因势而新。① 可以说，这也是追求教育实效的思想政治理论课程的设计方向。

富有活力和感召力的思想政治理论课应该是融政治、思想、道德、心理、思维五位一体的综合课程体系。换言之，思想政治理论课程体系的组织、设计既要服从思想政治教育的需要，遵循思想政治教育学科的规律，又要遵循大学生的身心发展规律与认知规律，尊重大学生在接受思想政治教育过程中的主体地位。这一方面要求思想政治理论课程的设置必须服从以理服人的真理性原则，即思想政治理论课所传播的思想和理论必须是能够经得住时间和实践检验的、符合社会发展客观规律的科学真理；另一方面又要求思想政治理论课程体系的组织、设计要符合大学生认知结构发展的循序渐进性，并考虑现实社会对他们的价值影响，既重视理论与社会进步事实的一致性，也不回避现实生活的问题和矛盾，避免所谓"理论"的空洞和虚假。只有使大学生从一系列的思想政治理论课程中切身体验到思想政治教育的真实性，才能使他们认同其真理性并建立起正确对待社会问题的科学理性。此外，注重实效的思想政治理论课及其内容的组织、设计，还应引领大学生的审美倾向和审美价值判断，能够给大学生带来精神上的愉悦，切忌僵化和呆板。

综上所述，思想政治理论课程体系是增强思想政治理论课针对性与亲和力的基础，是提高思想政治理论课教育实效的前端设计。其课程体系组织、设计的质量在很大程度上决定思想政治理论课程的质量。提升思想政治理论课的针对性与亲和力是高校思想政治教育工作的迫切需要，而建构既满足思想政治教育需要，培养社会主义事业建设者、接班人，又符合学生身心发展规律与需要的课程体系，对提升思想政治理论课的针对性与亲和力具有不可或缺的关键作用。而这样的课程体系建构应遵循与人才培养目标高度一致、突出核心课程并解决重大理论问题、坚持教育需要与教育实效相结合的原则。

---

① 吴晶、胡浩：《习近平：把思想政治工作贯穿教育教学全过程》，www.xinhuanet.com//politics/2016-12/08/c_1120082577.htm，2018-09-10。

杰出人才培养：大学必须守持学术理性[*]

每年 10 月中上旬是举世瞩目的诺贝尔奖公布的时间，中国高等教育学会每年一度的"高等教育国际论坛"十分巧合，亦在此时段召开，而 2011 年"提升高等教育质量，建设高等教育强国"的论坛主题，使与会者不得不对"提升高等教育质量""建设高等教育强国""诺贝尔奖"三者的关系发生联想。高等教育强国作为一个国际化概念，不仅指该国已经实现高等教育在数量上的普及化，更强调其在高等教育质量方面造就了创造性人才，并为改变人类社会的生活及生产方式做出了巨大贡献。拥有诸多诺贝尔奖及培养了大量具有创新能力的杰出人才，无疑是高等教育强国的重要标志之一。就科技创新而言，我们对世界的贡献与大国地位还很不相称，其原因在于我们的人才培养质量还不高，所以我们还不是高等教育强国。缺乏精英人才的国家很难成为创新型国家，因此也难以产生引领和改变世界的科技影响力。在 2006 年的两院院士大会上，胡锦涛同志指出：世界范围内的综合国力竞争，归根结

---

* 本文原发表于《中国高教研究》2012 年 12 期。

底是人才，特别是创新人才的竞争。为此，要把培养造就创新型科技人才作为建设创新型国家的战略举措，从教育这个源头抓起，努力建设有利于创新型科技人才生成的教育培养体系。[①] 大学在建设创新型国家战略选择中扮演着不可替代的重要角色，因此，提高人才培养质量是大学必须做出的选择。本研究基于人类文明的进步从来都是精英人才引领改变的结果，大众教育不能替代更不能以牺牲精英教育为代价这一观点，提出并回答如下三个问题：第一，我们培养了能改变世界、改变社会发展进程的杰出人才吗？第二，杰出人才培养：我们大学的问题在哪里？第三，培养杰出人才：大学必须坚守怎样的学术理性？

一、我们培养了能改变世界、改变社会发展进程的杰出人才吗？

诺贝尔奖不仅代表世界科技创新成果的最高水平，而且其成果已经或必将带来人类生活方式和生产方式的革命。排除有争议的诺贝尔和平奖及文学奖，物理、化学和生理学与医学三大科学奖通常有两个特点：其一，人们对获奖人及其成果争议甚少；其二，欧美国家，尤其是美国、英国、德国等国科学家及其大学通常是诺贝尔奖的大赢家。据维基百科统计，1901—2012 年共有 552 人获诺贝尔三大科学奖，其中，美国 235 人，英国 76 人，德国 68 人，法国 31 人，共计 410 人，这四个国家的诺贝尔奖得主占获奖总数的 74.3%（见表 1）。而据 2012 年的人口统计，英、美、德、法四国总人口为 4.92 亿，仅占世界总人口的 7.8%。人口占世界 7.8% 的欧美四国，竟然为人类社会创造了占全球 74.3% 的代表世界最高科学技术水平的成果。

表 1　1901—2012 年诺贝尔三大科学奖受奖人数国别统计

国别	人数/人	比例/%
美国	235	42.6
英国	76	13.8

① 眭依凡：《大学如何培养创新人才——兼谈美国著名大学的成功经验》，载《中国高教研究》，2006（12）。

国别	人数/人	比例/%
德国	68	12.3
法国	31	5.6
美、英、德、法四国	410	74.3
三大科学奖总获奖人数	552	100

另据维基百科（英文版）截止到 2012 年 11 月的数据，全球获得各类诺贝尔奖 10 人以上的大学共 55 所，其中，美国 28 所，英国 8 所，德国 9 所，法国等欧洲其他国家 10 所（见表 2，因各校统计方法有异，数据仅供参考）。由此可见，自 1901 年诺贝尔奖创设以来，欧美大学，尤其英国、美国、德国著名大学培养或产生了数量惊人的诺贝尔奖获得者。

表 2　1901—2012 年获诺贝尔奖 10 人以上的大学

国别	大学	关联人数	毕业生	教职员	获奖时及曾经在职者	获奖后在职者
美国	芝加哥大学	87	30	11	46	2
	哈佛大学	83	60	16	63	7
	哥伦比亚大学	82	40	14	60	9
	麻省理工学院	77	30	20	33	
	加州大学伯克利分校	71	29	16	28	2
	耶鲁大学	50	19	9	23	2
	康奈尔大学	41	13	1	22	6
	密歇根大学	41	7			12
	约翰·霍普金斯大学	36	15	4	20	8
	普林斯顿大学	36	14	7	14	
	加州理工学院	31	17	2	13	4
	宾夕法尼亚大学	28	7	2	16	3
	伊利诺伊大学香槟分校	26		10	6	10
	斯坦福大学	26	9	10	32	4
	纽约大学	24	9	3	15	9

国别	大学	关联人数	毕业生	教职员	获奖时及曾经在职者	获奖后在职者
美国	洛克菲勒大学	23	2	22	1	
	华盛顿大学（圣路易斯）	22	3	22		
	明尼苏达大学	21	7		13	1
	加州大学圣地亚哥分校	20	2	1	17	
	威斯康星大学麦迪逊分校	19	11		6	
	卡内基梅隆大学	18	7	3	10	
	凯斯西储大学	16	7	1	8	
	加州大学洛杉矶分校	15	6		8	1
	纽约城市大学	13	3		1	
	华盛顿大学（西雅图）	12	4	1	5	3
	杜克大学	12	2	2	4	2
	科罗拉多大学	10	1	1	8	
	纽约市立学院	10	10			
英国	剑桥大学	90	65	14	55	5
	牛津大学	48	27		26	7
	曼彻斯特大学	25	8	5	9	3
	伦敦大学学院	21	6	11	7	3
	伦敦政经学院	17	5	2	11	
	帝国理工学院	15	3	2	8	5
	爱丁堡大学	10	4	1	5	
	伦敦国王学院	10	3		8	1
德国	海德堡大学	54	18	19	12	3
	哥廷根大学	44	14	9	22	1
	慕尼黑大学	34	25	3	14	1
	柏林洪堡大学	29	20	1	22	1
	慕尼黑工业大学	20	11	4	5	8
	法兰克福大学	14	7		7	
	维尔茨堡大学	14		7	4	3
	哥本哈根大学	10	7	2	6	
	弗莱堡大学	10	6	7	10	

国别	大学	关联人数	毕业生	教职员	获奖时及曾经在职者	获奖后在职者
欧洲其他国家	法国巴黎大学	47	37	11	13	1
	瑞士苏黎世联邦理工学院	21	12	10	11	
	荷兰莱顿大学	16	9	2	5	
	奥地利维也纳大学	15	5		5	
	瑞典乌普萨拉大学	15	8		7	
	法国巴黎高等师范学校	14	12	2		1
	瑞士苏黎世大学	12	7	9	10	
	荷兰乌特勒支大学	11				
	瑞士日内瓦大学	11	4	1	6	
	法国巴黎综合理工学院	10	3	1	2	

注：缺项表示数据为 0 或无法获得。

被剑桥大学视为骄傲，也是剑桥大学实力最雄厚、名声最大的三一学院（Trinity College），其以在校本科生及研究生不足 1 000 人、教授不到 200 人的规模，在近 500 年的时间里先后产生了培根、罗素、怀特海、牛顿、麦克斯韦、哈代等一大批伟人及 5 位国家元首、6 位英国首相，近一个世纪以来培养了 31 位诺贝尔奖获得者。前院长白德纳爵士不无骄傲地说：我们不应该吹嘘，但我们想我们或许可以这样说，这对"三一"以外的任何一个学院来说，都恐怕是一项惊人的成就。剑桥大学另一个极其典型的精英培养案例是，由著名物理学家詹姆斯·麦克斯韦于 1871 年创立、1874 年建成的卡文迪什实验室，在一个多世纪里培养或产生了 20 位诺贝尔奖得主（见表 3）。此外，玻尔（研究原子结构和辐射，于 1922 年获奖）、康普顿（发现康普顿效应，于 1927 年获奖）、狄拉克（建立新的原子理论，于 1933 年获奖）、P. W. 安德逊（对磁性和无序体系电子结构的基础性理论研究，于 1977 获奖）、卡皮查（低温物理学研究，于 1978 年获奖）等都是与卡文迪什实验室有密切关系的学者，亦先后获诺贝尔物理学奖。

表3　卡文迪什实验室出身的诺贝尔奖获得者（除特别注明外均为物理学奖）

序号	获奖者	获奖年份/年	获奖成果
1	约翰·斯特拉特，第三代瑞利男爵	1904	研究气体密度，发现氮
2	约翰·J.汤姆森	1906	气体导电的理论和实验研究
3	欧内斯特·拉瑟福德	1908	因放射性研究获诺贝尔化学奖
4	W.H.布拉格、W.L.布拉格	1915	用X射线研究晶体结构
5	查尔斯·格洛弗·巴克拉	1917	发现作为元素特征的二次X射线
6	弗朗西斯·阿斯顿	1922	因发明质谱仪而获诺贝尔化学奖
7	查尔斯·威尔逊、阿瑟·康普顿	1927	发现用蒸汽凝结的方法显示带电粒子的轨迹
8	欧文·理查森	1928	研究热电子现象，发现理查森定律
9	詹姆斯·查德威克	1935	发现中子
10	乔治·P.汤姆森	1937	电子衍射
11	爱德华·阿普尔顿	1947	上层大气的物理特性
12	帕特里克·布莱克特	1948	改进威尔逊云室，由此在核物理和宇宙线领域有新发现
13	鲍威尔	1950	照相乳胶探测技术
14	科克罗夫特、沃尔顿	1951	用人工加速原子粒子实现原子核嬗变
15	佩鲁兹、肯德鲁	1962	用X射线分析大分子蛋白质的结构，获化学奖
16	克利克、瓦森、维尔京斯	1962	发现去氧核糖核酸的双螺旋结构，获生理学或医学奖
17	约瑟夫森	1973	发现约瑟夫森效应
18	马丁·赖尔	1974	射电天文学
19	安东尼·赫维赛	1974	发现脉冲星
20	内维尔·弗朗西斯·莫特	1977	磁性与无规系统的电子结构

　　表4显示的是2001—2012年诺贝尔三大科学奖与经济学奖得主的数据，除生理学与医学奖外，其他奖项的50%以上均被美国人赢取，

经济学奖得主，美国人占 83.3％。必须提及的另一事实是，这 12 年间，48 位非美国籍获奖者中的 60.4％在美国有过留学或工作经历。表 5 反映了 2009—2012 年英国人与美国人获诺贝尔三大科学奖的情况：28 名获奖者中，英、美两国达 20 人，占全部获奖者的 71.4％；曾在英、美两国大学求学者 21 人，占 75.0％；在英、美两国大学工作者 18 人，占 64.3％。对诺贝尔科学奖盘点的目的并非刻意宣传欧美名校，但从杰出人才培养这个方面，我们多少可以洞见欧美大学成为世界一流大学的原因，同时也有利于我们客观地认识自己，反思一下人才培养方面存在的不足。

表 4　2001—2012 年诺贝尔三大科学奖与经济学奖的获奖情况

项目	获奖总人数	物理学奖	化学奖	生理学与医学奖	经济学奖
各科获奖数/人	109	30	27	28	24
美国人/人	61	17	14	10	20
所占比例/％	56.0	56.7	51.9	35.7	83.3

注：在 48 位非美国籍的诺贝尔奖获得者中，29 位（60.4％）有过在美国留学或工作的经历。

表 5　2009—2012 年诺贝尔科学奖得主情况

项目	获奖人数	英国人或美国人	曾在英国或美国大学学习	曾在英国或美国大学工作
2009	9	8	7	5
2010	6	4	5	5
2011	7	4	5	4
2012	6	4	4	4
总计	28	20	21	18

当然，我们应该为已有 8 位美籍华人获得诺贝尔科学奖欣喜，但我们在欣喜之余必须冷静承认这样的事实：除 1998 年诺贝尔物理学奖得主崔琦一人曾接受过短短两年的新中国基础教育外（他于 1951 年只身赴中国香港并在香港培正中学接受教育，成功考入香港大学后赴美留

学，并获芝加哥大学博士学位），其余获奖者均未接受过新中国的教育。1957 年，诺贝尔物理学奖获得者杨振宁、李政道曾在西南联大攻读研究生，之后分别于 1945 年、1946 年赴芝加哥大学留学，师从著名物理学家泰勒和费米。1976 年的诺贝尔物理学奖获得者丁肇中的中学时代在中国台湾度过，后到美国密歇根大学学习工程学、数学和物理学。2011 年的诺贝尔物理学奖获得者高锟，1944 年随父移居中国香港，入读圣约瑟书院，考入香港大学后，远赴英国格林尼治大学和伦敦大学学院深造。而 1997 年的诺贝尔物理学奖获得者朱棣文、2008 年的诺贝尔化学奖获得者钱永健均是土生土长的华裔美国人，他们分别是美国加州大学伯克利分校和英国剑桥大学的博士。

我国本土学者在其他世界级科学大奖上也几无斩获，如沃尔夫奖（Wolf Prize，按照诺贝尔奖模式设立，分农业、数学、物理、化学和医学），数学最高奖菲尔兹奖（Fields Medal）和阿贝尔奖（Abel Prize），化学最高奖戴维奖（Davy Medal），计算机科学最高奖图灵奖（Turing Award），地质学最高奖沃拉斯顿奖（Wollaston Medal），音乐最高奖保拉奖（Pola Medal）等。国内科学技术最高奖的情况又如何呢？查阅为我国科学技术发展做出突出贡献的国家最高科学技术奖获得者的教育经历可以发现，从 2000 年设奖至今，已有 20 位科学家获此殊荣，其中只有金怡濂（1951 年毕业于清华大学）、李振声（1951 年毕业于山东农学院）、袁隆平（1953 年毕业于西南农学院）、王永志（1952 年考入清华大学，1955 年留苏）、王选（1958 年毕业于北京大学）5 位科学家具有新中国的高等教育背景，其余均为民国期间的大学毕业生，且大多数获奖者有欧美留学的经历。

获奖虽不能说明全部，但代表国际及我国科学技术最高成就的奖项，其评审程序的严谨及标准的严苛足以说明获奖成果对人类、对国家知识创新、文明进步的意义，尤其是代表世界最高水平的诺贝尔科学奖。我国本土科学家尚未获得诺贝尔科学奖，这一直是中国的痛，更应该是以人才培养为己任的中国大学的痛，而问题在于我们是否痛定思痛，并且为消痛开始有所作为？遗憾的是，我们的大学，尤其是研究型大学，并不能客观冷静地看待并承认自己在人才培养中存在的问题。据媒体报道，2011 年 39 所"985 工程"大学首度公布《本科教学质量报告》，在已公布报告的大学中，有的给自己做出满分评价，几千字的自我评价中没有不足之处。[①] 笔者认为，当大学满足于已有成就（其实有些并非成就）时，这所大学一定不会再进取了。美国大学的人才培养质量处在世界最高水平，但是他们却在不断地反思自己的本科教育在人才培养方面的不足。正是这种自由而严肃、活跃而负责的批判精神，使美国大学始终保持着高度的清醒，并不断修正自己在办学治校及人才培养问题上的方向偏离。

大学是国家科学的脊梁、民族文明进步的希望。担负国家振兴使命的大学之崛起，很需要像美国著名大学一样的冷静思想和清醒头脑。2005 年温家宝同志去看望钱学森时，钱老发出这样的感慨："回过头看，这么多年培养的学生，还没有哪一个的学术成就，能跟民国时期培养的大师相比！""为什么我们的学校总是培养不出杰出的人才？"遗憾的是，我们少有与"钱学森之问"共鸣的大学领导人，更别说致力于解决"钱学森之问"的大学领导人。在高等教育规模越来越大、受教育的人数越来越多、国家的高等教育投入越来越多、办学条件越来越好的情况下，按常理，我们大学培养出来的拔尖人才、大师级人物应该越来越多才对。但遗憾的是，我们并没有培养出像杨振宁、李政道、钱学森这样的大师。众所周知，未来大学的竞争是人才培养质量的竞争，大学成也人才培养质量，败也人才培养质量。

二、杰出人才培养：我们大学的问题在哪里？

中国高等教育学会原会长周远清把改革开放以来的高等教育发展划分为以体制改革和结构调整为标志的大改革、以高等教育规模扩大为标志的大发展、以注重本科教学质量为标志的大提高三大阶段。笔者赞同这一观点。可以说在高等教育改革发展的每个阶段，我们都取得了举世瞩目的成就。然而，开放的中国的高等教育不能在与闭关锁国时期高等教育的历史比较中自鸣得意，必须以高速发展进步的世界高等教育为参照，在横向比较中发现自己的不足。毫无疑问，在 1998 年大学扩招及

---

① 《"大学质量报告"不能总"自评满分"》，载《新京报》，2011-01-02。

其后若干年的"大发展"阶段，我们仅用短短十来年时间就实现了高等教育规模从精英教育到大众教育的飞跃，在高等教育机会均等及全民族素质整体提高方面取得了世界瞩目的成就。可是高等教育的大改革及大发展只是手段，高等教育质量的大提高才是我们的目标。遗憾的是，我们的问题恰恰出在该阶段。无论是世界一流大学建设还是杰出人才培养，我们并无优势可言。据科学网报道，美国研究生院委员会2012年11月8日公布的《2011年至2012学年国际留学生报告》表明，在美国高校首次注册的中国研究生人数连续七年以两位数百分比增长，中国留学生在美国高校国际研究生中的比例已达到37%。[①] 人才培养质量不高及大学知识贡献有限不仅成为社会热议的话题和焦虑点，同时也被中央高层所关注。

关于大学人才培养问题的归因，有三种观点：制度弊端导致的结果；既有制度亦有大学本体的原因；大学的问题应该更多从自身不足找原因。笔者认为，大学作为一个高度自觉自律的组织，必须先从自身找问题，何况人才培养根本就是大学自己的责任。好的高等教育外部环境只是大学优秀的必要不充分条件，好的大学内部环境才是大学优秀的充分必要条件。如果大学组织本体有问题，即便在优良的外部环境下也不足以保证大学能优秀。不根本解决大学不好好办学治校的内部问题，即便有了"自主招生""自授文凭"的办学自主权，也改变不了人才培养质量不高的窘境。

《马斯洛人本哲学》有一个基本观点："人并不完全是被决定或被限定的，人可以决定自己的命运。"[②] 其意思是人不是简单地存在着的，人最终是自我决定的，即人总是决定他的存在是什么及未来他会成为什么。在既定环境下，这是人保留的最后的自由，自我实现者与环境决定论者最大的区别亦在于此。抱怨生活的人常常把自己视为一个受害者，从而为逃避自己应负的责任寻找借口。大学亦然，如果总是把自己视为体制或制度的受害者，甚至把人才培养这个独属大学内部的问题也归咎于政府和社会，这是大学不成熟更没有担当的表现。

---

① 刘莉《中国赴美留学研究生数连续第七年大增》，news. sciencenet. cn/htmlnews/2012/11/271505. shtm，2012-10-02。

② ［美］马斯洛：《马斯洛人本哲学》，成明编译，132页，北京，九州出版社，2003。

当然，政府并非没有责任，否则在现代大学制度建设进程中政府层面的改革就没必要了。问题是没有培养出好学生是政府的责任吗？大学自己的责任何在？有些大学校长不按规律办学治校，其因是或不知道如何按规律办学治校，或不想按规律办学治校，更糟糕的是不知道自己未按规律办学治校，这样的大学怎么可能成为一所好大学？

对大学人才培养问题加以梳理分析，可以概括为六个"缺失"：育人使命的缺失；办学内在驱动力的缺失；人才培养目标的缺失；杰出教师的缺失；优秀教科书的缺失；刻苦向学和自由创新文化的缺失。

（一）育人使命的缺失

人才培养问题上的大学之悲，莫过于缺乏根据大学自身的组织属性及使命责任，自觉坚守人才培养天职的学术理性。纽曼关于大学的一个基本理念就是：大学是一个传授普遍知识的教育场所、培养人才的机构。考察近千年的大学史，尽管经历了英国大学以培养绅士为目的，德国大学重在培养学者，而美国大学致力于造就专家的发展过程，但本质上大学从来没有放弃过人才培养的首要任务。随着社会的发展变化，大学的社会职能也会与时俱增，因此，大学需要不断自我完善以适应社会的需要，才能保持生机活力以实现可持续发展。人才培养是大学存在和发展最不可或缺的理由，大学的恒久性来自对人才培养的专一性。除了大学，没有任何组织以培养人才为专门职责和核心使命，人才培养是大学最不能放弃的文化遗产。不承担人才培养任务或忽视之，大学就不是真正意义的大学。而问题是：当前不少大学热衷于不该大学做的事，相反却放弃了大学必需的坚守，尤其是缺乏对大学育人属性及其价值的坚守，有些大学似乎是在应付人才培养。

对大学办学治校者而言，有必要思考以下问题：大学究竟应该是神圣的知识殿堂、学府黉宫，还是谁都可以推着大板车进去随地叫卖的菜市场、喧嚣杂闹的大观园？大学能否为迎合所谓社会的需要，发生从敬畏学问的学府到出售文凭的"学店"之变？在现实条件下，大学，尤其是研究型大学，有没有必要一定程度地回到学术象牙塔？这都涉及我们怎样认识大学的本质问题。

当今社会，人们说到大学、教授、大学校长、博士时，是否还会像以往一样顿生敬畏？我们当然可以从大学外部找到种种理由，对大学日益严重的问题进行辩解，但大学内在的问题是最不能忽视的，有些大学在随波逐流中渐渐偏离了大学育人及追求知识的基本属性。表6和表7是笔者指导研究生汪征所做的一项通过分析同一时段、同等数量、同类高校的中美大学新闻，比较两国高校"官本位"及行政化倾向的研究结果，其充分反映了两国高校在这两方面的差异，这种差异同时反映了两国高校办学治校，尤其是对人才培养关注度的差异。

表6 中美高校新闻报道与两国高校行政化倾向比较

中美高校新闻主题	中国高校		美国高校	
	数量	占有率/%	数量	占有率/%
领导活动	81	21.95	21	10.19
师生活动	48	13.01	62	30.10
学术科研	39	10.57	39	18.93
其他	201	54.47	84	40.78
总计	369	100.00	206	100.00

表7 中美高校有关领导的新闻类型的比较

类型	中国高校的占有率/%	美国高校的占有率/%
出席会议或仪式	35.80	9.52
视察调研	29.63	4.76
人事任免	8.64	52.38
发表言论	6.18	14.29
交流访问	19.75	19.05

（二）办学内在驱动力的缺失

当前我们大学的办学驱动力何在？不少大学不是内在驱动、使命驱动、规律驱动，而是上级驱动、功利驱动、项目驱动。两者的不同在于：前者按大学发展规律办学，按人才成长规律治教，按科学管理规律治校，其办学治校的目的明确，有高度的大学使命意识和理性自觉，且具有强烈的社会担当的主动性；后者忽视或无视大学自身的规律，甚至不惜牺牲大学的长远利益，以急功近利为办学目标，缺乏办学的内在驱动力，主要受被外部利益驱动。

一个典型的例子是，为激励博士生的创新精神并提高博士生培养及学位论文质量，1998年年底，教育部启动了全国百篇优秀博士学位论文（以下简称"百篇优博"）评选。执行过程中，"百篇优博"如同"千人计划""长江学者"等一样，渐渐成为大学相互攀比的重要指标之一。有不少大学把"百篇优博"列为办学目标之一，并为此出台了诸多颇具"创造性"的政策。如此这般，教育部创设"百篇优博"的初衷在大学的执行过程中走入了误区，由此导致评选过程及其结果也难免受到质疑。对此，张楚廷教授画了如图1所示的两条线，实线代表优秀论文，虚线代表非优秀论文（包括合格与不合格论文），对此，他评论道：中国从几万篇博士学位论文中选出100篇"优博"，余下为非优秀者，其中自然包括不合格者，但都获得了博士学位；而美国大学的不同在于，他们把少数不合格的选出来，余下通过的全部是优秀论文。同样是遴选论文，但方法不一样，结果也就大相径庭，博士培养质量也就大有区别了。

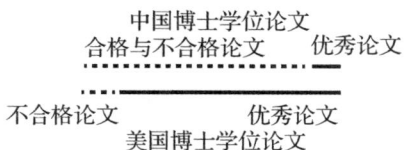

中国博士学位论文
合格与不合格论文　　优秀论文

不合格论文　　　　优秀论文
美国博士学位论文

图1　中美两国博士学位论文的遴选方法

（三）人才培养目标的缺失

培养目标是人才培养的标准，是人才观在高校的集中反映和培养什么样的人的价值主张及具体要求，也是人才培养活动发生的基本依据和制度安排的基本原则。① 笔者坚持这样的观点：人才培养目标设计是人才培养体系的第一要素。该观点表明的逻辑是：大学的人才培养质量首先取决于人才培养目标设计的质量，明确人才培养目标是确保大学人才

① 眭依凡：《大学如何培养创新人才——兼谈美国著名大学的成功经验》，载《中国高教研究》，2006（12）。

培养应有质量的基本前提。① 培养目标不明确，人才培养工作就无所适从，其质量也就无法检验。与欧美大学相比，我们的人才培养目标设计存在如下问题：对培养目标的期待太低；满足于书本知识而非知识创造、问题解决及能力培养；目标模糊、笼统，缺乏知识、能力、素质结构的分解。

1. 对培养目标的期待太低

综观世界名校的人才培养情况，其最大特点就是培养目标要求很高。巴黎高等师范学校的人才培养目标是：培养改变世界的人。美国研究型大学的使命无不强调通过人才培养和科学研究给人类、国家、社区贡献知识及改变社会，因此，他们把人才培养目标设定为培养各行各业的领袖。比尔·盖茨与史蒂夫·乔布斯改变了世界，他们以自己的智慧和勇于变革、不断创新的勇气，把电脑和其他电子产品变得简约化、平民化，从而为改变人类的生活方式和生产方式创造了条件。为了把百事可乐 CEO（首席执行官）约翰·斯卡利（John Sculley）挖到苹果公司工作，史布斯·乔布斯说服他的一句话就是：你是想一辈子卖碳酸饮料还是想改变世界？于是，后者成了苹果的 CEO。比尔·盖茨和史蒂夫·乔布斯虽然都是大学的辍学生，但他们都曾受益于大学给予他们的改变世界的勇气和信心。李开复说，"让世界不同"的信念改变了自己的命运。他在《世界因你不同》中回忆道，哥伦比亚大学哲学系教授给学生上课时说过这样一句话："知道什么是 make a difference（创造不同）吗？想象有两个世界，一个世界有你，一个世界没有你，让两者的不同最大化，最大化你的影响力，这就是你一生的意义。"李开复说这句话影响了他的一生，每当他要做重大决定时，这句话都会使他更坚定地做出自己的选择。麻省理工学院（MIT）甚至要求学生设计的建筑同时"激发我们去实现人们的愿望，它应该更明确地表现创新的精神、社会的期待及冒险的思考，而这些正是 MIT 的特色"②。相比之下，我们的人才培养没有对大学生的领袖目标期待，更缺乏有利于领袖人才培养及其脱颖而出的大学文化和目标追求。

---

① 眭依凡：《大学如何培养创新人才——兼谈美国著名大学的成功经验》，载《中国高教研究》，2006（12）。

② 鲁伊：《这就是 MIT》，载《三联生活周刊》，2010（10）。

2. 满足于书本知识而非知识创造、问题解决及能力培养

由于对大学使命及其人才培养目标的理解不同，欧美大学强调大学教育的目的是"探索和创造知识，求学的目的是为人类发展新知识"。受传统文化的影响，我们的大学教育多停留在知识传承，甚至继承"学而优则仕"的衣钵，为考试、为升学、为学位、为功名、为谋生而读书的阶段。宋真宗赵恒有劝学诗："富家不用买良田，书中自有千钟粟。安居不用架高堂，书中自有黄金屋。出门莫恨无人随，书中有马多如簇。娶妻莫恨无良媒，书中有女颜如玉。男儿欲遂平生志，勤向窗前读六经。"这一劝学思想根深蒂固，影响至今。

在人才培养的目标要求上，我们缺乏对学生主动思考习惯、主动参与精神和解决问题能力的培养，欧美大学在这方面则颇有成就。耶鲁大学校长理查德·莱文总结出耶鲁大学最大的特色在于：帮助学生学会严肃、认真地对待各种思想观念，学会如何思考和分析。耶鲁教授的使命是与学生一起接近和探索真理，不只是教学生思考什么，还教学生如何思考。美国大学生的动手实践能力是如何培养的？以 MIT 为例，该校从 19 世纪中后期开始就一直保持着罗杰斯提出的"大学教育应当是为一种积极向上的美国生活所做的技术准备"的办学理念，强调动手能力的培养和训练。MIT 把动手动脑（Mind and Hand）既作为校训，也作为自己独特的人才培养模式，通过试验和实践训练培养创造型人才已成为 MIT 的宝典。MIT 一直保持这样一种教学手段：新生入校后，教师发给学生一个装满弹簧、电机等元件的箱子，要求学生用箱子里的零件自行设计、安装一台机器。MIT 就用这种方式培养了一批又一批富有想象力和创造力的人才。MIT 的人才培养方式使学生特别喜欢用双手创造出一个东西，而不是满足于写篇论文。[①]

满足于书本知识而非知识创造、解决问题和创新能力培养的目标，以及缺乏参与解决问题的机会，不仅导致学生处于被动学习的状态，而且他们所做的只是在重复前人做过的。德国吕贝克应用科技大学原副校长约阿希姆·利兹在中德论坛上批评中国大学教育："18 年前，我第一

---

① 眭依凡：《大学如何培养创新人才——兼谈美国著名大学的成功经验》，载《中国高教研究》，2006（12）。

次在中国给学生上了第一堂课，当时学生对于这种完全不知道会发生什么的上课方式很是兴奋。但是直到现在，我再来上课，他们还是不习惯在课堂上担当主动的角色。"[1] 如果我们的大学培养的人才只会用所学的方法去解决已经解决的问题，而对新问题束手无策，那我们的人才培养就不能说取得了成功。"如果一个问题已经解决了，也就不需要工程师了而是更需要工人。"而问题在于"在中国，已经有足够多的工人，但是没有足够多合格的工程师"[2]。

我们的大学教育，尤其是工科教育，如果不改变师生都缺乏产生一些新想法、找到一些新途径、做出一些新东西的冲动，而满足于课堂教学和卷面考试，我们培养的学生就永远创造不出新东西。其结果就是，我们难以从制造大国升级为创造大国。据中国工程院对全国 5 000 名工程科技人员的调查，21.8％的被调查者认为，高校培养的学生完全不符合或基本不符合国家技术发展的需要；52.4％的被调查者认为，我国高校培养的工程专业学生质量一般。潘云鹤院士也指出了我国高等工程教育存在如下诸多弊端：工程设计和实践教育环节缺失，工科教师队伍的非工科化趋向严重；评价体系错位，重论文、轻设计、缺实践；课程体系落后，学科交叉欠缺，导致创新与实践双向不足，得不到产业界的认同。[3]

3. 目标模糊、笼统，缺乏知识、能力、素质结构的分解

科学的人才培养目标体系必须有知识、能力、素质结构的分解，在此基础上，教学过程中包括知识体系、培养模式、教学制度、考核评价、大学文化等教学要素的设计才有依据和原则。我们的人才培养目标设计最大的问题在于：其一，人才观陈旧、落后、保守；其二，目标模糊，没有操作性。人才培养的基本逻辑是：在拥有具体、清晰的知识、能力、素质结构前提下，课程和知识体系的设计及培养方法的运用才能围绕培养目标的设计有的放矢，为实现培养目标服务。

美国大学人才培养最成功的经验之一就是有明确的培养目标。例如，普林斯顿大学的本科生培养目标包含了创新型人才所需要的知识、

① 王进雨：《德国专家批评中国大学教材滞后学生被动》，载《法制晚报》，2012-10-15。
② 王进雨：《德国专家批评中国大学教材滞后学生被动》，载《法制晚报》，2012-10-15。
③ 任荃：《潘云鹤：我国工程教育能力缘何世界垫底》，载《文汇报》，2007-09-28。

能力和素质结构：①具有清晰的思维、表达和写作能力；②具有以批评的方式系统推理的能力；③具有形成概念和解决问题的能力；④具有独立思考的能力；⑤具有敢于创新及独立工作的能力；⑥具有与他人合作的能力；⑦具有判断什么意味着彻底理解某种东西的能力；⑧具有辨识重要的东西与琐碎的东西、持久的东西与短暂的东西的能力；⑨熟悉不同的思维方式；⑩具有某一领域知识的深度；⑪具有观察不同学科、文化、理念相关之处的能力；⑫具有一生求学不止的能力。哈佛大学的本科生培养亦确定了如下五项标准：①必须能够清晰而明白地写作；②应该对认识与理解世界、社会和我们自身的方法具有一种判断、鉴别的能力；③必须对自己的文化和其他文化有一个广阔的视野，并在这样的考虑下安排自己的生活；④了解并思考过道德和伦理问题，在做道德选择时具有正确判断的能力；⑤在某些知识领域应当具有较高的专业水平。[1]

（四）杰出教师的缺失

法国教育社会学家涂尔干有个观点：教育的成功取决于教师，教育的不成功也取决于教师。世界著名大学的共同经验证明，高素质的师资队伍既是一所大学核心竞争力的关键，也是创新型人才培养的关键。哈佛大学原校长劳伦斯·萨默斯曾这样回答中国如何创建一流大学的提问：从长远来看，要想创建一流大学，只有一件事是非常重要的，那就是拥有最具创造力、最积极思考、最聪明的师资。其实我们知道，杰出教师对学生的影响不仅体现在学科专业的指导方面，更在于他们带给学生的追求科学、献身科学、严谨做学问的精神，思考、研究问题的方法，以及知识至上、真理至上的优良教风和学风。

耶鲁大学校长在开学典礼上不无骄傲地告诉新生这样的事实：耶鲁的教师都是各自研究领域的国际领先者，他们几十年如一日为知识的发展做出了开创性的贡献。MIT等名校坚持让诺贝尔物理学奖得主、著名宇航员等一流人才为一年级新生上课。这些大学并不期待大师级的教授立即给学生传授他们一时还不能理解的高深学问，而是旨在创造这样一种学术环境，让学生在进校之初就能与大师巨匠零距离沟通，从而在

---

[1] 朱崇实：《研究型大学与创新型人才培养》，载《国家教育行政学院学报》，2006（9）。

很高的起点上领悟科学、宇宙、人生的真谛，并充满信心，找到人生未来的目标。①

诺贝尔经济学奖得主保罗·塞缪尔森在做获奖演讲时说："我可以告诉你们怎样才能获得诺贝尔奖金。诀窍之一就是要有名师指点。"②哈里特·朱克曼的博士学位论文《科学界的精英——美国的诺贝尔奖金获得者》专门研究诺贝尔奖的传承关系。她研究了 1901—1976 年 313 位获奖人后发现：除少数获奖人通过血缘或婚姻联系外，更多的人通过师徒的纽带联系。对科学家而言，师徒之间的社会联系是持久而重要的。她统计了 1972 年前在美国进行其获奖研究的 92 位获奖人，有一半以上（48 人）曾在前辈获奖人手下当过学生、博士后或研究助手（见图 2、图 3）。有获奖师傅的美国获奖人如图 2 所示。

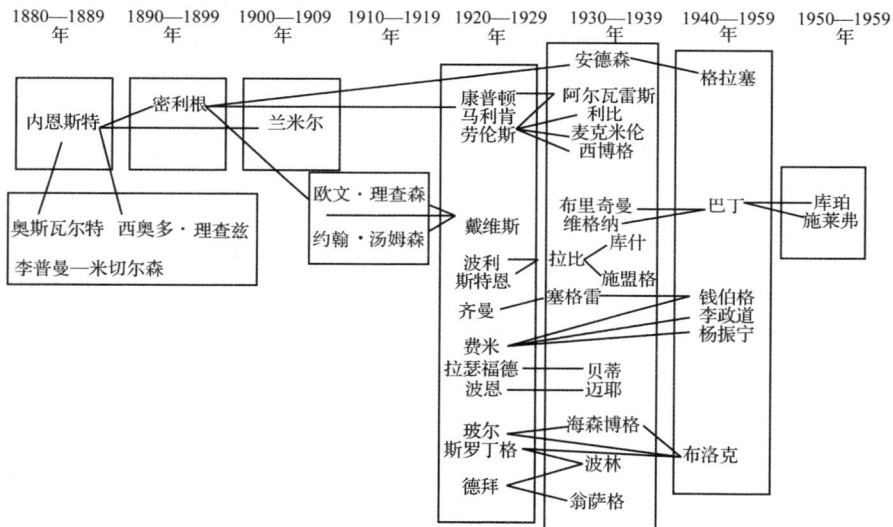

图 2 诺贝尔奖师承关系③

---

① 眭依凡、方倩琳：《大学怎样才能培养创新人才？》，载《中国教育报》，2006-11-24。

② ［美］哈里特·朱克曼：《科学界的精英——美国的诺贝尔奖金获得者》，周叶谦、冯世则译，148 页，北京，商务印书馆，1979。

③ ［美］哈里特·朱克曼：《科学界的精英——美国的诺贝尔奖金获得者》，周叶谦、冯世则译，141 页，北京，商务印书馆，1979。

瑞利
（1904P）

约翰·J.汤姆森（1906P）

欧文·理查森
（1928P）

威尔逊（1927P）

乔治·P.汤姆森
（1937P）

阿斯顿（1922C）

拉瑟福德（1908C）

波恩（1954P）

巴克拉（1917P）

戴维森（1937P）

弗兰克（1925P）

费米（1938P）

鲍威尔（1950P）

赫德西（1943C）

索迪（1921C）

查德威克（1935P）

玻尔（1922P）

阿普尔顿（1947P）

科克罗夫特（1951P）

沃尔顿（1951P）

布莱克特（1948P）

贝蒂（1967P）

哈恩（1944C）

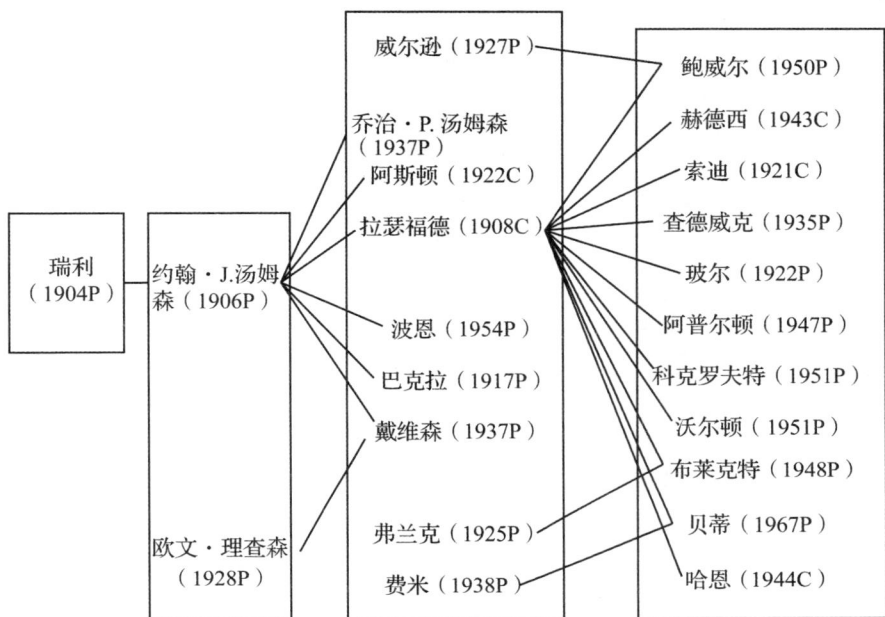

注："P"指诺贝尔物理学奖，"C"指诺贝尔化学奖。

图 3　约翰·J. 汤姆森和拉瑟福德与他们的获奖学生（1901—1972 年）[①]

在提高人才培养质量和培养杰出人才问题上，我们不得不承认大学杰出教师的缺失，以及杰出教师不能把精力集中于人才培养的事实。朱清时先生回忆自己 20 世纪 60 年代初在中国科学技术大学读书时，遇到一批大师为学生上课，他们上课一般不带讲稿，而是和学生一起探索、推导，不怕进入陷阱。而现在很多教师离开教科书就无法上课了，讲来讲去都是教科书上的东西。我们的本科教学评估还要求教师每堂课都有教案，并将其作为评估的一个重要指标。事实是中外很多杰出的教师并不喜欢教案，更不会照本宣科，若坚持此制度，大师也只能堕落为教书匠了。

（五）优秀教科书的缺失

教科书的落后是大学人才培养中尚未受到重视的一个很大问题。我国基本上是一个教材教育的国度，包括大学乃至研究生培养，不仅大学

① ［美］哈里特·朱克曼：《科学界的精英——美国的诺贝尔奖金获得者》，周叶谦、冯世则译，145 页，北京，商务印书馆，1979。

而且国家对此都有相关规定。因此，大学教师习惯用教科书教书，学生的专业知识亦主要来源于教科书。正如约阿希姆·利兹所说，中国"学生可以从老师口中得到所有的授课内容，如果没跟上老师，他们还能从教科书上找到每个字。学生自然不会自己做什么事了，他们只是在被动地消化"[①]。从理论上讲，课程体系和教材内容在一定程度上直接决定了学生的知识结构，对过分依赖教科书的我国大学而言，尤其是这样。据笔者在英国、美国、德国从事访学研究时的观察，欧美大学多数没有完整的教科书，更没有政府和大学指定的教科书。如约阿希姆·利兹所说，在德国，学生没有一本完整的教科书，所有知识都来自教授讲课的内容，以及学生主动参与学习，从大量文献资料中获取的结果。如果我们的大学教育还要继续倚重教材，那么对国家或省级"精品教材"及"五年规划教材"的标准绝不能放松，其遴选评审应严格要求，绝不能让一些知识垃圾成为"精品教材"，否则将贻误一代又一代大学生。

（六）刻苦向学和自由创新文化的缺失

大学是知识和智力的源泉、学术研究的中心，学术即意味着知识的获取和探索创造。学术是大学的立身之本、生命之源，大学的文明首先就是学术的文明。之所以强调大学生的刻苦向学和自由创新文化，是因为前者受求学及研究之智力劳动的内在艰苦性、持续性特点决定，非经努力绝不能有所进步、有所成就；而后者则是知识创新的外部环境要求使然。如此，大学及其办学者才能全面、具体、深刻地把握大学学术创新的本质，并按大学的学术规律办学，从而建立起敬畏学问、崇尚知识、尊重人才、学术民主的大学环境。学术理性要求大学不仅关注学术的结果，更要关注学术存在和发展的背景、过程和条件。

MIT 之所以杰出人才辈出并成为全球最有声誉的十所大学之一，就在于这所大学如其学生"自我嘲讽"的那样，是座"学习地狱"。尽管面对一周 48 学时繁重的课程，MIT 的学生们还是愿意在图书馆不知疲倦地求学，为自己一周拥有 168 小时的时间而庆幸。他们也乐于在课余参加数以百计的科技、文化活动小组。当我们的学生沉溺于网络游戏

---

① 转引自王进雨：《德国专家批评中国大学教材滞后学生被动》，载《法制晚报》，2012-10-15。

而彻夜不归的时候，欧美著名学府的大学生正在深夜的宿舍里争论政治或基因等问题，在24小时供学生使用的图书馆阅览室里读书或者在实验室做实验。

大学是集中人类全部知识和思想的地方，"正是这个见多识广，造就了大学的人总是要问为什么是这样，他总是要想想你说的对不对，因为他们明明还知道另外的事情……这就是大学文化的魅力和它的价值所在"①。肖雪慧这样评价哈佛："无论世事怎样瞬息万变，人们如何浮躁地追潮逐浪，它有一种任凭举世中风狂走，我自卓然独处的孤傲和镇定。"②"是自由和宽容使置身于大学的师生去掉了心灵的镣铐，让思想和精神自由生长；是自由和宽容，使大学具有一种朝向未来的张力。"③这就是世界名校的文化理性：自由创新、有容乃大的学术环境。

哈佛大学原校长劳伦斯·萨默斯强调，创造一流意味着要有这样一种观念，那就是：拥有最新思想的人，一定是那些拥有最具威胁思想的人，而且学校还得学会化解这种威胁。创造一流意味着要接受最优秀的人，因为最优秀的人，并不总是最容易相处的人。MIT说他们每个学生都有一个发明发现的梦，尽管他们很可能为自己崇拜的偶像而来，但一旦成为MIT的一员，他们就发现自己有一种科学家的感觉，每个人都有了不起的创意并且互相启发。这就是大学文化的魅力所在。MIT还骄傲地称，让学生有机会与教授一起从事科学研究而不只是坐在课堂里记笔记，以及全世界最聪明的年轻人在MIT所享受到的学术文化氛围，这两者都是无法复制的。

一所大学只有尊重其历史文化，才会重视其未来；一所大学只有尊重师生，才能造就出为国家、为人类做出思想和知识贡献的富有创造力的杰出人才。有容乃大的大学文化理性则使大学师生在"思想自由，人格独立"的精神生态下，无私无畏地追求真理、探索真理、坚守真理，并以此创新知识，报效自己的国家和人民。

---

① 王晓明：《何为大学文化?》，http：//www.douban.com/group/topic/2319032/，2012-10-02。

② 肖雪慧：《大学之魂》，见刘琅、桂苓：《大学的精神》，161页，北京，中国友谊出版公司，2004。

③ 肖雪慧：《大学之魂》，见刘琅、桂苓：《大学的精神》，166页，北京，中国友谊出版公司，2004。

三、培养杰出人才：大学必须坚守怎样的学术理性？

简单地说，理性是揭示事物本质，全面、具体、深刻把握事物的一种认识能力，是对事物价值及其重要性的认识和对事物发展规律的遵循与坚守。大学的学术理性不仅源于高等教育本身是高度理性的社会活动这一内在规定性，而且源于大学天然的有其特殊规律的人才培养使命。大学的学术理性不仅是人们在科学认识大学的现象、活动及其本质后对大学办学治校规律的准确把握，更是人们对大学人才培养的组织属性及其价值判断的选择和守护。在 2012 年 11 月的北京论坛上，哥伦比亚大学校长李·布林格（Lee Bollinger）提出一个观点："大学存在的一个很重要的价值在于，即便全社会已失去了理性，它依然能够提供理性的思考与教育。大学对社会的影响必须建立在理性的引导之上。"[①] 这就是大学与社会其他任何组织的根本不同之处。一个承担以理性引导社会文明进步重任的学术组织，其在育人之核心使命担当，尤其是杰出人才培养过程中若无视该组织应该选择和坚守的学术理性，那么它绝不可能培养出引领社会进步的杰出人才。学术理性主要包括办学理性、教学理性、文化理性。这里仅简单讨论。

（一）办学理性

为提高人才培养质量，尤其是为了培养杰出人才，大学的首要工作就是回归办学理性，而其前提是坚持大学最不能放弃的"追求科学、崇尚真理"和"对国家负责"的基本价值判断，并树立以学生为本、以师为尊的办学理念，任何时候都自觉守护大学育人的核心使命。正确认识和坚守一所大学的组织属性、基本价值、基本规律，既是大学的自觉，也是决定大学选择做什么和不做什么的学术理性。丧失应有的办学理性，大学就难免步入歧途，为眼前功利而牺牲长远利益或放弃育人使命，这是大学不可饶恕的错误。

MIT 之所以能培养出如此多的为世界工程技术创新和经济社会发

---

① 李斌：《哥伦比亚大学校长：大学需改体制　适应全球化浪潮》，载《中国青年报》，2012-11-14。

展做出卓越贡献的领袖人才，就在于 MIT 一直守持着"当我们与工业的关系进一步发展时，切记大学不可走功利主义道路"，"大学是培养有用之才，创造新知识、新见解和新技能的主要场所"这一办学理性。哈佛大学原校长德雷克·博克在《回归大学之道：对美国大学本科教育的反思与展望》中强调，除本科教育需要确立务实的目标外，"以学生发展为导向的本科教育需要依靠大学自身（特别是大学领导人）使命感的推动"[①]。正是这种坚定不移的育人使命感，使哈佛大学的杰出人才培养成就显赫。

（二）教学理性

教学是大学组织不可或缺的重要活动，失去教学，大学便不再是大学。宏观的教学观念并非指单一的课堂教学，而是一个系统，其包括如下要素：培养目标设计、知识体系构建、培养模式设计、教学制度安排、教师遴选等。人才培养是一项涉及诸多因素的十分复杂的活动，教学理性是大学对人才培养规律的认识和遵循。当前有必要在教学理性的引领下创新人才培养体系。

第一，针对培养目标不明确，缺乏根据社会对人才素质要求设计人才培养具体标准的问题，要创新人才培养目标，尤其要提出"清晰发现、认识、界定、分辨和判断问题，培养批判性思维和解决现实问题的能力"的要求。卡文迪什实验室能培养出如此多的诺贝尔奖得主，原因绝非纯理论教学的结果，而是得益于麦克斯韦多年来重视动手解决问题能力的培养。卡文迪什实验室不仅系统向学生讲授物理学理论，同时还辅以大量的自制仪器实验。在麦克斯韦看来，这些实验的教育价值往往与仪器的复杂性成反比，学生用自制仪器虽然经常出毛病，但他会比用仔细调整好的仪器学到更多的东西。自制仪器已经成为卡文迪什实验室人才培养的传统。

第二，针对知识体系落后，缺乏对学生人格、知识、能力整体发展综合考虑的问题，创新知识体系。课程体系的设计及教学内容的选择必须与时俱进，反映时代科技文化发展的最新成果及对人才素质提出的最

---

① ［美］德雷克·博克：《回归大学之道：对美国大学本科教育的反思与展望》，侯定凯等译，5 页，上海，华东师范大学出版社，2008。

新要求，充分体现人文与专业结合、理论与应用结合、基础与前沿结合的原则，通过强调知识体系的整体性，从根本上改善学生的知识结构。

第三，针对培养模式单一，依旧停留在"教材教学""课堂教学""教师教学""集中教学"，缺乏多样性、有效性等问题创新培养模式。通过加强科学实验、社会实践、科学研究、个性化教学、独立学习等富有参与性、启发性、发展性的多样化教学方法，为学生创造宽松自由、独立思考，有利于调动其学习积极性、主动性、批判性、创造性，以及发展其分析问题和解决问题能力的学习环境，改变学生在学习过程中的被动地位。耶鲁大学校长理查德·莱文认为，教学方法的问题是制约学生创新能力发展的主要原因，因为不同的教学方法取得的效果是大不一样的。人才培养必需的教学理性之一，就是要应对现实世界的变化和问题，改进我们的教学方法。

第四，针对教学制度安排僵化，即教学制度过于强调对学生的共性要求而忽视个性发展、过于强调对师生的约束作用而忽视师生作为教学主体自身的要求、过于强调制度稳定性而忽视制度发展性等问题，创新教学制度。通过改造或重建既有利于学生全面发展又有利于学生个性发展，既有利于教学规范又有利于教学创新，既有利于稳定教学秩序又有利于人才培养质量提高的教学制度，更好地调动师生在教与学中的积极性、主动性。

第五，教师方面存在的问题是如何获得优秀教师并让他们自觉热爱培养人才，这是所有大学必须直面但又没有很好解决的问题。人才培养质量的提高，尤其是杰出人才的培养，在很大程度上取决于教师的高水平、高素质和教学投入。世界著名大学的共同经验证明，高素质的师资队伍既是一所大学的核心竞争力，也是培养创新型人才的关键。

上述均为需要专门讨论的大问题，这里仅就与教师教学理性相关的如何处理好教学与研究的关系问题，提出如下建议。

其一，大学教师必须端正和解决好学术研究与人才培养的关系，这对研究型大学尤为重要。学术研究不仅意味着知识的探索和应用，而且意味着知识的传播。学术研究是教学的支撑，没有学术的支撑，教学将难以为继。但是，过于重视学术研究亦会导致对教学的忽视。目前的情况是，大学教师确实存在把学术研究视为机会而把教学视为负担的问题。很多教师，尤其是具有一定研究实力的教师，其时间和精力多用于学术研究而疏于教学。如果把培养学生放在次要地位，这就是大学责任的本末倒置。

其二，知识探索是个无穷无尽，需要一代又一代人延续下去的过程，因此，人才培养并非仅指知识的传授，还必须伴随在教师指导下，学生参与学术研究的能力提高。在大学教学过程中，教师不是为了教书而存在，而是如洪堡所说，"教师和学生都有理由共同追寻知识"。对教师而言，其学术成就必须伴随着学生的参与和贡献，没有学生的参与和他们研究能力的发展，教师的学术贡献就会大打折扣。只有教师和学生的教与学、学与研究分结合在一起，教学与学术研究的目标才会完美地融为一体，并朝着教学相长、教研相长的方向发展，从而也才能获得人才培养和学术研究同时丰收的成果。大学教育的最大失败莫过于招收了大量优秀生源却把他们培养成了一般的学生，大学教育的最大成功也莫过于把一般学生培养成了出类拔萃的人才，教师在人才培养的成与败中具有决定性作用。

（三）文化理性

把人文理性纳入人才培养理性并加以强调，有如下理由：教育的发生其实是文化环境影响的结果，尤其是在职能上把知识传授与知识创新融为一体，在方法上把教学与研究、教授与自学融为一体的大学教育。人才培养教育质量的好坏，在很大程度上依赖于大学创设的教育环境。大学不仅通过课堂和实验室教学对学生产生影响，还通过创设的文化环境使学生发生潜移默化的变化。于是我们得出如下结论：大学的文化环境是一种其他东西不可替代的教育影响和教育力量，大学文化环境的品位极大地影响到大学所造就的人的品位。文化理性在人才培养过程中的重要性因此凸显。自觉地把文化营造和文化影响纳入人才培养体系，是大学不能忽视的理性自觉。那么，怎样的文化理性才有助于大学培养杰出人才呢？笔者早前在《创新文化：决定大学兴衰的文化之魂》一文中提出培养创新人才，必须"回归大学本真，营造'追求科学、崇尚真理'和'对国家负责的使命文化'"；"回归以人为本，营造重视尊重知识、尊重人才、尊重学者与学生的包容文化"；"回归大学精神，营造大学的竞争文化"[①] 的观点。借鉴美国大学在创新型人才培养的人文环境营造方面的成功经验，笔者以为守持如下文化理性尤其重要。

---

① 眭依凡：《创新文化：决定大学兴衰的文化之魂》，载《中国高等教育》，2007（7）。

其一，学术自由理性。根据布鲁贝克的《高等教育哲学》，学术自由理性至少有"认识的、政治的、道德的"三个支点。其中，学术自由的认识论基础是从 19 世纪德国大学继承而来的，即为了保证知识创造的客观性，知识创造的过程必须不受外界干扰。这样看来，学术自由并非只是一个大学理念，而是大学必须提供的追求知识及创新的先决条件，即忠实于高深学问及探索真理需要学术自由环境保障。学术自由涵盖了教学自由、学习自由、研究自由等学术活动，故享有学术自由的群体不仅包括大学教师也包括学生。因此，杰出人才的培养并非只是提高教学质量的问题，营造一个有利于质疑批判精神及创新意识养成、敢于挑战权威、个性充分发展的文化环境，对杰出人才的成长不可或缺。约翰·亨尼西校长在回答斯坦福大学何以能培养出如此多的诺贝尔奖得主并创造出硅谷的奇迹时说：创新需要充满勃勃生机的人文环境。一所缺乏尊重和包容人才的，学术空气窒息的，学生创造欲望、创新精神受到抑制的，缺乏学术质疑勇气、批判精神和学术自信的大学，能期望它培养出创新型人才？

其二，学术公平理性。没有必要的学术公平，大学就不能培育真正的学术精神，教师和学生都难以安于学术本位并忠诚于学术，其结果不仅是学术的衰微，更是学术的后继乏人。大学缺乏科学至上、知识至上的学术标准，必然导致学术是非真伪混淆、学术公平丧失的学术文化的非理性。

其三，学术道德理性。学术的发展不仅取决于大学师生的智慧，还取决于大学师生的道德。没有崇尚科学、敬畏科学、追求科学、忠诚于科学、守护科学，甚至为科学殉道的精神，科学事业将后继无人。强调学者对学术必须担负的道德责任，并据此产生学术自律的自觉，这就是学术道德理性。学者献身自己的学科并忠诚于真理是极为重要的学术品德。如果说法规是一种外来的强迫，那么道德则是一种来自组织及其个体内部的要求。作为一个知识分子聚集的组织，大学在学术活动中提倡和弘扬道德自律是必要的理性。学术理性不仅需要赋予大学师生在学术探索时思想自由的环境，同时也需要大学师生有对学术行为的自我约束，这种约束就是学术道德理性提出的要求。在大学强调学术道德，尤其强调"学者不应该允许自己的研究目标被个人的感情和职业前途利益所损坏"是十分重要的，因为如果"学者一味追求个人利益就一定会自寻失败"。① 这种失败不仅是学术研究的失败，更是人才培养的失败。

芝加哥大学校长罗伯特·锦穆尔（Robert Zimmer）在其就职演讲中称："我们提倡发展这样一种教育模式，它能让学生沐浴在浓厚的学术氛围中，如此一来，无论学生最终选择怎样的职业道路，他们所接受的教育都会赐予他们无穷的力量；我们努力吸纳那些对学科具有创新品质的教师和学生，使他们能最大限度地受益于我们的学术气氛，并能为我们做出更大的贡献；我们深知，我们能否对社会做出更大贡献关键取决于我们的思想是否具有影响力，我们能否打开校门去检验和发展已有的思想。以上这些永恒的价值观和基本原则已构成学校的主导文化，并经过一代代的芝大师生和行政人员不断地传承下来。"② 这实际上说的就是一种文化力量、文化理性对大学及其人才培养的意义。

其四，笔者想把对我国大学杰出人才培养批评最烈、期待最多的钱学森先生的一段话作为本研究的结尾，这段话对我们大学的人才培养不无启示。钱老语重心长地说："今天我们办学，一定要有加州理工学院的那种科技创新精神，培养会动脑筋、具有非凡创造能力的人才。我回国这么多年，感到中国还没有一所这样的学校，都是些一般的，别人说过的才说，没说过的就不敢说，这样是培养不出顶尖帅才的……所谓优秀学生就是要有创新。没有创新，死记硬背，考试成绩再好也不是优秀学生……我们要向加州理工学院学习，学习它的科学创新精神。我们中国学生到加州理工学院学习的，回国以后都发挥了很好的作用。所有在那学习过的人都受它创新精神的熏陶，知道不创新不行。我们不能人云亦云，这不是科学精神，科学精神最重要的就是创新。"③

---

① ［美］约翰·S. 布鲁贝克：《高等教育哲学》，王承绪等译，122 页，杭州，浙江教育出版社，1987。

② 眭依凡：《学府之魂：美国著名大学校长演讲录》，328 页，北京，教育科学出版社，2013。

③ 涂元季、顾吉环、李明：《钱学森的最后一次系统谈话：科技创新人才的培养》，载《人民日报》，2009-11-05。

培养目标：人才培养模式改革的价值引领

——基于斯坦福大学"开环大学"计划的启示*

以世界为时空背景回顾高等教育发展史不难发现，能让人为大学自豪的东西难以胜数，但最让人自豪的是大学经千年而不衰的持久、旺盛的生命力。在人类文明发展的诸多创造中，没有比大学更经得起漫长时间和历史考验的社会组织了，大学何以如此？因为大学为人类社会培养了一代又一代富有知识及理性的人，从而满足了人类社会可持续发展的永恒需要。人才培养使大学获得了存在和发展的合理性、合法性。无论是教学型大学还是研究型大学，都必须以人才培养为核心使命和基本职能，因为人才培养既是大学安身立命的基础，亦是大学存在和发展的基本逻辑和公理。世界一流大学更是将人才培养视为大学工作的重中之重，并以追求人才培养的高质量而著称。因此，研究和抓好人才培养工作，确保人才培养质量，是大学办学治校之要。大学作为以开放性及竞争性为特征的学术组织，其核心竞争是人才培养及其质量的竞争，这也是国内外大学改革的目标和重点所在。遗憾的是，大学人才培

---

* 本文原发表于《现代大学教育》2018年第4期，第一作者为项璐。

养质量不高不仅为社会所诟病，而且亦是大学自己悬置或久未解决的问题。本研究试图从培养目标切入，讨论大学人才培养模式改革以促进人才培养质量提升的问题。

一、人才培养质量取决于人才培养目标的质量

人才培养的规格和标准是大学培养什么人的一种价值主张和具体要求，是大学人才观的集中反映[①]，也是大学理想和使命的具体体现。从管理始于目标也终于目标的实现这一组织管理理论，可以导出如下结论：人才培养目标既是大学人才培养工作的出发点和归宿，也是衡量和检验大学人才培养质量的依据和标准。由此可以推断：大学的人才培养质量取决于人才培养目标设计的质量。明确人才培养目标是确保大学人才培养质量的逻辑前提，亦是人才培养质量提升的关键。人才培养质量并非受单一要素影响的结果，而是受培养目标、知识体系、培养模式、教学制度、文化环境及教师共同作用的结果。上述六个要素构成了大学人才培养体系，但首要的是具有价值统领作用的培养目标[②]，大学的人才培养及其管理始于培养目标。明确的培养目标既是知识体系即课程体系及课程内容设计的逻辑前提，亦是大学人才培养模式即人才培养方法与途径选择、教学制度安排、大学文化营造教师素质要求的基本依据。大学人才培养活动的全要素、全过程无不围绕培养目标而组织、设计及展开。

课程论专家泰勒关于课程编制提出过一个重要观点：学校必须有明确的教育目标，建构课程的基本框架必须从教育目标出发。[③] 课程设计是为实现人才培养目标服务的，由此也就决定了课程设计必须以人才培养目标为前提。好的人才培养目标才能产生知识结构完好的大学课程体系。如此可以推论：大学教学前端的设计，尤其是培养目标设计的质

① 眭依凡：《素质教育：高校人才培养体系的重构》，载《中国高等教育》2010（9）。

② 俞婷婕、眭依凡：《大学课程与人才培养——基于大学教学理性的思考》，载《清华大学教育研究》，2013（6）。

③ 转引自俞婷婕、眭依凡：《大学课程与人才培养——基于大学教学理性的思考》，载《清华大学教育研究》，2013（6）。

量，在很大程度上决定了大学人才培养即教学后端的结果。也就是说，人才培养质量在很大程度上是受人才培养目标设计质量决定的，这是大学课程体系设计绝不能忽视的基本逻辑。人才培养目标对人才培养体系的所有要素均有价值引领性。

上述讨论使我们得出如下结论：由于培养目标是人才观在高校的集中反映和培养什么人的价值主张及具体要求，也是人才培养活动发生的基本依据和人才培养制度安排的基本原则，人才培养目标设计是人才培养体系中的第一要素，因此，大学的人才培养质量首先取决于人才培养目标设计的质量，培养目标是人才培养质量提升的关键。明确人才培养目标，是确保大学课程及其教学方法设计质量的前提，否则，人才培养的应有质量就无从谈起。培养目标不明确，人才培养工作就让人无所适从，其质量也就无法检验。

二、斯坦福大学"开环大学"计划及其启示

自中世纪大学诞生至今，在近千年的历史进程中，大学经历了从被动满足社会发展需要到主动适应社会发展再到积极引领和推动社会发展的演进。在知识创新时代，大学作为承载着创新及培养具有知识创新能力之人才核心使命的学术组织，其面临的挑战不仅包括要适应社会日益发展、变化的需要，还包括大学能否通过自我创新乃至再造以引领和推动人类社会进步。2015 年以来，具有知识创新领袖地位的斯坦福大学不甘维持现状，率先挑战了大学人才培养模式的传统，启动了以"开环大学"（Open Loop University）取代"闭环大学"的"斯坦福大学2025 计划"（Stanford 2025，又称"'开环大学'计划"），轰动了高等教育界。该教育改革计划对长期以来在办学、治校、教学、科研方面都保守有余、创新不足的我国大学而言，亦是一个极具挑战性的教育理念冲击。

以"开环大学"替代"闭环大学"，可以说是"斯坦福大学 2025 计划"对传统大学具有再造意义的挑战。与传统大学根本不同，"开环大学"最具创新性的改革可以归纳为两大类：一是对接受高等教育的学生及学制、学习方式等进行了重新规定（见表 1）。这项重大改革包括：

其一，该计划提出解除对入学学生的年龄限制，小于 17 岁的天才少年、仍在职场工作的中年人甚至退休后的老人都可以进入大学求学，从而区别于传统"闭环大学"对学生必须在 18～22 岁入学并在四年内完成本科学业的限制。其二，该计划提出改变学习安排并延长学习时间，由以往必须连续四年的学习延长到一生中任意时段加起来可以自由安排的六年。其三，该计划打破了传统的学生年龄结构，旨在营造各年龄阶段且具有不同社会阅历的学生共同学习、相互影响的新型校园，以有利于学生之间建立起更持久合作的社会网络。其四，该计划改变了传统的教学方式，提出课堂教学及实践活动等均为获取知识的正式途径。[①] 二是提出了对人才培养模式具有颠覆性意义的人才培养目标创新三大举措：强调学生个性发展的"自定节奏的教育"（paced education），体现能力优先教育理念的"轴翻转"（axis flip），以及旨在对人类社会负责的"有使命地学习"（purpose learning）。下面逐一介绍。

表 1　闭环大学与开环大学的区别[②]

闭环大学	开环大学
学生在成年之初就要接受四年的大学教育	一生中都充满着学习的机会
18～22 岁的四年	一生中任意六年
正式的学习仅仅发生在课堂上	可以从课堂及实践活动中汲取知识
毕业后基本上很难接触到学术环境	经验丰富的成年人回到学校、改变职业，以及再次与社团对接
学生在 18 岁前需要证明自己的能力	学生在任何年龄段都可以学习
校友偶尔回到学校参加特定活动	校友作为返校实践专家，丰富了校园生活

（一）自定节奏的教育

如表 2 所示，所谓"自定节奏的教育"，旨在强调学生的个性发展，根据学生个人的条件和意愿设计自己的节奏来完成各阶段的学习。"斯坦福大学 2025 计划"打破传统的按四年学制执行的年级学分制培养模

---

① "Open Loop University". http：//www.stanford2025.com/open-loop-university/，2018-02-06。

② 搜狐网：《斯坦福大学发布 2025 计划，创立"开环大学"，彻底颠覆传统高等教育》，2018-02-26。

式，以包括调整（Calibrate）、提升（Elevate）和启动（Activate）（简称CEA）三阶段的自定节奏的教育取代之。这三个阶段又分别个性化地预设了学习时间及其学习目标：调整阶段为6～18个月，旨在让学生通过了解学校、教师、专业及自己的兴趣特征等选择未来的学习。为此，学校为学生入学提供1～7天的，由教师精心设计，以便学生了解不同学科领域及其教师、不同学习模型及职业发展目标的微课程。在调整阶段，学校同时会为学生提供一些短期课程，任课教授会利用这些课程广泛与学生接触。调整阶段的学习有利于学生培养学习兴趣，找到自己的学习目标及不足并树立学习自信心，而担任短期课程教学的教授能够借此发现最适合在某领域成为专业人才的学生。提升阶段为12～24个月，在该阶段学校通过为学生组建包括学术导师、个人导师及高年级同学和信任伙伴在内的个人学术顾问委员会，以小型的学术讨论取代大型教室的演讲，从而营造有利于师生深度互动的学术环境，在帮助学生深入了解专业知识并形成严谨态度的基础上，使学生进入某个学术领域并获得学术成就。斯坦福大学称，预计到2018年，该校的个人学术顾问委员会将会取代其他形式的学术咨询机构。启动阶段为12～18个月，旨在"培养学生在学习了如何获得深度的专业知识后，将学生的知识转化到实际应用活动中，如实习、项目服务、高水平研究和创业"[1]。

表2　自定节奏的学习前后比较[2]

自定节奏的学习之前	自定节奏的学习之后
结构化的固定四年制学习	可自主调节长短，个性化的、适应性强的及可调控的三阶段学习
四年制：从大一到大四	六年三个阶段：调整、提升、启动
标准化的十周学习	专为调整提供的微课程

（二）轴翻转

轴翻转或许是斯坦福大学"开环大学"计划在人才培养模式上最出乎人意料的一种创新（如表3所示），因为轴翻转理念从根本上改变了传统大学"先知识后能力"的人才培养逻辑，反转为"先能力后知识"，即强调

---

①　"Paced Education"，www. stanford 2025. com/pace-education，2018-02-26.

②　"Open Loop University"，www. stanford2025. com/open-loop-university/，2018-02-06.

能力培养是大学本科学习的基础。为了让能力优先教育的理念具有可操作性，斯坦福大学在人才培养模式上做出了多少有点"伤筋动骨"的教学组织及教学制度改革：其一，改变传统大学按照知识划分不同院系的方法，而是按照学生的不同能力进行划分，重新建构院系。"斯坦福大学2025计划"提出，到2024年，斯坦福大学商学院将推出10个建立在本科生能力基础之上的教学中心，并分别任命中心负责人来负责开发交叉学科的课程。每个中心负责人都将成为斯坦福大学的组织结构及其架构的核心。这10个中心包括科学分析、定量推理、社会调查、道德推理、审美解读、沟通有效性等。[①] 其二，课程融入了更加多元化的通识教育内容。其三，学校改变了学生学习评价的方式和标准，即从过去注重学生的知识获取及掌握，转而更加关注学生正在学习什么、学会了什么、能力发展到什么阶段。其成绩单已经不是数据的记录，而是一个实时、动态地反映学生当下具有的能力或"竞争力状态"的清单。

表3 轴翻转前后比较[②]

轴翻转之前	轴翻转之后
知识第一，能力第二	能力第一，知识第二
本科教育围绕学术主题展开	技能成为本科学习的基础
按照知识的不同来划分院系	按照学生的不同能力划分系，并由院长牵头
成绩与简历反映能力	技能展现能力与潜力

（三）有使命地学习

斯坦福大学关于"有使命地学习"的人才培养目标设计基于两个原因：其一，斯坦福大学根据校友们"使命感是他们职业生涯中指引方向的航标"[③]的反馈，认识到"带着使命感去学习"对大学生未来发展具有重要意义。如表4所示，"有使命地学习"有利于大学生根据对社会责任的认识选择有意义的学习，在人生目标清晰、学习动机明确的前提下获得学习的动力。其二，斯坦福大学一直以培养各行各业的领袖为目标，通过对大学生"有使命地学习"之人才培养目标的设计，一方面驱动大学生树立远大

---

① "Axis Flip"，www.stanford2025.com/axis-flip/，2018-02-06.

② "Open Loop University"，www.stanford2025.com/open-loop-university/，2018-02-06.

③ "Purpose Learning"，www.stanford2025.com/purpose-learning/，2018-02-06.

目标，奋发向上；另一方面要求大学创造和提供有利于强化大学生社会担当意识，把他们培养成既有领导力又有行动力之专业领袖的学习和实践环境。为此，斯坦福大学采取了如下措施：一是邀请有成就的校友返校指导在校生的职业发展；二是与各行各业保持紧密联系，为大学生学以致用提供专业土壤。比如，该校在世界各地建立了一系列具有全球影响力的，可供师生进行浸润式学习和讨论的实验室，致力于培养对人类社会负责且可以应对未来世界可能出现的经济、政治、社会、技术和目前未知领域风险的领袖型人才。

表4　传统学习和有使命地学习目的比较

传统学习	有使命地学习
学生选择专业后，只围绕具体的标准进行学习	学生有长远的愿景和使命，将自己的兴趣融入问题的解决过程中
学生较为盲目地选择专业	学生通过学习和做项目来实现意义
许多校友的工作领域与所学专业无关	校友通过使命来指导学生的职业发展
学生在人生后期才开始从事社会工作	有全球影响力的实验室拓展了研究的平台

我们通过对斯坦福大学的上述改革举措的分析可以做出判断，这项对斯坦福大学改革具有顶层设计意义的发展计划，无异于对大学人才培养模式具有颠覆性意义的革命。从其指向发展大学生能力以提高他们的使命感和领导力，更好地担当社会使命的改革目的而言，可以说这是一项通过彻底改变人才培养目标而彻底改变人才培养模式的一项大学教育改革计划。斯坦福大学这项紧紧围绕人才培养目标创新的人才培养模式改革，对全球大学的改革发展具有启示意义，对我国亦然。基于此，本研究选择从人才培养体系的第一要素"人才培养目标"切入，讨论人才培养质量提升问题。

三、我国大学人才培养目标中存在的问题及其更新原则

从对斯坦福"开环大学"计划的详细解读，我们不难看出斯坦福大学

的人才培养模式改革是以人才培养的前端设计即培养目标重设为发端的，其"自定节奏的教育"、知识与能力的"轴翻转""有使命地学习"都旨在通过人才培养目标的创新，调整大学课程体系及其教学内容和培养途径。为了使改革具有可操作性，"开环大学"计划提出的诸如微课程及自定节奏的学习中的课程设计、按学生能力划分院系、加大通识教育课程比例、建立"影响实验室"、组建个人学术顾问委员会、营造小型学术讨论空间等一系列改革措施，无不体现了斯坦福大学的教育改革强调大学生个性及能力优先发展的人才培养理念，以及培养具有社会使命责任担当的领袖型及能力型人才的目标。

现代大学是欧美文化和制度的产物。欧美大学不仅有近千年发展的历史，更有极成熟和成功的经验。由于国情及条件不同，我国不可复制斯坦福大学的"开环大学"计划，但其注重通过重构人才培养目标以引领和推动人才培养模式的改革的思路值得我们学习与借鉴。斯坦福大学"开环大学"计划倡导的人才培养模式不仅符合我国倡导的以生为本、全面发展的大学教育理念，同时也为我们的人才培养模式改革提供了有益的启示。

从上述关于人才培养目标之重要性的理论分析，以及斯坦福大学以人才培养目标创新引领人才培养模式改革的"开环大学"计划解读可知，人才培养质量提升有赖于人才培养模式改革，而人才培养模式改革又必须以培养目标重构为价值引领。基于此，人才培养目标之于人才培养模式改革的重要性已经凸显，无须赘述。以下笔者试图从四个方面分析我国大学人才培养目标存在的问题，并在此基础上提出人才培养目标更新的原则。

对人才培养目标现实存在的问题加以诊断，是人才培养目标更新的依据。据笔者对我国大学人才培养目标的考察，其主要问题可归纳如下。

（一）我国大学人才培养目标存在的问题

1. 大学对人才培养的要求太低

我国大学的人才培养目标大多表述为"培养系统掌握本专业的理论知识并能运用本专业理论知识解决实际问题的高层次专业人才"。这样的培养目标仅停留在知识传承及运用的层次，强调的是人才培养的最低要求而非高标准。而综观世界名校的人才培养，其最大特点就是培养目标追求甚高①，譬如，巴黎高等师范学校的人才培养目标是"培养改变世界的人"，牛津大学立足培养各行各业的领袖人物，而美国研究型大学无不强调培养能够通过贡献知识为自己所在组织或社会带来改变的人。哈佛大学校长德鲁·福斯特在北京大学做报告时，就自豪地称哈佛大学培养"不同凡响的"（think different）、"能为世界带来积极改变的人"。② 我们的人才培养目标甚至受传统文化"学而优则仕""知识改变命运"等功利主义、实用主义思想的影响，接受大学教育的不乏为学位、为功名、为谋生、为做官而求学者。可见，我们的人才培养既没有对大学生成为行业领袖目标的期待，亦缺乏有利于卓越人才培养及脱颖而出的教学制度及大学文化。

2. 满足于书本知识而非知识创新及能力培养

我们大学当前一个普遍性问题是在人才培养目标设计上缺少对创新型人才素质与能力的要求。旅美学者薛涌对国内大学的人才培养目标提出如下善意的批评：如果我们培养的学生仅是本科生知道《泰晤士报》（The Times）是何年创办的，硕士生知道是何月创办的，而博士生知道是何日创办的，这样的人才培养价值何在？③ 他认为最有意义的大学教育，应该从以知识积累为中心走向以课题研究及提高问题解决能力为核心的人才培养。基于这一立场，他在美国某大学新闻学院任教时，要求自己执教的新生在四年的时间内完成一部《泰晤士报史》（The History of the Times）。当今大学人才培养面临三项挑战：能否合作，能否研究，能否提出和解决问题并有所创新。我们的大学普遍缺乏以"探索和创造知识，求学的目的是为人类发展新知识"为价值导向的培养目标设计。若我们的人才培养仅满足于书本知识及其运用而非知识创新能力的培养，那学生只能重复前人已有的东西并停留在被动学习的状态。若我们仅要求所培养的人才满足于能用所学知识及解决问题的方法去解决已经被前人解决的问题，那他们在面对新问题时只能束手无策。如果我们的大学教育，尤其是工科教育的人才培养目标不能激发师生都"产生一

---

① 眭依凡：《杰出人才培养：大学必须守持学术理性》，载《中国高教研究》，2012(12)。
② 眭依凡：《论大学问题的"悬置"》，载《华东师范大学学报（教育科学版）》，2013(6)。
③ 薛涌：《教授首先要假设学生比自己聪明》，载《同舟共进》，2009(12)。

些新想法、找到一些新途径、做出一些新东西的冲动，而只是满足于课堂教学和卷面考试，那我们培养的学生就永远创造不出一些新东西，其结果就是我们难以从制造大国升级为创造大国"①。

3. 缺乏对知识、能力、素质结构的分解

我们在人才培养上一个长期悬而未决的问题就是人才培养目标过于笼统、模糊，缺乏对专业人才必需的知识、能力、素质结构的科学分解和建构，由此导致我们的人才培养目标缺乏可操作性。而欧美大学人才培养最成功的经验之一就是培养目标明确。美国研究型大学就对创新型人才培养提出了十分明确的要求。例如，普林斯顿大学的本科生培养目标就提出了 12 项创新型人才的知识、能力和素质要求：具有清晰的思维、表达和写作能力；具有以批评的方式系统推理的能力；具有形成概念和解决问题的能力；具有独立思考的能力；具有敢于创新及独立工作的能力；具有与他人合作的能力；具有判断什么意味着彻底理解某种东西的能力；具有辨识重要的东西与琐碎的东西、持久的东西与短暂的东西的能力；熟悉不同的思维方式；具有某一领域知识的深度；具有观察不同学科、文化、理念相关之处的能力；具有一生求学不止的能力。② 美国对应用型人才培养亦有一套可操作的培养目标。例如，2009 年 10 月，美国应用科学认证委员会（American Applied Science Accreditation Commission）提出了"应用科学课程的认证标准"（Criteria for Accrediting Applied Science program），对应用科学学士学位获得者提出了能力培养要求（见表 5）。

表 5　应用科学学士学位获得者必须具备的能力③

序号	内容
1	应用数学和科学知识的能力
2	设计和执行实验、分析数据和解释数据的能力
3	制定、设计一个系统、过程或者方案且达到预期目标的能力
4	在综合性学科小组发挥作用的能力
5	能够识别和解决应用科学的能力

---

① 眭依凡：《杰出人才培养：大学必须守持学术理性》，载《中国高教研究》，2012(12)。
② 眭依凡：《杰出人才培养：大学必须守持学术理性》，载《中国高教研究》，2012(12)。
③ ABET. Criteria For Accrediting Applied Science Programs，2018-02-06。

序号	内容
6	对职业道德和责任的理解力
7	有效的沟通能力
8	有必要学习在经济全球化和社会背景下解决问题
9	认可终身学习，并有能力参与其中
10	对当代问题有所了解
11	能够使用技术、技能和现代化的科学手段进行专业实践

4. 缺乏主动适应社会发展需要的调整

人才培养目标十几年不变已经成为我们人才培养滞后于社会发展的一大痼疾，这与大学必须敏感反映、适应社会的发展进步的要求不甚吻合。在科学技术发展速度不断加快、知识不断创新的时代，担负知识传承和创新使命且具有知识垄断特征的大学若不能应对社会变化，无异于大学放弃核心竞争力。欧美研究型大学每隔几年就要进行一次以人才培养目标调整和创新为引领的教学改革。搜狐网曾报道，美国密歇根大学教授、上海交通大学密歇根学院院长倪军在一次关于中美大学比较的演讲中，以密歇根大学机械工程系的工程教育改革为例，特别指出：美国大学每隔几年就要针对人才培养进行教学改革，而且这种改革不是盲目的更不是应景式的，而是在充分调查的基础上，针对反映出来的问题采取措施。为了客观调查工程教育课程对不同时期的机械工程系毕业生的职业生涯是否重要，以及密歇根大学的教育对他们是否有价值，该系把调查对象分为毕业 20 年、毕业 10 年及毕业 5 年三组，然后根据调查结果分析和调整课程体系及其培养模式。据悉，该系最近一次的人才培养模式改革包括：加强学生动手能力培养，增加实验课。前者属于人才培养目标的范畴，后者则是服务于培养目标所进行的课程改革。我国大学尤其缺乏社会诸多因素变化后对专业人才的培养目标的调整，即我们的人才培养目标总体上是滞后于社会发展需要的。

(二)人才培养目标的更新原则

人才培养目标不仅是对人才培养具有价值统领意义的学术概念，更是对实施人才培养具有指导作用的操作概念。人才培养目标包含国际视野、文化包容、适应社会、爱国主义、社会担当、精神健康、组织管理等带有共性要求的素质及能力，但不同大学、不同学科与专业有自己的个性要求，不存在适合于所有大学的培养目标。因此，本研究仅针对人才培养目标中存在的问题予以归纳并讨论目标更新原则。

1. 坚守育人为本的核心使命

"人才培养问题上的大学之悲，莫过于缺乏根据大学自身的组织属性、使命责任，自觉坚守人才培养天职的学术理性。""当前不少大学热衷于不该大学做的事，相反却放弃了大学必需的坚守，尤其是缺乏对大学育人属性及其价值的坚守，有些大学似乎是在应付人才培养。"[①]这是笔者2012年在《杰出人才培养：大学必须守持学术理性》一文中提出的观点。现在看来，这个问题还是没有很好地解决。人才培养目标长期未引起大学的足够重视，从而成为一个被悬置的问题。其实，这只是一个表面现象，深层的要害问题是不少大学在办学治校中育人使命的缺失。若对人才培养体系全要素及人才培养全过程进行考察分析，不难发现，人才培养的各要素及其实施过程中所存在的问题均与人才培养目标设计有着直接或间接的关系，所以我们有必要从体系设计之初始寻找人才培养出现偏离的原因。

人才培养目标是大学办学治校育人理念的具体体现，如果大学缺乏育人为本的价值选择和守持，怎能期待它做出有利于学生全面发展、有利于人才培养质量提高的教学制度安排？任何大学若要提升人才培养质量，就必须有一个好的人才培养体系。好的人才培养体系基于好的培养目标设计，而好的人才培养目标依赖于目标设计者持有强烈的育人为本的大学办学治校理念，这就是大学必须坚守育人为本使命的逻辑。尽管现代大学职能或功能的多样化或许会成为未来的发展趋势，但大学的核心使命就是育人。育人是大学唯一不会变也不能变的最基本组织功能和最重要社会职能。育人既是大学赖以生存的立身之本，又是大学赖以发展的核心竞争力。坚守育人为本的核心使命，是大学的人才培养目标受到重视的观念前提。

2. 制定与时俱进的人才培养目标的高标准

考察哈佛大学占据人才培养世界领袖的地位如此之久的原因，并非

---

① 眭依凡：《杰出人才培养：大学必须守持学术理性》，载《中国高教研究》，2012(12)。

其 380 多年漫长历史的积淀，而在于其历史进程中从来没有停止过人才培养目标的调整、更新。1869 年，埃利奥特担任哈佛大学校长，他敏锐地发现哈佛以"品格和虔诚"为价值引领建立的培养目标已经落后于时代的要求。受这一传统培养目标的支配，哈佛大学培养的多是社会生活的旁观者和批评家而非实干家，于是他提出应该培养致力于事业成功、增进社会公共福祉的实干家和能做出成就的人，从而拉开了哈佛大学重视人才培养目标修订、更新的序幕。之后的校长如劳威尔提出学院应该培养智力上全面发展的人，有广泛同情心和判断能力的人，而非"瘸腿"的专家；科南特强调培养负责任的人和公民，培养情感和智力全面发展的人，培养集自由与专家于一身的人；普西则要求为国家和世界培养有教养的人、有思想的人、有知识和信念的人等。由此可以得出结论：哈佛大学人才培养的高质量在很大程度上是人才培养目标与时俱进的结果。

倪军教授曾耗时一年多，对中国与美国排名前 10 位的大学分别进行调查，并对这些大学的人才培养体系进行比较研究。他发现，中国前 10 位大学的本科生源质量并不亚于美国前 10 位大学的学生，尤其是中国学生在数理化方面的功底很好，但仔细对比后发现中国学生的质量还是"很一般"。由此，他做出如下结论：如果大学教育体系跟不上，就会直接影响到人才的培养。对此，我们可以补充的是：人才培养目标的落后直接影响人才培养的质量。两国优秀大学的生源差别不大，为什么中国大学生在接受几年大学教育后并无优势可言？

一方面，这与我们人才培养目标缺乏对发现及解决问题能力和创新能力发展的高标准、高要求有关。培养创新型人才首先必须有目标，而目标不高是我国大学存在的普遍问题。例如，创新型工程师具有什么样的素质？我们并不是很清楚。美国大学就不一样，他们不仅关心人才培养目标，并且能与时俱进地确定创新人才培养的标准。另一方面，这与我们的人才培养有一个错误的假设前提有关，即大学生仅是为了获取专业知识而进入大学求学的，创造力并不是他们参与职业竞争的要素。这与斯坦福大学的知识与能力的"轴翻转"培养模式完全冲突。如果我们在人才培养目标的设计中改变观念，或许我们的人才培养模式就会发生根本的变化并带来人才培养质量的提升。

3. 构建具有可操作性的知识、能力、素质结构

人才培养目标模糊，缺乏人才知识、能力、素质结构的分解，导致后续的知识体系建构即课程体系设计既不得要领又依据不足。科学的人才培养目标设计必须依据时代发展，对专业人才提出知识、能力、素质要求，如此才能确保知识体系及其课程内容的建构、培养方法的选择、教学制度的安排和文化的营造科学、有效。

麻省理工学院的人才培养目标是在广泛征询师生及社会用人单位意见的基础上，确定大学生应该具有的能力和素质：具有批判、推理的理智力，能够运用科学方法获取、评价及利用信息，提出并解决生活和工作中的复杂问题；在某个领域具有扎实的知识基础并有专业造诣和实践经验，能将知识和社会问题联系起来，并理解科技和社会之间的交互作用，具有把知识与道德伦理思考结合起来的判断力；具有很强的适应重大变化的灵活性和自信心、好奇心与继续学习的动机；能够清晰、有效地交流，与人很好地合作共事等。[①] 麻省理工学院认为，具有以上素质并有领导才能的人，才能为社会进步做出更大的贡献。

最后，有必要强调的是：由于大学既有统一性又有多样性，在人才培养目标设计上，我们既要强调大学的共性，亦要强调大学自身的个性。人才培养目标的共性应当包括：具有强烈的爱国主义精神和对人类、对国家、对社会、对环境负责的精神；具有国际文化视野、世界胸怀和国际社会适应能力；有自我发展和创业、创新的能力；身心健康；有职业道德。人才培养目标的个性必须体现大学自身的历史、传统、定位和条件，以及本专业人才的知识能力要求。

---

① 眭依凡：《论大学问题的"悬置"》，载《华东师范大学学报(教育科学版)》，2013(6)。

培养目标达成：关于大学教学原则重构的思考[*]

一、引言：问题的提出

教育，尤其是学校教育，可以分为两类：一是良好的教育，二是不良的教育。两种教育效果截然相反。换言之，教育是把双刃剑，其一面是造就人、塑造人格、发展才智的天使，另一面则可能是摧毁人性、扭曲心灵、扼杀智慧的恶魔。大学教育亦然。所以俄国著名作家契诃夫在其《笔记》中说：大学能培养一切能力，包括愚蠢。但是作为一名大学理想主义者，笔者一直倡导并坚持"学校教育是人类历史最伟大的发明""学校教育是一项以改善、提高、发展人的素质为旨要的伟大事业"[①]这一学术观点，由此可以得出结论：学校是一项绝不能出现"次品"的人的"生产"的社会活动。英国有位哲学家曾这样告诫教师：教育上的错误比别的错误更不能轻犯，教育上的错误如同配错了药一样，绝不能靠第二次、第三

* 本文原发表于《西北工业大学学报（社会科学版）》2019 年第 1 期。

① 眭依凡：《当代教育社会职能之我见》，载《江西教育科研》，1989(6)。

次去补救，它们的影响是终生洗刷不掉的。而我国台湾作家张晓风对学校教育的得与失亦有形象比喻：教学改革之可怕有如女人整形，整坏了，连一张本来勉强可看的脸也没了。

学校教育之重要决定了以实施教育为己任的教师极其重要。所以，古人有云："致天下之治者在人才，成天下之才者在教化，职教化者在师儒。"又云："国将兴，必贵师而重傅。"正是教师对于学校教育的得与失及成与败具有决定性作用，具体言之，即每个教师的一言一行都可能对自己的学生造成终身的甚至是不可逆的影响，故教师必须具备优良的德才素质，以根本避免不良教育在学校的发生，大学亦然！由于人才培养是大学的核心使命，而教学是大学人才培养过程中其他工作不能替代的基本途径，因此，教学之于人才培养的重要性决定了担任教学工作的教师在人才培养活动中的重要性。正是基于此逻辑，法国著名教育社会学家涂尔干断言：教育的成功取决于教师，教育的不成功也归咎于教师。由此可以进一步推断：好教师与好学校一样不可或缺。

大学教师从事的是通过与学生密切交流思想和知识的教学活动，从而被大学生认可或否定的极富挑战的职业。由于大学教学绝非一个简单的知识传授的过程，而是涉及诸多教学要素共同参与且彼此交互影响的高度复杂的人际交往活动，如果教师不能富有成效地满足学生求学探知的需要即胜任教学，颇具质疑、批判精神的学生就可能采取两种选择：不来听课或来了也不听课。如同失去了学生的大学不再是真正意义上的大学一样，失去了听课学生的教师则不可能是称职的教师。

在信息化时代，虽然学生的知识积累及能力发展即获得学业进步的途径多样化，但大学的课堂教学是不可或缺的主要途径。由于大学的教学过程绝不止于知识的传授，还有人际情感的交流、科学态度的养成、思维方式的影响、学术文化的熏陶、专业兴趣的培养、问题敏感性及破解难题意识的形成、师生品性的展示等诸多影响的附加，由此可以推断大学的教学活动对于大学生的身心发展具有整体性。一个优秀教师的教学甚至一堂课的作用或许就改变了一个学生的人生。事实亦然，譬如，笔者在早期关于科学家教育思想的研究中发现，不少科学家就是在学校受到名师教学的启蒙和激发，产生了影响其一生的学科兴趣并对该学科有了经久不衰的热爱，进而成就了自己一生的事业。

以上讨论足以说明教学的意义及其作用之大。然而，大学的人才培养是既复杂又极富个性化的人际交往过程，其活动主体没有唯一的成功定式。民国时期的北京大学和清华大学大师讲课的方式虽"千奇百怪"，但无不受学生的欢迎和喜爱。有关资料记载，辜鸿铭上课时对学生"约法三章"：他进教室，学生须起立，下课后他先离开，学生方能离开；要求学生背诵课文，授课时若背不出要一直站到下课；讲到得意处，他还会忽然唱段小曲，或者从长袍里掏出几颗花生、糖果大嚼。梁启超给清华学生上课，讲到紧要处便手舞足蹈，情不自已，或掩面或顿足或狂笑或叹息，讲到欢乐处则大笑而声震屋梁，而悲伤处则痛哭流涕，学生说听他的课是种享受。陈寅恪上课时常常喜欢闭着眼睛，一只手放在膝头，另一只手放在椅背上，说到精彩处自个儿发出笑声。刘文典是个学广才高、倚才自傲的狷介狂生，自诩为全世界两个半《庄子》研究权威中的半个，他讲魏文帝曹丕《典论·论文》，一边讲一边抽烟且一支接一支，虽旁征博引，但一小时只讲了一句；他教《昭明文选》，一学期才讲了半篇内容玄虚的《海赋》。闻一多喜欢把早晨的课调到黄昏上，说这样有气氛，他讲课好像说书，有声有色，比手画脚，眉飞色舞，讲到得意处，声音越来越高，语速也越来越快。一阵热烈、激昂的演讲之后，他会压低嗓音，两手一摊说：大师讲学就是这样。金岳霖的课亦很有个性，有次被沈从文请去讲《小说与哲学》，大家颇为期待，不料他讲了半天，最后的结论却是：小说和哲学没有关系。北大的文字学由新派钱玄同和老派黄侃分别执教，听钱玄同讲课的学生不时会听到对面教室同时在讲课的黄侃大骂钱玄同，钱先生闻之，并不在乎，照样讲自己的课。

大师的课堂教学虽然风格迥异，但均不失吸引学生的魅力及让学生从中受益的实效，其奥秘在于他们均遵循了教学的基本规律，恪守了必要的纲领，而后者即教学原则。遗憾的是，现在有些大学教师似乎不在乎教学原则了，其后果是大学的教学活动魅力似乎渐渐呈衰微之势，此即思考和讨论大学教学原则问题之必要性。本研究拟讨论三个问题：大学教学原则为什么重要？人才培养目标与教学原则的关系如何？基于人才培养目标达成的教学原则重构应遵循哪些原则？

二、大学教学原则为什么重要？

大学专业教育的属性，以及其教育对象是身心发展到一定成熟阶段且具有相对独立自主诉求与较强思辨判断能力的大学生这一事实，使大学的教学活动具有多样性，并由此导致人们对从大量大学教学实践中提炼出来的有较强一致性要求的教学理论，包括教学原则的忽视。然而，大学的核心使命就是人才培养，而教学活动是人才培养最不可或缺的途径，由此决定了教学活动是大学最重要也是最频繁的一项活动，是大学通过教师对学生发生影响从而达成人才培养目标的基本手段。教学的重要性由此凸显，而教学原则不仅是教学规律的反映，更是教学活动富有成效的理论基础。

（一）大学教学原则重要性的学理分析

早期人们把大学的社会职能归纳为"教学、科研及社会服务"，现在多称为"人才培养、知识贡献与服务社会"。就概念的严谨性而言，教学与科研仅是大学的两类活动而非社会职能；就"教学"与"人才培养"间的逻辑而言，两者亦非等同关系，而是从属关系。笔者在早前的研究中就提出过"人才培养质量是人才培养体系诸如培养目标、知识体系、培养模式、教学制度、文化环境、教师素质等要素共同影响的结果"[①]这一结论，而教学是人才培养最重要的不可或缺的载体，其功能就是服务于人才培养并决定人才培养质量。由此，笔者形成如下学术立场：其一，人才培养是大学的立身之本，大学之文明首先是主宰人才培养质量的教学文明；其二，人才培养是一项高度理性的智力活动，必须以理性，尤其是教学理性来指导。何谓人才培养的理性？即对人才培养规律的认识、把握及坚守，其操作意义就在于把对人才培养规律的认识上升到教育理论以指导人才培养实践，而教学原则即教育理论的重要组成，亦为教学理性的表达。强调大学的人才培养理性首赖于重视教学理性，如此，大学的执教者及教学管理者才能全面、具体而深刻地把握大学的人

---

① 摘自眭依凡：《大学：如何培养创新型人才——兼谈美国著名大学的成功经验》，载《中国高教研究》，2006(12)。

才培养及教学的本质，并从大学人才培养体系这一整体框架的分析视角去认识并遵循大学的人才培养规律和教学原则。

1. 关于教学原则

所谓原则，即人们的行为依据的准则或行动的规范。原则具有人为的定义性，是对行为者做什么及怎么做的具体规定。而所谓教学原则，是教育者根据学校教育教学目的，为反映教学规律而制定的指导教学工作的基本要求，它既指教师的教，也指学生的学，贯彻于教学过程的各个方面和始终。关于大学教学原则，潘懋元先生强调，教学原则既是教育和教学规律的反映，又是教学内容、教学组织、教学方法、考试考查及教学工具的运用等一系列活动的准则。[①] 笔者在早年出版的《高等教育学》一书中，对教学原则进行了如下界定："教学原则是根据一定的教学规律和教学目的而提出的在教学过程中必须遵循的基本要求，是决定教师教学活动和学生认识活动性质，指导教与学实践的原理。""由于教学原则反映了教学过程的本质规律，是对教育工作者长期积累的教学经验的概括和总结，因此教学原则具有实践的可操作性和相对稳定性。"[②] 随着对大学人才培养认识的深化，笔者把大学的教学原则进一步提升为：大学教学原则是大学教育者在对人才培养规律的深刻认识和正确把握的基础上，对教学活动有效实现人才培养目标进行科学引领和正确规范提出的要求。教学原则是指导教学实践不可或缺的教育基本理论，是教学理性的具体体现。

2. 关于教学原则的讨论

由于人才培养受制于三个教学要素，即人才培养规律（人才成长规律）、人才培养目标、人才培养过程（教学过程包括由谁教、如何教及教学评价等），教学原则不仅不能独立于这三个教学要素，而且受三者所决定。故关于教学原则的讨论可以据此进行。

首先讨论教学原则与人才培养规律的关系问题。任何事物及社会的运动均有其规律，规律是事物及社会运动不以人的意志为转移的内在规定性，规律对事物及社会运动的发展具有决定性。人可以改造自然和社

---

① 潘懋元：《高等教育学》，168 页，北京，人民教育出版社，福州，福建教育出版社，1984 年。

② 眭依凡等：《高等教育学》，102 页，南昌，江西高校出版社，1991。

会，但绝不能改变自然和社会运动的规律。人才成长的内在逻辑决定了人才培养的基本规律，违背人才成长基本规律的教学不仅不利于人的素质的改善、提高和发展，而且在一定程度上会扼制人的成长、成熟和成才。人才培养活动可以因国家、地区、文化、大学、专业及受教育者的身心差异等不同而呈现多样化的特点，但人才成长的基本规律具有一致性，即遵循人才成长规律的人才培养具有不因国家、地区、文化、大学、专业等不同的统一性。例如，大学本科教育本质上是中等教育后的专业教育，但是就整体而言，未系统接受过中等教育者，其既有的知识积累很难适应高等教育（因为学校教育具有循序渐进性）；又如，创新能力是各国大学人才培养的目标之一，若仅满足于知识积累及其考试而无视学生个性发展和质疑、批判精神的培养及科学研究能力的训练，那么这样的大学教育就很难培养出充满创新活力的创造性人才。如果大学教师仅仅喜欢那些不如自己的或假装不如自己的学生，那他们的教学就会把满脑子充满疑惑的学生教得不再有问题或不敢挑战书本和权威，如此，大学就根本不可能培养出具有改变社会、改变世界理想和能力的人才。

综上可以得到结论：人才培养有其独立的规律，由此决定了担负人才培养主要责任的教学必须遵循的教学原则。换言之，教学原则虽然具有人为规定的主观性，但其是人才培养规律之内在客观性的反映。就教学原则提炼的逻辑程序而言，其是依附于人才培养规律的衍生物。由于人才培养规律不能被无视更不能被逾越，由此决定了对教学活动具有引领性、指导性的教学原则也不能违逆人才培养的规律。所以，教学原则本质上是对人才培养规律的一种阐明，是人们运用一系列的学术概念或命题对人才培养规律的表达。由于人才培养规律是一种客观存在且具有必然性和不变性，由此决定了贯穿于整个教学活动中的教学原则也必须具有稳定性。这是我们在教学原则讨论中必须明确的认识。由于人才培养是一个关系到人身心发展及人际关系的复杂系统，人们对人才培养规律的认识是在不断深化的过程中发展的，由此决定了受人才培养规律影响的教学原则亦非一成不变、一劳永逸，教学原则也是随着人们对人才培养规律认识的深化而有所发展的。

关于教学原则与人才培养目标的关系是本研究讨论的第二个问题。

笔者始终强调教学原则具有明确的针对性，要能引领和指导教学活动有效实现人才培养目标，脱离了人才培养目标的教学及教学原则没有意义。这是本研究要在后面专门讨论的问题。

关于教学原则与人才培养过程的关系是本研究讨论的第三个问题。"教学过程"是个动态的概念，指大学师生共同完成彼此密切关联的教与学任务的活动过程。根据教育学基本原理，教学过程包括教学活动的启动、发展、变化和结束，是上述要素在时间上连续展开的程序结构。教学过程不单纯是知识传播中的认识过程，还是师生交流中的心理活动过程及学生参与社会化的成长过程。因此，教学过程是认识过程、心理过程、社会化过程的复合，这也决定了教学过程的复杂性和多样性。人才培养目标也是通过一定的教学过程实现的，所以教学过程的质量对人才培养质量亦有不能轻视的影响。由于大学教学过程涉及诸多的活动要素且具有诸多不确定性，由此决定了大学教学过程是一项极其复杂的智力交流和师生交互影响的活动，因此，教学原则是大学教学过程中必须遵循的主要起引领和控制教学活动作用的基本要求。其不仅对教学过程中的各项活动具有规制的作用，更重要的是对提高教学过程的效率进而确保人才培养质量具有教育理念引领和教学规范保障的意义。遵循教学原则的大学教学活动是成功教学的前提，反之就可能失败。

（二）大学教学的现实问题

关于教学原则的学理性清晰之后，需要再来看看大学教学的现实。早些年的一项全国性大学教学情况调查的结果显示：当前大学生对整个教学"很满意"和"满意"的只有 5%，"不满意"和"很不满意"的达 53%；认为在大学苦读几年后，"能学到一点点"和"根本学不到有用东西"的学生占 79%。[①] 而同期美国一项全国范围的大学学情调查发现：超过 80%的本科生对所在大学的教学状况感到满意，超过 75%的校友对本科经历表示"满意"或"非常满意"，2/3 的学生表示如果有机会再做选择，他们仍会选择母校就读。[②] 在美国还有一个很值得注意的现象，就是那些

---

① 冀文海：《我国高等教育持续滑坡 8 成大学生对高校教育不满》，载《中国经济时报》，2011-03-08。

② ［美］德雷克·博克：《回归大学之道：对美国大学本科教育的反思与展望》，侯定凯等译，4～5 页，上海，华东师范出版社，2012。

受批评越激烈的大学，如哈佛、耶鲁、斯坦福、普林斯顿等著名大学，其学生的满意度越高。对此，美国著名高等教育学者的解释是：美国大学生对母校教育满意度较高的原因就在于，通过大学教育，大学生的批判性思维、知识面、推理能力、数理能力等都获得了长足的进步。尽管美国大学的人才培养质量处在世界的最高水平，但是他们仍在不断地反思自己本科教育在人才培养方面存在的不足。美国著名高等教育家博克等人就在不断地告诫人们：美国大学的教育质量比任何时候都更重要，必须提醒自己用批判的眼光去看待美国大学课堂发生的一切。相较而言，我国的大学，包括一些进入世界一流大学建设名单的研究型大学，都缺乏对大学人才培养质量不高及需要教学改革创新的危机意识。

如果说理科人才培养的目的在于发现，那么工科人才培养的目的更多在于发明，发明之于创新国家的建设更具现实意义。我国拥有国际上规模最大的工程教育，接近 1/3 的大学生学的是工程专业，以技术立国的德国也只有 20% 的大学生学工程技术。然而，据近十多年来洛桑国际管理学院（IMD）的"世界竞争力报告"，在 60 个国家和地区中，我国"科技研发人员的国际竞争力"徘徊于中游，但"合格工程师"排名居后，甚至靠近末位，原因就在于我们的工程教育难以为市场提供具有胜任力的合格工程师。一项对全国近 3 000 名工程科技人员的调查表明：我国工程教育培养的人才远不能适应企业的实际需求，工程专业的学生普遍创新能力不强，重论文、轻设计、缺实践，存在到工程实践岗位上不适用、不能用的问题；58.8% 的工程师认为"大学教育不完善"是当前工程科技人才开发中的突出问题。[1] 甚至有 21.8% 的被调查者认为，高校培养的学生"完全不符合"或"基本不符合"国家技术发展需要；52.4% 的被调查者认为，我国高校培养的工程专业学生质量一般，大约只有 10% 的人具备从事所属行业的技能，这使得我们适合到跨国公司工作的年轻工程师比例仅占供给的 1/10。[2]

当下大学教学存在的问题依然不容乐观。在我国日益强调立德树人的时代背景下，笔者指导博士生进行了一项针对高校思想政治理论课的

---

[1] 孙锐、蔡学军、孙彦玲：《工程科技人才开发的问题与出路》，载《光明日报》，2013-12-10。

[2] 边明远：《依托 FASE 赛事的大学生工程素质教育》，载《教书育人（高考论坛）》，2014(9)。

调查研究，结果表明大学生对思想政治理论课的总体评价还有很大的提高空间，其中，对思想政治理论课总体评价持满意态度的约占65.39％，而"非常满意"的学生只占25.79％；约有34.61％的学生对思想政治理论课持不太满意态度，其中，5.36％的学生持"不满意"甚至"非常不满意"的态度。而在关于"对高校思想政治理论课教学效果是否满意"的问项中，亦有34.78％的学生选择了"一般"及以下的答项，其中，4.63％学生选择了"不满意"或"非常不满意"。[①] 由此可见，大学生对高校思想政治理论课的教学满意程度并没有达到立德树人的目标要求和理想效果。

教师的教学不受大学生欢迎，既存在教师"不愿教"的问题，亦存在教师"教不好"的问题，前者属于教师的主观问题，但更具普遍性的是后者，即大学教师客观上存在不知道如何教好的教学问题，其中包括是否遵循人才培养规律和教学原则进行教学的问题。

三、人才培养目标与教学原则的关系如何？

教育家杜威就教学问题表达过这样的观点：教之于学，犹如卖之于买。道理很浅显，若没有学及学的效果，教的意义何在？所以西方的教育理论常常把"教学"拆分为"教"与"学"两个彼此密切关联的概念进行讨论，其目的就在于强调教学不是教师单边的教，还要重视学的另一端，即学生的学，尤其是学的兴趣培养及学的效果达成，后者才是教学的价值所在。大学教学亦然。学生学的效果即教学质量，确切地说即人才培养质量。由于人才培养质量不仅受制于人才培养目标，而且在很大程度上受制于人才培养过程，其间的逻辑即通过人才培养质量这个变量，不难建立起人才培养目标及其达成与教学原则的关系，两者间究竟有何关系，以及这种关系是否重要，即本部分讨论的要点。

（一）人才培养目标与人才培养质量的关系

所谓人才培养目标，即人才培养必须达到的基本标准及大学培养什

---

① 梁纯雪、眭依凡：《课程体系重构：基于增强思政理论课针对性和亲和力的调查和思考》，载《中国高教研究》，2018(11)。

么人的价值主张与具体要求，是人才培养活动得以发生的依据和人才培养制度安排等必须遵循的基本原则。人才培养目标既是大学人才培养工作的出发点和归宿，亦是衡量和检验大学人才培养质量的依据和标准。[①] 何谓人才培养质量？如果把大学的人才培养活动视为一项组织管理活动，那我们不妨借用管理科学关于管理质量的一个基本观点，即任何组织管理活动均始于组织活动的目标设计并终于该目标的实现，管理质量合格即组织活动适切于管理目标并达成了管理目标，以界定人才培养质量合格，即人才培养活动适切于并达成了人才培养目标。基于这一界定，可以明确所谓人才培养质量，是以人才培养目标的实现与否来检验的，缺失了人才培养目标，人才培养活动不仅无法开展，其效果及质量也无法衡量。由此说明，人才培养目标是检测和判断人才培养质量的逻辑前提，培养目标不明确，人才培养工作就让人无所适从。

由于知识结构、培养模式、教学制度等均是依据人才培养目标设计和安排的，因此，人才培养目标是人才培养体系的第一要素。[②] 由此可以得出的另一结论是：大学的人才培养质量首先取决于人才培养目标设计的质量，明确人才培养目标是确保大学人才培养应有质量的逻辑前提，亦是人才培养质量提升的关键。

以上讨论有利于我们从根本上改变以往多从就事论事的视角去讨论及整改人才培养的问题，而是从人才培养目标设计的前端去探究人才培养的问题。这样一种从碎片式的仅对单一人才培养要素讨论问题的思维方式向整体的顶层思维的问题诊断方式过渡，使我们不难发现我国大学人才培养质量不高的一个重要原因在于人才培养目标设计的质量不好。坦率地说，在人才培养方面，欧美大学其实有许多值得我国学习借鉴的经验，其中之一就是他们的人才培养活动完全基于既有实现难度又有极强可操作性的人才培养目标设计。比较而言，我们大学的人才培养目标普遍存在诸如"对培养目标的期待太低""满足于书本知识而非知识创造、问题解决及能力培养""目标模糊、笼统，缺乏知识、能力、素质结构的

---

① 眭依凡：《高层次人才素质问题的研究》，载《江西师范大学学报》，1997(4)。
② 眭依凡：《大学：如何培养创新型人才——兼谈美国著名大学的成功经验》，载《中国高教研究》，2006(12)。

分解"等一系列问题。①

　　这里有必要特别强调的是人才培养目标设计的与时俱进。众所周知，大学负有强烈的创新知识及培养既掌握最新知识又具有创新知识能力的人才的使命。在科学技术发展速度已经远远超乎人类想象力的时代，具有知识垄断特征的大学若不能敏锐感知世界发展变化对人才培养提出的新要求，无异于放弃自己的使命继而丧失竞争力。正是认识到人才培养目标的重要性，欧美研究型大学几乎每隔几年就要根据社会发展变化并在调查研究的基础上，对不同专业的人才培养目标加以调整，以此引领和推动人才培养模式的改革。比如，自 2015 年起，在知识创新及卓杰人才培养方面具有世界领袖地位的斯坦福大学，就不甘维持人才培养的现状，率先挑战了传统的人才培养模式，启动了以"开环大学"（Open Loop University）取代"闭环大学"的"斯坦福大学 2025 年计划"（Stanford 2025）。笔者研究发现，该计划提出的对传统人才培养模式最具颠覆性意义的三大举措，如强调学生个性发展的"自定节奏的教育"（paced education），体现能力优先教育理念的"轴翻转"（axis flip），旨在对人类社会负责的"有使命地学习"（purpose learning），无不是以人才培养目标创新为引领的改革。② 坦诚言，我们一些大学的人才培养目标缺乏与时俱进的调整和创新，尤其缺乏国际竞争加剧对专业人才提出了更高要求的反映，由此导致我们的人才培养目标总体上滞后于社会发展需要，其后果是人才培养质量滞后于社会发展需要。

（二）人才培养目标与教学原则的逻辑关系

　　就概念严谨性而言，"人才培养"是一个内涵与外延丰富的概念，并不等同于"教学"，这亦是笔者不赞成把教学和科研视为大学社会职能的原因。但教学是人才培养不可或缺的最重要途径，由此决定了人才培养质量在很大程度上取决于教学质量。上述讨论使我们获得了人才培养目标之于人才培养质量很重要的认识，但教学过程作为决定人才培养质量的教学要素之一，并非随心所欲的活动，它不仅需要遵循人才培养规律，而且其全程及全要素都必须在一定的教学价值、教学规范的引领下

①　眭依凡：《杰出人才培养：大学必须守持学术理性》，载《中国高教研究》，2012(12)。

②　项璐、眭依凡：《培养目标：人才培养模式改革的价值引领——基于斯坦福大学"开环大学"计划的启示》，载《现代大学教育》，2018(4)。

进行，这一教学价值及规范即教学原则的作用所在。

好的教学的标准是什么？简言之，有效实现了教学目标。那么怎样才能有效实现教学目标呢？答案是：遵循基于人才培养规律及有利于人才培养目标实现的教学原则。教学原则是基于人才培养规律认识的产物，认识和守持人才培养规律的目的是有效实现人才培养目标，脱离人才培养目标的教学原则就失去了意义，教学原则的针对性及引领性亦在确保人才培养目标的实现。否则，即便实施了教学但并不一定是好的教学。人才培养目标是通过教学原则贯穿于教学活动全要素及全过程的价值所在，失去教学原则对教学过程亦即人才培养过程的导向和规范，人才培养目标的实现既失去了方向亦失去了载体，人才培养目标的达成也就难以确保。此即本研究将人才培养目标与教学原则这对看似关系并非紧密的概念加以专门讨论的原因。

四、基于人才培养目标达成的教学原则重构应遵循哪些原则？

大学作为一种学术共同体，本身就是教育理性的产物，其人才培养亦是需要教育理性引领的活动，而教学原则是大学及其教师在对人才培养规律的认识基础上提炼并必须在教学活动中遵循的教学理性，由此决定了作为教学理性之客观反映的教学原则对于教学活动的重要性。掌握科学的教学原则并自觉运用于教学过程，是大学教师必要的教学理性和专业素养。所以，凡高等教育学类著作，无不辟专门篇幅讨论大学教学原则。例如，潘懋元先生在《高等教育学》中就提出了如下十条之多的教学原则：科学性与思想性相结合原则，知识积累与智能发展相结合原则，在教师主导下发挥学生自觉性、创造性与独立性的原则，理论联系实际原则，专业性与综合性相结合原则，教学与科研相结合原则，系统性与循序渐进原则，少而精原则，量力性原则，统一要求与因材施教相结合原则。[①] 薛天祥先生在其主编的《高等教育学》中亦提出了六条教学

---

① 潘懋元：《高等教育学》，168页，北京，人民教育出版社，福州，福建教育出版社，1984。

原则：科学性与思想性相结合原则，理论联系实际原则，教师的主导作用与学生的主动性相结合原则，统一要求与因材施教相结合原则，知识传授与能力培养相统一原则，教学与科研相结合原则。[①] 可以肯定地说，在我国改革开放后高等教育百废待兴的初期乃至中期，无论是潘懋元先生提出的教学原则还是薛天祥先生总结的教学原则，在指导大学的人才培养及规范大学的教学秩序中均发挥了很好的作用。

　　大学教学是一项以知识传授和习得并由此积累知识、形成概念、发展能力等为旨要的，由师生共同参与且十分复杂的智力及情感交流活动。此外，大学教育的本质是专业教育，其所有教学活动均有专业教学的属性，且必须遵循不同学科专业教学应有的规律，由此决定了大学教学原则的多样性和复杂性。笔者早在 1991 年出版的《高等教育学》关于大学教学原则的章节中就强调：大学的教学原则必须客观地反映教学过程的本质、规律和特点，必须有高度的概括性、确定性和公理性，有利于教师通过教学原则的掌握，很好地控制教学全过程并产生最好的教学效果；教学原则是需要与时俱进的教学理论，而非僵化的、一成不变的教条；富有成效的教学活动是遵循一组既有所区别又彼此密切关联的教学原则的结果，而非单一教学原则的产物。[②] 这段文字旨在阐明的观点是：尽管大学的教学活动是诸多教学要素共同参与的富有专业个性的复杂活动，但这并不意味着引领和规范大学教学活动的教学原则多多益善，教学原则的制定应该遵循数量适当、内涵丰富、可塑性大、既避免空洞又防止碎片化及一成不变的原则。基于此，在大学教学原则受到轻视的当下，一方面，我们必须唤醒大学及其教师对教学原则加以重视的意识；另一方面，有必要针对当前人才培养存在的问题及新时代对大学人才培养提出的新要求，讨论并重构大学的教学原则。

　　据笔者研究发现，现有的教学原则至少存在如下问题：其一，缺乏针对人才培养目标有效实现的强调；其二，缺乏针对学生能力发展的强调；其三，缺乏针对学生职业道德养成的强调。因此，大学教学原则的重构需要引起学界的重视。教学原则作为引领和规范大学教学活动及其

①　薛天祥：《高等教育学》，210～213 页，桂林，广西师范大学出版社，2001。
②　眭依凡：《高等教育学》，116 页，南昌，江西高校出版社，1991。

过程的有效工具，其重构是为了人才培养目标的有效达成，即教学原则重构必须指向人才培养目标的有效实现及其质量的保证，这才是教学原则重构的价值。基于上述逻辑，笔者提出如下建议：大学教学原则的重构必须遵循问题意识和价值导向的原则，本研究主要讨论后者。

（一）教学原则的重构必须基于人才培养目标的有效实现

前面笔者用了较大篇幅从学理上讨论和阐明人才培养目标与人才培养质量、人才培养目标与教学原则之间的关系，教学原则与人才培养目标之间的逻辑关联因此已经明确。通过上述讨论，我们认识到教学原则的意义不仅在于引领和规范教学活动从而确保教学过程必要的稳定秩序，更在于确保培养目标有效达成。教学原则若缺失了有效实现人才培养目标的鲜明指向，就很可能沦为就事论事的碎片化设计，不具有对整体教学活动进行顶层设计的引领价值。当然，教学原则是服从于并服务于人才培养目标的，但这并不妨碍有强烈人才培养目标意识的教学原则对人才培养目标的完善产生反作用。不仅如此，如果教学原则具有人才培养目标有效性的强烈意识和指向，我们还可以借助其去审视和发现诸如知识体系构建、培养模式、制度设计等其他要素是否有碍人才培养目标有效实现的问题。

以"斯坦福大学 2025 计划"为例，该计划对大学传统人才培养模式最具颠覆性意义的就是其人才培养目标的重构。但仅有人才培养目标的重构是不足以达成人才培养目标的，所以，斯坦福大学为了实现"学生的个性发展""能力优先发展"及"具有领导力之社会领袖"的人才培养目标，进行了必要的而且是大动作的教学改革，例如，实施自定节奏的教育、能力培养与知识教学的"轴翻转"、有使命地学习。如表 1 所示，"传统学习"和"有使命地学习"的教育目的有着很大不同，若没有与"有使命地学习"目的高度吻合的教学原则来引领教学活动的改革并建构有利于这一人才培养目标实现的新的教学秩序，不把人才培养目标转换成行之有效的教学活动，上述创新的人才培养目标就难于实现。

表1 传统学习和有使命地学习目的比较

传统学习	有使命地学习
学生选择专业后，只围绕具体的标准进行学习	学生有长远的愿景和使命，将自己的兴趣融入问题的解决过程中
学生较为盲目地选择专业	学生通过学习和做项目来实现意义和影响
许多校友的工作领域与所学专业无关	校友通过使命来指导学生的职业发展
学生在人生后期才开始从事社会工作	有全球影响力的实验室拓展了研究的平台

（二）教学原则的重构必须基于学生创造能力和解决问题能力的培养

人工智能超乎人类想象力的快速发展及"互联网＋"时代的到来，不仅极大改变了人类的生产方式和生活方式，而且对大学传统的人才培养模式提出了严峻挑战。例如，随着人工智能技术的更新换代及"互联网＋"时代技术的日益成熟和普及化，知识收集、存储、查询及运用的方式与速度把人类社会带入了知识高度共享的时代。这一时代具有两大特点：其一，知识创新成为时代的新宠，由此导致人才概念的变化，学富五车的"学霸"地位被颇具创新能力的"极客"（geek，热衷技术的人）取代；其二，知识创新的模式发生根本变化，传统学科的知识体系让位于多学科交叉的新知识系统，任何人仅凭单一学科的思维方式和单一的知识体系已经无法完成知识创新的使命，仅凭个体的知识积累决定成败的时代一去不复返。对此，大学的人才培养不得不积极做出应对，即以记忆为主的知识积累式教学向以知识创新能力培养为特征的教学转型。在知识共享的时代，"互联网＋大学"，甚至"互联网＋人工智能＋大学"，已经成为大学发展的新模式和不可阻挡的趋势，由此倒逼大学必须对传统人才培养的观念及模式做出自我创新的选择。仅就"互联网＋"时代技术对高等教育的渗透而言，其不仅为大学人才培养提供了获取途径十分便捷且极其丰富的优质知识资源，而且"打破了大学之间，尤其是普通大学与研究型大学，包括世界一流大学之间彼此封闭的堡垒，使优质教育资源通过网络跨越空间距离的限制，更广泛地对外辐射，促成了大学之间教育资源的共享和联合开发。不同区域及国别的大学生可以通过'互联网＋大学'新型模式下的资源平台如'慕课'等，共享卓越学者，包括世界名校大师开设的优质课程，实现优质资源的最大化利用"[①]。大学生获取知识方式的多样性和便捷性，导致以知识积累为目的的传统教学不再具有主导地位。

正是基于对知识共享时代大学人才培养模式发展趋势的这样一种判断，斯坦福大学率先提出能力与知识翻转，即能力优先发展的人才培养理念和大学教学模式；同时，麻省理工学院为防止学生由于受时间、精力限制"贪食"过多课程而导致"食而不化"的问题，对学生选课数量进行了控制；芝加哥大学则要求有利于学生创造性思维训练的小班讨论课必须达到一定的比例。其实在美国，除了上述那些旨在培养世界各领域精英人才的研究型大学基于能力培养的重要性而加快了人才培养模式的改革外，许多教学型大学也认识到新技术革命对人才培养带来的严峻挑战，从而加快了"以知识为本"到"以能力为本"的人才培养模式的转型。斯坦福大学终身教授、著名物理学家张首晟生前在多次讲座中都谈到美国大学关于人才培养的这样一种教育理念：大学人才培养最重要者并不在于既有知识从 10 到 100 的存量增加，而在于从 0 到 1 的思维和创新能力的飞跃。因为只有获得从 0 到 1 的思维和创新能力飞跃的人，才能产生自己的创新活动，并为社会做出新知识增量的贡献。据斯坦福大学的统计，由该校师生们创建的所有公司创造的 GDP 占全球的第 4 名。这无疑是一个惊人的数据，由此应该引起我们重视斯坦福大学从 0 到 1 的人才培养理念及其教学模式创新对于人才培养质量提升的价值和意义，以及注重创新能力培养的教学活动需要教学与科研紧密结合且积极鼓励思想活跃、自由创新的制度和文化环境，并有与之吻合的教学原则在人才培养全过程中发挥引领作用。

此外，教学原则的重构亦特别需要强调教学过程对学生发现问题和解决问题能力的培养。欧美大学有一种普遍运用的教学模式，即"基于问题的学习"（Problem-Based Learning，PBL）。这种教学模式的逻辑起

---

① 李芳莹、眭依凡：《"互联网＋"时代大学如何守持育人使命》，载《清华教育研究》，2018(2)。

点及遵循的教学原则就是"基于问题解决"。当然，这种教学模式还可以衍生为"基于项目研究""基于案例分析"等其他类似于问题要素导向的教学。由于任何问题，无论是自然科学、工程技术还是人文社会科学等领域问题都有其复杂性，因此，针对问题解决的教学其实是一种对学生从获取必要知识到培养发现和把握问题本质的敏感性、研究分析问题的关键所在，最后找到有效解决问题的理论与方法的全面训练，其本质就是创新能力的培养过程。

我们的人才培养长期以来偏重于既有知识的传授而忽视学生创新知识和解决问题能力的培养，因此，在教学原则的重构中必须针对培养模式单一，长期"停留在'教材教学''课堂教学''教师教学''集中教学'，缺乏多样性、有效性等问题，要创新培养模式。通过加强科学实验、社会实践、科学研究、个性化教学、独立学习等富有参与性、启发性、发展性的多样化教学方法，为学生创造宽松自由、独立思考，有利于调动其学习积极性、主动性、批判性、创造性，以及发展其分析问题和解决问题能力的学习环境，改变学生在学习过程中的被动地位"[1]。教学方法与培养目标的有效达成有着密切的关系，因此，基于能力培养的教学方法也必须加以改进。耶鲁大学校长理查德·莱文曾严厉批评教学方法的问题是制约学生创新能力发展的主要原因，因为不同的教学方法取得的效果是大不一样的。教学原则是人才培养全过程及全要素，包括教学方法必需守持的教学理性，如果教学原则都不能反映知识创新能力和解决问题能力培养的价值取向，那么我们的教学原则就不可能对人才培养的全过程及全要素产生正确的导向作用。

（三）教学原则的重构必须基于学生职业道德的养成

早年，有位受聘我国一所医学院任教的外籍教师应邀为大学生做一个讲座，他的开场白讲述的是一个感人的故事：一个暴风雨后的清晨，一个成年人来到海滩散步，远远看见一个小孩不断弯腰拾捡着什么，然后将其抛向大学。于是他好奇地向小孩走去，发现小孩是在把退潮后留在一个个水坑里的鱼抛回大海。于是该成年人对孩子说：你能把那么多的小鱼都抛回大海吗？谁在乎你这样做呢？小孩一脸严肃地继续干着自

---

①　眭依凡：《杰出人才培养：大学必须守持学术理性》，载《中国高教研究》，2012(12)。

己的事，他弯腰拾起一条鱼抛向大海说：这条鱼在乎我这样做。然后又拾起另一条鱼说：这条鱼也在乎我把它抛回大海。故事讲完后，这位演讲者对听众说：在座的都是医学院的学生，未来的白衣天使，你们虽然不能救治所有需要救治的人，但你们可以尽自己的努力救治一些人，这就是救死扶伤的精神，也是你对社会必须给予的回报。"救死扶伤"其实就是医学人才必需的最基本职业道德。正是医学及其人才使命的神圣，自 2 400 年前的古希腊时期至今，《希波克拉底誓言》就成为医生就职前必须宣誓守持的道德圣经。留美学者薛涌讲过一个故事：一位志在从事医生职业并以攻读哈佛大学医学院博士学位为理想的年轻人，首先选择了耶鲁大学念历史学本科而不是医学。其理由不仅在于耶鲁大学有全世界最好的包括历史学在内的人文教育，更在于医生的职业是治病救人的职业，而人类文明发展的历史能使他对人性有更好的理解和给予病人更多的人文关怀。

由于大学教育是高度专业化的教育，因此与专业人才培养高度相关的职业道德或伦理养成问题往往被忽视，在大学的教学原则中也几乎未得到很好的体现。然而，在知识之于社会和人类文明进步的作用日益重要以至于知识既可造福人类社会亦可损害人类社会的今天，所谓人才的概念绝非仅专业技术水平的反映，德才兼备已经成为当今社会衡量人才的基本要求。换言之，在人类进入知识经济时代后，受过高等专业教育的人对自己所处的小到组织，大至社会、国家乃至人类有更多的责任担当，尤其在受技术至上主义影响的当下，"大学不仅面临着如何培养更具有创新精神和创造能力的'人才'的挑战，还面对如何把大学生培养成自觉担当社会责任的'好人'的挑战"[①]，这是技术社会赋予大学人才培养的新内涵，亦是人才培养质量提高必须面对的问题。

教育的最高目的是什么？育人也，大学亦概莫能外！而育人的概念并不仅仅在于把受教育者培养成有知识、有能力的人，更在于他们能够具有利用自己的专业知识和能力为国家乃至人类社会的文明进步做出积极贡献的道德担当和道德自律。所以古人云：人以德立，邦以德兴；德

---

① 李芳莹、眭依凡：《"互联网＋"时代大学如何守持育人使命》，载《清华教育研究》，2018(2)。

者，才之帅也。党和国家始终把立德树人明确为大学的立身之本及大学办学治校的首要任务，并且把立德树人写进高等教育改革发展的纲领性文件。在 2018 年召开的全国教育工作大会上，习近平总书记再次强调要"坚持把立德树人作为根本任务"①。

对道德教育的关心并非我国特色，西方教育同样高度重视道德教育。19 世纪，德国教育家赫尔巴特就指出：道德普遍地被认为是人类的最高目的，因此也是教育的最高目的。20 世纪最伟大的科学家爱因斯坦可以称为科学道德的楷模，他认为，人是人类社会的最高价值，而一切人类价值的基础是道德。苏联教育家苏霍姆林斯基强调：在全面发展教育的统一体中，德育是起决定性作用的主导成分。因为在培养全面发展的个性过程中，人的所有各方面特征的和谐，都是由道德这一主导成分和首要因素决定的。② 正是基于大学在科学技术知识创新及人才培养方面具有垄断性的事实和认识，斯坦福大学提出了"有使命地学习"的人才培养目标。与其说"有使命地学习"目标旨在激励和鞭策学生奋发向上，不如说这种要求学生"有使命地学习"的人才培养目标在于让学生在大学阶段就获得"他们职业生涯中指引方向的航标"③，在认识到自己必须担当社会责任的前提下明确学习的意义并选择有意义地学习，从而使自己成为对人类社会负责及具有应对未来世界可能出现的经济、政治、社会和技术等领域风险的领袖型人才。

职业道德虽然是一般伦理道德的组成，但对任何一个接受过大学教育并以自己的专业特长立足社会的职业人才而言，具有什么样的职业道德决定着他的作为，所以接受过大学教育的人在处理问题时应该更具专业理性，在职业行为中以专业的道德自律判断什么可为、什么不可为。在影响社会的重大决策选择中，必要的职业道德对于人类社会文明是进步还是倒退具有决定性意义。

---

① 习近平：《坚持中国特色社会主义教育发展道路　培养德智体美劳全面发展的社会主义建设者和接班人》，www.cac.gov.cn/2018-09/10/c_1123408490.htm，2019-01-01。

② 李芳莹、睢依凡：《"互联网＋"时代大学如何守持育人使命》，载《清华教育研究》，2018（2）。

③ 项璐、睢依凡：《培养目标：人才培养模式改革的价值引领——基于斯坦福大学"开环大学"计划的启示》，载《现代大学教育》，2018（4）。

附　录

附录一 一个大学理想主义者的寄语[*]

2009 年，我以国家公派高级研究学者的身份，赴德国柏林自由大学从事为期半年的访学研究。归来后，一直有一个不时撞击我灵魂深处的强烈意识，就是迫切期盼中国大学早日崛起，现在看来，这也可以说就是我的中国梦。在一个知识的作用日益强大的时代，没有大学的崛起，民族的崛起、国家的崛起凭借什么？没有大学的崛起，我们又靠什么去圆强国之梦？

当年抵达德国后，我才真正认识到就知识贡献而言，德国真的是一个神奇且伟大的国家，她曾经培养了那么多世界级的知识精英。在我的观念中，一个缺少知识精英的国家对世界是不会有多少影响力的，因为国际影响力的大小取决于这个国家对世界贡献的多少。事实上，除了美国，没有哪个国家像德国一样拥有像爱因斯坦、伦琴、海森伯格等一大批改变了世界的杰出科学家，以及如歌德、洪堡、黑格尔、康德、尼采、韦伯、马克思、恩格斯、贝多芬等影响了世界的文学家、哲学家、思想家及音乐家。我想，这都

* 本文原发表于《高校教育管理》2014 年第 1 期。

离不开大学的功劳。

说德国是一个研究创新型国家一点也不为过。许多改变人类生活方式的发明创造都与德国人有关，如白炽灯、自行车、电话、冰箱、奥拓发动机、汽车、相对论、阿司匹林、电视、喷气发动机、电脑、扫描仪、液晶显示屏、MP3、空中客车等。所有这一切，不仅是德国人对德国的贡献，更是德国人对人类、对全世界的贡献。而这一切又全赖于德国曾经和现在拥有的一大批世界最好且培养了一批又一批杰出人才的著名学府，如海德堡大学（1386 年）、科隆大学（1388 年）、莱比锡大学（1409 年）、弗莱堡大学（1457 年）、慕尼黑大学（1472 年）、蒂宾根大学（1477 年）、波恩大学（1786 年）、哥廷根大学（1737 年）、柏林洪堡大学（1810 年）、德累斯顿工业大学（1828 年）、亚琛工业大学（1870 年）、柏林自由大学（1948 年）、慕尼黑工业大学（1968 年）等。何止是德国，举目世界，凡经济强盛、社会文明的国家，都是高等教育强国。

在我还比较年轻的时候，当我读到俄国杰出作家陀思妥耶夫斯基"我只担心一件事，我怕我配不上自己所受过的苦难"这句话时，我忽然感到自己对"任何经历都是财富"有了真正的理解。之后的岁月，我对自己生命中的经历，包括人生磨难，都怀珍惜之情，尤其对自己一生挚爱并愿为之"殉道"的大学教育及高等教育研究事业持敬畏之心。正是这样一种对大学、对大学教育、对大学教育研究的敬畏，使我不能接受、不能容忍大学犯不能犯的错误。大学是高度理性和自律的组织，这是大学的与众不同之处。我对该理念坚信不疑。

法国存在主义哲学家让-保罗·萨特曾说过，"在黑暗的时代不反抗就意味着同谋"，我以为，如果一个以高等教育研究为己任的学者对大学偏离组织属性的行为不发出必须发出的批评声音，岂不等同于大学罪错的"同谋"？于是，我开始对大学的不是、不该、不能予以无情的批评和批判。我一直固执地坚持这样的观点：大学的问题很多是大学自身的问题，即便在现有的制度环境下，大学可以也应该做得更好。大学从一个初创时被动适应社会需要的组织已经发展为具有积极引领社会需要的组织，所以当大学面对自己的不足和受到批评而将责任推卸给社会、政府的时候，其实更需要冷静地自审、自省和自我问责……

在我开始写这篇序言的大半年前，曾经收到大学时代一位特别严肃、格外认真的光学实验课老师的一份电子邮件。如果我没记错的话，他好像是北大的毕业生。这位老师给我挥之不去的印象是，他把一门学生并不怎么放在眼里的实验课当作一门高深的理论物理课那样，一丝不苟地对待，而这种敬业精神和学术态度是当下大学老师最需要学习和继承的东西。坦率地说，我真的很怀念改革开放初期，充溢在整个大学校园内的那种对学术和学业的纯真和敬畏。这位老师给我的邮件附件是一位改革开放初期入学的毕业生应邀回到北大中文系，向比自己几乎小了一代人的师弟师妹致辞。作为同时代大学毕业的我，被其下面的一段文字震撼了。

我唯一的害怕，是你们已经不相信了——不相信规则能战胜潜规则，不相信学场有别于官场，不相信学术不等于权术，不相信风骨远胜于媚骨。你们或许不相信了，因为追求级别的越来越多，追求真理的越来越少；讲待遇的越来越多，讲理想的越来越少；大官越来越多，大师越来越少。因此，在你们走向社会之际，我想说的只是，请看护好你曾经的激情和理想。在这个怀疑的时代，我们依然需要信仰。

我知道我为何在读到这些句子的时候如此感动，因为这与我和学生共勉的座右铭"人生贵养'四气'：才气，才气立言；骨气，骨气立身；正气，正气立德；大气，大气立功"可谓异曲同工。志同者，道必合。或许有人会视之为居高临下的说教抑或大话，而我不以为然。

最让我刻骨铭心的是这篇致辞的结束："无论中国怎样，请记得：你所站立的地方，就是你的中国；你怎么样，中国便怎么样；你是什么，中国便是什么；你有光明，中国便不再黑暗。"这句话让我想起改革开放不久，北京的大学生们喊出了"从我做起，从现在做起"的口号，发出了"一屋不扫，何以扫天下"的呐喊。我之所以愿意在这里向读者介绍这篇演讲，是因为我强烈地感觉到它对受过高等教育的个体很重要，对以人才培养为己任的大学亦不乏振聋发聩的意义。不是吗？中国大学什么样，中国就什么样！尤其在大学已成为一个国家实力的象征和社会文明的缩影的这样一个时代。

　　当我决定引用这两段话时，出于注引的需要，我从网上查到了这篇致辞的作者是 1988 年毕业于北大中文系，现任《人民日报》评论部主任的卢新宁女士，这是她在北大中文系 2012 年毕业典礼上的致辞，题目是《在怀疑的时代依然需要信仰》。我不知道有多少大学校长看过这篇致辞，如果看过，我想他们至少会在今后的毕业典礼致辞中更多地选择思想、信仰、责任和担当，自觉告别华而不实的辞藻、迎合世俗的心态……

　　2004 年重庆大学 75 周年校庆时，重庆大学在原重庆大学东方红广场毛主席诗词墙基础上修建了一面"理念墙"。重大人在这面墙上把 1929 年重庆大学建校时确定的办学宗旨"研究学术、造就人才、佑启乡邦、振导社会"和《重庆大学宣言》"人类之文野，国家之理乱，悉以人才为其主要之因，必人才日出，然后事业日新，必事业日新，然后生机永畅，世界所以进化无疆，国家所以长存不敝，胥赖于此"篆刻其上。通过培养人才和知识创新，为自己、为社会、为国家，继而为世界和人类的文明进步做出应有的贡献，这就是自大学创生以来一直守持的信仰。自中世纪大学诞生以来，已有近千年的历史，其之所以不衰不败并日益焕发生机，就在于它坚守了亘古不变的大学信仰。我还想过：如果大学自己都没有信仰了，你能期待它培养出有信仰的后继者吗？

　　人类活动最伟大的事业，莫过于以培养传承人类文明为使命的教育。我们无法想象，假若不再有教育，这个世界会是一个怎样的世界？同样，我们也不敢想象，假若我们提供的是一个不良的教育，这个世界又会是一个什么样的世界？因此，教育者应该是对人类进步最有使命感的人。在我看来，教育这项事业本身就赋予了大学及其教育者神圣的权力和无限的财富。然而，这种权力和财富是附着在教育的使命和责任担当上的。当一个人选择了教育作为自己的事业时，这一使命也就附着在了他的身上。

　　苏格拉底与柏拉图、亚里士多德并称为"古希腊三贤"。苏格拉底是柏拉图的老师，柏拉图又是亚里士多德的老师。关于苏格拉底，大家知道"人需要认识自己及过一种经过审视的生活"构成了他哲学的基础，也知道他关于"智慧的程度就是自己到底有多么无知"的哲理思想，但少有人知道他还是宁可放弃生命也不放弃思想和真理的化身。

据记载，公元前399年，苏格拉底被雅典人告上法庭，罪名是他的一些不合时宜的新思想腐蚀了雅典青年，最后他被雅典法庭判处死刑。尽管他曾获得逃亡的机会，但他放弃了逃亡，也放弃了争取撤销判决的机会。为了维护自己的思想，他在做了几次出色的演讲后，以一个传播和坚持真理者的绝对尊严接受了残酷而不公正的判决，选择饮下毒药而大义凛然、庄严地死去。他认为逃亡只会进一步破坏雅典法律的权威性，同时也担心自己逃亡后，雅典将再没有好的导师可以教育人们了。苏格拉底为真理殉道的勇气来自他追求真理、守持真理的信仰，可以说他为后来从事真理探究和传播的大学及其教育者树立了一块丰碑。

大学的问题，尤其是忽视育人及人才培养质量不高的现象已经广被社会诟病，但它并未引起大学办学治校者足够的重视。这使人不得不想起《科学时报》访问朱清时校长时他的一句话："我很奇怪，我们教育界的纠错机制为什么这么不灵敏，明摆着做错了还不纠正。"我认为朱校长所指的教育界绝非仅指教育行政部门，同时也包括大学自身。网络掀起的大学拷问之风已经慢慢停止，然而我虔诚希望的是：我们的大学，尤其是担负着杰出人才培养和世界一流大学建设使命的研究型大学，面对"中国没有一所真正的大学"这个已经超越了大学批评底线的"言过其实"，不仅需要足够的冷静和博大的包容心，更需要伤口被人拉开，剧烈疼痛后的沉思和不甘落后的行动。

大学之伤就是民族之伤，大学之痛就是国家之痛。自20世纪中叶起，甚至更早到18世纪下半叶，大学之争就已经成为国家之争。大学不再仅是代表自己及其利益的组织，而是已经成为一个国家发展、强盛不可或缺的驱动力。陈城先生在《百年清华》中慷慨陈词："与世界一流大学比肩，不仅是清华的追求，也是国家意志的体现……'既享特别权利，自当负特别义务'，'做第一等事业，做中国的脊梁'。"[①] 北大、

---

① 陈城：《百年清华》，载《京华周刊》，2011（7）。

清华如此，其他大学概莫能外。大学人才培养和知识创新的社会引领性，决定了大学绝不能满足于成为一所平庸的大学。

2001 年 10 月，我应邀在海南博鳌举办的"全国第九届大学教育思想研讨会"上做了题为《大学庸俗化批判》的大会发言，后应《北京大学教育评论》主编汪永铨先生约稿，《大学庸俗化批判》在该刊 2003 年第 3 期发表，后被《新华文摘》2003 年第 11 期转载，《中国社会科学文摘》2003 年第 5 期摘要，以及《党政干部文摘》2003 年第 11 期、《决策与信息》2004 年第 2 期转载等。2004 年又应北京师范大学教育管理学院毛亚庆教授邀请，就这个主题为教育学科研究生做专题报告；《新华文摘（2000—2008）精华本·教育卷》亦收入该文。一个学术报告及其书面成果给学界带来了如此大的反响，本身就说明大学的庸俗化已经为学界所关注。

之后，有人把我标为具有批判意识的高等教育学者，我不以为然。由于我对大学的爱、对大学的敬畏、对大学的期待，包括对大学的认识，较他人更加深刻，大学在我的心目中神圣如胡适先生所说的圣殿，所以我确实不能接受大学的瑕疵，何况大学的问题并非瑕不掩瑜，无足轻重；我也期待我们的大学有美国大学一样的清醒，时常提醒自己用批判的眼光去看待校园里所发生的一切。我更愿意自称为大学的理想主义者。欣慰的是，正是大学理想主义的驱使，我选择了坚守大学的理性，发出了大学必须回归科学理性、必须牢记对国家负责的使命、必须弘扬和守持理想主义等一系列学术呼喊。

高等教育学界一直传颂着这样一件逸事。被毛泽东誉为"学界泰斗、人世楷模"的蔡元培先生，1916 年应国民政府之召唤，从法国回国出任北京大学校长后，德国洪堡大学评议会基于他"网罗众家，囊括大典，兼容并包"的办学理念，曾这样评价蔡元培先生："在中国还见不到一流的大学，但是我们已经见到了一流的校长。"尽管我至今尚未查明这句话的原始出处，但我在绍兴蔡元培纪念馆看到了美国著名教育家杜威对蔡元培先生的一段评价："以一个校长的身份，而能领导那所大学，对一个民族、对一个时代，起到转折作用的，除了蔡元培而外，恐怕找不出第二个。"确实，那时我们还没有一流大学，但我们有被世界认同的一流的大学校长。对此，我们同样感到自豪。

可是自蔡元培先生 1916 年就任北大校长至今，一个世纪过去了，中国的世界一流大学在哪里？尽管北大、清华等国内其他名校在我心目中的地位至高无上，但我的潜意识中多少也有些许恨我们大学不争的焦虑。因此，我在 2004 年撰写的第一篇关于大学理性的论文中写道："如果按科学发展观审视大学，大学存在的诸多问题是不能原谅的。因为大学应该是有科学理性的组织。我同意这样的观点：中国需要一批真正的教育家，他们忠诚于祖国，是思想权威、智慧象征、学术大师、道德楷模、文明使者……大学向科学理性的组织回归，有待于这样的大学领导人身先士卒、无私无畏和有所作为。"[1]

大学的问题首先源于我们的办学治校者、教育者忘记了或者无视大学是一个崇真、向善、求美、有社会担当的理性组织，所以大学之变、大学之崛起当然也首先在于我们的大学办学治校者、教育者必须自觉坚守大学的理性。如果大学需要捍卫其尊严，捍卫其神圣，捍卫其国家科学脊梁、民族道德楷模、人类文明希望的地位，那么坚守大学理性是捍卫大学的首要"法器"，这也是我将近 10 年来关于大学理性的研究心得，冠以《理性捍卫大学》之名，结集出版本书的初衷。著名哲学家、文学家翁贝托·埃科曾回忆说：我年轻时听一位教授讲"人生都只有一个想法，终其一生不过是不断丰富它"。我想，研究、倡导、坚守大学理想主义将是我一生的追求。我在一本著作的前言写过这样一句话：大学教育及其研究已经成为我的梦之所想，情之所系，心之所往……

（注：本文节选自《理性捍卫大学》一书的"自序"。）

---

[1]　眭依凡：《大学：向科学理性的组织回归》，载《中国高等教育》，2004（7）。

附录二　大学：因文化而充满理性和温情的魅力*

"如果你不怀旧，你不一定要读董桥。"董桥先生是一位散文家，因为他的作品如《旧时月色》等"字字句句都泛着岁月的风采"。

应《海德堡语丝》的作者、香港中文大学原校长金耀基先生之邀，董桥为该书作序。其开篇这样写道："今日学术有病，病在温情不足。"接着他解释道："温情藏在两处：一在胸中，一在笔底；胸中温情涵摄于良知之教养里面，笔底温情则孕育在文章的神韵之中。短了这两道血脉，学问再博大，终究跳不出奔奔荡荡的虚境，合了王阳明所说'只做得个沉空守寂，学成一个痴騃汉。'"① 对此，我是赞同的。

对学术的温情，我还有另一番理解：学术的目的及其魅力在于化腐朽为神奇，化复杂为简明。我历来主张高水平的研究成果应该用简单的语言，把极其复杂的问题及深奥的学问解释清楚。在麻省理工学院参观时，我听到了他们不无骄傲的介绍。该校的物理学教授可以在专业性很

---

* 本文原发表于《高校教育管理》2016年第3期。

① 金耀基：《海德堡语丝》，1页，北京，生活·读书·新知三联书店，2008（1）。

强的学术讲座中，让根本不懂物理学的年轻人不仅明白物理学的深奥原理，而且还会让学生爱上这门神秘的学科。联想到我们有些人文社会科学的学者，自以为把文章写得艰深晦涩，能看懂的人少之又少，才算得上"大家"，才能达到"高处不胜寒"的学术境界。这恐怕有悖于做学问的旨趣。这样做出的学问看似高深，其实是故作高深，暴露出了利用学术包装、抬举自己的浅薄思想，短缺了董桥先生对待学术的那份真挚的"温情"。

如果学术为无情之物，那么做学问的学者自然也当属无情之人，由此推论，学者云集之大学亦为无情之社会。若真是这样，大学必将少却许多吸引人、感动人、教化人的魅力。在我看来，若把温情与学术关联，那么温情的概念就不止于温柔体贴、脉脉含情，它最富有广度和深意的是这个"情"字，其蕴含了痴情、热情、深情、真情甚至激情等诸多的"情"意。学术的"温情"源于求真而获得的良知即知识理性，以及由此生成的向善、求美、有社会担当的学术情怀。缺少"温情"的社会无疑是一个冷冰冰的、无情的病态社会，缺少"温情"的大学当然也不会是让年轻人向往和热爱的学术社区。

正是心中潜伏着对大学是个充满"温情"的学人社区的意识，所以2006年我从加州大学伯克利分校访学研究回国后，很快就在江西师范大学倡导推出了旨在感动大学生的午间音乐会。在首场音乐会的即兴讲话中，我谈到了倡导大学午间音乐会的初衷："大学既是积淀知识理性的圣殿，也是放飞思想激情的天堂，理性和激情是赋予大学创造力及推动大学前进缺一不可的两个车轮。音乐是人们心灵的温馨港湾。音乐可以让灵魂得到净化，让心灵充满关爱，让人心中春光明媚，让人胸怀宽广。热爱音乐的人才有不竭的创造激情。让我们怀着对音乐共同的挚爱、共同的理解和共同的震撼，在音乐中享受美好生活，感受追求知识带来的真、善、美……"

大学的知识理性与思想激情并非两个独立的要素，它们源于大学文化又营造大学文化。大学正是有了这样一种独属自己的文化，才既有崇尚真理的理性，又有追求知识的活力。大学何以让那么多求知向学者心驰神往，其魅力何在？不就在于她营造了充满知识理性和人文温情的学术氛围吗？缺失了文化，大学就会失去知识理性的厚重、学术思想的绵远、人文温情的持久，然后只留下浮躁、苍白及冷漠，而后者哪里是大学应有的品性？大学着实是因文化而充满理性和温情的魅力。

很多年前我到北京大学访友时，时任《北京大学报》编辑、现任北京大学出版社总编辑的张黎明先生赠给我一册他们出版的《精神的魅力》。这是一本让我爱不释手，吸引着我在北京驶往南昌的列车上一气读完的书。那时没有动车和高铁，冬天的寒冷全在对该书的迷恋中忘却了。这是从梁漱溟、冰心、费孝通到厉以宁、刘绍棠、陈建功、田晓菲等 60 多位几代北大人，为庆祝母校 90 年华诞专门撰写的北大忆事和感悟。满目都是说不尽的北大人为科学、民主而求索，为国家强盛而创新、奋斗的故事。这本书言说的北大文化和精神，在 20 多年后我受聘担任北大特聘教授时还让我感奋犹新。此如季羡林先生在该书序言中所说："一个大学的历史存在于什么地方呢？在书面的记载里，在建筑的实物上，当然是的。但是，它同样也存在于人们的记忆中。"[1] 大学留给人的记忆何以如此深刻而挥之不去？因为大学记忆留给人的不仅是往事昔人，更是弥久不散的大学文化。

关于清华大学，季羡林先生曾这样描述："每次回到清华园，就像回到我母亲的身边，我内心深处油然升起幸福之感，在清华的四年生活，是我一生中最难忘、最愉快的四年。清华园像一首美丽的诗，它永远占据着我的心灵。"无独有偶，伟大的数学家、"微分几何之父"陈省身教授在离开南开大学 70 多年后也深情地回忆道："我最美好的年华是在南开度过的，她给我留下了许多美好的回忆。"

杨振宁先生在云南师范大学访问时，曾向陪同人员提出要求，允许他一人在西南联大原址上复建的一间教室里静坐一会儿。20 多分钟过去了，老先生还没有出来，于是陪同人员推门而入，只见杨老先生泪流满面，沉浸在对往事的追忆中。哈佛人说：人不可以选择自然的故乡，但可以选择心灵的故乡。人们把大学视为心灵的故乡，从而对大学滋生

---

[1] 季羡林：《梦萦未名湖》，见北京大学校刊编辑部：《精神的魅力》，2 页，北京，北京大学出版社，1988。

出了"你无论走得多么远也不会走出我的心，黄昏时刻的树影拖得再长也离不开树根"那份永远不离不散的情愫。这不就是大学文化的美好和难忘留给人的感动吗？可感、可亲、可爱、可忆、可依的大学文化是大学赠送给大学人弥足珍贵的礼物，这就是大学文化的宝贵。

在欧美多家著名大学访学或参观的经历，以及曾任清华大学和北京大学特聘教授的体验，让我产生了这样一个强烈的感悟：置身于世界著名学府，即便是铁血男儿，也难免守持不住而精神亢奋。事实亦然，每当走进世界名校，总有一种让你感动振奋的、让你想尽情大喊大哭大笑不能自已的东西，那就是扑面而来的属于这所大学特有的反映其精神、附着其灵魂的文化。在很多时候我们说不清楚什么是大学文化，但走进世界名校的那一刻，我们对大学文化就有了顿悟。英国伟大作家劳伦斯在致罗素的信中说："我感觉来剑桥极其重要……我不想被深深地感动或感染，但我担心我已经被感动和感染了。"① 为了说明一所好大学的文化确实会让置身其间的人产生一种敬之爱之的感情，这里将我有关大学的笔记中留下的记录与大家分享。

> 走进斯坦福大学，映入人们眼帘的是土黄石墙、土红屋顶、拱廊相接、棕榈成荫。这是一个别具风情、恬静典雅、美丽如画、使人流连的校园。在这样的校园里生活，学子不仅能尽享求学的乐趣，还会滋生出对生活、对母校无限热爱的感情。斯坦福大学有得天独厚的自然条件，但并非全为自然的恩赐，其校园从选址到整体构图再到材料选择等都无不渗透了斯坦福夫妇及其创校者对校园建筑本身就应当产生教育力量的期冀。为此，首任校长乔丹在开学盛典上做了如下致辞：这些长廊连同它们华贵的圆柱，也将对学生的培养教育起到积极的作用。每一块砌墙的石头必定会给学生以美和真的熏陶。历史证明，斯坦福大学的校园建筑起到了这种作用，并且为它日后成为世界著名学府产生了重要的积极影响。

中国青年政治学院王东成教授在被学生评选为"德高望重的老师"

---

① ［德］彼得•扎格尔：《剑桥历史与文化》，74 页，北京，中信出版社，2005。

的颁奖仪式上，应邀发表获奖感言，他说了如下一段话。

> 我去过俄罗斯莫斯科大学的校园。校园里到处都是雕像，都是些大科学家、大思想家、大文学家、大艺术家的雕像。在那些雕像中，我看到了两个中国人：一个是祖冲之，另一个是李时珍。他们寂寞地站在异国他乡的阳光下和风雨中。在这两尊雕像前，我哭了，流泪了。在自己祖国的大学里，没有人为他们立雕像。我去过印度尼赫鲁大学的校园。黄昏时分，晚霞满天，校园里到处是沙龙。我看到一位校外的诗人正在向一群学生朗诵自己的作品，彼此进行着热烈的讨论。看到这些情景，我哭了，流泪了。我多希望我的祖国也有这样的大学，也有这样的校园。我梦中走进过民国的西南联大的校园。我仿佛和闻一多、朱自清等先贤大师交流学问和思想。在战火纷飞的岁月，一群大师带着一群学子埋头读书、思考、做学问，硬是把破旧的冷板凳坐暖了。之后的岁月，他们之中走出了一大批大科学家、大学问家，一大批国家和社会的栋梁。梦醒时，我发现自己哭了，流泪了。我殷切地希望我在兹念兹、生于斯长于斯的学校，就是这样尊重知识、精神独立、思想自由的大学。这是我梦中的校园，永远的梦中的校园。

2014年，基于教育学博士生培养的需要，我在浙江师范大学田家炳教育科学研究院开设了社会科学方法论工作坊，邀请在不同学科富有学术造诣的学者开教育研究方法论讲座。在为北京师范大学教育学部部长石中英教授的哲学方法论讲座做总结时，我谈了自己的一个思考：经济也罢，科学技术也罢，它们与哲学究竟有没有关系？举目世界，凡经济强国无不是科学技术强国，凡科学技术强国又无不是思想大国、哲学大国，你看英、美、德、法、俄等国无不是思想家、哲学家辈出的国家。由此，我做出如下判断：科学技术和经济的强盛必定与思想活跃、文化昌盛，包括哲学繁荣有联系，尤其在当下我们所处的知识经济时代。近代以来，我们在经济等方面为什么会落后？如果说我们经济落后仅仅是科学技术落后的结果，那么科学技术落后又是什么的结果？难道与我们思想落后、哲学落后归根结底是文化的落后毫无关系？

德国科技创造力在全世界首屈一指，但德国人一直认为自己是充满诗人激情和哲学家理性的国度，她拥有如歌德、洪堡、黑格尔、康德、尼采、席勒、巴赫、韦伯、马克思、恩格斯、贝多芬等如此多影响了世界的文学家、哲学家、思想家及音乐家。德国人自己也承认，如果德国没有如此伟大的哲学和艺术，德国就不会有如此多伟大的发明创造。是德国特有的文化给了德国人创造创新的灵感、激情和智慧，从而使德国成为一个研究创新型国家。法国人则干脆这样总结法国史：构成整个法兰西上升的动力，是 30 个诗人、作家、哲学家，25 个科学家，15 个经济学家，3 个政治家，2 个将军和 1 个商人。

21 世纪前后，我们喊出了一个口号——"实现中华民族的伟大复兴"。2012 年 11 月 29 日，习近平总书记带领新一届中央领导集体参观中国国家博物馆"复兴之路"展览时，向世界宣布，实现伟大复兴是中华民族近代以来最伟大的中国梦。何谓复兴？其原意是"衰落后的再兴盛"。我们所说的"伟大复兴"并不是简单地回到中华民族曾经的古代辉煌，而是回到中华民族曾经有过的世界地位的辉煌。因此，中华民族伟大复兴是依据两个事实做出的判断：其一，在历史上我们曾经有过国家强盛和经济社会繁荣并强于外国的时期；其二，近代以来中国落后了，至少我们现在还不能说自己是领导世界的强国。这就是伟大复兴的由来。如果我们历史上不曾雄于地球，我们又谈何复兴及复兴什么？

事实亦然。据史载，春秋战国时期我们就有了铁器的使用和牛耕的推广，冶铁、纺织、髹漆、青铜铸造、陶瓷生产、制盐和酿酒等手工业生产技术发达，社会生产力在当时的世界处于相当高的水平。诸侯争霸结束后，受新思想影响最大且变法最彻底的秦国成为诸侯国中的最强者，在秦始皇的推动下，各民族加快融和，秦国最后实现了中国的统一。到了秦汉时期，我们有了诸多领先世界的科学技术成果，如蔡伦发明和改进了造纸术、张衡发明了地动仪及浑天仪。这些技术发明，我们远早于欧洲。医学上张仲景的《伤寒杂病论》奠定了中医治疗的基础，而华佗是最早采用全身麻醉进行手术的医学家。尽管秦汉时期实行抑商兴农政策，但工商业还是获得了空前的发展和繁荣，不仅国内商品丰富且流通活跃，而且发展了咸阳、长安、洛阳等规模宏大的商业都市。我们还开通了与西方及东南亚贸易往来的大动脉"陆上丝绸之路"和"海上丝绸之路"，促进了我国铁器、丝绸、漆器、玉器等物产及技术的对外输送及西方马匹、农作物等对我国的输入。国际贸易的频繁对东西方文明的交流和进步也起到了积极的作用。唐宋500多年是世界史公认的中国历史上经济社会最为鼎盛的时期，此时的中国也是世界上最强大的国家。我们的火药、冶金业、指南针、船业、陶瓷烧制、印刷术等生产技术水平均世界领先。我们不仅经济发达、商品经济繁荣，而且在文化、政治、外交、国家治理等诸多方面都取得了辉煌的成就。

自春秋战国到秦汉到唐宋经济社会的强盛，并非仅仅工农业生产力水平提高、商业发展繁荣的结果。众所周知，中国历史上最昌盛的时期无不是思想文化最繁荣的时期。自春秋战国至秦汉时期，是诸子百家争鸣、学术发展繁荣的黄金时代。各家杰出代表人物及诸多学家士子，或著书立说或聚徒讲学或质疑辩难，给后世留下了极其丰富、珍贵的文化遗产。据《汉书·艺文志》记载，数得上名的有189家，而《隋书·经籍志》《四库全书总目》等则称"诸子百家"实有上千家。其中流传最广、影响最大者有法家、道家、墨家、儒家、阴阳家、名家、杂家、农家、小说家、纵横家、兵家、医家12家，而以孔子、老子、墨子为代表的三大哲学体系，不仅是中华思想文化之瑰宝，而且为世界人类文明做出了巨大贡献。正是春秋战国至秦汉时期思想文化的大繁荣，带来了社会生产力的大发展和国家社会的大变革。唐宋两朝亦然，其之所以成为我国历史上经济最发达的时期，也是思想活跃、文化繁荣、政治清明的结果。

回到前面关于哲学的话题，作为人类具有思想统领价值的智慧，哲学属于精神文化的范畴，对人类文明的进步和经济社会的发展均有观念先决的意义。为什么我们现在会无视哲学和思想的价值？哲学及其产生的思想和文化与经济社会之间的关系并不像科学技术与经济那么直观，但它们更强大和持久。

英国教育明文规定"人人必读莎士比亚"。英国人认为英国是受莎士比亚文化影响而成长起来的民族和社会，因此，莎士比亚作为英国文化的象征，必须得到英国人的尊重和敬畏。2012年，英国伦敦奥运会开幕式以展示英伦三岛历史、文化和现代社会发展为主题，而其灵感就源于莎士比亚的著名剧作《暴风雨》。莎士比亚为何会被英国人如此推崇？因为他是用哲学家的思维和语言写剧本的文学大师，在他的戏剧里，许多人物说出来的话无不充满了哲学的蕴意。崇尚哲学的英国人岂能不崇尚莎士比亚？

既然说到了 2012 年的伦敦奥运会，不妨顺便提及时任中央视台记者柴静及其摄制组在伦敦奥运会期间走进剑桥大学，访问该校校长乐哲思·博里塞维奇爵士的情况。据说，摄制组的意图是想在轰轰烈烈的奥运赛场之外静观剑桥这所世界最古老的大学，以领悟它悠久的历史文化和独特的创造精神。采访乐哲思校长之后，很多网站放出了有关这次采访的视频，柴静则在自己博客上公开了这次剑桥之行的采访手记。其中关于霍金这位因患肌肉萎缩性侧索硬化症而全身瘫痪不能说话，除了两只眼睛和三根手指，其他部位都不能动，却是继爱因斯坦之后在广义相对论和宇宙论方面做出卓绝贡献而被誉为"宇宙之王"的当代最伟大的理论物理学家，柴静在采访中与乐哲思校长展开了如下对话。

柴静：霍金教授 21 岁时已经得了很重的病，那个时候你们不知道他会创造出什么，在其他学校他可能会被迫离开，剑桥为什么没有这么做？

乐哲思：这是一个聪明绝顶的大脑，被禁锢在了一个虚弱的身体里，这是我们需要面对和处理的。因为说到底这所大学最看重的，是他的大脑所将创造的价值。

柴静：但是如果他没有获得后来的这些成就，他能得到学校同样的对待吗？

乐哲思：我们的选择永远取决于一个人的潜力，无论他是学生还是学校员工。

柴静：但是"潜力"这个词听上去很抽象？

乐哲思：它很抽象但也是一个很主观的现象，世界上不是所有的东西都越客观越好，有时候你要相信你的判断。

柴静：但有人可能会说人的判断会出错，可论文的数量不会出错？

乐哲思：我们更倾向于个人的判断而不是论文的数量，因为论文的数量会因学科而异。例如，我的学科免疫学，我们发表了很多论文，而哲学家可能一生只写一本书，但这一本书所创造的价值也许比 500 篇免疫学论文还大得多。

柴静：但我想那些需要论文数目的行政管理人员可能会希望说，我们说了算。

乐哲思：我们不玩数字游戏，我们认为这是对大学本质的滥用。因为最终为学子授课的不是行政管理人员而是教授和讲师们，是他们让年轻人被睿智的思想感召。剑桥的独立思考精神能让年轻人创造出足以改变世界游戏规则的伟大成就，不管是什么专业。我们坚信，这就是为什么剑桥的学生和老师会在世界上脱颖而出的原因，而且最终会将这种品质与卓越在未来传递下去。

听了上述对话，我们除了领悟到什么是世界名校对人才的理解和大爱，而且领悟到世界名校对知识、对哲学、对思想的崇尚和敬畏。乐哲思校长陈述的观点其实已经涉及大学办学治校的理念，更具体地说，涉及大学应该守持的文化理性。大学的文化理性决定了大学的文明。大学文化的思考者必须从大学文化的角度去关注大学的命运、关注大学人的喜怒哀乐，而对大学命运和大学人的关注就必须深入到对大学文化理性和大学灵魂的感悟，这样才能理解和关爱大学组织内部的老师和学生。

大学作为一个教育和学术组织，承担着人才培养、科学研究、社会服务、文化传承的使命。然而，与人才培养、科学研究及社会服务不同的是，大学的文化传承和创新不仅关系到国家、民族乃至人类社会的文明程度，而且直接决定了大学能否自觉及怎样自觉履行大学的上述社会职能及使命。因为大学文化通过大学核心价值、大学理想使命的确定，从而决定大学发展的方向目标，继而决定其对社会作为的大小及大学自身生存发展的质量。大学是被其文化决定的，通俗地说，大学关心、选择和坚守什么，就决定了这所大学的所作所为。有什么样的大学文化就有什么样的大学，由此决定了大学文化是大学最不敢也最不能忽视的关系大学自身属性和使命坚守的精神支撑，这就为我们用文化的视角来审视大学、治理大学找到了充分的理由。事实亦然。大学的差异其实就是大学文化带来的差异，通过对大学文化的分类比较，我们不难发现大学存在的问题和差异。从这个意义上说，大学文化既可以作为大学追求的理想目标，亦可作为发现大学问题的院校研究工具。事实上，大学呈现的一切表象无不是大学精神的折射，亦即大学文化的呈现。

有些大学以改善办学条件为由，而被基建搞得尘土飞扬、满目疮痍、脏兮兮、乱哄哄。例如，好端端的道路非要去拓宽，好端端的草坪非要去添景，好端端充满历史的建筑非要去改造甚至推倒重建；又如，有些大学假生态校园建设之名，挖池搭桥、修堂建馆、引进观赏的鸟兽，将原本好端端的以求学深造为目的的学府圣殿，改造得如同供人与鸟兽玩乐的花园。凡此种种所谓求大学之变、校园之新的背后，不难发现其决策层对盖房修路的偏爱及对奢靡安逸生活的独好，而唯独缺乏对大学历史文化积淀的珍惜和大学宁静致远的学术理性的守护。越是文化底蕴深厚的大学，越重视大学文化的力量；相反，越是文化落后的大学，越无视文化价值。大学之悲，莫过于缺失文化且无视文化。令人遗憾的是，这些大学似乎也不乏对大学文化青睐有加并且冠冕堂皇编制过什么大学文化发展纲要之类者，但那多是拿来给别人欣赏的束之高阁的自欺欺人的摆件，其办学治校育人不仅绝少践行"文化纲要"的具体行动和举措，甚至干着反文化的龌龊之事。于是大学之悲，又莫过于言文化而不守文化。大学老校园里的土地楼宇仅仅是那一块土地和若干座楼宇吗？非也，那是大学的历史文化遗产，是大学不能用钱币衡量的无价之宝！所以大学之悲，最悲于对大学文化的漠视、糟蹋和破坏。

大学领导者应当认识并切记，大学的伟大和卑微取决于领导者如何影响大学及用什么影响大学。在社会日益功利化而文化似乎有衰微之势的今日，大学应该有自己必需的坚守，而首要者就是对大学文化理性的坚守。如果大学放弃了应坚守的文化理性，其精神也就溃败了，大学也就不再是真正意义上的大学了。设想，如果大学人不再热爱学问且甚少有人会为捧读一本好书而沉醉在精神享受之中，这个民族还会崇尚知识吗？丧失了崇尚知识精神的民族，希望在哪里？同理，一所大学如果不再坚守文化理性了，又怎能抵御庸俗、功利的社会诱惑而坚守自己的使命？面对这样的拷问，我们用什么来守护大学？大学是为理想而存在的人才培养和学术研究的组织，是充满了理想主义文化的所在，理想主义是大学文化的灵魂。理想主义和虚无主义的根本区别在于：前者即便在困苦中依旧对未来充满希望并坚守使命，而后者即便在晨曦中也不相信光芒将照彻大地而放弃责任。

严复早年说：中国不可一日无北京大学。为什么？马寅初先生曾撰文称："做人民思想之先导，虽斧钺加身毫无顾忌"，"服务国家社会，不顾一己之私利，勇敢直前，以达其至高之鹄的""牺牲之主义"，为"北大之精神"。因为北大有为国担当、不怕牺牲的文化精神，所以，如《大学之道——北京大学的传统》序言中所誉，"北大是近代中国为数不多的精神的家园"，"北大对中国精神传统的影响，高于任何一座大学对一个国家的影响：不论是哈佛、耶鲁之于美利坚，还是牛津、剑桥之于大不列颠。一所大学能在本国的思想进程中起到如此重大作用的，全世界似乎只有北京大学。没有一个大学像北大那样如此奠定了一个古老文明的新精神传统"[1]。我认为北大对中国的贡献可以概括在两大端：其一，发轫于"五四"的对中国民主、科学、平等、自由的思想启蒙，引领中国进入了一个崭新的时代；其二，由蔡元培先生倡导的"囊括大典，网罗众家，思想自由，兼容并包"这一文化精神，引领中国大学进入了一个崭新的境界。北大对中国有如此大的贡献，得益于它崇尚科学与民主、追求和守持真理之大学理想主义文化。在国际竞争日益激烈的当下，中国不可一日无大学，尤其不可无以大学理想主义为文化精神、文化灵魂的大学。

据《庄子·外篇·知北游》，知向黄帝连发三问："何思何虑则知道？何处何服则安道？何从何道则得道？"黄帝答曰："无思无虑始知道，无处无服始安道，无从无道始得道。"这或许体现了庄子"无为而无不为"的核心思想，这里不加议论。我想说的是，这篇文章使我产生了如下联想：大学是否有其道？若有其道，是何道？又如何安道方可得道？其实，大学之道即大学本质属性和规律，而对大学本质属性及其规

---

① 刘军宁：《大学之道——北京大学的传统》，1页，天津，天津人民出版社，2008。

律的坚守就是大学的文化理性。于是大学之道与大学文化就有了本质的联系。大学及其办学治校者如果不知大学之道、不安大学之道，就难得大学之道。不知道，岂能安道，更遑论得道？所以《大学》早有告诫："大学之道，在明明德，在亲民，在止于至善。知止而后有定，定而后能静，静而后能安，安而后能虑，虑而后能得。"尽管此言之大学指至高无上的学问，尤其是道德之学，而非我们现代意义的大学组织，但其道理是相通的。不少大学及其办学治校者未得大学之道，原因就在于不知、不安大学之道，换言之，他们不明、不尊、不守大学文化理性。

北京大学出版社的高等教育文库有在高等教育界享有盛誉的"大学之道"丛书，拙著《理性捍卫大学》忝列其中。我之所以早在 1990 年就痴心于大学文化的研究、在 2004 年就提出了大学回归科学理性的问题，就在于我认识到大学办学治校育人者必先知大学之道及重大学文化，否则就办不好学、治不好校、育不好人。究大学之乱，首乱于不少大学人不识大学之道，说透了是大学的文化之乱。若让不识不安大学之道、不重不守大学文化理性者管理大学，这样的大学岂能不悲？

余英时在《知识人与中国文化的价值》一书序言里指出：文化的价值虽然起源于一个民族共同的生活方式，但必须经过系统的整理、提炼、阐明，然后才能形成一套基本的规范，反过来在这个民族的精神生活当中发生引导作用。这一整理、提炼、阐明的重大任务，就中国传统而言，一直是由"士"承担的。早期清华大学的教务长潘光旦先生说过：大学的宗旨不仅是教人做人、做专家，而且要做"士"，即承当社会教化和转移风气之责任的知识分子。文化呈现思想，俄国作家陀思妥耶夫斯基说，思想决定命运，文化呈现美，美拯救世界。若把三位人文大家的观点有机融合，即构成了我从 20 世纪 90 年代初研究大学文化至今达 25 年之久而依旧兴趣盎然的动力。

在阅读《文化的哲学》一书之初，我在该书的序言处写下了这样的批注："大学文化研究可以从文化的精神、文化的价值切入。"本书冠名为《大学文化思想和大学文化育人研究》，恰好表达了我对大学文化研究的上述立场：大学文化思想即大学文化的精神所在，而大学文化育人则属于大学文化的核心价值。罗素说：一个人不会轻易获得思想，如果你一旦开始思想，你就永远不会停止；一旦你的悟性已习惯于思索，它将永远不会平静。如果我们把大学文化活动上升到大学文化思想的高度去认识、去实践，使文化成为大学办学治校育人的一种思维习惯和思维方式，大学文化之办学治校育人的意义和价值定然倍增。

（注：本文为《大学文化思想和大学文化育人研究》之序言节选。）

附录三 眭依凡：一个大学理想主义的守持者*

简介：眭依凡，教育学博士、教授、博士生导师。教育部 2012 年度长江学者特聘教授、国务院政府特殊津贴享受者。中国高等教育"从事高教工作逾 30 年高教研究有重要贡献学者"。浙江师范大学杰出教授、教育学一级学科带头人和博士点建设负责人，校学术委员会副主任、田家炳教育科学研究院院长。曾先后任英国伦敦大学教育学院客座研究员、美国加州大学伯克利分校高级访问学者、清华大学伟伦特聘访问教授、北京大学特聘教授等。主要研究方向为高等教育基本理论和高等教育管理。在大学理性、大学文化、大学校长的办学治校等研究领域享有学术声誉。出版了《高等教育学》《大学校长的教育理念与治校》《大学的使命与责任》《理性捍卫大学》等代表性著作。

"培养人才，是大学的天职，同样也是老师的天职。与学生在一起，我感觉到生命的价值。

---

* 本文原发表于《浙江师范大学报》2014 年 3 月 15 日，记者陈仁伟、陈威俊。

我永远爱你们，同学们！"这是 2013 年被学生评为"我心目中最喜爱的研究生导师"后，眭依凡教授在颁奖现场的真情告白。

来校时间短、教的学生少，评选得票数却居第一；参加学术会议后，凌晨三点飞回来，一早上他又准时出现在了本科生的课堂上；去年腿部受伤，他让人用担架把自己从床上抬出来，在自己家里的客厅主持学科建设会议，还拄着双拐去上课，以及亲自准备和参加浙江省人文社科教育学一级学科重点研究基地和博士点学科中期检查的申报和汇报工作；窝在金华小城，摒弃浮华、唯求静心，他却胸怀着酷爱学术、追求学问、治学殉道的大学问家的志趣……

这就是眭依凡，一个大学理想主义的守持者和呼唤者。"大学教育已经成为我的梦之所想，情之所系，心之所往"，"迫切期盼中国大学的早日崛起，也可以说这就是我的中国梦"……这些由心而生、因梦而发的表述和行动，真挚而感人。

治学有道，理性捍卫大学

"《理性捍卫大学》一书在手，总有一股莫名的内心的躁动和兴奋，煽动着你的情愫，激励着你去思考；敦促着你憧憬学者人生，鞭策着你向往道德文章。"这是杭州电子科技大学贺武华教授品读"十二五"国家重点图书、眭依凡新作《理性捍卫大学》后的直观感受。为了准备采访，笔者也拿起《理性捍卫大学》拜读，竟然入迷，东方既白，不知倦意。

一部学术之作，凭什么牢牢牵引着学者和普通读者的心？贺武华说："《理性捍卫大学》所言为'理性之事'，但浮现于文字之上的是一个活脱脱的'感性之人'。"

眭依凡对大学充满敬畏之心和深沉之爱，以"人类社会的科学脊梁""道德良心""文明进步的力量""国家民族发展的希望"等界定大学。他认为大学有无限责任。

因为敬畏、责任和爱，他容不下大学有问题，这是他开展"大学庸俗化批判"，发出很严厉的质疑、批判声音的起点。

但过程中，他秉持的却是理性原则："研究、倡导、坚守大学理性，这将是我一生的追求。"

来校四年，眭依凡对大学理性有了较为系统的研究。他创造性地提出并研究了大学理性的四个维度：观念理性、文化理性、学术理性、管理理性。他并不满足于此，正夜以继日，精心撰写学理性更强的著作《大学理性》。

他还不断发出学术"好声音""正能量"。关于"大学的领导力"，他重新构建了一个以观念领导力、组织领导力、制度领导力、资源领导力、文化领导力、大学领导者特质领导力为核心内容的理论创新框架；他提出培养好未来教师，要解决好师范生了解教育、热爱教育、善于教育三大问题。

贺武华直观感受到："眭依凡先生越来越突出地成为至少是在中国高等教育界精神脊梁的代表人物，成为一个颇具影响力的公共知识分子。"

学术创新的求索，如鱼得水，冷暖自知。眭依凡没有节假日，也没有固定的上下班时间。他的时间安排得特别紧，甚至连吃饭都比别人快很多。但"做起功课"来，他常常不看时间，在研撰中不知不觉就已至深夜一两点。

除了戮力钻研与扎根悟道外，在各类大型的国际国内学术会议上，眭依凡也在不断彰显其勃勃有力的学术生命。他十分期待与其他学者思想火花的碰撞，以及能够吸收学术前沿的精华信息。近几年来，他就应邀为北京大学、清华大学等著名大学及中国高等教育学会主办的国际国内学术会议做专题学术报告、大会主旨发言数十次。

报告之后，总会有许多著名学术杂志社热情邀稿，而眭依凡治学严谨、精益求精的态度体现得淋漓尽致。"心唯有良知璞玉，下笔方成道德文章。"每篇论文，眭依凡都会精心打磨一两年甚至更长时间，在一次次修改后，文案中理性的话语处处洋溢着人文情怀，深刻的逻辑说服糅合着审美的感染。早已过了知命之年，眭依凡却依然视学术为生命，孜孜以求，是因为他始终守持着大学理想主义的本质：崇真、向善、求美和务实（有社会担当），坚定地走在理想主义者的路上。

高等教育学科权威学术期刊《高等教育研究》2010年第2期刊文《中国高等教育研究主题：1979—2008》。文章称我国改革开放30年来高等教育学科"高被引论文"结果显示，眭依凡位居"高被引论文作者"总排名第二，第一为我国高等教育学科创始人厦门大学潘懋元教授；在"高等教育基本原理"主题的"高被引论文"中，眭依凡排名第一，"高等教育发展战略与规划"主题中，其居第四。研究认为："潘懋元以及眭依凡、刘献君、杨叔子等名列前 20 位的作者是目前中国高等教育研究领域很有影响力的研究者。"

言传身教，人生贵养"四气"

"记得研一刚开学时，眭老师不小心腿部骨折了，我和同学们去看望他，当时眭老师正在休息，从师母的一句'你们眭老师太卖命了，昨晚修改学生的论文到深夜两点才睡觉'，我们知道即使卧病在床，即使疼痛难忍，即使睡意难却，眭老师总是会把学生的成长、成才放到第一位，此生能师从如此这般关爱学生的老师，夫复何求呢？"

这是眭依凡的研究生阚莉的一段肺腑之言。眭依凡治学时认为"育人"是大学的首要使命，而他自己也在用不言之教传承着这样的使命。

眭依凡经常与学生共勉自己的座右铭："人生贵养'四气'：才气，才气立言；骨气，骨气立身；正气，正气立德；大气，大气立功。"

他的"四气人生"在课堂上散发着无穷的魅力。"他给本科一年级学生上的研究性课程，时间安排在周六上午，我最担心的是学生能否到齐，课间会不会有人中途离开。没想到，3 个多小时中间没有休息的课堂里，讨论声、笑声，让整个教室溢满书香，没有一个学生打盹，没有一个学生中途离开，每个人都在用心聆听眭老师传递给我们的难以言说的精神。先生的激情儒雅、风趣诙谐，'俘虏'了每一个学生的心，当然，也包括我！"眭依凡的研究生助教李鹏虎对导师的课堂印象深刻。

刚到浙江师范大学，眭依凡就提出博士点建设的首要任务是培养好硕士研究生，并把"研究生培养质量提升计划"作为"教育学科质量提升工程"的首要抓手，组织落实了研究生培养方案的调整工作，其改革手段之一就是专门为研究生开设一门"教育名著选读"课程。"这门课的目的就是希望学生通过阅读教育经典名著，不仅多吸收人类社会创造、积累的知识财富，更在于从中获得思想的启迪和永恒的真理。智慧在阅读中才能产生。"在他看来，青年学人只有大量并认真读书，日后才能敏锐发现问题、深刻思考、笔耕不辍……

除了热爱读书、潜心学术之外，眭依凡还广涉音乐、美术、文学、哲学等领域。在他的讲坛上，学生总能不时欣赏到古典精致的红砖碧瓦，恢宏典雅的欧美建筑；不时惊讶于他深情浓郁的朗诵，震撼于他明亮精致的美声。

课堂外，眭依凡也像一面"大学之大厦的承重墙"，以"文化之气"的影响达成不教之教的至高境界。大学要注重文化建设，营造良好学风。作为一位知名教授，眭依凡没有一点架子。迎面相遇时，他总是会主动跟学生打招呼；无论多忙，只要看见学生发的邮件，他总能在第一时间回复，这份及时常会让学生感到惊喜；他甚至给学生配了自己办公室的钥匙，只要他不在，学生都可以用他办公室的电脑做研究。

他知道学生出于理解与敬畏，很少会主动交流，但只要有空，他不是和学生一起去食堂"拼餐"，就是把学生们主动邀请到家里做客，让夫人备上一桌好菜，与学生聊聊学术修养和人生理想。在食堂点餐，他总爱指点着让学生多打点菜；吃着饭，又不时提醒大家要实践"光盘"行动；临走时，还不忘主动捎上垃圾。点点滴滴的细心关照，让学生们感觉到如慈父般的温暖。

在眭依凡眼里，这种交流更重要的是进行全方位的互动。"只有在相应的文化氛围中，才可以让学生的思维方式与研究角度得到深度挖掘与改变。"他会常常告诫自己的学生，一定要在心中"放得下一张平静的研究学问、求知向学和探索真理的书桌"。

他还经常告诫研究生要保持对学科、学术和真理的忠诚与追求，用心去感受大学的校标、校训等精神信念，感受校园里的每一朵花、每一处景，为平淡的生活提供美好的希望，为不完美的现实提供完满的参照。有学生说，"眭老师如同一本年代久远的书，需要我们去慢慢品味"；也有学生直言眭依凡是学术界活脱脱的"高富帅"，"每次眭老师迎面走来，空气中便会弥漫着他独有的学术的味道，让每一个和他接触的人都会不自觉地被他这块'磁石'吸引"。

为了实施好"研究生培养质量提升计划"，眭依凡费尽心思设计、创新制度和举措，还希望把学术界其他各大名家吸引过来，助力人才培养。他建立研究生副导师制度，倡导书院沙龙、书院论坛、师生学术共同体等多种学研形式，并"把国内外最优秀最有影响力的教师请到师大来讲学，把最有吸引力的课堂搬到教科院"。

他发挥自己的影响力和号召力，遍邀高等教育领域学术名家来与学生进行座谈交流。由他创办的书院沙龙三年来已连续举办近 60 期。书院沙龙的召开，引导、培育着学生"不唯书、不唯上、不唯权威"的质疑、创新精神。

在沙龙的影响和辐射下，教科院师生创设了"师生学术共同体营造计划"。老师定期邀约学生组织开展读书会活动，为学生"开小灶"训练研究方法等；受此影响，学生也自发组织"书院夜话"，交流、探讨学术问题。

现代著名教育家梅贻琦在《大学一解》一文中曾提道："学校犹水也，师生犹鱼也，其行动犹游泳也，大鱼前导，小鱼尾随，是从游也。从游既久，其濡染观摩之效，自不求而至，不为而成。"学生借引而言："对于我们来说，浙师大就是那一汪清泉，而眭依凡老师就是清泉里最引人尾随的大鱼，此生能师从眭老师，无悔也！"

办学守律，学科凝练特色

眭依凡生于 1956 年，与浙江师范大学同龄，冥冥中似已结下不解之缘。

"一个人不能够选择自然的家乡，但是可以选择心灵的家乡。"眭依凡谈起与学校的缘分时这样说道。

在屡次受到校领导热情的邀请，甚至有校领导大雾中驱车至上海"请贤"后，眭依凡为师大人"强烈的事业心、责任感，以及追随人才、尊重人才"的氛围所打动。虽然金华没有地域优势，但以做学问为人生志趣的他，觉得浙江师范大学少有大城市的浮躁虚华之风，不失为做学问的好去处。

自 2010 年正式加盟浙江师范大学以来，眭依凡便责无旁贷地挑起了学校教育学一级学科带头人、教育学一级学科博士点建设负责人的重担。眭依凡的加盟，首先带来了人才的集聚效应。每年都有不少品学兼优，包括欧美名校的博士争相前来教科院递交应聘资料，有博士甚至还放弃了北京户籍和理想工作。

眭依凡把整合全校教育学科力量、凝练学科方向工作视为学科建设的重中之重。在考虑学校教育学科原有基础并在各方面的配合支持下，他牵头凝练了人员结构合理、研究方向明确、学术实力强的 6 个学科方向。

眭依凡还明确了教育学科的指导思想，提出了学校以研究生培养质量、科学研究质量、人才队伍质量、加强国际化程度四个"提升计划"为支撑的教育学科质量提升工程。

他秉承着社会学奠基人之一涂尔干的"教育的成功或不成功都取决于教师"的理念，十分注重挖掘、培养学科人才，组建一支高质量的学术梯队。

2013 年，眭依凡召集教育学各学科团队负责人开会决定，由教育学各方向遴选 13 名崭露头角、富有发展潜力的青年教师，利用浙江省教育学重点研究基地经费予以重点扶植，从而把青年人才的培养制度化、常态化。眭依凡对于梯队中每位年轻博士的科研经历和成果都了如指掌，一旦他们有了成果，就会主动祝贺并激励他们"更上一层楼"。对于团队成员研究成果的发表，眭依凡的审查关把得很牢。现在，青年教师在学术界如雨后春笋般"冒尖"，不仅全都获批国家或省部级以上的教育研究课题，还出了不少学术专著。王占军博士在谈起眭依凡老师时，不胜感激。

在具体工作的开展上，眭依凡也是亲力亲为，一丝不苟。在刚接手博士点申报材料时，眭依凡发现一些学科数据明显有错，甚至前后矛盾，平时温文尔雅的他顿时满脸愠色。最后，一群人关起门来三天三夜才整理出一份严谨的申报材料。在材料汇报的前一天，眭依凡依旧挑灯精心审查报告内容，直到深夜两点。

这几年，教育学一级学科整体实力有了较大发展，除成功获批博士点，浙江师范大学还获批了浙江省唯一的高校人文社科教育学一级学科重点研究基地。学科在课题立项、成果获奖和论著发表等方面成效明显。五年来，新增国家级课题 24 项（重点招标课题 3 项）、省部级课题 79 项；国家级科研成果奖（教育部高校人文社科优秀成果奖）4 项，全国教育科学优秀成果奖 2 项，其他省部级奖 15 项；在权威期刊发表论文 30 余篇。中国科学评价研究中心发布中国研究生教育排行榜，在 2013—2014 年研究生教育一级学科排名中，浙江师范大学教育学在 155 个参评高校中位列第十，比去年前进 20 名。

虽然教育学科在短期内取得了跨越式发展，成了学校的知名学科，但眭依凡仍时时警醒着自己，要继续保持爬坡用力的危机意识，同时要注意培新固元，摆脱"中途卸力"等问题。

后 记

记得 2015 年 10 月底，受北京师范大学出版社邀约，参与该社重点项目"当代中国教育学家文库"，希望能够借此机会整理与回顾自己的学术历程，给学术后辈留下宝贵的经验。我刚刚接受"当代中国教育学家文库·眭依凡卷"的选编任务后，非常不幸的是，次年年初，罹患乳腺癌10 年的妻子检查发现癌症转移至晚期，于是我们不得不长期辗转于北京、上海与杭州等地的医院进行各种检查和治疗。我的意志要求我必须不惜一切代价让妻子减少精神和身体的痛苦并顽强地生活下去。之后我把工作之余的所有时间都投入了对妻子的救治、照顾及陪伴之中……今年我把编辑完成的自选集《大学理想主义及其实践研究》提交给出版社时，与原定交稿的时间滞后了整整两年零四个月之久。

尽管已有多部文集分别在人民教育出版社、教育科学出版社、高等教育出版社、北京大学出版社等出版，但在本自选集即将付梓的时刻，感怀依然强烈，感激之情亦油然而生。

首先要感谢北京师范大学出版社对我的抬爱，没有出版社总编办公会对我学术成就的认可，就不可能有充分体现我学术理想的自选集《大学理想主义及其实践研究》的问世；感谢北京师范大学出版社陈红艳老师，她不仅说服我不言放弃且对我延迟提交书稿予以了充分的理解和包容；感谢鲍红玉老师，她为《大学理想主义及其实践研究》的顺利出版予以极大的热情和重视并做了卓有成效的工作；感谢周鹏老师为本文集的编辑出版付出的心智。同时，也要感谢我调入浙江大学后，跟随我到浙江大学担任我研究助手的研究生李芳莹同学。她根据我的意图，为收集和下载相关论文并编辑本文集做了大量基础性工作，之后又对出版社发来的 PDF 电子版书稿认真地进行了第三校，从而为我自己负责的纸质版书稿的终校做了充分的前期准备工作。

非常巧合的是，当我启笔撰写后记时，恰逢我耳顺之年后的第三个生日。是夜，在电脑上打下"后记"两字时，脑海中立即翻涌出诸多对往事及故人的感怀和感伤。唐代诗人高适的"旅馆寒灯独不眠，客心何事转凄然。故乡今夜思千里，霜鬓明朝又一年"或许就是我当时心境的写照。妻子的离世，家之于我多少犹如旅馆，除了读书写作，孤独无助似乎成为我生活的一种常态；我也想起在今年 3 月恰逢自己离开生于斯、长于斯的江西整整十年时，和韵苏东坡的《定风波·莫听穿林打叶声》而写下的一首感怀诗。

离赣十年有感伤

离乡不觉十年久，回首无憾一路行。

浊酒何妨换山茶，当喜，鬓发萧然迎新生。

自古英雄多寂寞，谁怕？山乡茅屋笑输赢。

但伤故人乘鹤去，心碎，此恨无期不了情。

尽管人生多舛不顺，但风雨并没有击溃我执着于生命和事业的坚强意志及对美好生活的热情向往。为了考验 2012 年 8 月摔断并手术康复的残腿，以及拜谒自己景仰的南宋时期伟大的爱国女词人李清照，今年暑假，在山东泰安一所高校任教的朋友张雁南博士热情邀请我去登泰山，我故意选择下午乘缆车至中天门上山，再由中天门徒步南天门，然后攀登玉皇顶，至傍晚开始步行数小时回到红门乘车下山，次日又随他驱车至章丘市明水镇百脉泉畔的"清照词园"。此行颇多人生感悟，留下两首诗，是为纪念。

登泰山

炎夏齐鲁行，日暮登泰山。

景色绝顶好，莫言近黄昏。

人生有敬仰，何惧路程难。

晚霞这般美，染红一片天。

拜谒清照园

情系易安何时了，梦里知多少。

庭院如故旧柳风，遗恨词人已去小楼空。

婵娟清照泉池乃，帘中人不再。

问君谁能解我愁，漱玉一卷可否暖千秋？

回到本文集关于大学理想主义的主题，我想引用哥伦比亚大学校长李·布林格在该校 2019 年秋季开学典礼演讲中的基本观点结束本"后记"，因为他关于大学本质的理解契合了我对大学理想主义的解读。关于大学的本质，他说，大学对社会以及全世界肩负着深远的责任；当世界面临分崩离析时，大学更应敬畏知识、追寻真理；问题是在当代社会，大学面临一个严峻现实：人们逐渐在丧失对真理、理性和知识等的敬畏。为此，大学教育的根本目的必须是：让每一个学生都能够沉浸在知识和思想的海洋中，了解那些最伟大的思想家们如何追求真理。虽不好强说李·布林格校长的演讲充满了对美国时下当权者无视人类真理、国际规则和世界秩序的忧虑，但这位早在 2002 年就担任哥伦比亚大学校长，至今已有 17 年之久的法学教授，从其 2004 年在哥伦比亚大学毕业典礼的演讲（收进我主编的、教育科学出版社 2013 年 12 月出版的《学府之魂：美国著名大学校长演讲录》），至 2018 年所做的主题为"海纳百川、胸怀天下，是为学者"之开学典礼的演讲，无不在向大学师生阐释蕴含大学理想主义的大学本质并倡导大学及其成员必须守持大学理想主义赋予大学的理性。而这正是我们大学人应该赞赏的。

2019 年 10 月